Sprache und Sprachbildung in der beruflichen Bildung

Sprachliche Bildung

herausgegeben vom
Mercator-Institut für Sprachförderung
und Deutsch als Zweitsprache

Band 4

Elisabetta Terrasi-Haufe
Anke Börsel (Hrsg.)

Sprache und Sprachbildung in der beruflichen Bildung

Waxmann 2017
Münster • New York

Bibliografische Informationen der Deutschen Nationalbibliothek
Die Deutsche Nationalbibliothek verzeichnet diese Publikation in
der Deutschen Nationalbibliografie; detaillierte bibliografische
Daten sind im Internet über http://dnb.dnb.de abrufbar.

Sprachliche Bildung, Band 4

ISSN 2510-4519
Print-ISBN   978-3-8309-3622-0
E-Book-ISBN   978-3-8309-8622-5

© Waxmann Verlag GmbH, Münster 2017
Steinfurter Straße 555, 48159 Münster

www.waxmann.com
info@waxmann.com

Umschlaggestaltung: Inna Ponomareva, Düsseldorf
Umschlagbild: © KN Studio – Shutterstock.com
Satz: Stoddart Satz- und Layoutservice, Münster

Gedruckt auf alterungsbeständigem Papier,
säurefrei gemäß ISO 9706

Inhalt

Elisabetta Terrasi-Haufe & Anke Börsel

Einleitung:
Sprache und Sprachbildung in der beruflichen Bildung

Ohne die bald danach einsetzende Realdynamik der aktuellen Entwicklung vorhersagen zu können, schrieb das Mercator-Institut für Sprachförderung und Deutsch als Zweitsprache im Jahr 2013 eine bundesweite Förderlinie für Entwicklungs- und Forschungsprojekte aus, die sich als Ziel setzten, die Anteile von sprachlicher Bildung in den drei Phasen der Lehrkräftebildung qualitativ wie quantitativ auszugestalten. Der vorliegende Sammelband zielt darauf ab, die Vielfalt der geförderten Projekte im Bereich der beruflichen Bildung, ihren Innovationsgehalt und Querschnittscharakter darzustellen. Die projektbasierten Beiträge werden mit ihren Bezügen zum aktuellen Forschungs- und Entwicklungsstand präsentiert. Um Dynamik und Dimensionen gesellschaftlicher Veränderungen multiperspektivisch zu erfassen, bedarf es theoriebasierter Beschreibungs- und Analyseinstrumente sowie der Überprüfung tradierter Konzepte. Dieser Sammelband richtet sich folglich sowohl an Vertreter der Bildungsadministration, die die Entwicklungen in der beruflichen Bildung verantworten, als auch an deren Akteure, die sie jeden Tag mitgestalten: Lehrkräfte, Fachdidaktiker und angehende Lehrkräfte.

Die berufliche Bildung ist ein Sensor für gesellschaftliche Veränderungen, die sich auch in ihrer regionalen Diversität äußern: Aktuelle Herausforderungen resultieren aus Änderungen in Schülerschaft, Fachkräfteverfügbarkeit und Berufsbildern, die alle Akteurinnen und Akteure in der beruflichen Bildung betreffen. Die Anerkennung der spezifischen Wirkbedingungen von beruflicher Bildung gehört dazu: Sie zeichnet sich durch eine Vielfalt und Verschiedenartigkeit der Gesprächssituationen, Kommunikationspartner/-innen und Kommunikationsrelevanz aus. Gerade in der Betrachtung der Lern- und Integrationsprozesse neuzugewanderter Auszubildender bedarf es einer theoretischen Neumodellierung: Ihre Selbstkonzepte, Vor- und Lernerfahrungen variieren und sind mit bislang angewendeten und etablierten Instrumentarien und Konzepten nur unzureichend zu erfassen. Dafür ist ein Blick in die Interaktionsprozesse unerlässlich.

Es ist eine übergreifende Aufgabe der beruflichen Bildung, berufliche Handlungskompetenz zu vermitteln. Die Sprachkompetenz ist gleichzeitig die Basis der beruflichen Handlungskompetenz und ihr Ausdrucksmedium. Ergo erstreckt sich der Vermittlungsauftrag der beruflichen Schulen und Ausbildungsbetriebe auch auf sprachliche Aspekte, die ausbildungsrelevant sind und den Kompetenzerwerb betreffen: Sprache und Sprachsystem, Kommunikation, sprachliche Bildung und Berufssprache, Sprachförderung und Berufssprache. Diese Facetten von Sprachbildung bedingen den Blick in die Bezugsdisziplinen, dem hier Tribut gezollt wird und der in den Sammelband eingespeist wird: (Angewandte) Linguistik, Sprach-lehr- und -lernforschung, didaktische Forschung und Erziehungswissenschaft.

Wir sind uns bewusst, dass hier sehr diverse Entwicklungslinien exemplarisch entfaltet werden. Es ist ein Novum für die berufliche Bildung, dass eine Betrachtung der Erwerbsprozesse des Deutschen als zweite oder fremde Sprache system-immanent erfolgt. Wir wagen uns an die Darstellung des bisher Unverbundenen, weil es der Gegenstandsbereich unter den aktuellen Entwicklungsbedingungen unserer Meinung nach erfordert.

Die Beiträge sind in die drei Teile „Sprache in Ausbildung und Professionalisierung in der beruflichen Bildung", „Zugänge zu Lernwegen" und „Lehrwege" geordnet.

Im ersten Teil führt **Alfred Riedl** in das System berufliche Bildung ein und stellt dar, welchen Herausforderungen es sich stellen muss, um einer zunehmenden Schülerschaft mit nichtdeutscher Muttersprache gerecht zu werden. Auf der Grundlage aktueller Entwicklungen werden neue Handlungsfelder skizziert. **Mona Granato** und **Anke Settelmeyer** fokussieren die Situation von Jugendlichen mit Migrationshintergrund bei Zugang zu und Verbleib in dualer Ausbildung und am Lernort Betrieb. Dabei berichten sie nicht nur über die Ergebnisse sozialwissenschaftlicher Studien, sondern gehen auch auf Aspekte der Identitätskonstruktion ein.

Der Deutschunterricht an Berufsschulen erfährt zurzeit grundlegende Veränderungen, auf die der Bereich der Professionalisierung der Lehrerkräftebildung in allen Phasen angemessen und vor allem schnell reagieren muss. Anhand von vier Beiträgen wird exemplarisch präsentiert, wie die Bundesländer Bayern, Berlin, Niedersachsen und Nordrhein-Westfalen darauf reagieren. Projekte aus diesen vier Bundesländern wurden im Mercator-Programm gefördert. **Elisabetta Terrasi-Haufe** und **Barbara Baumann** stellen dar, welche Konzepte hierfür in Bayern aktuell vorliegen bzw. entwickelt werden und welche Prioritäten die Vertreter der verschiedenen Institutionen (Hochschulen, Vorbereitungsdienst, Fortbildung) in Bezug auf Profilbildung und Basisqualifizierung setzen. Präsentiert wird ein Überblick zu verschiedenen Konzepten und Maßnahmen, daneben werden zentrale Dimensionen der Qualitätssicherung antizipiert.

Niedersachsen hat zum Studienjahr 2015/16 die Master-Verordnung für die Lehramtsausbildung novelliert und damit alle Universitäten auf ein integratives Konzept sprachsensibler Vermittlung von Fachinhalten und der Vermittlung der Bildungssprache und des Deutschen als Zweitsprache als Studieninhalt verpflichtet. **Astrid Neumann** und **Andrea Bogner** stellen die sieben Kernkompetenzen vor, die diesem Konzept zugrunde liegen und durch eine Online-Expertenbefragung kalibriert wurden. Daneben zeigen sie auf, wie sie bei der Entwicklung von Curricula und Materialien für die Lehrerbildung der Berufsschullehrämter Sozial- und Wirtschaftspädagogik im Sinne einer Lernfelddidaktik genutzt werden können.

Der Beitrag von **Anke Börsel** liefert anhand des Berliner Projekts *Sprachen – Bilden – Chancen: Innovationen für die Berliner Lehrkräftebildung* einen Einblick in Veränderungen in der ersten Phase in den Bereichen sprachliche Bildung und Deutsch als Zweitsprache. Projektbasierte Kooperationsprozesse werden als Impulsgeber für die Umsetzung von fachintegrierter Sprachbildung im Lehramt der beruflichen Bildung dargestellt.

Anke Backhaus und **Joanna Chlebnikow** stellen das Bonner Blended-Learning-Modell für das in Nordrhein-Westfalen verpflichtende Modul Deutsch für Schülerinnen und Schüler mit Zuwanderungsgeschichte vor, das auch für Studierende des Lehramtes für Berufskollegs verpflichtend ist. Exemplarisch wird aufgezeigt, wie die Inhalte in Präsenz- und Onlineanteilen umgesetzt und nach Fachrichtungen und Lehramtstypen differenziert werden.

Im zweiten Teil liegt der Fokus auf den Zugang zu Bildung im beruflichen System. Durch die Ausdehnung der Berufsschulpflicht auf Asylbewerber und Flüchtlinge ist in Bayern seit 2010 die gesetzliche Grundlage für die Beschulung letzterer in berufsschulvorbereitenden Maßnahmen gegeben. Ihr Ziel ist es, über das Erreichen der Ausbildungsreife Asylbewerbern und Flüchtlingen den Zugang zu einer Ausbildung im dualen System oder zu fortführenden Schulen zu ermöglichen. Die Beschulungsmaßnahmen umfassen in der Regel einen Zeitraum von zwei Jahren. Ihre Hauptinhalte bilden die Vermittlung der deutschen Sprache und Kultur sowie die Berufsvorbereitung. **Barbara Baumann** geht in ihrem Beitrag der Frage nach, wie Zweitsprachbiografien von Geflüchteten, die berufsschulvorbereitende Maßnahmen besuchen, aussehen. Unter welchen Bedingungen finden das Erlernen der Zweitsprache Deutsch und die sprachliche Praxis statt? Welche Rolle spielen einzelne sprachliche Sozialisationsräume? **Birgit Kruse**, **Marina Pasquay** und **Hartmut Sturm** zeigen auf, welcher Weg diesbezüglich in Hamburg gegangen wird. Im Mittelpunkt der Ausbildungsvorbereitung für Migrantinnen und Migranten AvM-Dual steht die Realisierung eines dualen Konzepts in Verbindung mit der Herausforderung, den Lernort Betrieb für die Jugendlichen als Ort zur Sprachaneignung strukturell zu erschließen. Das zugrunde liegende Konzept und die methodische Verbindung von informellem und formalem Sprachenlernen werden zusammen mit konkreten Beispielen und ersten Erfahrungswerten skizziert. Das Potenzial von informellen Lernanlässen für neuzugewanderte Schülerinnen und Schüler mit geringen Deutschkenntnissen steht auch im Beitrag von **Elisabetta Terrasi-Haufe** im Vordergrund. Dort wird anhand von zwei authentischen Interaktionsbeispielen aus der Berufsschulvorbereitung ein Einblick darin geboten, wie Interaktionen im Sprachunterricht und außerhalb davon den Ablauf von Konstruktionsprozessen beeinflussen können. Dabei wird aufgezeigt, wie sich der kokonstruktive Modus, der von handlungsorientierten Ansätzen vorausgesetzt wird, von dem direktiven, der traditionellen Ansätzen der Sprachförderung zugrunde liegt, unterscheidet und wie er sich auf die Motivation von Lernenden auswirkt. Informelles Lernen und individuelle Begleitung liegen auch dem Modellprojekt TRIUMF zugrunde, das von **Jörg Roche** und **Wassilios Baros** präsentiert wird. Mithilfe des Capability-Ansatzes zeigen sie einen konzeptionell neuen, ganzheitlichen Zugang in der berufsqualifizierenden Integration auf.

Der dritte Teil widmet sich methodisch-didaktischen Aspekten der Sprachvermittlung. Ausgehend von Erkenntnissen zur Wirksamkeit von Sprachförderansätzen zeigt **Jörg Roche** auf, welche Potenziale Handlungsorientierung und Aufgabenbasiertheit für den Deutschunterricht an beruflichen Schulen bergen. Daraus werden aus linguistischer, kognitionstheoretischer und pädagogischer Perspektive zentrale Parameter für den fachübergreifenden, sprachsensiblen Unterricht abgeleitet.

Die kognitionstheoretische Perspektive wird auch von **Christina Keimes** und **Volker Rexing** aufgegriffen. Im Rahmen einer multiperspektivischen und triangulativen Untersuchung in ausgewählten Berufen des Berufsfelds Bautechnik zeigen sie auf, welche Leseanforderungen die betriebliche Ausbildung generiert. So konkretisieren sie domänenspezifische kognitive Anforderungen an die Lesekompetenz der Berufsschülerinnen und -schüler und leiten daraus Hinweise zu nachhaltigen Förderkonzepten ab.

Linguistisch fundiert sind die Erkenntnisse, die **Claudia Maria Riehl** aus der Analyse von Texten gewinnt, die Schülerinnen und Schüler in der Ausbildung zu medizinischen Fachangestellten und Kaufleuten im Einzelhandel geschrieben haben. Ausgehend davon werden Desiderata für den Deutschunterricht an beruflichen Schulen diskutiert.

Christian Efing widmet sich der Aufarbeitung vorliegender empirischer Erhebungen zu den sprachlich-kommunikativen Anforderungen in Ausbildung und Beruf. Der Beitrag zeigt die Relevanz von Sprache für die berufliche Handlungskompetenz auf und benennt konkrete Sprachhandlungen, Text- und Gesprächssorten sowie sprachliche Register, die in Ausbildung und Beruf relevant sind und bewältigt bzw. beherrscht werden müssen.

Die drei daran anschließenden Beiträge aus dem Kontext der Nachwuchsarbeit des Münchner Projekts *Bildungssprache Deutsch an beruflichen Schulen*, skizzieren Sprachförderkonzepte, die auf der Erstellung von sprachlich-kommunikativen Profilen für einzelne Berufe gründen und auf dem Unterrichtsprinzip Berufssprache Deutsch gründen. **Felix Steffan** geht der Frage nach, in welchem Umfang und in welchem Format verschiedene Deutschlehrwerke der beruflichen Bildung das Schreiben im Beruf üben und vermitteln. Darauf aufbauend ermittelt er durch Kontrastierung mit einem Korpus authentischer Schreibprodukte von Auszubildenden im Einzelhandel, inwieweit die Aufgabenformate der verschiedenen Lehrwerkskonzepte den tatsächlichen schriftsprachlichen Anforderungen im Einzelhandel gerecht werden. **Susanne Kirndorfer** berichtet über Befragungen und Hospitationen im schulischen und beruflichen Alltag von medizinischen

Fachangestellten und gibt einen Überblick über deren sprachlich-kommunikative Anforderungen. **Martina Hoffmann** präsentiert die Entwicklung und Pilotierung von Unterrichtsmaterialien für Kfz-Mechatroniker/-innen, die auf der Grundlage einer Analyse relevanter Aufgaben im Bereich der mündlichen Kommunikation und unter Berücksichtigung des Unterrichtsprinzips Berufssprache Deutsch entstanden sind.

Gemeinsam ist allen Beiträgen das Bewusstsein für die Spezifika von Sprache, Kommunikation und Sprachbildung in der beruflichen Bildung. Damit verbunden sind die Perspektiven der einzelnen Disziplinen auf die noch neuen Gegenstandsbereiche. Wir hoffen, dass dieser Austausch zu einer Perspektivenerweiterung beitragen kann, deren Impulse zu vermehrter Grundlagen- und Transferforschung für die Spracherwerbsforschung in der beruflichen Bildung motivieren. Wünschenswert und notwendig sind für die Lernerperspektive zum einen belastbare Daten und plausible Erklärungen, z. B. für den schwierigen Übergang von sprachlich schwachen Schülerinnen und Schülern in Ausbildung und Ausbildungsverbleib. Dafür bedarf es fundierter theoretischer Modelle zum Erwerb von Berufssprachen. Werden zum anderen die Aspekte von Professionalisierung und Vermittlung stärker in den Fokus gerückt, fallen hier die Desiderata zur Wirksamkeit von Ausbildung und Fortbildung für die Entwicklung von sprachbildenden Lehrkompetenzen auf.

Wir bedanken uns bei allen Autorinnen und Autoren für den Einblick in ihre Forschungsfelder mit den daraus entstehenden Impulsen. Allen Gutachterinnen und Gutachtern sei für die konstruktive Zusammenarbeit gedankt. Unser besonderer Dank gilt Martina Heinle für die umfassende redaktionelle Unterstützung. Abschließend möchten wir unseren Dank auch dem Mercator-Institut für Sprachförderung und Deutsch als Zweitsprache, das diese Veröffentlichung unterstützt hat, sowie dem Waxmann Verlag für seine freundliche Betreuung aussprechen.

Alfred Riedl

Berufliche Bildung in Deutschland: System, migrationsbedingte Herausforderungen und pädagogische Aufgaben

1. Einführung

Die berufliche Bildung ist ein zentraler Bestandteil der ganzheitlichen Persönlichkeitsentwicklung des Menschen mit seinen Aufgaben in Staat, Gesellschaft und Privatleben. Gleichzeitig offenbart sich der Stellenwert beruflicher Bildung in einer modernen Gesellschaft in der nationalen Fachkräfteversorgung sowie in der systematischen Förderung des Innovationspotenzials in den Betrieben und Unternehmen. Berufliche Tätigkeit ist in hohem Maße identitätsstiftend. Sie ermöglicht die Teilhabe an der und die Integration in die Gesellschaft, was aktuell insbesondere auch die Gruppe der Geflüchteten betrifft.

Das äußerst vielschichtige und variable System der beruflichen Bildung in Deutschland ist mit seinen vielen verschiedenen Bildungseinrichtungen breit ausdifferenziert und weist durch Abschlussmöglichkeiten auf unterschiedlichen Leistungsniveaus eine hohe vertikale wie horizontale Durchlässigkeit auf. Mit der dualen Berufsausbildung verfügt Deutschland über ein weltweit beachtetes Modell, das mit seiner Verbindung der zwei Lernorte Ausbildungsbetrieb und Berufsschule als tragende Säule der beruflichen Bildung anzusehen ist.

Der demografische Wandel in Deutschland hin zu einer Altersstruktur der Bevölkerung mit deutlich weniger jungen Menschen und die stark zugenommene Zuwanderung von Personen aus dem Ausland – sei es durch wirtschaftlich intendierte Einwanderung oder durch Fluchtmigration – bringen neue Herausforderungen für das berufliche Bildungssystem, aber auch Chancen mit sich. Durch einen zunehmend wachsenden Anteil an Menschen im beruflichen Bildungssystem mit nichtdeutscher Muttersprache erweitern sich das Anforderungsspektrum und die damit verbundenen Kompetenzen der Lehrkräfte und Ausbildungspersonen. Erforderlich werden Ausbildungskonzepte, die mehr als bisher an vorhandenen Kompetenzen der Adressatinnen und Adressaten ansetzen und die individuelle Förderung der Lernenden mit ihren spezifischen Bedarfen ermöglichen.

2. Berufliche Bildung in Deutschland

2.1 Systemüberblick

Das System der beruflichen Bildung in Deutschland nimmt innerhalb des gesamten Bildungssystems eine eigene Position ein. Berufliche Bildung berührt den Sekundarbereich II und den Tertiärbereich ebenso wie den quartären Bildungsbereich.[1] Eine herausragende Stellung in der beruflichen Bildung in Deutschland hat das duale System inne, das auf eine berufliche Erstausbildung zielt und auf dem zu einem erheblichen Teil die erlangte wirtschaftliche Stärke Deutschlands basiert. Die im internationalen Vergleich auf sehr hohem Niveau ausgebildeten nichtakademischen Fachkräfte sind ein wichtiges Element betrieblicher Wertschöpfung. Die auch international mit großem Interesse beachtete duale Berufsausbildung verbindet betriebliches Lernen mit dem Lernen in der Berufsschule in staatlich anerkannten Ausbildungsberufen (ausführlicher s. Riedl, 2011, S. 19ff.).

Neben den Berufsschulen führen Berufsfachschulen im beruflichen Schulwesen in der Sekundarstufe II zu einer vollzeitschulischen beruflichen Erstausbildung. Weiterführende berufliche Schulen fördern den beruflichen Aufstieg durch Fortbildung und ermöglichen geeigneten Schülerinnen und Schülern schulische Zugangsberechtigungen bis hin zum Erwerb der Hochschulreife. Aktuell übernehmen berufliche Schulen neue Aufgaben bei der Beschulung vieler neu zugewanderter Menschen, die je nach Alter gemäß den Ländergesetzen schulpflichtig sind und einen Anspruch auf Bildung haben (siehe Massumi et al., 2015).

Universitäten und Fachhochschulen zählen zum Tertiärbereich. Ihre Absolventinnen und Absolventen treten direkt in eine berufliche Tätigkeit ein. Fachschulen oder Fachakademien sind in Deutschland ebenfalls Bildungseinrichtungen des tertiären Bereichs, die ein Fachstudium mit starkem Praxisbezug anbieten. Als Einrichtungen der beruflichen Weiterbildung setzen sie eine berufliche Erstausbildung und meist Berufserfahrung voraus. Sie führen so zu einem staatlich anerkannten Berufsabschluss (z.B. Betriebswirt oder Techniker).

Die Leistungsfähigkeit des deutschen Berufsbildungssystems ist aus internationaler Sicht unbestritten, was eine aktuelle Studie der OECD[2] (2016) erneut belegt.

---

1 Sekundarbereich II: Gymnasiale Oberstufe, Vollzeitberufsschulen, Berufsschulen innerhalb des dualen Systems sowie Übergangsbereich mit Berufsvorbereitungsjahr, Berufsgrundbildungsjahr, Berufsintegrationsklassen. Tertiärbereich: Universitäten, Fachhochschulen, berufliche Fachschulen, Fachakademien, Berufs- und Fachoberschulen, Schulen des zweiten Bildungsweges wie Abendschule oder Kolleg. Quartärer Bereich: Alle Formen der Weiterbildung (in Deutschland als eigene Stufe betrachtet, viele andere Staaten rechnen Weiterbildung dem tertiären Bereich zu).

2 Die *Organisation for Economic Cooperation and Development* (OECD) mit Sitz in Paris setzt sich aus 34 Mitgliedstaaten zusammen und ist in ihrem Selbstverständnis an Demokratie und Marktwirtschaft ausgerichtet.

Bereits Hoeckl und Schwartz (2010, S. 5) stellen das deutsche Berufsbildungssystem aus internationaler Sicht vor und kommen dabei zu folgender Einschätzung:

> „Die Berufsbildung ist in Deutschland fest in der Gesellschaft verankert und genießt hohes Ansehen. Das deutsche Berufsbildungssystem vermittelt Qualifikationen in einem breiten Spektrum von Berufen und passt sich flexibel an die sich wandelnden Arbeitsmarkterfordernisse an."

Das duale System ist in Deutschland besonders gut ausgebaut und verbindet Lernen im Betrieb mit Lernen in der Schule, um die Auszubildenden für einen erfolgreichen Übergang in die Vollzeitbeschäftigung vorzubereiten.

Eine der größten Stärken des dualen Systems ist das hohe Maß an aktivem Engagement der Arbeitgeberinnen und Arbeitgeber und anderen Sozialpartnerinnen und Sozialpartnern. Das System ist aber auch durch ein komplexes Geflecht von Kontrollen und Gegenkontrollen auf Bundes-, Länder-, Gemeinde- und Betriebsebene gekennzeichnet. Dadurch wird gewährleistet, dass die allgemeinen bildungspolitischen und wirtschaftlichen Ziele nicht durch kurzfristige Bedürfnisse seitens der Arbeitgeberinnen und Arbeitgeber verdrängt werden.

Die Mittelausstattung des Berufsbildungssystems ist insgesamt gut, wobei sich private und öffentliche Finanzierung ergänzen. Auch während der Wirtschaftskrise erhielt das Berufsbildungssystem weiter starke finanzielle Unterstützung und das betriebliche Ausbildungsangebot wurde aufrechterhalten.

Deutschland verfügt über gut entwickelte und institutionalisierte Forschungskapazitäten im Bereich der Berufsbildung, u.a. mit dem Bundesinstitut für Berufsbildung (BIBB) sowie einem bundesweiten Netz von Forschungszentren, die verschiedene Aspekte des Berufsbildungssystems untersuchen, um einen kontinuierlichen Innovations- und Verbesserungsprozess zu unterstützen."

2.2 Aktuelle Herausforderungen für die berufliche Bildung

Kurze Rückschau

Obwohl die berufliche Bildung in Deutschland zurückblickend immer wieder vor großen Herausforderungen stand (siehe Riedl, 2011, S. 51ff.), ließen sich diese bisher erfolgreich meistern. Exemplarisch genannt seien z.B. die in den 1970er Jahren kaum zu bewältigende Nachfrage nach Ausbildungsplätzen oder die um 1990 einsetzende, äußerst kontroverse Diskussion zur Anpassungsfähigkeit der beruflichen Bildung an den beschleunigten technischen, wirtschaftlichen und sozialen Wandel in der Gesellschaft. In diesem Zug wurde das deutsche Berufskonzept als Basis für die nichtakademische berufliche Bildung stark in Frage gestellt. Überlegungen zu einer Modularisierung der beruflichen Erstausbildung wurden zwar angestellt, sie konnten sich jedoch nicht durchsetzen (siehe Riedl & Schelten, 2013, S. 196ff.). Eine manifestierte Vorstellung zur herausragenden Bedeutung des Berufskonzeptes, nach der sich die Berufskompetenz in einem mehrjährigen, zeitlich zusammenhängenden Bildungsgang entwickelt, wirkte zusammen mit ordnungspolitischen Vorgaben für die berufliche Ausbildung in Deutschland einschränkend auf Möglichkeiten einer Modularisierung. Obwohl das deutsche Berufsbildungssystem ein Mischmodell aus staatlicher Steuerung und Marktsteuerung ist, liegt nach wie vor ein Großteil des Einflusses auf die Organisation einer Berufsausbildung bei den Regulierungsbehörden, die diesen Einfluss – auch vor dem Hintergrund des bisher bewährten und am Berufsprinzip ausgerichteten dualen Systems – kaum preisgeben wollen.

Aktuelle Handlungsfelder im Überblick

Aktuell bestehen für die Berufsbildungs- und Arbeitsmarktpolitik mehrere Bereiche, die nach Lösungsansätzen drängen: Einmal ist dies der sich seit einigen Jahren vollziehende demografische Wandel in einer alternden deutschen Bevölkerung. Davon sind bereits die sogenannten Neuen Bundesländer massiv betroffen, da dort seit längerem eine viel zu geringe Nachfrage nach Ausbildungsplätzen besteht (siehe BMBF, 2016, S. 16). Die zweite Herausforderung resultiert aus dem deutlich ansteigenden Zugang von Absolventinnen und Absolventen allgemeinbildender Schulen zu den Hochschulen und Universitäten, was zu einem verminderten Zugang von Schulabgängerinnen und Schulabgängern in eine nichtakademische berufliche Bildung führt. Dies könnte die über viele Jahre gewachsene und funktionell ausbalancierte Volkswirtschaft Deutschlands gefährden. Nida-Rümelin (2015, S. 16ff.) spricht bei dieser auch durch das Bildungssystem mitbedingten Entwicklung von einem „Akademisierungswahn", der dazu führen kann, dass „das duale System, das im Ausland so viel gelobte Modell der beruflichen Bildung, in Deutschland nicht zu retten" sei (ebd., S. 16). Die Besonderheiten dieses Ausbildungsmodells sind jedoch bisher auch ein Garant für eine im Vergleich zu anderen Ländern sehr niedrige Jugendarbeitslosigkeit. Denn die duale Berufsausbildung ist eine für viele offene und geeignete Einstiegsoption, die auch dazu führt, dass der überwiegende Teil der Bevölkerung in Deutschland zumindest über einen mittleren Bildungsabschuss verfügt. Gleichzeitig gelingt damit der reibungslose Übergang von der Ausbildung in den Beruf, was im aktuellen Bildungsbericht der OECD (2016) als größte Stärke des deutschen Bildungssystems herausgestellt wird: In nahezu keinem anderen OECD-Land ist der Anteil junger Menschen, die weder in Ausbildung noch erwerbstätig sind, so niedrig wie in Deutschland. Nur Island und die Niederlande weisen hier noch bessere Werte auf.

Eine weitere, bisher äußerst kontrovers geführte Diskussion befasst sich mit dem seit einigen Jahren prophezeiten Fachkräftemangel. Aktuell lässt sich keinesfalls ein durchgängiger Mangel an hinreichend qualifizierten Arbeitnehmerinnen und Arbeitnehmern für alle Wirtschaftsbereiche konstatieren (siehe BMBF, 2016, S. 126). Doch für viele Firmen in bestimmten Wirtschaftssegmenten wird es immer schwieriger, offene Stellen mit qualifizierten Fachkräften bzw. Ausbildungsinteressierten zu besetzen. So fehlen akademische als auch nichtakademische Fachkräfte bereits heute in technischen Berufen, dem sogenannten MINT-Bereich mit Mathematik, Informatik, Naturwissenschaften, Technik (ebd., S. 127) sowie im Gesundheits- und Pflegebereich (ebd., S. 105f.). Prognosen gehen davon aus, dass sich dieser Mangel weiter verschärfen wird, wenn die geburtenstarken Jahrgänge der 1950er und 1960er Jahre in den nächsten Jahren aus dem Berufsleben ausscheiden.

Der aktuelle Berufsbildungsbericht (BMBF, 2016, S. 18) verzeichnet bei den in 2015 neu abgeschlossenen Ausbildungsverträgen gegenüber 2014 erneut einen leichten Rückgang (0,2 Prozent). Dabei haben die Unternehmen in Deutschland mehr Ausbildungsplätze angeboten als im Vorjahr (0,4 Prozent). Vor dem Hintergrund der vor allem in Westdeutschland weiter sinkenden Zahlen an jungen Menschen, die demografisch bedingt aus den allgemeinbildenden Schulen ausscheiden, ist zumindest erfreulich, dass auch 2015 nahezu ebenso viele Ausbildungsverträge abgeschlossen werden konnten, wie im Vorjahr. Dramatisch sind jedoch die vielen unbesetzten Ausbildungsstellen. Ihnen stehen gleichzeitig viele unversorgte Bewerberinnen und Bewerber gegenüber. Folglich besteht hier ein erhebliches Passungsproblem, das sich zudem regional sehr stark unterscheidet (ebd., S. 66ff.). Dies bedeutet, dass es offensichtlich sehr viel schwieriger geworden ist, das betriebliche Ausbildungsangebot und die damit verbundenen Anforderungen mit den Ausbildungswünschen der Jugendlichen und deren Berufsvorstellungen zusammenzuführen.

Der bis vor einigen Jahren noch bedrohlich große Übergangsbereich in die berufliche Bildung (siehe Schelten, 2009) ist seit 2005 deutlich geschrumpft. Bis 2014 erfolgte ein Rückgang um 38,7 Prozent. Nach diesem kontinuierlichen Abwärtstrend ist die Zahl der Personen im Übergangsbereich 2015 erstmals wieder um 7,2 Prozent angestiegen, was vor allem auf Programme zum Erlernen der deutschen Sprache für neu Zugewanderte zurückzuführen ist (BMBF, 2016, S. 44). Im Übergangsbereich haben junge Menschen, die keinen Ausbildungsplatz gefunden haben, die Möglichkeit, mithilfe von berufsvorbereitenden Fördermaßnahmen z.B. Schulabschlüsse nachzuholen und ihre individuellen Chancen auf einen Ausbildungsplatz zu erhöhen. Besonders stark sind im Übergangsbereich Jugendliche vertreten, die einen Hauptschulabschluss (46,2 Prozent) oder keinen Schulabschluss (22,9 Prozent) haben (ebd., S. 56).

Der langfristig verzeichnete Rückgang junger Menschen im Übergangsbereich ist eng damit verbunden, dass aufgrund geringer werdender Absolventenzahlen aus den allgemeinbildenden Schulen ein größer werdender Teil leistungsschwächerer Jugendlicher nun einen Ausbildungsplatz erhält. Zunächst ist dies als eine positive Entwicklung zu sehen, da damit die traditionelle Stärke der dualen Berufsausbildung wieder mehr zum Tragen kommt, nämlich auch bildungsschwächere junge Menschen beruflich zu integrieren (siehe Riedl & Schelten, 2013, S. 67). Andererseits geht aus dem zahlenmäßig kleiner werdenden Übergangsbereich gleichzeitig ein weiteres Problem bei der Besetzung von Ausbildungsplätzen mit geeigneten Bewerberinnen und Bewerbern hervor: Ein großer Teil der Ausbildungsberufe ist theoretisch zunehmend anspruchsvoller geworden. Und so ist von Seiten der Betriebe immer wieder zu hören, dass die Ausbildungsreife[3] der in eine Berufsausbildung einmündenden Jugendlichen erheblich zurückgegangen sei. Um diese Widersprüchlichkeit aufzufangen, bedarf es struktureller Maßnahmen wie z.B. der hinreichenden Vermittlung von Basiskompetenzen in Deutsch und Mathematik sowie einer verstärkten Berufsvorbereitung bereits an allgemeinbildenden Schulen, damit auch leistungsschwächere Schülerinnen und Schüler eine für sie passende Berufsausbildung durchlaufen können. Dies könnte durch Konzepte der durchgängigen Sprachbildung und fachintegrierten Sprachförderung weiter unterstützt werden.

Bildungsintegration von neu zugewanderten jungen Menschen
Die neu hinzukommende Ausbildungs- und Bildungsintegration von geflüchteten jungen Menschen mit Bleibeperspektive bzw. anderen neu zugewanderten jungen Menschen ist eine weitere große Herausforderung aber ebenso große Chance für Deutschland. Da ein Großteil der Geflüchteten keine Berufsausbildung oder ein Studium abgeschlossen hat (nach der BAMF Flüchtlingsstudie von 2014 sind dies 61,1 Prozent aus Afghanistan, 73,2 Prozent aus dem Irak, 57,5 Prozent aus Syrien – siehe BMBF 2016, S. 50) und rund 50 Prozent unter 25 Jahren alt ist (ebd., S. 9), steigt die Nachfrage nach sprachlicher Bildung, Berufsorientierung, Berufsvorbereitung, Berufsausbildung und Nachqualifizierung erheblich. Dabei muss das Berufsbildungssystem unter Beibehaltung der bisherigen Qualitätsstandards die Integration der neu Zugewanderten in den Ausbildungs- und Arbeitsmarkt verfolgen und ihre besonderen Voraussetzungen einschließlich ihrer Heterogenität berücksichtigen. Der zentrale Kristallisationspunkt wird sein, inwieweit und ob es gelingt, für die Gruppe der Geflüchteten passende (Aus-)Bildungskonzepte und Beschäftigungsangebote zu schaffen und sie dafür mit den erforderlichen sprachlichen Fertigkeiten auszustatten, damit sie möglichst rasch an Gesellschaft und Arbeitsmarkt teilhaben können.

Aufgrund der Bildungsbiografien von neu zugewanderten Geflüchteten (siehe Baumann & Riedl, 2016) ist zu vermuten, dass sich für einen Großteil von ihnen beim Eintritt in eine duale Berufsausbildung mit einer mehrjährigen hochqualifizierten Vollausbildung mit hohem Theorieanteil unüberwindbare Herausforderungen auftun. Diese können zunächst von sprachlichen Defiziten im Deutschen, aber auch von einer teilweise nicht hinreichenden schulischen Grundbildung im Heimatland herrühren. Dies kann beispielhaft anhand der Länder Syrien und Albanien aufgezeigt werden: Eine Studie der OECD aus dem Jahr 2015 vergleicht

---

3   Zu diesem von der Bundesagentur für Arbeit aufgestellte Kriterienkonstrukt zu Mindestanforderungen für eine Berufsausbildung siehe die Kritik von Dobischat & Schurgatz (2015).

die Schülerleistungen in 81 Ländern, indem die Ergebnisse der PISA-Studie von 15-Jährigen aus dem Jahr 2012 mit den Ergebnissen der TIMS-Studie von Achtklässlern aus 2011 zusammengeführt werden. Dieser Abgleich der Werte internationaler Schülervergleichstests erscheint für die Einschätzung des durchschnittlichen Bildungsniveaus eines Landes plausibel, um zu Aussagen über vorhandene Kompetenzen im jeweiligen Land nach einer bestimmten Anzahl besuchter Schuljahre zu kommen. Interessant ist bei der genannten OECD-Studie, dass auch Daten von Syrien als Teilnehmer an der TIMS-Studie Eingang finden. Zudem hat an der einbezogenen PISA-Studie neben Deutschland unter anderem auch Albanien teilgenommen, das Land mit den zweitmeisten Asylanträgen nach Syrien (siehe BAMF, 2016). Die damals getesteten Schülerinnen und Schüler sind heute etwa 18 Jahre alt. Die in der Studie der OECD (2015) berichteten Daten zeigen folgende Ergebnisse: Auf der PISA-Kompetenzstufe 1 sind absolute Grundkompetenzen definiert, die in Deutschland 16 Prozent der Jugendlichen nicht erreichen. In Syrien sind es dagegen 65 Prozent, in Albanien 59 Prozent. Dies bedeutet, dass das durchschnittliche syrische Leistungsniveau 140 PISA-Punkte hinter dem deutschen liegt, das albanische 123 Punkte. „Diese Differenz – wohlgemerkt unter Gleichaltrigen – entspricht in etwa dem, was Schülerinnen und Schüler im Durchschnitt in vier bis fünf Schuljahren lernen" (Wößmann, 2016, S. 12). Demnach sind zwei Drittel der jungen Syrerinnen und Syrer und nahezu ebenso viele junge Albanerinnen und Albaner selbst in ihrer Muttersprache nur dazu in der Lage, einfachste Aufgaben zu lösen.

> „Nach internationalen Bildungsstandards müssen sie in Bezug auf die Beteiligung an einer modernen Gesellschaft als funktionale Analphabeten gelten. Diese Jugendlichen können in Deutschland, selbst wenn sie Deutsch gelernt haben, vermutlich kaum dem Unterrichtsgeschehen folgen, und ihnen wird zumeist die nötige Ausbildungsreife für die hiesigen Betriebe fehlen" (ebd.).

Wenn bisher die Gründe für den Abbruch eines Ausbildungsverhältnisses nahezu nicht der Berufsschule zugeschrieben wurden und demgegenüber betriebliche (70 Prozent), persönliche (46 Prozent) oder berufsbezogene (30 Prozent) Gründe vorherrschten (BMBF, 2009, S. 13), ist für die Gruppe der neu Zugewanderten zu befürchten, dass sie eher an den sprachlichen (und ggf. auch kognitiven) Anforderungen der Berufsschule im theoretischen Bereich der Berufsausbildung scheitern dürften.

Mögliche Lösungsansätze
Wenn nun traditionelle Ausbildungskonzepte (dual wie vollschulisch) zumindest für einen größeren Teil der neu Zugewanderten ungeeignet erscheinen, sind alternative Ansätze gefragt. Erfolgversprechend scheint, für diese Zielgruppe stärker auf eine zeitliche Entzerrung der beruflichen Erstausbildung zu setzen. Eine teilqualifizierende Berufsausbildung, die zunächst modular stärker berufspraktische Fähigkeiten betont, sprachlich anspruchsvolle, theoretische Anforderungen

begrenzt und daher an den tatsächlich vorhandenen Befähigungen der Adressatinnen und Adressaten ansetzt, kann durch die länger eingeräumte Zeit auch zum Erwerb der deutschen Sprache den Zugang zum Arbeitsmarkt eröffnen. Denkbare Branchen sind z.B. die Bereiche in der Gastronomie und im Hotelfach, im Lebensmittelhandwerk, im Landschafts- und Gartenbau sowie in Bauberufen, für die ein erhebliches Nachfragedefizit besteht (siehe BMBF, 2016, S. 68). Aber auch Helferberufe in der Kranken- und Altenpflege sind denkbar. Da teilqualifizierende Ansätze bisher zumindest nicht formal anerkannt existieren, sollten möglichst viele Branchen solche Konzepte auch gegen bisher bestehende Vorbehalte (siehe weiter oben) einführen. Idealerweise hält ein modulares Konzept die Möglichkeit offen, durchlaufene Module mit weiteren zu verbinden und ähnlich zu der bereits existierenden Stufenausbildung[4] eine Teilqualifizierung in eine vollqualifizierende Berufsausbildung aufzuwerten. Neu zugewanderte junge Menschen, die nach erfolgreichem Durchlaufen von Berufsintegrationsmaßnahmen einen dualen Ausbildungsplatz erhalten, benötigen in der Regel dazu begleitende Unterstützungsmaßnahmen wie die weitere, ausbildungsbegleitende sprachliche Qualifizierung durch Zusatzangebote und möglicherweise auch fachliche-inhaltliche Ergänzungsangebote zur Ausbildung. Hier sind die Dualpartnerinnen und Dualpartner hinsichtlich einer Abstimmung und der Eröffnung von Freiräumen für solche Angebote gefordert. Dazu wichtige Veränderungen von staatlicher Seite lassen sich z.B. bei Menschen mit Duldungsstatus beobachten. So können sie seit 2016 erstmals ausbildungsbegleitende Hilfe in Anspruch nehmen (SGB III § 75). Ein Zugang zu Assistierter Ausbildung (SGB III § 130) oder Berufsausbildungsbeihilfen (SGB III § 56, 59) eröffnet sich ihnen zudem nun nicht mehr erst nach vier Jahren Voraufenthaltsdauer, sondern bereits nach 15 Monaten. Bedenkt man, dass viele Bundesländer ein zweijähriges Modell zur Berufsintegration entwickelt haben (siehe Terrasi-Haufe, Baumann & Riedl, im Druck), ist diese Wartezeitverkürzung von elementarer Bedeutung.

---

4 Die Stufenausbildung sieht vor, dass auf eine berufliche Grundbildung (1. Jahr) eine allgemeine berufliche Fachbildung (2. Jahr) anschließt und darauf eine vertiefte berufliche Fachbildung folgen kann (3. Jahr). Mit dem Konzept ist die Differenzierung nach Eignung und Neigung Auszubildender verbunden.

3 Migrationsprozesse und ihr Einfluss auf die berufliche Bildung in Deutschland

3.1 Einwanderungsland Deutschland – Potenziale und Integrationsaufgaben

Hintergrund

Deutschland ist ein Einwanderungsland. Die Bundesrepublik Deutschland rückte nach dem OECD-Zuwanderungsranking im Jahr 2012 erstmalig auf Rang 2 nach den USA bei den dauerhaften Zuwanderinnen und Zuwanderern und hat damit klassische Einwanderungsländer wie Kanada und Australien hinter sich gelassen. Waren es 2012 noch primär die Folgen der Wirtschafts- und Finanzkrise, die immer mehr Menschen aus der EU nach Deutschland führten,[5] so sind es heute besonders Flüchtende aus den weltweit existierenden Krisenregionen. Somit sind Migration und Integration entscheidende Zukunftsthemen für die Politik, das Bildungswesen, den Arbeitsmarkt und die Gesellschaft. Damit entsteht ein besonders dringender Handlungsbedarf zur Verbesserung der Ausbildungschancen junger Menschen mit Migrationshintergrund. Schon bisher liegt deren Ausbildungsanfängerquote (31,1 Prozent) deutlich unter der junger Deutscher (56,3 Prozent, siehe BMBF, 2016, S. 47). Menschen mit Migrationshintergrund sind hier bereits seit langem klar benachteiligt.

Integration kann nur Erfolg haben, wenn sie verschiedene Bereiche wie Sprache, Kultur oder Grundwerte berührt. „Aber letztlich wird Integration in all diesen Dimensionen nur gelingen, wenn es auch gelingt, die Integration in den Arbeitsmarkt zu schaffen. Wenn sich Menschen jahrelang nicht in unseren Arbeitsmarkt einbringen können, kein Einkommen erzielen und untätig abwarten müssen, so wird dies Unzufriedenheit und Resignation hervorrufen, radikale Kräfte stärken und letztlich eine bereitwillige Integration in unsere Gesellschaft nahezu unmöglich machen" (Wößmann, 2016, S. 11). Spracherwerb und berufliche Qualifizierung sind dafür entscheidende Faktoren.

Statistische Effekte auf das Erwerbspersonenpotenzial

Das Erwerbspersonenpotenzial in Deutschland als Maß für das im Inland zur Verfügung stehende Angebot an Arbeitskräften geht aufgrund des Bevölkerungsrückgangs in den kommenden Jahrzehnten nach Schätzungen des Instituts für Arbeitsmarkt- und Berufsforschung (IAB) deutlich zurück. Auch ein kräftiger Anstieg der Erwerbsquote von Frauen und eine weiter steigende Zuwanderung können diesen Prozess zwar verlangsamen, aber nicht aufhalten. Gleichzeitig erhöht sich das Durchschnittsalter der im Arbeitsmarkt befindlichen Personen, wo-

---

5   Was nicht darüber hinwegtäuschen soll, dass auch 2012 der Haupteinwanderungsgrund unter nicht-EU-Bürgerinnen und Bürgern der Familiennachzug war (BAMF, 2014, S. 29ff.).

bei die Zahl der Erwerbspersonen jüngeren und mittleren Alters dramatisch sinkt (IAB, 2005). Durch die Zuwanderung von Asylbewerberinnen und Asylbewerbern steigt das Erwerbspersonenpotenzial mittelfristig um etwa 600.000 Personen, was einer Zunahme von 1,3 Prozent entspricht. Der Effekt auf den Jahresmittelwert ist im Jahr 2015 mit unter 50.000 Personen noch gering. Er steigt nach Prognosen des IAB (2015a) auf über 380.000 Personen im Jahr 2016 und auf 640.000 Personen in 2018. Da überwiegend junge Asylsuchende nach Deutschland kommen, wirken sie dem gestiegenen Durchschnittsalter von Erwerbspersonen bei der Übernahme einer Berufstätigkeit entgegen, da sich in den Altersgruppen bis 44 Jahren positive Effekte der Zuwanderung am stärksten abzeichnen werden.

Allerdings ist auch zu bedenken, dass die nachhaltige Integration von Geflüchteten und anderen Migrantinnen und Migranten in den Arbeitsmarkt nur langfristig gelingen kann. Aus zurückliegenden Erfahrungen mit der Zuwanderung von Geflüchteten zeigt sich, dass ihr Anteil an Beschäftigten in der Bevölkerung im Alter von 15 bis 64 Jahren im Zuzugsjahr durchschnittlich bei acht Prozent liegt, nach fünf Jahren bei knapp 50 Prozent, nach zehn Jahren bei 60 Prozent und nach 15 Jahren bei knapp 70 Prozent (IAB, 2015b). Damit gelingt Geflüchteten im Vergleich zu anderen Migrantengruppen bisher die Integration in den Arbeitsmarkt deutlich später. Erst nach ca. 15 Jahren lassen sich solche Unterschiede nicht mehr feststellen.

Altersstruktur von Zuwanderern

Insgesamt betrachtet lässt die Altersstruktur der Asylbewerberinnen und Asylbewerber einiges Potenzial erkennen. 2014 waren 81 Prozent der Asylerstantragstellerinnen und -antragstellern 35 Jahre und jünger, 70 Prozent waren 30 Jahre und jünger und mit über 50 Prozent mehr als die Hälfte jünger als 25 Jahre. Der Kinderanteil (bis 15 Jahre) beträgt 28 Prozent, die 16- bis 24-Jährigen machen 27 Prozent aus. Insgesamt sind 81 Prozent der Geflüchteten im erwerbsfähigen Alter. Da auch 2015 mehr als die Hälfte der Geflüchteten mit gestellten Asylerstanträgen entweder noch im Schulalter ist oder der Altersgruppe der 16- bis 24-Jährigen angehört, die sich üblicherweise in Ausbildung befindet, muss deren Bildungspotenzial als sehr hoch eingeschätzt werden (s. IAB, 2015b). Der Blick auf vorhandene bzw. angegebene Bildungskarrieren führt zu der Frage, inwieweit ein großer Teil der Geflüchteten – oder allgemeiner gesprochen der Migrantinnen und Migranten – hier in Deutschland in der Form bisheriger Ausbildungskonzepte ausgebildet werden kann, von welchem Bildungsniveau dabei auszugehen ist und zu welchen Herausforderungen dies für das Bildungssystem führt.

3.2 Anforderungen an Lehrkräfte

Lehrkräfte sind Experten für Lehren und Lernen in Schule und Unterricht. Sie verfügen über ein elaboriertes fachliches und pädagogisches Wissen, das sie in der sozialen Interaktion mit den Lernenden unter Berücksichtigung berufsethischer Standards für den Lehrerberuf in vielfältigen Situationen zum Einsatz bringen. Lehrkräfte begegnen in Unterricht und Schule vorwiegend schlecht kalkulierbaren Herausforderungen in offenen Aufgaben- oder Problemsituationen (s. Riedl, 2011, S. 84 und s. Terrasi-Haufe in diesem Band). Sie müssen daher äußerst flexible Problemlöserinnen und Problemlöser sein, um die vielfältigen und oft wechselnden Anforderungen erfolgreich zu bewältigen. Professionalität im Lehrerberuf ist gekennzeichnet durch ein situationsflexibles Handeln, das sich auf eine große Handlungsvielfalt stützt. Ein situationsgerechtes Reagieren umschließt die präzise Wahrnehmung der Anforderungssituation und ein differenziertes, theoriegeleitetes Reflexionsvermögen im Hinblick auf mögliche Handlungen und deren Folgen. Da sich ein Großteil der Lehrkräfte an beruflichen Schulen über die studierte berufliche Fachrichtung definiert und darin eine hohe domänenspezifische Expertise besitzt, begegnen ihnen insbesondere im Unterricht mit Geflüchteten und bei der Vermittlung von Deutsch als Zweitsprache neue Herausforderungen.

Baumann und Riedl (2016, S. 127f.)[6] resümieren als Ergebnis ihrer Studie u.a., dass die Diskussion um eine entsprechende Qualifizierung von Lehrkräften für den Umgang mit sprachlicher und kultureller Heterogenität an Schulen keine neue Forderung ist. In den letzten Jahren wurde sie jedoch stark forciert unter dem Blickwinkel eines sprachbewussten Regelunterrichts (s. z.B. Baur et al., 2009; ISB, 2012), der sich der sprachlichen Bildung aller Schülerinnen und Schüler bzw. der gezielten sprachlichen Förderung einzelner Kinder und Jugendlicher mit Unterstützungsbedarf widmet. Die in diesem Zuge entstandenen Curricula für die Lehrerbildung in Form von Modulen oder ganzen Studiengängen (vgl. Baumann & Becker-Mrotzek, 2014) sowie deren Umsetzung in ein konkretes Veranstaltungsangebot zielen stark auf die Bedarfe von Schülerinnen und Schülern mit ausgeprägten alltagssprachlichen Kompetenzen, oder Unterstützungsbedarf im Bereich der Bildungssprache. Bei neu zugewanderten Schülerinnen und Schülern stehen die Schulen nun vor der Herausforderung, zunächst einmal Förderangebote im Bereich von Basiskenntnissen des Deutschen zu entwickeln. Lehrkräfte, Sozialpädagoginnen, -pädagogen etc. haben Schülerinnen und Schüler vor sich, die Deutsch als neue Sprache erwerben wollen, beginnend im Bereich der grundlegenden Sprachverwendung, d.h. dem Niveau A nach dem Gemeinsamen Europäischen Referenzrahmen. Der Erwerb dieses basalen sprachlichen Handlungsrepertoires benötigt neben einer adäquaten Lernumgebung zunächst einmal vor allem eins: Zeit (Michalak, Lemke & Goeke, 2015, S. 10). Gleichzeitig besteht überall dort, wo institutionelle Übergänge anstehen (z.B. Berufsvorbereitung – Ausbildungsverhält-

---

6   Die nachfolgende Textpassage ist eng angelehnt an die zitierte Quelle.

nis) der Anspruch, sich nicht zu lange mit der Förderung von Grundlagen aufzu-halten. Stattdessen erwartet man von den Schülerinnen und Schülern möglichst schnell das Vermögen, dass sie fachliches Wissen und Können in der Sprache des Unterrichts entwickeln (ebd., S. 13). Voraussetzungen dafür sind sprachliche Kompetenzen als eine Art Werkzeug, das Fachinhalte zugänglich und produzierbar macht. Somit wird eine wesentliche Kompetenz von pädagogischen Fachkräften künftig darin bestehen, die unterschiedlichen Eingangsvoraussetzungen der Schülerinnen und Schüler sowie ihre Relevanz für den weiteren Bildungsprozess zu erkennen und differenzierte Bildungsangebote zu gestalten. Die damit angesprochenen Kompetenzen in den Bereichen Diagnostik und Förderung sind voraussetzungsreich und bedürfen einer entsprechenden Qualifikation. Es gilt zudem zu klären, welche Zielsetzungen sowohl für die Schülerinnen und Schüler als auch für die pädagogischen Fachkräfte in welchem Zeitraum zu bewältigen sind. Pauschal wird sich diese Frage sicherlich nicht beantworten lassen. Es ist abzusehen, dass Schulen flexible Curricula und Lehrmaterialien benötigen.

Für die Lehrerbildung (nicht nur) an beruflichen Schulen wird daher immer wichtiger, dass alle Studierenden zumindest eine Sensibilisierung hinsichtlich der sprachlichen und kulturellen Vielfalt ihrer Schülerinnen und Schüler erfahren und Vorstellungen entwickeln, wie Fördermaßnahmen entsprechend zu gestalten sind. Zumindest ein Teil der Lehrkräfte an beruflichen Schulen sollte über eine darüber deutlich hinausgehende Befähigung verfügen, wie es z.B. durch neu eingerichtete Teilstudiengänge, die ein Unterrichtsfach ersetzen, möglich ist (siehe dazu Terrasi-Haufe & Baumann in diesem Band).

Studiengänge mit dieser Professionalisierungsabsicht müssen angehende Lehrkräfte dazu befähigen, sich auf Basis fundierter theoretischer Kenntnisse sensibel mit der individuellen, schulischen und gesellschaftlichen Situation von Menschen mit sprachlichem Förderbedarf, Migrationshintergrund, Geflüchteten und Mehrsprachigen auseinanderzusetzen. Auf der Basis grundlegender theoretischer Ansätze der Linguistik, der Literaturwissenschaft, der Didaktik des Deutschen als Zweitsprache, der Mehrsprachigkeit und der interkulturellen Kommunikation erschließen sich den Studierenden die Besonderheiten des Deutschen, auch im Vergleich zu anderen Sprachen. Sie erkennen Zusammenhänge zwischen fachlichem und sprachlichem Lernen und sind in der Lage, anwendungsorientierte Methoden heranzuziehen, um zielgruppenspezifische Lernsituationen für einen sprachsensiblen Fachunterricht und Lerneinheiten zur Vermittlung schulisch und beruflich relevanter fachsprachlicher Kompetenzen (schriftlich wie mündlich) zu konzipieren. Sie können dazu individuelle Förderbedarfe diagnostizieren und geeignete Sprachförderpläne erstellen. Damit sie ihre Lehrerrolle in einem komplexen Umfeld kultureller und sprachlicher Heterogenität bewusst wahrnehmen und reflektieren können, sind sie langfristig in der Lage, ausgewählte sprach-, literatur-, kultur- und kommunikationswissenschaftliche Forschungsliteratur zu rezipieren und Ergebnisse zu beurteilen.

4   Ausblick

Das bisher äußerst wandlungsfähige System der beruflichen Bildung in Deutschland steht erneut vor großen Aufgaben. Da insbesondere an beruflichen Schulen von einer nicht nur sprachlich extrem heterogenen Schülerschaft auszugehen ist, stehen Lehrkräfte hier vor besonderen Herausforderungen. „Eine zentrale Aufgabe besteht darin, mögliche Bildungsbenachteiligungen, deren Ursache eine nicht ausreichende sprachliche Kompetenz der Jugendlichen darstellt, zu mildern bzw. auszuräumen" (Günther & Niederhaus, 2014, S. 145). Dies darf sich keineswegs auf den Deutschunterricht oder auf additive Förderangebote beschränken, sondern muss vielmehr kontinuierliche Aufgabe aller Lehrkräfte auch im Fachunterricht sein (s. Prinzip der durchgängigen Sprachbildung). Methodisch bedeutet das für einen Unterricht, der diese Anforderungen einlöst, sich insbesondere für die Förderung von Lese- und Schreibkompetenz am Konzept der Lernaufgaben (siehe Riedl & Schelten, 2013, S. 151ff.) auszurichten und die bisher praktizierte methodische Großform der Leittextmethode (siehe Riedl, 2011, S. 241ff.) sprachsensibel aufbereitet zum Einsatz zu bringen. Die verbale Kommunikationsfähigkeit unterstützt das didaktische Element der Fachgespräche (ebd., S. 204ff.), das mit authentischen, beruflichen Bezügen in bidirektional-reversiblen Gesprächssituationen in Kleingruppen erfolgt. Dabei lässt sich den Schülerinnen und Schülern neben der fachinhaltlichen Komponente auch transparent machen, welche sprachlichen Kompetenzen zu erwerben sind und über welche sie bereits verfügen.

Um die Potenziale zukünftiger Auszubildender besser erkennen und nutzen zu können, sind Verfahren erforderlich, mit denen individuelle Fähigkeiten (auch Teilqualifikationen) und Neigungen festgestellt und mit beruflichen Anforderungen abgeglichen werden können. Damit lässt sich feststellen, welche ergänzenden Maßnahmen ergriffen werden müssen, um Ausbildungszugänge mit der Chance auf einen Berufsabschluss realistisch werden zu lassen oder unmittelbar eine qualifizierte Beschäftigung aufnehmen zu können.

Literatur

BAMF (2014). *Migrationsbericht 2012.* Nürnberg: Bundesamt für Migration und Flüchtlinge.

BAMF (2016). *Asylgeschäftsstatistik für den Monat Dezember 2015.* Nürnberg: Bundesamt für Migration und Flüchtlinge.

Baumann, Barbara & Becker-Mrotzek, Michael (2014). *Sprachförderung und Deutsch als Zweitsprache an deutschen Schulen: Was leistet die Lehrerbildung? Überblick, Analyse und Handlungsempfehlungen.* Köln: Mercator-Institut für Sprachförderung und Deutsch als Zweitsprache.

Baumann, Barbara & Riedl, Alfred (2016). *Neu zugewanderte Jugendliche und junge Erwachsene an Berufsschulen. Ergebnisse einer Befragung zu Sprach- und Bildungsbiografien.* Frankfurt am Main: Peter Lang.

Baur, Rupprecht; Becker-Mrotzek, Michael; Benholz, Claudia; Chlosta, Christoph; Hoffmann, Ludger; Ralle, Bernd; Salek-Schwartze, Agnieszka; Seipp, Bettina & Özdil, Erkan (2009). *Modul „Deutsch als Zweitsprache" (DaZ) im Rahmen der neuen Lehrerausbildung in Nordrhein-Westfalen.* Verfügbar unter: http://www.mercator-institut-sprachfoerderung.de/fileadmin/user_upload/DaZ_Modul_03.pdf [23.03.2017].

BMBF (2009). *Ausbildungsabbrüche vermeiden – neue Ansätze und Lösungsstrategien.* Berlin: Bundesministerium für Bildung und Forschung.

BMBF (2016). *Berufsbildungsbericht 2016.* Berlin: Bundesministerium für Bildung und Forschung.

Dobischat, Rolf & Schurgatz, Robert (2015). „Mangelnde Ausbildungsreife": ein Grund für den gescheiterten Übergang in die Ausbildung? *ARCHIV für Wissenschaft und Praxis der sozialen Arbeit, 3,* 48–58.

Günther, Karin & Niederhaus, Constanze (2014). Sprachförderung. In Edda Fiebig, Katrin Günther, Andrea Laake, Constanze Niederhaus, Udo Schäckermann, Grit Staufenbiel & Anja Walter (Hrsg.), *Individuelle Förderung: Leitfaden für berufliche Schulen* (S. 145–186). Berlin: Cornelsen.

Hoeckel, Kathrin & Schwartz, Robert (2010). *Lernen für die Arbeitswelt. OECD-Studien zur Berufsbildung – Deutschland.* Verfügbar unter: https://www.oecd.org/berlin/45924455.pdf [23.03.2017].

IAB (2005). *Projektion des Arbeitsangebots bis 2050* (Kurzbericht, 11). Nürnberg: Institut für Arbeitsmarkt- und Berufsforschung.

IAB (2015a). *Flüchtlingseffekte auf das Erwerbspersonenpotenzial* (Aktuelle Berichte, 17). Nürnberg: Institut für Arbeitsmarkt- und Berufsforschung.

IAB (2015b). *Flüchtlinge und andere Migranten am deutschen Arbeitsmarkt: Der Stand im September 2015* (Aktuelle Berichte, 14). Nürnberg: Institut für Arbeitsmarkt- und Berufsforschung.

ISB (2012). *Berufssprache Deutsch. Handreichung zur Förderung der beruflichen Sprachkompetenz von Jugendlichen in der Ausbildung.* München: Staatsinstitut für Schulqualität und Bildungsforschung.

Massumi, Mona; von Dewitz, Nora; Grießbach, Johanna; Terhart, Henrike; Wagner, Katarina; Hippmann, Kathrin & Altinay, Lale (2015). *Neu zugewanderte Kinder und Jugendliche im deutschen Schulsystem. Bestandsaufnahme und Empfehlungen.* Köln: Mercator-Institut für Sprachförderung und Deutsch als Zweitsprache; Zentrum für LehrerInnenbildung der Universität zu Köln.

Michalak, Magdalena; Lemke, Valerie & Goeke, Marius (2015). *Sprache im Fachunterricht. Eine Einführung in DaZ und sprachsensiblen Unterricht.* Tübingen: Narr.

Nida-Rümelin, Julian (2015). Akademisierungswahn. Plädoyer für eine Umkehr der Bildungspolitik. *Forschung & Lehre, 1,* 16–18.

OECD (2015). *Universal Basic Skills: What Countries Stand to Gain.* Paris: OECD Publishing.

OECD (2016). *Bildung auf einen Blick 2016: OECD-Indikatoren.* Bielefeld: Bertelsmann.

Riedl, Alfred (2011). *Didaktik der beruflichen Bildung.* Stuttgart: Steiner.

Riedl, Alfred & Schelten, Andreas (2013). *Grundbegriffe der Pädagogik und Didaktik beruflicher Bildung.* Stuttgart: Steiner.

Schelten, Andreas (2009). Der Übergangssektor – ein großes strukturelles Problem. *Die berufsbildende Schule, 61* (4), 107–108.

SGB III Sozialgesetzbuch Arbeitsförderung, zuletzt geändert am 18.07.2016.

Terrasi-Haufe, Elisabetta & Baumann, Barbara (2017). *Sprachliche und kulturelle Heterogenität an den Berufsschulen Bayerns – Reaktionen in der Lehrkräftebildung.* In diesem Band.

Terrasi-Haufe, Elisabetta; Baumann, Barbara & Riedl, Alfred (im Druck). Die Förderung neu Zugewanderter an beruflichen Schulen. In Christian Efing & Karl-Hubert Kiefer (Hrsg.), *Sprache und Kommunikation in der beruflichen Aus- und Weiterbildung. Ein interdisziplinäres Handbuch.* Tübingen: Narr.

Wößmann, Ludger (2016): Integration durch Bildung. *Forschung und Lehre, 1*, 10–13.

Mona Granato & Anke Settelmeyer

Berufliche Ausbildung von Jugendlichen mit und ohne Migrationshintergrund

Die Bedeutung von Sprache beim Zugang zu und in betrieblicher Ausbildung

1. Einleitung[1]

Deutschland ist seit Jahrzehnten ein Einwanderungsland. 2014 lebten rund 16,4 Millionen Menschen mit einem Migrationshintergrund in Deutschland. Jeder Fünfte hat einen Migrationshintergrund, bei den 15- bis unter 20-Jährigen sind es ca. 28 Prozent. Zwei von drei der 15- bis unter 20-Jährigen mit Migrationshintergrund sind in Deutschland geboren und haben keine eigene Migrationserfahrung (66 Prozent), rund drei von vier haben die deutsche Staatsangehörigkeit (77 Prozent, Statistisches Bundesamt, 2015). Mit der Einwanderung geht eine zunehmende grenzübergreifende Mobilität innerhalb der Europäischen Union, gerade auch junger Menschen im Kontext transnationaler Arbeitsmigration einher. Damit verbunden ist eine Vielfalt von Sprachen, die in Deutschland, neben dem Deutschen, gesprochen werden. Das breite Spektrum migrationsbedingter Sprachen zeigt sich z.B. auch bei Grundschulkindern in Hamburg bzw. Essen mit 90 bzw. 122 verschiedenen Herkunftssprachen. Migrationsbedingte Mehrsprachigkeit ist in Familien mit Zuwanderungsgeschichte Bestandteil ihres Alltags. 90 Prozent der 2009/2010 von der Bundesagentur für Arbeit und dem Bundesinstitut für Berufsbildung befragten Jugendlichen mit Migrationshintergrund haben in der Familie neben der deutschen Sprache eine Herkunftssprache erworben (Reich & Settelmeyer, 2016, S. 128) und sind zwei- oder mehrsprachig aufgewachsen. Allerdings sind sie in weiterführenden Bildungsgängen, wie am Gymnasium und in der beruflichen Ausbildung unterrepräsentiert, worauf eine Reihe von Indikatoren der Bildungsberichterstattung verweisen (Autorengruppe Bildungsberichterstattung, 2016). Ein gelungener Bildungseinstieg in berufliche Ausbildung verändert jedoch ihre Aussichten *und* den Blick der Betriebe auf diese Zielgruppe.

Drei von vier Betrieben sind einer neueren Studie zufolge mit ihren Auszubildenden mit und ohne Migrationshintergrund gleichermaßen zufrieden (Scherr & Gründer, 2011). Die Zufriedenheit ist wechselseitig. Auch Auszubildende mit Migrationshintergrund sind mit ihrem betrieblichen Ausbildungsalltag überwiegend zufrieden und fühlen sich im Betrieb gut integriert (Granato & Hall, 2015). Trotzdem ist die berufliche Ausbildung von Jugendlichen mit Migrationshintergrund

---

[1] Wir danken den anonymen Gutachterinnen und Gutachtern für ihre konstruktive Überarbeitungshinweise, die in diesen Beitrag eingeflossen sind.

keine „Erfolgsstory". Denn noch immer münden sie deutlich seltener als Jugendliche ohne Migrationshintergrund in eine duale Berufsausbildung ein, selbst bei gleichen schulischen Voraussetzungen (Beicht, 2015).

Ausgehend von der aktuellen Situation auf dem Ausbildungsmarkt werden in dem vorliegenden Beitrag die Einmündungschancen in eine berufliche Ausbildung und bedeutsame Faktoren dargelegt, die den Übergang von Jugendlichen in eine berufliche Ausbildung beeinflussen. Dies umfasst auch betriebliche Entscheidungsprozesse, insbesondere die Bedeutung, die Betriebe der Kommunikations- und Sprachfähigkeit von Ausbildungsinteressenten beimessen.

Der zweite Schwerpunkt des Beitrags liegt auf der betrieblichen Ausbildung selbst: Wie nehmen Auszubildende ihren betrieblichen Alltag und damit einhergehende Anforderungen wahr? Gibt es Unterschiede zwischen Jugendlichen mit und ohne Migrationshintergrund? Die betriebliche Ausbildung wird darüber hinaus aus der Perspektive von Zugehörigkeit dargestellt, einem für die Analyse der beruflichen Ausbildung bislang selten verwendeten Ansatz.

Bei den Ausführungen im ersten und zweiten Schwerpunkt werden auch sprachliche Aspekte berücksichtigt.[2] Im dritten Schwerpunkt rückt Sprache in den Mittelpunkt der Ausführungen: Es werden an ausgewählten Berufen die Anforderungen *sprachlich-kommunikativer* Art dargestellt, die Auszubildende in der betrieblichen Ausbildung bewältigen müssen, und damit die Bedeutung, die Sprache in der Ausbildung hat, herausgearbeitet.

Der vorliegende Beitrag stützt sich u.a. auf zentrale Ergebnisse aktueller wissenschaftlicher Untersuchungen des Bundesinstituts für Berufsbildung (BIBB).

2. Zugang von Jugendlichen zu beruflicher Ausbildung

Angesichts des sich leicht entspannenden Ausbildungsmarktes haben sich die Übergangschancen von Jugendlichen in eine duale Berufsausbildung etwas verbessert, und es gehen weniger Schulabgängerinnen und Schulabgänger in eine Maßnahme des Übergangsbereichs über (Matthes, Ulrich, Flemming & Granath, 2016). Nach wie vor sind die Aussichten junger Menschen mit einem Migrationshintergrund in eine duale Ausbildung einzumünden jedoch deutlich geringer. Dies gilt auch für Bewerberinnen und Bewerber, die bei der Bundesagentur gemeldet und offiziell als ausbildungsreif anerkannt sind (vgl. Infobox 1). Während 42 Prozent der Bewerberinnen und Bewerber ohne Migrationshintergrund 2016 in eine betriebliche Ausbildung einmünden, sind es bei denjenigen mit Migrationshintergrund nur 26 Prozent (Beicht, 2017). Daran hat sich seit 2004 kaum etwas verändert. Bei Bewerberinnen und Bewerbern ohne Migrationshintergrund

---

2   Fragen zu Sprachniveau und Sprachförderung von Auszubildenden werden dabei nicht behandelt, da sie den Rahmen dieses Beitrags sprengen würden (vgl. dazu z.B. Lehman & Seeber, 2007; Baumann & Siemon, 2013).

INFOBOX 1

BIBB-Forschungsprojekt „Bildungsorientierungen und -entscheidungen Jugendlicher im Kontext konkurrierender Bildungsangebote" und BA/BIBB-Bewerberbefragung 2014

Ausgehend von den beruflichen Passungsproblemen auf dem Ausbildungsmarkt konzentriert sich das Forschungsprojekt auf den Berufsfindungsprozess von Schulabsolventinnen und -absolventen. Vorrangiges Ziel ist es, jene individuellen, sozialen und kontextuellen Faktoren zu identifizieren, die Jugendliche dazu bewegen, Ausbildungsangebote des dualen Systems aufzugreifen, außer Acht zu lassen oder sich Angeboten anderer Bildungssektoren zuzuwenden.

→ https://www.bibb.de/de/8475.php.

BA/BIBB-Bewerberbefragung 2014

Im Rahmen dieses Forschungsprojekts wurden die Teilnehmerinnen und Teilnehmer der BA/BIBB-Bewerberbefragung 2014 gebeten, Aussagen zu ihrem beruflichen Selbstkonzept zu machen, d.h. zu ihren Erwartungen an den künftigen Beruf.

Die BA/BIBB-Bewerberbefragung ist eine schriftlich-postalische, vom BIBB in Kooperation mit der Bundesagentur für Arbeit (BA) durchgeführte Repräsentativerhebung von jungen Menschen, die im Vermittlungsjahr 2013/14 bei den Arbeitsagenturen und den Jobcentern in gemeinsamer Trägerschaft (JCgE) als Ausbildungsstellenbewerberinnen und -bewerber gemeldet waren.

In der BA/BIBB-Bewerberbefragung 2014 wird ein Migrationshintergrund wie folgt definiert:
„Bewerber/-innen, die in Deutschland geboren sind und alleine die deutsche Staatsangehörigkeit besitzen und ausschließlich Deutsch als Muttersprache gelernt haben, gelten als Deutsche ohne Migrationshintergrund; für alle anderen wird von einem Migrationshintergrund ausgegangen." (Beicht & Gei, 2015, S. 5).

---

ist die Einmündungsquote in betriebliche Ausbildung dank einer leichten Entspannung auf dem Ausbildungsmarkt in den vergangenen zwölf Jahren um 6 Prozentpunkte gestiegen (2004 36 Prozent, 2016 42 Prozent), bei Bewerberinnen und Bewerbern mit Migrationshintergrund hingegen kaum (2004 25 Prozent, 2016 26 Prozent) (Beicht, 2016, 2017).

Die aktuelle Lage auf dem Ausbildungsmarkt ist durch wachsende Passungsprobleme gekennzeichnet: 2016 sank die Zahl der Jugendlichen, die einen Ausbildungsplatz nachgefragt haben, erneut leicht ab (600.000). Die betrieblichen Ausbildungsangebote stiegen demgegenüber leicht an (546.000). Dennoch gibt es weiterhin weniger Ausbildungsangebote als Jugendliche, die einen Ausbildungsplatz suchen. Gestiegen ist allerdings auch die Zahl unbesetzter Ausbildungsstellen auf rund 43.500 – ein neuer Höchststand seit 1996. Gleichzeitig gab es 2016 rund 81.000 Jugendliche, die keinen Ausbildungsplatz gefunden haben. Die Zahl der Jugendlichen, denen der Einstieg in Ausbildung nicht gelingt, liegt damit fast doppelt so hoch wie die Zahl der unbesetzten Ausbildungsplätze. Das heißt, es wird zunehmend schwieriger, das Angebot der Betriebe und die Nachfrage der Jugendlichen zusammenzubringen (Matthes et al., 2017). Schwierigkeiten bestehen nicht nur wegen *regionaler* Ungleichgewichte von Angebot und Nachfrage, sondern insbesondere aufgrund von Passungsproblemen auf der Ebene der Ausbildungsberufe. In kaufmännischen Berufen beispielsweise sucht eine große Zahl von Jugendlichen vergeblich einen Ausbildungsplatz. Demgegenüber bleiben z.B. im Lebensmittelhandwerk, im Gastronomie- und Hotelbereich mit ihren teils schwierigen Arbeitsbedingungen, Ausbildungsplätze unbesetzt (Matthes et al., 2017).

Der Mangel an dualen Ausbildungsplätzen und Passungsprobleme auf dem Ausbildungsmarkt tragen auch weiterhin zu den Schwierigkeiten von Jugendlichen bei der Suche nach einem Ausbildungsplatz bei (Granato & Ulrich, 2013). Hierbei spielen Einzelfaktoren bzw. Faktorenbündel eine entscheidende Rolle (Eberhard 2012).

2.1 Einmündung in berufliche Ausbildung unter Berücksichtigung zentraler Einflussfaktoren

Vergleicht man Familien mit ähnlich (ungünstigem) sozialen Status, so haben Familien mit Zuwanderungsgeschichte auch am Übergang Schule – Ausbildung häufiger als vergleichbare Familien ohne Migrationshintergrund höhere Bildungsaspirationen (Beicht & Walden, 2014; Becker, 2011). Diese verbinden sich vielfach mit dem Ziel sozial aufzusteigen, wobei gerade Eltern der ersten Generation aufgrund ihrer eigenen eingeschränkten Chancen dazu neigen, den sozialen Aufstieg auf die nächste Generation zu „verschieben" (Relikowski, Yilmaz & Blossfeld, 2012). Ihre Bildungsorientierung ist mit hohen Erwartungen der Eltern an ihre Kinder – Söhne wie Töchter – verbunden (Boos-Nünning & Karakaşoğlu, 2006).

Junge Frauen wie junge Männer, mit und ohne Migrationshintergrund, sind an einer qualifizierten Ausbildung und am Erfolg im Beruf interessiert. Ein hohes Einkommen (86 Prozent) und Aufstiegsmöglichkeiten (86 Prozent) bewerten Bewerberinnen und Bewerber unabhängig von einem Migrationshintergrund ähnlich oft als (sehr) wichtig (Abb. 1).

Häufiger äußern Bewerberinnen und Bewerber mit Migrationshintergrund jedoch den Wunsch, im künftigen Beruf anderen Menschen helfen zu können (mit MH 68 Prozent, ohne MH 60 Prozent). Hingegen ist es ihnen zum Beispiel seltener wichtig, im künftigen Beruf eigene Ideen oder Vorschläge einbringen zu können, so die Ergebnisse des BIBB-Forschungsprojekts „Bildungsorientierungen" (Infobox 1) (Granato & Eberhard, 2016).

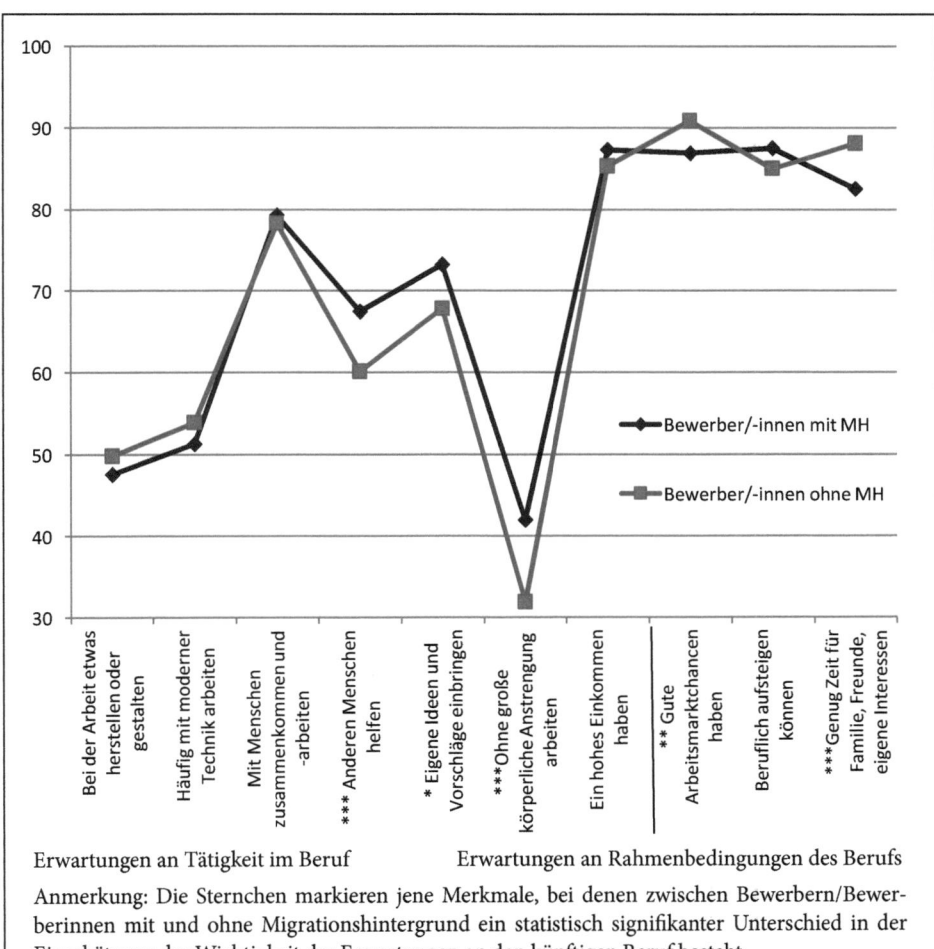

Abbildung 1:   Berufliche Selbstkonzepte: Erwartungen an den künftigen Beruf nach Migrationshintergrund in Prozent

Zusammenfassend lässt sich feststellen: An der Bildungsmotivation, den beruflichen Selbstkonzepten (Abb. 1) oder an den Bildungsorientierungen (Beicht, 2015) liegt es nicht, dass Jugendliche mit Migrationshintergrund geringere Chancen beim Übergang in eine betriebliche Ausbildung haben. Dies zeigen auch Ergebnisse der Übergangsforschung (Beicht & Walden, 2015).

Welche Ressourcenausstattung für den Übergang in (Aus-)Bildung erforderlich ist, wird, Bourdieu (2006) zufolge, über die „Spielregeln" in dem jeweiligen sozialen Feld definiert. Diese Spielregeln, also institutionelle Bedingungen, Opportunitäten aber auch Hindernisse, fallen je nach Bildungsbereich unterschiedlich aus. Die Passung zwischen individuellen Ressourcen und gesellschaftlichen

Anforderungen in dem jeweiligen Bildungsbereich ist demnach wesentlich für den Erfolg (Bourdieu, 1983, 2006). Die Übergangsforschung hat zentrale persönliche, kulturelle, soziale und ökonomische Ressourcen bzw. Kapitalien sowie institutionelle Faktoren und Rahmenbedingungen des Zugangs in berufliche Ausbildung herausgearbeitet, die die Wahrscheinlichkeit eines erfolgreichen Übergangs in Ausbildung beeinflussen (Eberhard, 2012).

So wachsen die Aussichten auf einen Ausbildungsplatz mit steigendem Schulabschluss. Bewerberinnen und Bewerber mit einem mittleren Schulabschluss münden, verglichen zu denjenigen mit maximal einem Hauptschulabschluss, mit rund 15 Prozentpunkten Differenz deutlich häufiger in eine betriebliche Ausbildung ein – anders bei Jugendlichen mit Migrationshintergrund: Ihre Einmündungsquote liegt bei einem mittleren Abschluss nur um 7 Prozentpunkte höher. D.h., selbst bei einem mittleren Schulabschluss finden nur 28 Prozent der Bewerberinnen und Bewerber mit Migrationshintergrund, aber 48 Prozent derjenigen ohne Migrationshintergrund einen betrieblichen Ausbildungsplatz (max. Hauptschulabschluss: mit MH 21 Prozent, ohne MH 28 Prozent, Beicht, 2017).

Deutliche Unterschiede treten auch innerhalb der Gruppe der Jugendlichen mit Migrationshintergrund auf. Bei einer Herkunft aus osteuropäischen bzw. GUS-Staaten liegt die Einmündungsquote in eine betriebliche Berufsausbildung bei 28 Prozent. Bei einer Herkunft aus der Türkei oder einem arabischen Staat bzw. aus südeuropäischen Staaten beträgt sie lediglich 21 Prozent bzw. 24 Prozent. Auch bei einem mittleren Abschluss münden Bewerberinnen und Bewerber bei einer Herkunft aus osteuropäischen bzw. GUS-Staaten zu 28 Prozent, bei einer Herkunft aus der Türkei bzw. einem arabischen Staat jedoch nur zu 22 Prozent in eine betriebliche Ausbildung ein (Beicht, 2017).

Neben den schulischen Voraussetzungen (Schulabschluss, Zeugnisnoten) haben weitere Aspekte des *kulturellen* Kapitals (z.B. Sozialkompetenz, Gespräche mit den Eltern oder ein früheres Amt als Klassen- bzw. Schulsprecher), des *sozialen* Kapitals (soziale Herkunft bzw. soziale Netzwerke) sowie *Kontextfaktoren* wie beispielsweise die (regionale) Ausbildungsmarktlage, Einfluss auf einen erfolgreichen Übergang in eine betriebliche Ausbildung (Eberhard, 2012). *Sprachkompetenzen* in der Sprache des Einwanderungslandes werden verstanden als ein Bestandteil des kulturellen Kapitals. In der beruflichen Ausbildung ist Sprache als Voraussetzung für das Lernen eine mittelbare, als Teil der beruflichen Handlungskompetenz eine unmittelbare Ressource.

Sprachkompetenzen als möglicher Einflussfaktor auf den Zugang in eine berufliche Ausbildung wurden in der Übergangsforschung bisher seltener untersucht. Es liegen wenige Studien vor, die die Selbsteinschätzung der Probanden als proxy, d.h. stellvertretend für ihre Sprachfähigkeit im Deutschen beim Zugang in Ausbildung berücksichtigen (z.B. Hunkler, 2010). Die Tatsache, dass Deutsch als erste Sprache in der Familie erlernt wurde, wird – ebenfalls selten – als proxy für das Humankapital von Jugendlichen beim Übergang in eine Ausbildung verwendet

(Diehl, Friedrich & Hall, 2009). Als weiterer Indikator wird die Deutschnote (z.B. im Abschlusszeugnis) als proxy für die schulische Vorbildung bzw. die schulische Leistungsfähigkeit genutzt (z.B. Eberhard, 2012; Enggruber & Ulrich, 2014; Kohlrausch & Solga, 2012). Dabei erweist sich die Deutschnote überwiegend als ein Prädiktor des Übergangserfolgs (Eberhard, 2012).

Berücksichtigt man all diese Faktoren, so weisen die Ergebnisse der BA/BIBB-Bewerberbefragungen, der BIBB-Übergangsstudien sowie weiterer Untersuchungen in die gleiche Richtung: Junge Menschen mit maximal Hauptschulabschluss oder mittlerem Schulabschluss münden bei einem Migrationshintergrund trotz engagierter Suchaktivitäten und längerer Übergangsprozesse seltener in eine betriebliche bzw. vollqualifizierende Ausbildung (ob dual oder vollzeitschulisch) ein. Auch andere Faktoren können dies nicht erklären. Dies betrifft sowohl (ungünstigere) schulische Voraussetzungen, Schulleistungen, Deutschnoten und metakognitive Fähigkeiten, (andere) Berufspräferenzen oder Suchstrategien, die bisher untersuchten kulturellen und sozialen Ressourcen bzw. die soziale Herkunft (Berufsabschluss, Studienberechtigung bzw. -abschluss der Eltern) als auch eine (erfolgreiche) Teilnahme an Unterstützungsangeboten im Übergangsprozess bzw. regionale Ausbildungsmarktlagen. Alle diese Faktoren bzw. Faktorenbündel können die geringeren Einmündungschancen junger Menschen mit Migrationshintergrund bzw. bestimmter Herkunftsgruppen in eine nichtakademische berufliche Ausbildung nicht abschließend erklären (Beicht, 2015; Beicht & Gei, 2015; Beicht & Walden, 2014a, 2015; Diehl, Friedrich & Hall, 2009; Eberhard, 2012; Seeber, 2011; Enggruber & Ulrich, 2014).

Die vorliegenden Forschungsergebnisse liefern zahlreiche Nachweise für die Benachteiligung nichtstudienberechtigter Jugendlicher mit Migrationshintergrund beim Übergang in eine berufliche Ausbildung. Dies gilt insbesondere bei einer türkischen bzw. arabischen Herkunft. Es ist zu vermuten, dass hier weitere Einflussgrößen wirksam werden, die auf eine strukturelle Benachteiligung hindeuten könnten (Diehl, Friedrich & Hall, 2009).

2.2 Rekrutierungsstrategien und -praxen von Betrieben

Neben kulturellen, sozialen und kontextuellen Faktoren beeinflussen insbesondere Rekrutierungspraxis und -strategien von Betrieben die Zugangschancen in eine betriebliche Ausbildung. Bei der Suche formulieren Betriebe unterschiedliche Erwartungen an künftige Auszubildende, u.a. auch an ihre sprachlichen Fähigkeiten.

In einer aktuellen Betriebsbefragung des BIBB von kleinen und mittleren Unternehmen in zehn ausgewählten dualen Berufen wurden u.a. die betrieblichen Anforderungen in schriftlichen Bekanntmachungen zur Suche von Auszubildenden untersucht (Ebbinghaus, Gei, Bahl & Flemming, 2016). Neben personalen und sozialen Kompetenzen, wie zum Beispiel Teamfähigkeit (69 Prozent) und Zuverlässigkeit/Pünktlichkeit (63 Prozent) der künftigen Auszubildenden, stellt

Kommunikationsfähigkeit[3] für über die Hälfte der Unternehmen (54 Prozent) eine weitere zentrale Anforderung dar. Zwischen den Berufen bestehen erhebliche Unterschiede: Betriebe, die Auszubildende zur Anlagenmechanikerin bzw. zum Anlagenmechaniker und zur Mechatronikerin bzw. zum Mechatroniker suchen, nennen Kommunikationsfähigkeit in den Anzeigen erheblich seltener (34 Prozent bzw. 44 Prozent) als Betriebe bei der Rekrutierung von Auszubildenden zur Fachinformatikerin bzw. zum Fachinformatiker (62 Prozent), zur Friseurin bzw. zum Friseur (63 Prozent), zur Restaurantfachfrau bzw. zum Restaurantfachmann (66 Prozent) sowie zur Kauffrau bzw. zum Kaufmann für Versicherungen und Finanzen (68 Prozent) oder im Einzelhandel (69 Prozent) (Ebbinghaus et al., 2016).

Im Entscheidungsprozess der betrieblichen Personalauswahl ziehen Personalentscheiderinnen und Personalentscheider wegen ihrer Unsicherheit über die zu erwartende Produktivität von Bewerberinnen und Bewerbern neben formalen Merkmalen wie dem Schulabschluss zusätzlich andere individuelle Ressourcen des kulturellen und sozialen Kapitals als Kriterien für ihre Auswahl heran. Neben Kommunikations- und Teamfähigkeit stellen Arbeitstugenden, wie zum Beispiel Zuverlässigkeit, Umgangsformen, aber auch die Akzeptanz von Regeln wichtige Selektionskriterien bei der Auswahl von Auszubildenden dar (Gericke, Krupp & Troltsch, 2009; Kohlrausch & Richter, 2013). Deutschkenntnisse werden als sehr bzw. eher wichtiges Kriterium, sprachliches Ausdrucksvermögen im Durchschnitt als eher wichtiges Kriterium der Auswahl von Auszubildenden eingeschätzt; sie rangieren an achter bzw. elfter Stelle von 20 untersuchten Kriterien (Kohlrausch, 2013). Da standardisierte Selektionsverfahren wie Einstellungstests, Assessment Center oder Arbeitsproben, mit denen sich diese Fähigkeiten möglicherweise feststellen ließen, von Betrieben im Vergleich zu Vorstellungsgesprächen und Probetagen deutlich seltener genutzt werden (Gericke et al., 2009), sind Personalverantwortliche auf proxys angewiesen. Denn auch bei Berücksichtigung kultureller bzw. sozialer Ressourcen erlangen Arbeitgeberinnen und Arbeitgeber keine vollkommene Transparenz über die Leistungsfähigkeit von Bewerberinnen und Bewerbern und verwenden daher zur Selektion zusätzliche Wahrscheinlichkeitsannahmen. Dafür stützen sich Personalverantwortliche statt auf leistungsbezogene Kriterien, so die „Signaling"-Theorie, auf Vermutungen über das ‚Misserfolgsrisiko', das sie bei einer Bewerberin oder einem Bewerber bzw. bei der Gruppe, zu welcher sie die Bewerberin bzw. den Bewerber zuordnen, vermuten (Solga, 2005). Hierfür nutzen sie „askriptive" Merkmale wie „Herkunft" oder „Geschlecht" (Solga, 2005). Die *Verwertbarkeit* von Bildungstiteln und Ressourcen hängt demnach in erheblichem Maße von solchen Zuschreibungen, d.h. von dem Grad der *gesellschaftlichen Anerkennung* der Ressourcen eines Individuums – nach Bourdieu (1983) symbolisches Kapital – ab.

---

3 Dem Fragebogen wurde keine Definition hinzugefügt, sondern auf ein allgemeingültiges Verständnis des Begriffs Kommunikationsfähigkeit rekurriert (Ebbinghaus et al., 2016).

So hat beispielsweise ein mittlerer Schulabschluss bei einem Jugendlichen *mit* Migrationshintergrund einen anderen, nämlich niedrigeren *Signalwert* als bei einem Jugendlichen ohne Migrationshintergrund (Kap. 2.1).

Auch Sprache und Namen stellen solche Merkmale dar, die im Rekrutierungsprozess als *gruppenspezifische Signale* verwendet werden können. So zeigt eine Untersuchung, bei welcher Bewerbungsschreiben von fiktiven männlichen Bewerbern mit deutschen bzw. türkischen Namen und gleichwertigen Eignungsprofilen und Qualifikationen an Betriebe versendet wurden, dass Bewerber mit türkischem Namen gerade beim Beruf KFZ-Mechatroniker signifikant seltener zu einem Bewerbungsgespräch eingeladen werden (Schneider, Yemane & Weinmann, 2014). Dies weist auf ein diskriminierendes Verhalten der Betriebe hin.

Sprache ist für Personalentscheiderinnen und Personalentscheider ein *Signal* und wird als betriebliches Selektionskriterium eingesetzt. Welche *unterschiedliche* Bedeutung Sprache als Zuschreibung über Sprachfähigkeiten im Rekrutierungsprozess haben kann, darauf verweisen u.a. folgende Ergebnisse:

1. Einstellung von Auszubildenden *trotz* offensichtlicher sprachlicher Defizite im Deutschen

Neben den Betrieben, die bei der Ablehnung von Bewerberinnen und Bewerbern mit sprachlichen Defiziten argumentieren (s.u.), gibt es Betriebe, die Jugendliche *trotz* eines begrenzten Sprachvermögens im Deutschen einstellen. Sie haben die Erfahrung gemacht, dass sich insbesondere die mündliche Ausdrucksfähigkeit im Laufe der Ausbildung deutlich verbessern kann (Bethscheider, Settelmeyer & Hörsch, 2011). Zudem scheinen andere Kompetenzen der Jugendlichen, z.B. handwerkliches Geschick, das sie während eines Praktikums im Betrieb unter Beweis gestellt haben, fehlende sprachliche Kompetenzen im Deutschen kompensieren zu können.

2. Sprache als Argument, Jugendliche mit Migrationshintergrund *nicht* als Auszubildende einzustellen

Rund drei von vier Betrieben sind, so eine Studie in Süddeutschland, mit der Leistung ihrer Auszubildenden mit und ohne Migrationshintergrund gleichermaßen zufrieden (Scherr & Gründer, 2011). Dennoch: jeder fünfte Betrieb vergibt Ausbildungsplätze aufgrund seines wirtschaftlichen Tätigkeitsfeldes bzw. der Kundenerwartungen vorzugsweise an deutschstämmige Jugendliche – insbesondere Betriebe ohne Auszubildende mit Migrationshintergrund (Scherr & Gründer, 2011). In eine ähnliche Richtung weist auch eine andere Betriebsbefragung: 70 Prozent der Betriebe bescheinigen ihren Auszubildenden mit türkischem Migrationshintergrund einen problemlosen Kundenkontakt. Gleichzeitig vertreten 45 Prozent dieser Betriebe die Ansicht: „Bei Jugendlichen mit Migrationshintergrund hapert es ganz klar an der deutschen Sprache" (Kohlrausch & Richter, 2013, S. 7).

Sprachfähigkeit im Deutschen wird von Personalentscheiderinnen und Personalentscheidern als Signal für „Integration" gedeutet; auch das Beherrschen des lokalen / regionalen Dialekts kann als (weiteres) Signal für Integration verstanden werden: Vermuten Personalentscheiderinnen bzw. Personalentscheider, dass es daran mangelt, so werden Bewerberinnen und Bewerber mit Migrationshintergrund nicht in Betracht gezogen (Scherr, Janz & Müller, 2015). Nach Imdorf (2008) dienen die von den untersuchten Betrieben verwendeten Logiken und Zuschreibungen mehrheitlich dazu, den Ausschluss von „als ausländisch geltenden Bewerbern" und das sogenannte Inländerprimat, d.h. den Erhalt ethnischer Homogenität in der Belegschaft, zu legitimieren: „Das Argument der defizitären Sprachkenntnisse dient der betrieblichen Legitimation des Ausschlusses von ausländischen Bewerbern offensichtlich in besonderem Maße" (Imdorf 2008, S. 2035, 2055).

3. Sprache als Ressource: Einstellung von Auszubildenden aufgrund ihrer migrationsbedingten Sprachkompetenzen

Die Betrachtung von Chancen und Hemmnissen beim Zugang in berufliche Ausbildung wäre unvollständig, würden bei Jugendlichen mit Migrationshintergrund nicht auch migrationsbedingte Ressourcen berücksichtigt. Die Jugendlichen verfügen z.T. migrationsbedingt über Sprachkompetenzen, die bei der Suche eines Ausbildungsplatzes von Vorteil sein können. Der Analyse von Stellenanzeigen für Auszubildende zufolge, die über die Bundesagentur für Arbeit bekannt gemacht wurden, suchen Betriebe auch Auszubildende mit Kenntnissen in z.B. Russisch, Spanisch, Türkisch, Portugiesisch und Polnisch. Es sind dies Sprachen, über die Jugendliche migrationsbedingt verfügen können (Settelmeyer, Bremser & Lewalder, 2017) und die in verschiedenen Berufsbereichen nachgefragt werden, insbesondere im Handel, in der Gastronomie, im Tourismus und in medizinischen Berufen. Vereinzelt fragen Betriebe diese Sprachen schon bei der Suche von Auszubildenden nach, entsprechende Kompetenzen sind teilweise sogar zwingende Voraussetzung für eine Bewerbung (zur beruflichen Verwendung migrationsbedingter Sprachkompetenzen siehe Reich & Settelmeyer, 2016; Settelmeyer & Werner, 2016).

3. Ausbildung aus Sicht der Auszubildenden

Ein Migrationshintergrund ist nicht nur beim Zugang in Ausbildung, sondern auch *während der* Ausbildung von Bedeutung, so Untersuchungen zu betrieblichen Ausbildungsbedingungen und zur Zugehörigkeit.

3.1 Ausbildungsbedingungen und wie Auszubildende sie sehen

Die geringeren Übergangschancen von Jugendlichen mit Migrationshintergrund wirken sich auch auf ihre Platzierung in der beruflichen Ausbildung aus. Beispielsweise münden sie erheblich seltener in ihren Wunschberuf ein (Diehl, Friedrich & Hall, 2009). Zudem erweisen sich die Rahmenbedingungen der betrieblichen Ausbildung oftmals als ungünstiger. So werden sie häufiger in Ausbildungsberufen mit einer höheren Vertragslösungsquote ausgebildet (Beicht & Walden, 2014b).

Dennoch: Unabhängig von einem Migrationshintergrund erfahren Auszubildende im betrieblichen Alltag häufig ähnliche Anforderungen, so Ergebnisse der BIBB/BAuA-Jugenderwerbstätigenbefragung 2011/2012 (Infobox 2). Sie empfinden diese zumeist auch als ähnlich positiv oder belastend. Als Belastung empfinden sie vor allem Termin- und Arbeitsdruck, die geforderte Arbeitsmenge bzw. -geschwindigkeit, Störungen im Arbeitsablauf bzw. Multitasking. Häufig wird von ihnen erwartet, schnell zu arbeiten und verschiedene Arbeiten oder Vorgänge gleichzeitig im Auge zu behalten (Tab. 1).

INFOBOX 2
BIBB/BAuA-Jugenderwerbstätigenbefragung 2012
Die BIBB/BAuA-Jugenderwerbstätigenbefragung 2012 ist eine telefonische Repräsentativbefragung von rund 3.200 jungen Erwerbstätigen und Auszubildenden im Alter von 15 bis 24 Jahren mit einer Arbeits- beziehungsweise Ausbildungszeit von mindestens zehn Stunden pro Woche. Rund 1.100 der befragten Jugendlichen befinden sich in einer dualen Ausbildung (Hall, 2015).

Der Migrationshintergrund wird wie folgt definiert: Ein Migrationshintergrund liegt vor, wenn die Befragten eine ausländische Staatsangehörigkeit haben oder (auch) eine andere Muttersprache als Deutsch im Kindesalter erlernt haben. Auszubildende ohne Migrationshintergrund haben die deutsche Staatsangehörigkeit und zudem Deutsch als erste und einzige Muttersprache erlernt. Nach dieser Definition liegt der Anteil an Auszubildenden mit Migrationshintergrund in der BIBB/BAuA-Jugenderwerbstätigenbefragung 2012 bei 20,4 Prozent (n=182) (Granato & Hall, 2015).

Etwa ein Drittel der Jugendlichen spricht von einem starken Termin- oder Leistungsdruck im betrieblichen Ausbildungsalltag. Knapp einem Drittel der Auszubildenden wird im betrieblichen Alltag häufig eine bestimmte Stückzahl, eine Mindestleistung oder eine Zeit vorgeschrieben. Störungen oder Unterbrechungen bei der Arbeit etwa durch Kolleginnen und Kollegen, schlechtes Material, Maschinenstörungen oder Telefonate sieht sich ebenfalls knapp ein Drittel der Auszubildenden häufig gegenüber. Bei allen genannten Anforderungen bestehen

keine bedeutsamen Differenzen zwischen Jugendlichen mit und ohne Migrationshintergrund (Granato & Hall, 2015).

Tabelle 1:   Betrieblicher Alltag von Auszubildenden: Anforderungen und damit verbundene Belastungen in Prozent

	Auszubil-dende ohne Migrations-hintergrund	davon als belastend empfunden:	Auszubil-dende mit Migrations-hintergrund	davon als belastend empfunden:
Derselbe Arbeitsgang wiederholt sich bis in alle Einzelheiten	47,4	14,1	55,6	22,7
Neue Aufgaben, in die man sich hineindenken und einarbeiten muss	46,5	7,8	39,4	11,4
Verschiedene Arbeiten oder Vorgänge sind gleichzeitig im Auge zu behalten	36,5	19,4	40,9	21,0
Sehr schnelles Arbeiten	34,5	32,8	40,2	30,0
Starker Termin- oder Leistungsdruck	32,6	48,2	36,2	54,2
Stückzahl, Mindestleistung oder Zeit vorgeschrieben	31,3	28,0	34,8	30,9
Störungen oder Unterbre-chungen bei der Arbeit	30,7	40,9	33,2	53,0

Quelle: Granato & Hall (2015) auf der Grundlage der BIBB/BAuA-Jugenderwerbstätigenbefragung 2011/2012

Gleichzeitig werden Auszubildende mit und ohne Migrationshintergrund durch
ihr betriebliches Umfeld stark unterstützt. Dabei fühlen sich 83 Prozent der Befragten während ihrer Ausbildung häufig als Teil einer sozialen Gemeinschaft,
ohne signifikante Unterschiede nach dem Migrationshintergrund (Tab. 2). Rund
88 Prozent sind der Ansicht, dass sie in hohem Maße Unterstützung durch ihre
Kolleginnen und Kollegen sowie ihre Vorgesetzten erhalten. Mit ihrem betrieblichen Alltag sind Befragte mit und ohne Migrationshintergrund genauso oft sehr
zufrieden (Granato & Hall, 2015).

Handlungsspielräume in ihrem betrieblichen Ausbildungsalltag stehen allerdings nur einem kleineren Teil der Jugendlichen offen, ohne statistisch bedeutsame Unterschiede nach dem Migrationshintergrund: Nur rund ein Drittel kann die
Arbeit häufig selbst planen und einteilen, nur etwa ein Fünftel hat häufig Einfluss
auf die zugewiesene Arbeitsmenge.

Die Studie offenbart jedoch auch signifikante Unterschiede zwischen beiden
Gruppen: Auszubildende mit Migrationshintergrund werden deutlich häufiger in
Berufen ausgebildet, bei denen sich der gleiche Arbeitsgang oft in allen Einzelhei-

ten wiederholt. Mehr als die Hälfte der Jugendlichen mit Migrationshintergrund berichtet dies (56 Prozent), aber nur 47 Prozent der Vergleichsgruppe. Von dieser Monotonie fühlen sich 23 Prozent der Auszubildenden mit Migrationshintergrund belastet – deutlich häufiger als diejenigen ohne Migrationshintergrund mit 14 Prozent (Tabelle 1). Entsprechend seltener sehen sich Auszubildende mit Migrationshintergrund vor neue Aufgaben gestellt, in die sie sich erst einmal hineindenken und einarbeiten müssen (39 Prozent), in der Vergleichsgruppe ist es fast die Hälfte (47 Prozent).

Die große Mehrheit der Auszubildenden sieht sich den fachlichen Anforderungen der betrieblichen Ausbildung gewachsen (mit MH 73 Prozent, ohne MH 80 Prozent), wenngleich ein kleiner Teil der Auszubildenden mit Migrationshintergrund bei der Arbeit häufiger bis an die Grenzen der Leistungsfähigkeit geht (mit MH 18 Prozent, ohne MH 12 Prozent, Granato & Hall, 2015). Zudem erhalten sie weniger Lob von ihren Vorgesetzten und leisten mehr Überstunden ohne finanziellen oder zeitlichen Ausgleich (Gei & Granato, 2015).

Tabelle 2: Betrieblicher Alltag von Auszubildenden: Handlungsspielräume und soziale Unterstützung in Prozent

	Auszubildende ohne Migrationshintergrund	Auszubildende mit Migrationshintergrund
Eigene Arbeit selbst planen und einteilen	34,3	36,7
Einfluss auf die zugewiesene Arbeitsmenge	20,5	16,2
Am Arbeitsplatz Teil einer Gemeinschaft	83,8	78,9
Zusammenarbeit mit Kolleginnen und Kollegen als gut empfunden	87,5	85,4
Hilfe und Unterstützung von Kolleginnen und Kollegen, wenn benötigt	86,7	90,5
Hilfe und Unterstützung von Vorgesetzten, wenn benötigt	56,8	56,6

Quelle: Granato & Hall (2015) auf der Grundlage der BIBB/BAuA-Jugenderwerbstätigenbefragung 2011/2012

Eine grundlegende Benachteiligung von Auszubildenden mit Migrationshintergrund im betrieblichen Ausbildungsalltag ist in bundesweit repräsentativen Studien nicht festzustellen. Dennoch sind Auszubildende mit Migrationshintergrund bei den Arbeitsaufgaben signifikant häufiger von Monotonie betroffen und fühlen sich davon auch stärker belastet. Dies weist darauf hin, dass es ihnen an einer Vielfalt von Arbeitsaufgaben fehlt, d.h. an einer breiten Palette lernförderlicher Aufgaben. Diese werden als eine wesentliche Voraussetzung angesehen, um – neben der Fachkompetenz und der Fürsorglichkeit der Ausbildenden – die Ausbildungszufriedenheit und die Ausbildungsmotivation zu stärken und den Ausbildungsprozess erfolgreich zu meistern (Gei & Granato, 2015).

Die große Mehrheit der Auszubildenden mit Migrationshintergrund schließt – so die BIBB-Übergangsstudien – die berufliche Ausbildung zwar erfolgreich ab, jedoch signifikant seltener als Auszubildende ohne Zuwanderungsgeschichte. Werden die ungünstigeren Bildungsvoraussetzungen von Auszubildenden mit Migrationshintergrund, ihre ungünstigere soziale Herkunft sowie die weniger günstigen Rahmenbedingungen ihrer Ausbildung in Regressionsanalysen berücksichtigt, so zeigen sich beim Erreichen eines Ausbildungsabschlusses keine Unterschiede mehr zwischen Auszubildenden mit und ohne Migrationshintergrund (Beicht & Walden, 2014b). Diese Ergebnisse weisen auf die Bedeutung der Rahmenbedingungen der Ausbildung für einen erfolgreichen Ausbildungsabschluss hin.

3.2   Erfahrungen von Zugehörigkeit in der betrieblichen Ausbildung

Die Integration von Menschen mit Migrationshintergrund in die Gesellschaft kann auch aus der Perspektive von Zugehörigkeit betrachtet werden. Dann stehen Fragen im Mittelpunkt wie z.B. Wer wird als zugehörig angesehen und wer fühlt sich zugehörig? (Emcke, 2016). Auch wenn sich die große Mehrheit der Auszubildenden mit und ohne Migrationshintergrund im Betrieb grundsätzlich integriert fühlt (Kap. 3.1), werden an diesem Lernort auch Fragen zur Zugehörigkeit thematisiert.

Einer Befragung des Sachverständigenrats deutscher Stiftungen für Integration und Migration (Sachverständigenrat deutscher Stiftungen für Migration und Integration 2016, S. 33–45) zur Zugehörigkeit zufolge stimmen der Aussage „Insgesamt fühle ich mich zur Gesellschaft in Deutschland zugehörig" 59,7 Prozent der Personen mit Migrationshintergrund im Alter von 18 bis 24 Jahren voll und ganz zu, bei Personen ohne Migrationshintergrund sind es 67,0 (Unterschied von 7,3 Prozentpunkten) (Sonderauswertung des Integrationsbarometers 2016, ebd.). In der Altersgruppe der 25- bis 39-Jährigen fällt der Unterschied mit 12,2 Prozentpunkten deutlicher aus (ohne Migrationshintergrund 63,8 Prozent, mit Migrationshintergrund 51,6 Prozent). Personen, die im Ausland geboren wurden, stimmen dieser Aussage häufiger zu als die in Deutschland Geborenen mit Migrationshintergrund: Bei den unter 18-Jährigen sind es 76,9 Prozent bzw. 69,1 Prozent (Unterschied von 7,8 Prozentpunkten), bei den 18- bis 24-Jährigen 66,2 Prozent bzw. 55,8 Prozent (Unterschied von 10,4 Prozentpunkten). Diesen Ergebnissen zufolge ist Migrationshintergrund nur ein Aspekt unter anderen, der das Zugehörigkeitsgefühl zur Gesellschaft in Deutschland beeinflusst, denn selbst ein Drittel der Personen ohne Migrationshintergrund gibt an, sich nicht voll und ganz zugehörig zu fühlen. Die Frage, welche Aspekte das Zugehörigkeitsgefühl beeinflussen, kann auf der Grundlage dieser Studie nicht beantwortet werden; dem müsste in einer eigenen Studie nachgegangen werden.

In welcher Weise bei Auszubildenden mit Migrationshintergrund Zugehörigkeit am Lernort Betrieb thematisiert wird, zeigt eine qualitative Untersuchung des BIBB am Beispiel der Ausbildungsberufe Friseurin/Friseur und Kaufleute im Groß- und Außenhandel (Bethscheider, Settelmeyer & Hörsch, 2011; Infobox 3). Die Studie basiert auf dem zugehörigkeitstheoretischen Ansatz von Mecheril (2003), in dessen Mittelpunkt das Selbstverständnis und die Fremdbeschreibungen von Personen mit Migrationshintergrund im Hinblick auf ihre natio-ethno-kulturelle Zugehörigkeit stehen. Zugehörigkeit ist dann fraglos, wenn Beteiligte Gemeinsamkeiten selbstverständlich teilen und bejahen, häufig ohne sie zu hinterfragen. Nicht-Zugehörigkeit dagegen wird an bestimmten Signalen von Personen festgemacht und führt zu Unterscheidungen zwischen einem „Wir" und den „Anderen".

Diesem Ansatz zufolge begründet die Aufnahme einer Berufsausbildung die formelle Mitgliedschaft im Ausbildungssystem, mit der kodifizierte Rechte und Pflichten verbunden sind. Die formelle Mitgliedschaft allein führt jedoch nicht unbedingt dazu, dass Auszubildende mit Migrationshintergrund im Betrieb als zugehörig angesehen werden. Vielmehr werden Signale unterhalb dieser Ebene zum Anlass genommen, um Zugehörigkeit zu thematisieren. In der o.g. Untersuchung wurden neben normativen Orientierungen und religiös motivierten Verhaltensweisen auch phänotypische und sprachbezogene Signale herausgearbeitet (Bethscheider, Settelmeyer & Hörsch, 2011, S. 7–14).

INFOBOX 3	
BIBB-Projekt Handlungskompetenz und Migrationshintergrund: Schulabsolventinnen und Schulabsolventen mit Migrationshintergrund in der Ausbildung	
Fragestellung	• Welche Aspekte des Migrationshintergrunds werden in der Ausbildung durch das Ausbildungspersonal und die Auszubildenden wahrgenommen? • In welcher Weise werden sie bewertet und welche Folgen kann dies für die Vermittlung bzw. den Erwerb beruflicher Handlungskompetenz haben?
Methode	• Explorative Studie mit leitfadengestützten Interviews mit Auszubildenden unterschiedlicher Herkunft in den Berufen Friseur/-in und Groß-/Außenhandelskaufleute sowie Ausbildungspersonal in den beiden Berufen
Laufzeit	• II/2007-III/2010
Weitere Informationen	www2.bibb.de/tools/fodb/pdf/eb_24201.pdf

Quelle: Bethscheider, 2012, S. 23

Sowohl die deutsche als auch die Herkunftssprache stellen in diesem Sinne Signale dar, die als Hinweis auf eine nichtdeutsche Herkunft interpretiert und zur Thematisierung von Zugehörigkeit führen können. Dies können auffällige, die Kommunikation erschwerende sprachliche Schwierigkeiten sein, wie im Falle eines Auszubildenden, der zu Beginn seiner Ausbildung „sehr wenig Deutsch" und „nur ein bisschen mitreden" konnte, aber auch ein leichter Akzent oder im mündlichen Sprachgebrauch von Zweitsprachlernenden z.T. vorkommende Artikel- und Genusfehler (Ahrenholz, 2010, S. 21 ff.), die die Kommunikation meist nicht beeinträchtigen. Aber auch sehr gute Deutschkenntnisse können Fragen der Zugehörigkeit motivieren: Es wird Erstaunen über die guten Deutschkenntnisse der/des Auszubildenden zum Ausdruck gebracht.

Wird die Herkunftssprache im Betrieb in der Kommunikation mit gleichsprachigen Kundinnen und Kunden sowie Lieferantinnen und Lieferanten eingesetzt, schätzen Betriebe diese migrationsspezifische Ressource in der Regel Wert und begrüßen deren Einsatz. Für deren Verwendung bei privaten Anlässen gelten der o.g. Untersuchung zufolge restriktivere Regeln, selbst wenn sie abseits der Geschäftsräume, z.B. in der Teeküche, im Beisein ausschließlich von Gleichsprachigen gesprochen wird. Regelungen von Betrieben, die im Kundenkontakt die Verwendung von Herkunftssprachen begrüßen, innerbetrieblich jedoch verbieten, spiegeln die Ambivalenz von Betrieben im Umgang mit migrationsbedingter Mehrsprachigkeit wider. Dass Auszubildende selbst ihre Herkunftssprache z.T. bewusst nicht einsetzen, um zu verhindern, als Person mit Migrationshintergrund erkannt zu werden (vgl. Dorau, Hörsch & Settelmeyer, 2006, S. 38), macht deutlich, dass auch die Sprecherinnen und Sprecher selbst dieses Potenzial ambivalent bewerten.

Unabhängig von dem jeweiligen Anlass wird Zugehörigkeit zu Deutschland und zu dem Betrieb thematisch unterschiedlich angesprochen: z.B. gehen Kundinnen und Kunden unhinterfragt davon aus, dass Auszubildende nicht „von hier" seien. Sie fragen nach deren Herkunft und einer möglichen Rückkehr, selbst wenn die Auszubildenden in Deutschland geboren und aufgewachsen sind und sich „wie eine Deutsche einfach" fühlen (Bethscheider, Settelmeyer & Hörsch, 2011, S. 8). Die Äußerung einer Ausbilderin, die zwischen „von uns die Mädchen und Jungen" (ebd., S. 9) und Auszubildenden mit Migrationshintergrund unterscheidet, macht ihr Verständnis von Zugehörigkeit deutlich.

4. Erwartungen an Auszubildende – sprachlich-kommunikative Anforderungen in der beruflichen Ausbildung

Die folgenden Ausführungen vertiefen die Darlegungen zur Bedeutung von Sprache bei Einmündung und Rekrutierung sowie in der Ausbildung selbst (Kap. 2.1, 2.2, 3.2) um Ergebnisse sprachlich-kommunikativer Anforderungsanalysen in der betrieblichen Ausbildung. Entsprechende Analysen sind von großer Bedeutung, um die in einem Beruf vorkommenden vielfältigen sprachlich-kommunikativen Anforderungen bewusst zu machen. Denn, obwohl Sprachkompetenz als elementar für das Lernen und die Ausübung beruflicher Tätigkeiten angesehen wird, fehlen bislang für viele Berufe differenzierte Untersuchungen zu diesem Kompetenzbereich. Anforderungsanalysen sind zudem unentbehrlich für die Entwicklung von ausbildungsbezogenen Curricula und für die Gestaltung von berufsbezogenen Sprachfördermaßnahmen (vgl. Sass & Eilert-Ebke, 2016).[4]

In den letzten Jahren ist hier ein erheblicher Erkenntniszuwachs zu verzeichnen. Es wurden für ausgewählte Ausbildungsberufe Anforderungsanalysen erstellt, z.B. zu den Anforderungen an das Lesen im Betrieb bei Mechanikerinnen und Mechanikern für Land- und Baumaschinen (Keimes, Rexing & Ziegler, 2011), für Maurerinnen und Maurer sowie Straßenbauerinnen und Straßenbauern, die z.B. v.a. Bedienungsanleitungen von Geräten, Sicherheitshinweise und Tabellenwerke lesen müssen (Keimes & Rexing, 2015, S. 56). Auszubildende zur Industriemechanikerin bzw. zum Industriemechaniker, zur Elektronikerin bzw. zum Elektroniker für Geräte und Systeme sowie zur Technischen Zeichnerin bzw. zum Technischen Zeichner (Efing, 2010; Efing & Häußler, 2011)[5] lesen im Betrieb v.a. Listen, Tabellen, Kataloge und Zeichnungen, selten dagegen müssen sie kohärente Fließtexte lesen bzw. verfassen. In diesen Ausbildungsberufen dienen Gespräche im Betrieb v.a. der Unter- und Einweisung. Efing (2010) weist auf spezifische Anforderungen in Großbetrieben hin, da dort projektartig gearbeitet wird.

In einem Forschungsprojekt des BIBB wurden sprachlich-kommunikative Anforderungen in der Ausbildung exemplarisch für drei Ausbildungsberufe ermittelt (Infobox 4). Wie vielfältig die sprachlich-kommunikativen Anforderungen allein in *einem* Beruf sind, wird am Beispiel der Medizinischen Fachangestellten (MFA) dargestellt. Dieser Beruf umfasst mit der Patientenbetreuung und verwaltenden Aufgaben nicht nur Tätigkeiten mit sehr unterschiedlichen sprachlich-kommunikativen Anforderungen. Am Beispiel dieses Berufs kann zudem gezeigt werden,

---

4 Die Analysen erfolgen unabhängig von der Kategorie Migrationshintergrund: Anforderungen müssen von allen Auszubildenden bewältigt werden. Die Ergebnisse von Anforderungsanalysen können gleichwohl zielgruppenspezifisch aufbereitet werden, indem sie z.B. aus einer spracherwerbstheoretischen oder didaktischen Perspektive reflektiert werden.

5 Wengel (2013) untersucht Asphaltbauerin bzw. Asphaltbauer, Gerberin bzw. Gerber, Bestattungsfachkraft und Augenoptikerin bzw. Augenoptiker.

wie verschieden sich die sprachlich-kommunikativen Anforderungen innerhalb eines Tätigkeitsfelds, hier der Patientenbetreuung, darstellen.

INFOBOX 4	
BIBB-Forschungsprojekt „Sprachlich-kommunikative Anforderungen in der beruflichen Ausbildung"	
Zugrundeliegendes Sprachverständnis	Sprachlich-kommunikative Anforderungen • beziehen sich auf das Lesen, Schreiben, Sprechen und Hören • bestehen darin, bei verschiedenen Tätigkeiten Sprache zielgerichtet, situations- und kontextspezifisch einzusetzen (handlungstheoretischer Ansatz von Sprache, vgl. Hartung, 2000; Janich, 2004)
Forschungsfragen	• Welche sprachlich-kommunikativen Anforderungen müssen Auszubildende in Betrieb und Berufsschule bewältigen? • Welche Faktoren beeinflussen die Anforderungen? • Wie wird mit den Anforderungen umgegangen?
Methoden	• Teilnehmende Beobachtung in Berufsschulen und Betrieben • Leitfadengestützte Interviews mit Berufsschullehrkräften, Ausbildenden, Auszubildenden • Literatur- und Dokumentenanalysen
Sample	• Ausbildungsberufe Kaufmann/-frau im Einzelhandel (Bereich Textil), Kfz-Mechatroniker/-in (Pkw-Technik), Medizinische/-r Fachangestellte/-r (Allgemeinmedizinische Praxen, Krankenhaus)
Laufzeit	• I/2013-I/2017
Weitere Informationen	https://www2.bibb.de/bibbtools/de/ssl/dapro.php?proj=2.2.304

Typische Situationen, die Auszubildende zur Medizinischen Fachangestellten sprachlich-kommunikativ bewältigen müssen, sind zum Beispiel:
* *Begrüßung und Aufnahme der Patientinnen und Patienten sowie die Bearbeitung ihrer Anliegen an der Rezeption*
  Auszubildende begrüßen Patientinnen und Patienten, fragen nach deren Anliegen und nehmen diese hörend wahr. Sie erbitten die Krankenkassenkarte und überprüfen lesend die von den Patientinnen und Patienten im Computer gespeicherten Daten, ggf. korrigieren sie diese schriftlich. Stichpunktartig halten sie Äußerungen der Patientinnen und Patienten zu akuten Beschwerden als Voranamnese fest. Anschließend weisen sie einen Platz in der Praxis zu, z.B. im Wartezimmer oder vor Behandlungsräumen. Kann die Kommunikation im Eingangsbereich aufgrund räumlicher Bedingungen von Dritten mitgehört werden, werden sehr persönliche Äußerungen möglichst vermieden. Ziel der Sprachhandlungen ist es, die rechtliche Grundlage des Aufenthalts der Patientinnen und Patienten in der Praxis sicherzustellen, Patientinnen und Patienten organisatorisch in die Abläufe „einzufädeln" und die Ärztin oder den Arzt durch eine Voranamnese schon im Vorfeld der Behandlung zu entlasten.

All dies muss in der Regel zügig erfolgen, da häufig bereits die nächsten Pati-entinnen und Patienten oder andere Arbeiten warten. Auszubildende müssen an diesem Arbeitsplatz in der Lage sein, häufig in kurzer Zeit alle notwendi-gen Angaben in Erfahrung zu bringen und im Computersystem festzuhalten. Ihre mündlichen Äußerungen sind daher oft kurz gefasst und auf das Wesent-liche beschränkt – so wie die organisatorischen Erfordernisse es erforderlich machen.

- *Diagnostische Arbeiten an den Patientinnen und Patienten*
  Zur Vorbereitung und bei der Durchführung der Diagnostik, z.B. einer Blutab-nahme, weisen Auszubildende Patientinnen und Patienten[6] zunächst an, selbst bestimmte Vorbereitungen zu treffen. Da Auszubildende „vernünftig erklären [sollen], was er [der Patient] machen soll", müssen die Äußerungen struktu-riert und unmissverständlich erfolgen. Bei der Durchführung diagnostischer Arbeiten erklärt die Auszubildende im Voraus, was sie tun wird, damit sich die Patientinnen und Patienten darauf einstellen können. Die gewonnenen Proben werden mit Codestreifen beklebt und zusammen mit einem Formular, auf dem die Auszubildende die zu ermittelnden Werte ankreuzt, gesammelt. Die Gelegenheit, mit Patientinnen und Patienten etwas länger in einem sepa-raten Raum zu sein, nutzen manche Auszubildende für ein informelles oder persönliches Gespräch, um einer Auszubildenden zufolge, Patientinnen und Patienten das Gefühl zu vermitteln, dass sie/er „nicht … wie am Fließband einfach abgearbeitet wird, sondern er ist ein Individuum, … wo ich mich jetzt gerade drum kümmere, wo kein anderer jetzt dazwischen kommt. … und der soll das Gefühl haben: ‚Ich fühle mich hier wohl.'" Anders als an der Rezep-tion haben Auszubildende bei diagnostischen Arbeiten die Möglichkeit, sich Patientinnen und Patienten individuell zuzuwenden und ein persönliches Ge-spräch zu suchen – eine sprachlich-kommunikative Anforderung, die sich von den oben genannten routinemäßigen Abfragen mit kurzen Sequenzen, für die immer wieder ähnliche sprachliche Muster verwendet werden können, erheb-lich unterscheidet. Allerdings ist auch das diagnostische Arbeiten begleitende Gespräch meist durch die Dauer der Diagnostik begrenzt.
- *Aktualisierung der Patientendaten*
  Zu diesem verwaltungsbezogenen Bereich gehört es, Arztbriefen von Fachärz-tinnen und Fachärzten und aus dem Krankenhaus spezifische Informationen, z.B. Diagnosen und Medikationsvorschläge, lesend zu entnehmen und korrekt in die Patientendatei zu übertragen. Diese Aufgabe ist für Auszubildende zur MFA besonders anspruchsvoll, da diese Textsorte der Kommunikation unter Ärztinnen und Ärzten dient und Briefe entsprechend an Ärztinnen oder Ärzte

---

6 Originalzitate BIBB-Forschungsprojekt „Sprachlich-kommunikative Anforderungen in der Beruflichen Ausbildung".

adressiert sind. Anders als bei den oben beschriebenen Aufgaben steht hier das Lesen und Schreiben im Mittelpunkt.

Diese wenigen Beispiele illustrieren die Bedeutung des Lesens, Schreibens, Sprechens und Hörens bei typischen, ständig vorkommenden Arbeiten in Arztpraxen: Gelesen wird „immer", so die Befragten. Auch schreiben müssen Auszubildende „immer", insbesondere um Daten zu übertragen, Stichworte zur Gedächtnisentlastung auf Merkzetteln zu notieren sowie Verordnungen, Terminkalender und ähnliches auszufüllen. Eine Ausnahme stellt das Berichtsheft dar, für das Auszubildende kohärente Fachberichte erstellen müssen.

Die mündliche Kommunikation mit Patientinnen und Patienten muss adressaten- und situationsgerecht erfolgen, z.B. in leichter Sprache. Wichtig ist zudem, die Intonation der Situation anzupassen, z.B. sehr bestimmt oder beruhigend zu sprechen. Mit der Ärztin bzw. dem Arzt und unter Kolleginnen und Kollegen werden häufig Fachbegriffe und Abkürzungen verwendet. Bei allen Äußerungen sollen Auszubildende freundlich und höflich sein.

Neben typischen Handlungen gibt es jedoch immer wieder selten vorkommende Ereignisse, auf die Auszubildende auch sprachlich spezifisch reagieren müssen. Eine Auszubildende z.B. muss einem neuen, aufgebrachten Patienten mit ungültiger Krankenkassenkarte erklären, dass eine Behandlung ohne gültige Karte nicht möglich ist und telefonisch bei der Krankenkasse den Grund für das Ablaufen der Karte erfragen. Eine andere ist unsicher, ob sie angemessen auf Kritik eines Patienten an der Organisation der Abläufe reagiert hat. Sie wendet sich an die Ausbilderin, um mit ihr die Kommunikation mit dem Patienten zu reflektieren und für zukünftige Situationen bessere sprachliche Lösungen zu suchen.

An den Beispielen aus dem Beruf der Medizinischen Fachangestellten wird deutlich, dass Auszubildende für die Bewältigung der sprachlich-kommunikativen Anforderungen im Betrieb Kompetenzen in allen vier Sprachhandlungsdimensionen benötigen. Welche Dimensionen dies im Einzelnen sind, unterscheidet sich von Tätigkeitsbereich zu Tätigkeitsbereich erheblich. Dass es auch deutliche Unterschiede zwischen Berufen gibt, kann hier nur angedeutet werden. Bei den Gesprächen mit Kundinnen und Kunden z.B. müssen angehende Einzelhandelskaufleute in der Textilbranche z.B. in der Lage sein, einen guten Kontakt zu Kundinnen und Kunden aufzubauen und bei der Beratung intensiv auf Kundenwünsche einzugehen bzw. diese zunächst zu präzisieren. Bei Auszubildenden zur Kfz-Mechatronikerin bzw. zum Kfz-Mechatroniker sind Kundenkontakte in großen Betrieben seltener als in kleinen (Settelmeyer & Widera, 2016, S. 31f.). In jedem Fall sind sprachlich-kommunikative Kompetenzen eine „bedeutende Facette beruflicher Handlungskompetenz" (Ziegler, 2016, S. 12).

5. Zusammenfassung und Ausblick

Ein Ausbildungs- bzw. Berufsabschluss ist für eine dauerhafte Integration in das Erwerbsleben eine unabdingbare Voraussetzung. Gerade junge Erwachsene mit Migrationshintergrund erlangen jedoch deutlich seltener einen Berufsabschluss, was u.a. mit ihren signifikant geringeren Chancen des Übergangs in eine betriebliche Ausbildung in Zusammenhang steht. Der Anteil junger Erwachsener (20–34 Jahre) mit Migrationshintergrund, der in Deutschland aufgewachsen ist und keinen Berufsabschluss hat, liegt 2015 mit 20 Prozent doppelt so hoch wie bei der Vergleichsgruppe ohne Migrationshintergrund (10 Prozent) (Neuber-Pohl & Herter-Eschweiler, 2017). Trotz einer leichten Entspannung auf dem Ausbildungsmarkt hat sich die Bildungsbenachteiligung junger Menschen mit Migrationshintergrund beim Zugang in Ausbildung in den vergangenen Jahren nicht verbessert, auch dann, wenn sie die gleichen schulischen, kulturellen und sozialen Voraussetzungen aufweisen sowie die gleichen Kontextbedingungen vorliegen.

Haben Betriebe Jugendliche mit Migrationshintergrund erst einmal als Auszubildende eingestellt, so sind beide Seiten mit der Ausbildung überwiegend zufrieden, wenngleich Auszubildende mit Migrationshintergrund seltener im Wunschberuf, dafür häufiger in Ausbildungsberufen mit einer höheren Vertragslösungsquote ausgebildet werden. Eine grundlegende Benachteiligung von Auszubildenden mit Migrationshintergrund im betrieblichen Ausbildungsalltag ist zwar nicht festzustellen, dennoch sind sie signifikant häufiger von monotonen Arbeitsaufgaben betroffen und belastet. Auszubildende mit Migrationshintergrund brauchen daher in besonderem Maße vielseitige, abwechslungsreiche und lernhaltige betriebliche Tätigkeiten, die dazu beitragen, ihren Ausbildungserfolg zu fördern.

Sprache erweist sich *beim Zugang* und *in* der beruflichen Ausbildung als bedeutsamer und facettenreicher Aspekt. Dass sprachlich-kommunikative Kompetenz elementarer Bestandteil beruflicher Handlungskompetenz ist, wurde am Beispiel der betrieblichen Ausbildung zur Medizinischen Fachangestellten verdeutlicht. Sprachliches Handeln ist, je nach Situation, nicht nur eng mit nichtsprachlichem Tun verwoben, es trägt manche berufliche Handlung auch ganz wesentlich. Dass es dabei erhebliche berufsspezifische Unterschiede gibt, konnte nur angedeutet werden.

Wie die Berücksichtigung von Kommunikationsfähigkeit in Stellenanzeigen für Auszubildende gezeigt hat, sind sich Betriebe der Relevanz sprachlich-kommunikativer Kompetenz grundsätzlich bewusst und bewerten diese berufsspezifisch unterschiedlich. Ob die Bedeutung, die diesen Kompetenzen beim Zugang zur Ausbildung zugemessen wird, im Verlauf der Ausbildung dazu führt, dass Sprachkompetenzen an den verschiedenen Lernorten – Betrieb, Berufsschule, überbetriebliche Ausbildungsstätten – gezielt entwickelt werden, welche Methoden hierfür besonders geeignet sind und für welche Auszubildenden eine zusätzliche Förderung erforderlich wäre, um sie auch in sprachlicher Hinsicht beruflich handlungsfähig zu machen, gilt es zukünftig stärker in den Blick zu nehmen. Aktuelle Ansätze zur Sprachförderung in Berufsschule und im Betrieb dürften dazu beitragen, dass die Diskussion über eine systematische Sprachbildung in der beruflichen Ausbildung an „Fahrt aufnimmt" (vgl. Roche & Terrasi-Haufe, 2016). Das Konzept der durchgängigen Sprachbildung dürfte auch im Übergang Schule – Ausbildung und in der beruflichen Ausbildung zunehmend verankert werden. Drei zentrale bildungspolitische Zielsetzungen – die Teilhabe aller (ausbildungsinteressierten) Jugendlichen an beruflicher Ausbildung, die Reduzierung des Anteils junger Erwachsener ohne Berufsabschluss und die Integration junger Geflüchteter – könnten dies befördern.

Sprache wird darüber hinaus – sei es in betrieblichen Rekrutierungsprozessen im Vorfeld der Ausbildung, sei es im betrieblichen Ausbildungsalltag – als *Signal zur Differenzbildung* verwendet: Sprache wird von Personalentscheiderinnen und Personalentscheidern, Ausbildenden (aber auch Kundinnen und Kunden eines Betriebs) als Merkmal genutzt, um Zugehörigkeit bzw. Nichtzugehörigkeit zu thematisieren (in der Ausbildung) bzw. darüber zu entscheiden (beim Zugang in Ausbildung). Die Verwendung der deutschen sowie der Herkunftssprache können *in* der Ausbildung Anlass sein, die Zugehörigkeit Auszubildender mit Migrationshintergrund in Frage zu stellen. Gleichwohl scheint die Thematisierung von (Nicht-)Zugehörigkeit im betrieblichen Ausbildungsalltag bei der Mehrzahl der Auszubildenden mit Migrationshintergrund das Empfinden, am Arbeitsplatz Teil einer Gemeinschaft zu sein, nicht grundsätzlich in Frage zu stellen. Um die Bedeutung der deutschen Sprache und der Herkunftssprachen bei der Herstellung von Zugehörigkeit differenziert beschreiben zu können, ist weitere Forschung erforderlich. Zu prüfen ist z.B. inwiefern sich die Akzeptanz von Herkunftssprachen mit unterschiedlichem Prestige in Betrieben unterscheidet und welche personenbezogenen und betrieblichen Faktoren die Akzeptanz der Verwendung der Herkunftssprachen beeinflusst.

Im Vorfeld beruflicher Ausbildung wird Sprache als *ein* zentrales Argument eingesetzt, um betriebliche Auswahlentscheidungen zu begründen. Insbesondere die argumentative Verwendung von Sprache im Sinne von *Sprachdefiziten* als *handlungsleitendes* Signal zur Herstellung von Differenz bei Entscheidungsprozessen und die damit verbundenen betrieblichen Logiken bei der Ablehnung von Bewerberinnen und Bewerbern gilt es zu dekonstruieren, da sie über die formelle Zugehörigkeit, d.h. den Eintritt in Ausbildung entscheiden. Ein erster Schritt hierfür wäre es, an der *Dekonstruktion* sowohl gesellschaftlicher Bilder „des Anderen", als auch betrieblicher Erwartungen an die Sprachkompetenz von Auszubildenden anzusetzen. Gerade mit Blick auf die Dekonstruktion betrieblicher Erwartungen bei Auswahlentscheidungen ist kritisch zu hinterfragen, *welches* sprachliche Niveau in der Ausbildung tatsächlich erforderlich bzw. vorrangig ist und inwieweit möglicherweise *Diskrepanzen* zwischen gefordertem und erforderlichen sprachlichem Anforderungsniveau existieren. Die Anforderungsanalysen an sprachlich-kommunikatives Handeln in der betrieblichen Ausbildung weisen darauf hin, dass z.B. gute Rechtschreibkompetenz in bestimmten Berufen eine untergeordnete Rolle spielt gegenüber den tatsächlich im Beruf benötigten sprachlich-kommunikativen Kompetenzen, die durch sprachliche Routinen in der Ausbildung eingeübt werden. Vor diesen Hintergrund sollte eingehend untersucht werden, inwiefern die Deutschnote sich als Indikator bei der Auswahl von Bewerberinnen und Bewerbern eignet. Ein weiterer Aspekt, der zum Abbau derartiger Zuschreibungsprozesse beitragen kann, sind Hinweise zum sprachlichen Entwicklungspotenzial im Verlauf der beruflichen Ausbildung: Gerade der betriebliche Alltag in der Ausbildung bietet vielfältige Lerngelegenheiten für den Erwerb sprachlich-kommunikativer Kompetenzen. Auch hierzu fehlen bislang differenzierte Untersuchungen.

Angesichts der wechselseitigen Zufriedenheit von Ausbildungsbetrieben und Jugendlichen mit Migrationshintergrund in der Ausbildung, könnte die berufliche Ausbildung junger Menschen mit Migrationshintergrund eine „Erfolgsstory" sein. Bisher aber bilden, so eine repräsentative BIBB-Betriebsumfrage, nur rund 13 Prozent der Ausbildungsbetriebe Jugendliche mit Migrationshintergrund aus. Um die Bereitschaft von Betrieben zu erhöhen, ausbildungsinteressierte Jugendliche mit Migrationshintergrund auszubilden, können die vorliegenden Ausführungen anregen.

Literatur

Ahrenholz, Bernt (2010). Bedingungen des Zweitspracherwerbs in unterschiedlichen Altersstufen. In Abteilung Wirtschafts- und Sozialpolitik der Friedrich-Ebert-Stiftung (Hrsg.), *„Sprache ist der Schlüssel zur Integration" Bedingungen des Sprachlernens von Menschen mit Migrationshintergrund* (S. 19–29). Bonn: Friedrich-Ebert-Stiftung.

Autorengruppe Bildungsberichterstattung (Hrsg.). (2016). *Bildung in Deutschland 2016. Ein indikatorengestützter Bericht mit einer Analyse zu Bildung und Migration.* Bielefeld: W. Bertelsmann Verlag.

Baumann, Katharina & Siemon, Jens (2013). Wie viel schriftsprachliche Fähigkeit ist für eine erfolgreiche Berufsausbildung erforderlich?. *Die berufsbildende Schule, 65* (10), 285–288.

Becker, Rolf (2011). Integration von Migranten durch Bildung und Ausbildung. In Rolf Becker (Hrsg.), *Integration durch Bildung: Bildungserwerb von jungen Migranten in Deutschland* (S. 11–36). Wiesbaden: Springer.

Beicht, Ursula (2017). *Ausbildungschancen von Ausbildungsstellenbewerbern und -bewerberinnen mit Migrationshintergrund.* Bonn: Bundesinstitut für Berufsbildung.

Beicht, Ursula (2016). Jugendliche mit Migrationshintergrund – Chancen auf dem Ausbildungsmarkt. *Berufsbildung in Wissenschaft und Praxis, 4*, 4–5.

Beicht, Ursula (2015). Berufsorientierung und Erfolgschancen von Jugendlichen mit Migrationshintergrund am Übergang Schule–Ausbildung im Spiegel aktueller Studien. In Albert Scherr (Hrsg.), *Diskriminierung migrantischer Jugendlicher in der beruflichen Bildung* (S. 82–114). Weinheim: Beltz.

Beicht, Ursula & Gei, Julia (2015). Ausbildungschancen junger Migranten und Migrantinnen unterschiedlicher Herkunftsregionen. *BIBB REPORT, 3.* Bielefeld: W. Bertelsmann Verlag.

Beicht, Ursula & Walden, Günter (2014a). Chancennachteile von Jugendlichen aus Migrationsfamilien beim Übergang in berufliche Ausbildung. Welche Rolle spielt die soziale Herkunft? *Zeitschrift für Berufs- und Wirtschaftspädagogik, 110* (2), 188–215.

Beicht, Ursula & Walden, Günter (2014b). Einmündungschancen in duale Berufsausbildung und Ausbildungserfolg junger Migranten und Migrantinnen. *BIBB-Report, 5.* Bundesinstitut für Berufsbildung. Bielefeld: W. Bertelsmann Verlag.

Beicht, Ursula & Walden, Günter (2015). Unterschiedliche Berufsinteressen als Einflussfaktor für die Einmündungschancen in betriebliche Ausbildung? Ein Vergleich zwischen männlichen und weiblichen Jugendlichen mit und ohne Migrationshintergrund. *Journal for Labour Market Research, 48* (4), 325–346.

Bethscheider, Monika (2012). Sprachförderung in der betrieblichen Ausbildung. *Berufsbildung in Wissenschaft und Praxis, 41* (2), 22-23.

Bethscheider, Monika; Settelmeyer, Anke & Hörsch, Karola (2011). *Abschlussbericht für das Forschungsprojekt „Handlungskompetenz und Migrationshintergrund: Schulabsolventinnen und Schulabsolventen mit Migrationshintergrund in der Ausbildung".* Verfügbar unter: https://www2.bibb.de/bibbtools/tools/dapro/data/documents/pdf/eb_24201.pdf [05.12.2016].

Boos-Nünning, Ursula & Karakaşoğlu, Yasemin (2006). *Viele Welten leben. Lebenslagen von Mädchen und jungen Frauen mit Migrationshintergrund.* Münster: Waxmann.

Bourdieu, Pierre (1983). Ökonomisches Kapital, kulturelles Kapital, soziales Kapital. In Reinhard Kreckel (Hrsg.), *Soziale Ungleichheiten. Soziale Welt* (Sonderband 2) (S. 183–198). Göttingen: Schwartz.

Bourdieu, Pierre (2006). Die Dynamik der Felder. In Uwe Bittlingmayer & Ulrich Bauer (Hrsg.), *Die „Wissensgesellschaft", Mythos, Ideologie oder Realität?* (S. 79–105). Wiesbaden: VS Verlag.

Diehl, Claudia; Friedrich, Michael & Hall, Anja (2009). Jugendliche ausländischer Herkunft beim Übergang in die Berufsausbildung: Vom Wollen, Können und Dürfen. *Zeitschrift für Soziologie, 38* (1), 48–68.

Dorau, Ralf; Hörsch Karola & Settelmeyer, Anke (2006). Ein anderer Blick auf Personen mit Migrationshintergrund. *Berufsbildung in Wissenschaft und Praxis, 35,* 34–38.

Ebbinghaus, Margit; Gei, Julia; Bahl, Anke & Flemming, Simone (2016). *Wie suchen Betriebe Auszubildende für den Beruf …?* Verfügbar unter: https://www.bibb.de/de/49505. php [06.10.2016].

Eberhard, Verena (2012). *Der Übergang von der Schule in die Berufsausbildung – ein ressourcentheoretisches Modell zur Erklärung der Übergangschancen von Ausbildungsstellenbewerbern.* Bielefeld: W. Bertelsmann Verlag.

Efing, Christian (2010). Kommunikative Anforderungen an Auszubildende in der Industrie. *Fachsprache, 1-2,* 2–17.

Efing, Christian & Häußler, Marleen (2011). Was soll der Deutschunterricht an Haupt- und Realschulen vermitteln? Empirisch basierte Vorschläge für eine Ausbildungsvorbereitung zwischen zweckfreier und zweckgerichteter Bildung. *Berufsbildung in Wissenschaft und Praxis@ Spezial 5 – Hochschultage Berufliche Bildung 2011, Fachtagung 18,* 1–19.

Emcke, Carolin (2016). „Anfangen", Rede anlässlich der Verleihung des Friedenspreises des deutschen Buchhandels 2016. Verfügbar unter: http://www.friedenspreis-des-deutschen-buchhandels.de/1244997/) [21.11.2016].

Enggruber, Ruth & Ulrich, Joachim Gerd (2014). *Schwacher Schulabschluss – und dennoch rascher Übergang in Berufsausbildung?* (Wissenschaftliche Diskussionspapiere, N. 154). Bonn: BIBB.

Gei, Julia & Granato, Mona (2015). Ausbildung zwischen Wunsch und Wirklichkeit: Jugendliche mit Migrationshintergrund – Ausgrenzung auch in der beruflichen Ausbildung? In Albert Scherr (Hrsg.), *Diskriminierung migrantischer Jugendlicher in der beruflichen Bildung* (S. 210–239). Weinheim: Beltz Juventa.

Gericke, Naomi; Krupp, Thomas & Troltsch, Klaus (2009). Unbesetzte Ausbildungsplätze – warum Betriebe erfolglos bleiben. *BIBB REPORT, 10.* Bielefeld: W. Bertelsmann Verlag

Granato, Mona & Eberhard, Verena (2016). Jugendliche mit Migrationshintergrund – Berufsorientierung und Erwartungen an den künftigen Beruf. In Bundesinstitut für Berufsbildung (Hrsg.), *Datenreport 2016* (S. 205–208). Bielefeld: W. Bertelsmann Verlag.

Granato, Mona & Hall, Anja (2015). Jugendliche mit Migrationshintergrund. In Bundesinstitut für Berufsbildung (Hrsg.), *Datenreport zum Berufsbildungsbericht* (S. 209–216). Bielefeld: W. Bertelsmann Verlag.

Granato, Mona & Ulrich, Joachim G. (2013). Die Reformierbarkeit des Zugangs in duale Berufsausbildung im Spannungsfeld institutioneller Widersprüche. *Schweizerische Zeitschrift für Soziologie, 39* (2), 315–339.

Hall, Anja (2015). Anforderungen und Passung in der dualen Berufsausbildung. In Bundesinstitut für Berufsbildung (Hrsg.), *Datenreport zum Berufsbildungsbericht* (S. 227–230). Bielefeld: W. Bertelsmann Verlag

Hartung, Wolfdietrich (2000). Kommunikationsorientierte und handlungstheoretisch ausgerichtete Ansätze. In Klaus Brinker, Gerd Antos, Wolfgang Heinemann, Sven F. Sager (Hrsg.), *Text- und Gesprächslinguistik. Ein internationales Handbuch zeitgenössischer Forschung* (S. 83–96). Berlin, New York: de Gruyter.

Hunkler, Christian (2010). Ethnische Unterschiede beim Zugang zu Ausbildung und Erwerb von Ausbildungsabschlüssen. In Birgit Becker & David Reimer (Hrsg.), *Vom Kindergarten bis zur Hochschule. Die Generierung von ethnischen und sozialen Disparitäten in der Bildungsbiographie* (S.2 13–250). Wiesbaden: Springer.

Imdorf, Christian (2008). Der Ausschluss „ausländischer" Jugendlicher bei der Lehrlingsauswahl – ein Fall von institutioneller Diskriminierung? In Karl-Siegbert Rehberg (Hrsg.), *Die Natur der Gesellschaft. Verhandlungen des 33. Kongresses der Deutschen Gesellschaft für Soziologie* (S. 2048–2058). Frankfurt am Main: Campus.

Janich, Nina (2004). *Die bewusste Entscheidung: Eine handlungsorientierte Theorie der Sprachkultur.* Narr: Tübingen.

Keimes, Christina & Rexing, Volker (2015). Die Relevanz von Leseanforderungen in Bauberufen. Ansatzpunkte für eine berufsbezogene Leseförderung. *Berufsbildung in Wissenschaft und Praxis, 44*, 54–57.

Keimes, Christina; Rexing, Volker & Ziegler, Birgit (2011). Leseanforderungen im Kontext beruflicher Arbeit. Empirische Befunde und Konsequenzen für die Entwicklung adressatenspezifischer integrierter Konzepte zur Förderung von Lesestrategien. *Die berufsbildende Schule, 63* (7/8), 227–232.

Kohlrausch, Bettina (2013). Wie Rekrutierungsprozesse und Einstellungsentscheidungen von Betrieben strukturiert sind. In M.S. Maier & T. Vogel (Hrsg.), *Übergänge in eine neue Arbeitswelt?* (S. 225–244). Wiesbaden: VS Verlag für Sozialwissenschaften.

Kohlrausch, Bettina & Richter, Maria (2013). Betriebe als Gatekeeper. Rekrutierungsprozesse auf dem Ausbildungsmarkt. *Mitteilungen aus dem SOFI, 7* (17), 6–9.

Kohlrausch, Bettina & Solga, Heike (2012). Übergänge in die Ausbildung: Welche Rolle spielt die Ausbildungsreife? *Zeitschrift für Erziehungswissenschaften, 4* (15), 753–773.

Lehmann, Rainer& Seeber, Susan (2007). *ULME III. Untersuchung von Leistungen, Motivation und Einstellungen der Schülerinnen und Schüler in den Abschlussklassen der Berufsschulen.* Hamburg.

Matthes, Stephanie; Ulrich, Joachim Gerd; Flemming, Simone & Granath, Ralf-Olaf (2017). *Die Entwicklung des Ausbildungsmarktes im Jahr 2016. Stabiles Ausbildungsangebot, leicht sinkende Nachfrage, mehr unbesetzte Plätze.* Bonn: Bundesinstitut für Berufsbildung.

Mecheril, Paul (2003). *Prekäre Verhältnisse. Über natio-ethno-kulturelle (Mehrfach-)Zugehörigkeit.* Münster: Waxmann.

Neuber-Pohl, Caroline & Herter-Eschweiler, Robert (2017). Junge Erwachsene ohne abgeschlossene Berufsausbildung. In Bundesinstitut für Berufsbildung (Hrsg.), *Datenreport zum Berufsbildungsbericht* (S. 323–331). Bielefeld: W. Bertelsmann Verlag.

Reich, Hans H. & Settelmeyer, Anke (2016). Mehr als Englisch, Französisch und Deutsch: Migrationsbedingte Vielsprachigkeit als Ressource für berufliche Kontexte. *Beruf und Sprache. Zeitschrift für Berufs- und Wirtschaftspädagogik,* Beiheft 28, 123–146.

Relikowski, Ilona; Yilmaz, Erbil & Blossfeld, Hans P. (2012). Wie lassen sich die hohen Bildungsaspirationen von Migranten erklären? Eine Mixed-Methods Studie zur Rolle von strukturellen Aufstiegschancen und individueller Bildungserfahrung. *Kölner Zeitschrift für Soziologie und Sozialpsychologie, 52,* 111–136.

Roche, Jörg, Terrasi-Haufe, Elisabetta (2016). Sprachlernort Berufsschule: Aktuelle Entwicklungen in Bayern. *Berufsbildung in Wissenschaft und Praxis, 6,* 14–18.

Sachverständigenrat deutscher Stiftungen für Migration und Integration (2016). *Viele Götter, ein Staat: Religiöse Vielfalt und Teilhabe im Einwanderungsland.* Jahresgutachten 2016 mit Integrationsbarometer. Berlin.

Sass, Anne & Eilert-Ebke, Gabriele (2016). Der Szenario-Ansatz in der berufsbezogenen Sprachförderung. *Berufsbildung in Wissenschaft und Praxis, 45* (6), 43-37.

Scherr, Albert & Gründer, René (2011). *Toleriert und benachteiligt – Jugendliche mit Migrationshintergrund auf dem Ausbildungsmarkt im Landkreis Breisgau-Hochschwarzwald, Ergebnisse einer Umfrage unter Ausbildungsbetrieben 2011.* Freiburg: Pädagogische Hochschule Institut für Soziologie.

Scherr, Albert; Janz, Carolin & Müller, Stefan (2015). *Diskriminierung in der beruflichen Bildung. Wie migrantische Jugendliche bei der Lehrstellenvergabe benachteiligt werden.* Wiesbaden: Springer.

Schneider, Jan; Yemane, Ruta & Weinmann, Martin (2014). *Diskriminierung am Ausbildungsmarkt. Ausmaß, Ursachen und Handlungsperspektiven.* Berlin: Sachverständigenrat deutscher Stiftungen für Integration und Migration.

Seeber, Susan (2011). Einmündungschancen von Jugendlichen in eine berufliche Ausbildung: Zum Einfluss von Zertifikat, Kompetenzen und sozioökonomischem Hintergrund. In Mona Granato, Dieter Münk & Weiß Reinhold (Hrsg.), *Migration als Chance* (S. 55–78). Bielefeld: W. Bertelsmann Verlag.

Settelmeyer, Anke; Bremser, Felix & Lewalder, Anna-Cristin (2017). Migrationsbedingte Mehrsprachigkeit – ein ‚Plus' beim Übergang von der Schule in den Beruf? In Andrea Daase, Udo Ohm & Martin Mertens (Hrsg.), *Interkulturelle und sprachliche Bildung im mehrsprachigen Übergangsbereich* (S. 135-150). Münster: Waxmann.

Settelmeyer, Anke & Werner, Lena (2016). Türkische Sprache im Betrieb und Beruf. In Lena Werner, Rene Leicht, Monika Münch & Elvira Stegnos (Hrsg.), *Neue Herausforderungen für die Aus- und Weiterbildung in Migrantenunternehmen* (S. 148–168). Berlin: Logos Verlag.

Settelmeyer, Anke & Widera, Christina (2016). Was Auszubildende im Betrieb sprachlich-kommunikativ leisten müssen. *Berufsbildung in Wissenschaft und Praxis, 6*, 30–33.

Solga, Heike (2005). *Ohne Abschluss in die Bildungsgesellschaft. Die Erwerbschancen gering qualifizierter Personen aus ökonomischer und soziologischer Perspektive.* Opladen: Verlag Barbara Budrich.

Statistisches Bundesamt (2015). *Bevölkerung und Erwerbstätigkeit. Bevölkerung mit Migrationshintergrund, Ergebnisse des Mikrozensus*, Fachserie 1, Reihe 2.2. Verfügbar unter: https://www.destatis.de/DE/Publikationen/Thematisch/Bevoelkerung/MigrationIntegr-Migra/Migrationshintergrund2010220147004.pdf?__blob=publicationFile [20.04.2017].

Wengel, Peter (2013). Sprachlich-kommunikative Anforderungen in der Berufsschule. In Christian Efing, Britta Hufeisen & Nina Janich (Hrsg.), *Ausbildungsvorbereitung im Deutschunterricht der Sekundarstufe I. Die sprachlich-kommunikativen Facetten von „Ausbildungsfähigkeit"* (S. 147–170). Frankfurt am Main: Peter Lang.

Ziegler, Birgit (2016). Sprachliche Anforderungen im Beruf – Ein Ansatz zur Systematisierung. *Berufsbildung in Wissenschaft und Praxis, 6*, 9–13.

Elisabetta Terrasi-Haufe & Barbara Baumann

Sprachliche und kulturelle Heterogenität an den Berufsschulen Bayerns
Reaktionen in der Lehrkräftebildung

1. Einleitung

Der Unterricht an bayerischen Berufsschulen verändert sich – wieder einmal. Die Professionalisierung der Lehrerkräftebildung muss in allen Phasen zügig, angemessen und nachhaltig darauf reagieren. Grund dafür ist zum einen eine starke Zunahme der Heterogenität in der Schülerschaft bezüglich des sprachlichen und kulturellen Hintergrundes sowie der Bildungsressourcen. Zum anderen existieren curriculare Neuerungen, die eingeführt wurden, um dem veränderten Bedarf an sprachlich-kommunikativen Kompetenzen in der beruflichen Ausbildung und der verstärkten Beschulung von neu Zugewanderten zu begegnen. Im September 2016 besuchten in Bayern ca. 22.000 neu zugewanderte Schülerinnen und Schüler,[1] zumeist Geflüchtete, ausbildungs- bzw. berufsvorbereitende Maßnahmen (Berufsintegrationsvorklasse und Berufsintegrationsklasse). Erste Umfragen haben ergeben, dass aktuell etwa 60 Prozent der Absolventinnen und Absolventen nach dem zweijährigen Modell der Übergang in eine (duale) Ausbildung, in eine Berufstätigkeit, in anderweitige Brückenmaßnahme, ins Arbeitsleben oder an eine weiterführende Schule gelingt (ISB, 2016a, S. 5). Dies führt mit sich, dass Lehrkräfte an beruflichen Schulen nicht nur den Unterricht in Berufsintegrationsklassen gestalten müssen, sondern auch, dass sie verstärkt für sprachsensiblen Fachunterricht und Binnendifferenzierung vorbereitet werden müssen, denn die bereits bestehende Heterogenität der sprachlich-kommunikativen Kompetenzen in der Gruppe der Auszubildenden wird in Zukunft weiter steigen.

Ab dem Schuljahr 2016/17 traten zudem an einigen Stellen neue Lehrpläne in Kraft, auf die im folgenden Abschnitt genauer eingegangen wird. Es gilt, (angehende) Lehrkräfte für die Arbeit mit diesen Vorgaben durchgängig zu qualifizieren.

---

1 Laut Auskunft des Bayerischen Staatsministeriums für Bildung und Kultus, Wissenschaft und Kunst (StMBW) vom März 2016.

2.   Verortung sprachlicher Bildung an beruflichen Schulen

Dieser Beitrag präsentiert einen Überblick über die verschiedenen Konzepte und Maßnahmen der bayerischen Lehrkräfteprofessionalisierung, die mit diesen Veränderungen einhergehen, und antizipiert zentrale Dimensionen der Qualitätssicherung als Entwicklungsaufgabe.

Im Vorfeld soll kurz von den drei zentralen Unterrichtskontexten die Rede sein, auf die Bezug genommen wird. So ist sprachliche Bildung insbesondere in folgenden Bereichen zu betrachten: dem Deutschunterricht, dem Fachunterricht, der sprachsensibel zu gestalten ist und den speziellen Maßnahmen für neu Zugewanderte.

Mit dem neuen Deutschlehrplan findet ein bewusster Paradigmenwechsel hin zu fachintegriertem Sprachunterricht statt (Roche & Terrasi-Haufe, 2017). Berufsrelevante Sprachhandlungen und die dafür benötigten sprachlich-kommunikativen Strukturen sollen im Fokus von Unterricht stehen. Damit geht allerdings auch einher, dass allgemeinbildende Inhalte wie jene des Literaturunterrichts zwar im Rahmen eines verpflichtenden Wahlpflichtmoduls vermittelt werden sollen, nun aber Gefahr laufen, (noch) stärker in den Hintergrund zu treten.

Der Lehrplan Deutsch ist außerdem nicht nur für Lehrkräfte, die laut Stundentafel das Fach Deutsch unterrichten, sondern künftig für alle Lehrkräfte verbindlich, indem dem Curriculum auch die Vorgaben für eine sprachsensible Gestaltung des Fachunterrichts zu entnehmen sind. Das Unterrichtskonzept „Berufsprache Deutsch" wird in Bayern damit verbindlich zum Unterrichtsprinzip erhoben. Dieses besagt, „dass die Schülerinnen und Schüler *in der Entwicklung ihrer berufssprachlich-kommunikativen Kompetenzen zielorientiert im fachlichen sowie allgemeinbildenden Unterricht gefördert werden*, damit die Integration in das Berufsleben erfolgreich gelingt" (ISB, 2016b, S. 7, 2016, Hervorhebung durch die Autorinnen).

Der Lehrplan Deutsch gilt zudem auch für die Maßnahmen, in denen neu zugewanderte Schülerinnen und Schüler auf den Eintritt in eine duale Ausbildung oder einen anderen Ausbildungsweg vorbereitet werden sollen. Hinzu kommt ein neuer Fachlehrplan für die Berufsintegrations(vor)klassen, welcher die Kompetenzerwartungen in Lernbereichen wie der allgemeinbildenden Fächer Mathematik oder angewandte Sozialkunde festhält.

Einige dieser konzeptionellen Neuerungen sind im Rahmen der Zusammenarbeit zwischen dem Projekt „Bildungssprache Deutsch für berufliche Schulen"[2] an LMU und TU München, dem Staatsministerium für Bildung und Kultus, Wissenschaft und Kunst (StMBW) und dem Staatsinstitut für Schulqualität und Bil-

---

2   Das Projekt wird vom Mercator-Institut für Sprachförderung und Deutsch als Zweitsprache gefördert und durch das Bayerische Staatsministerium für Bildung und Kultus, Wissenschaft und Kunst (StMBW) unterstützt. Nähere Informationen finden sich unter http://www.mercator-institut-sprachfoerderung.de.

dungsforschung (ISB) entstanden. Zudem fließen Ergebnisse aus den im Projekt erprobten und implementierten Unterrichtsmaterialien künftig in die Lehrkräftebildung ein.

Im Vorfeld der Entwicklungsphase wurde zwischen April und November 2014 eine Bestandsaufnahme durchgeführt. Sie sollte der Ermittlung von Ist- und Soll-Zustand dienen und umfasste neben Unterrichtshospitationen eine Onlinebefragung von Lehrkräften, Schülerinnen und Schülern an beruflichen Schulen sowie Interviews mit Vertreterinnen und Vertretern der verschiedenen Institutionen der Lehrkräftebildung und Bildungsadministration. Im Rahmen der Bestandsaufnahme wurden Unterrichtsbeobachtungen im Umfang von circa 40 Stunden zu Deutsch- und Fachunterricht in neun Ausbildungsberufen an vier Berufsschulen videografiert und ausgewertet. Ziel der Onlinebefragung war es, Daten über die aktuelle Lehr- und Lernsituation an bayerischen Berufsschulen im Fach Deutsch zu erheben. Insgesamt haben 1.930 Schülerinnen und Schüler sowie 190 Lehrkräfte daran teilgenommen. Gefragt wurde nach den allgemeinen Rahmenbedingungen für Lehrkräfte sowie Schülerinnen und Schüler, zu ihrem sprachlichen Hintergrund und den Sprachen, die im Alltag bzw. im Beruf gesprochen werden. Des Weiteren folgten Frageblöcke zum Fach Deutsch an der Berufsschule und zur handlungsorientierten Ausrichtung des Unterrichts (Roche, Terrasi-Haufe, Kirndorfer & Hoffmann, in Begutachtung). Daneben wurden 47 Akteurinnen und Akteure mit unterschiedlichen Zuständigkeiten in der beruflichen Bildung in Bayern befragt. Für den Interview-Leitfaden ließen sich auf der Grundlage des aktuellen Forschungsstands Fragen zu den Bereichen „Sprache und Beruf", „Sprachvermittlung an Berufsschulen" und „Sprachdidaktik im Lehramt an beruflichen Schulen" festlegen. Neben Vertreterinnen und Vertretern des StMBW und der Regierungsbezirke wurden Dozierende an Hochschulen, Studienseminar und Seminarschulen, Lehrkräfte sowie Referendarinnen und Referendare befragt (vgl. Roche et al., in Begutachtung). Die Informationen in den nachfolgenden Ausführungen resultieren, wenn nicht anders angegeben, aus der Bestandsaufnahme.

3. Hochschulphase

Nur etwa zwölf Prozent der Lehrkräfte an beruflichen Schulen in Bayern verfügen über eine Lehrbefähigung für Deutsch, der Anteil an Lehrkräften mit einer DaZ-/DaF-Qualifikation ist noch geringer (vgl. Terrasi-Haufe, Roche & Riehl, 2017). Die Tatsache, dass das Unterrichtsfach Deutsch in der Vergangenheit im Lehramt an beruflichen Schulen selten gewählt wurde,[3] hat dazu geführt, dass der Deutschunterricht an Berufsschulen sehr häufig von Lehrkräften ohne grundständiges

---

3 Studierende mit dem Unterrichtsfach Deutsch klagen oft, dass dort auf die Besonderheiten des Deutschunterrichts an Berufsschulen nicht eingegangen würde und sich das Fach sehr stark an den Vorgaben zur Lehramtsausbildung für Gymnasien orientiere.

Deutsch-Studium durchgeführt werden muss. Neben der Überforderung und De-motivierung vieler Lehrkräfte werden nach Kretzschmar (2015, S. 165 ff.) sprachdidaktische und interkulturelle Kompetenzen vermisst. Somit sind diese Lehrkräfte weder immer in der Lage, Berufsschülerinnen und -schüler sprachlich differenziert zu fördern, noch sie auf die verschiedenen Aspekte der Kommunikation in den Betrieben vorzubereiten sowie ihnen bildungssprachliche Kompetenzen zu vermitteln. Auch kann das vorhandene Potenzial sprachlicher und kultureller Diversität nicht für alle gewinnbringend genutzt werden. 70 Prozent der online befragten Lehrkräfte beantworteten die Frage, ob sie angehenden Berufsschullehrkräften einen Abschluss in DaF oder DaZ empfehlen würden, mit „ja" bzw. „eher ja" (Roche et al., in Begutachtung). Doch die Professionalisierungsangebote für DaZ an beruflichen Schulen waren bislang in der gesamten Republik rar. Baumann und Becker-Mrotzek (2014, S. 44) stellen in ihrer Bestandsaufnahme fest, dass Studienbausteine zu Themen wie DaZ, sprachliche oder interkulturelle Bildung bei keinem Lehramtstypen bisher so selten verankert sind wie bei den beruflichen Lehrämtern.

In den Gesetzen und (Ver-)Ordnungen der Bundesländer finden sich inzwischen in immerhin elf Fällen Vorgaben für die erste Phase der Lehrerbildung. Allerdings nur in sechs Bundesländern gelten diese Vorgaben auch für das Lehramt der beruflichen Bildung (Baumann, 2016; SVR, 2016). Auch unterhalb der Gesetzesebene wächst das Bewusstsein für eine wissenschaftlich fundierte sprachdidaktische Ausbildung der Lehrkräfte. Dies hat auch in Bayern zu einem breiten Konsens darüber geführt, dass Lehrkräfte in den verschiedenen Phasen der Lehrerbildung (Hochschulstudium, Vorbereitungsdienst, Weiterbildung) auf diese anspruchsvolle Aufgabe angemessen vorbereitet werden müssen. Zusammen mit aktuellen Entwicklungen werden nun zentrale Merkmale der Ausbildung im Lehramt an beruflichen Schulen in Bayern mit einem Fokus auf Sprachbildung skizziert.

3.1 Lehramt an beruflichen Schulen

Das Studium des Lehramts für berufliche Schulen umfasst in Bayern in der Regel eine Bachelor- und eine Masterphase. In der ersten Phase ist es aufgrund der Ansprüche der beruflichen Fachrichtung sehr stark durch eine hohe Fachlichkeit geprägt. Die enge Anbindung an die Bezugswissenschaft (z.B. die Ingenieurswissenschaften für die technischen Fachrichtungen) bildet für die Lehrkräfte das Fundament für die Aneignung von Fachinhalten, um im Anschluss 30 bis 40 Jahre erfolgreich in der beruflichen Fachrichtung unterrichten zu können.[4] In der Masterphase kommen vertiefende pädagogische und fachdidaktische Betrachtungen

---

4 Einen Gegenentwurf zu diesem Konzept bildet die gewerblich technische Wissenschaft (GTW), die z.B. in Bremen und Schleswig-Holstein die Ausbildung von Lehr-

stärker hinzu. Die Fachdidaktik der beruflichen Fachrichtung führt ins Berufsfeld ein und leitet exemplarisch zur Analyse und Gestaltung von Lernsituationen an. Die Rolle von Sprache in der Entstehung und Vermittlung von Fachinhalten bzw. ihrer Reflexion erhält dort meist keine große Aufmerksamkeit. Das Bewusstsein dafür, dass Fachinhalte von der Sprache selbst nicht getrennt werden können, ist zwar oft vorhanden, genauso wie jenes für die diversen Funktionen von Sprache und ihren Codes in unterschiedlichen Berufskulturen. Trotzdem findet zwischen den Fachdidaktiken der unterschiedlichen beruflichen Fachrichtungen, den Unterrichtsfächern und den erziehungswissenschaftlichen Veranstaltungen kaum ein Austausch bezüglich der Konzeptualisierung von Sprache und ihrer Rolle für das Lernen und die Gestaltung von Unterricht in der beruflichen Bildung statt (Terrasi-Haufe et al., 2017, S. 167). Die einzelnen Fachdidaktiken qualifizieren in der Regel auch nicht für einen sprachsensiblen Fachunterricht, sondern konzentrieren sich auf schüler- und lernfeldzentrierte methodische Ansätze.

Studierende beschäftigen sich z.B. an der TU München im Rahmen der fachdidaktischen Ausbildung der technischen Fachrichtungen jedoch immerhin ansatzweise mit Sprache: Neben der Behandlung von deren unterrichtsbegleitendem Einsatz als Kommunikationsmedium spielt Sprache in Zusammenhang mit der Darstellung von Unterrichtsinhalten durch Fachsprache eine zentrale Rolle. Eine umfassendere sprachdidaktische Ausbildung wird folglich im Lehramt an beruflichen Schulen zwar stark befürwortet, kann im Rahmen der für die Fachdidaktik vorgesehenen ECTS allerdings nicht geleistet werden. Eine Vertiefungsmöglichkeit bieten da Angebote im Wahlbereich, wie z.B. das seit dem Wintersemester 2012/13 angebotene Wahlfach zur „Stärkung von Deutschkompetenzen" oder die Teilnahme am Projekt „Sprachen – Kulturen – Leben – Lernen" (früher Mercator-Förderunterricht).

3.2   Neue Angebote für die Profilbildung in der Hochschulphase

Eine freiwillige Profilbildung im Bereich der sprachlichen Bildung wird in Bayern derzeit stark ausgeweitet. Angebote im Wahlpflichtbereich existieren bereits seit längerem. Sowohl München (TUM/LMU) als auch Erlangen-Nürnberg (FAU), die beiden größten Lehrerbildungsstandorte der beruflichen Bildung in Bayern, bieten nun seit wenigen Semestern zusätzlich die Möglichkeit, „Sprache und Kommunikation Deutsch (SKD)" (TUM/LMU) bzw. „Berufssprache Deutsch" (FAU) als Unterrichtsfach zu wählen. Als Alternative bietet sich ein entsprechendes freiwilliges Erweiterungsstudium, begleitend zum Regelstudium. Die Studiengänge zielen auf die oben dargestellten Einsatzbereiche ab. „Gemeinsam ist die Vorstellung, das traditionell stark germanistisch-literaturwissenschaftlich orientierte

---

kräften für berufliche Schulen an Kerninhalte beruflicher Anforderungen (in Anlehnung an die Vorgangsweise der Ergonomie) ausrichtet.

Fach ‚Deutsch‘ durch ein Fach zu ergänzen, das den Sprachförderaspekt und die Didaktik des Deutsch als Zweit- bzw. Fremdsprache besonders betont" (Wilbers, 2016, S. 40).

„Sprache und Kommunikation Deutsch" umfasst wie alle anderen zur Auswahl stehenden Unterrichtsfächer auch 80 ECTS und erstreckt sich über die BA- und MA-Phase. Die Studierenden sind an der TU München eingeschrieben, wo die Ausbildung von angehenden Lehrkräften der gewerblich-technischen beruflichen Bildung grundsätzlich stattfindet. Da die TU München selbst über keine philologische Fakultät verfügt, findet das Studium SKD an der LMU statt und wird vom dortigen Institut DaF ausgestaltet. Inhaltlich beinhaltet SKD die für DaF-Studiengänge klassischen Elemente (vgl. Casper-Hehne, Koreik & Middeke, 2006) einer grundständigen Deutschlehrkräfte-Ausbildung (vgl. KMK, 2015, S. 24) mit transkultureller Schwerpunktsetzung. Dies betrifft nicht nur die Spracharbeit, sondern auch die Vermittlung von Literatur und Kultur aus plurizentrischer Perspektive. SKD umfasst Module zu: Sprachwissenschaft, Sprachlehr- und -lernforschung (mit Schwerpunkt auf den Themen Erst-, Zweit- und Fremdsprachenerwerb, Sprachdidaktik und Curriculum, Prüfen und Leistungsmessung sowie Lehrwerksanalyse), Literatur- sowie Kulturwissenschaft. Daneben existiert im Bereich der Fachdidaktik ein Modul zu den medientheoretischen Grundlagen in der Sprach- und Kulturvermittlung und ein Theorie-Praxis-Modul zur Reflexion von Unterrichterfahrungen in der ersten Ausbildungsphase. In diesem Zusammenhang werden auch das Unterrichtsprinzip „Berufssprache Deutsch", dessen Materialentwicklungsansatz und die neuen Lehrpläne intensiv thematisiert. Denn SKD fokussiert auch Inhalte der Curriculums- und Schulentwicklung sowie Aspekte der Professionalisierung: Ausgebildet wird nicht nur für den Unterricht, sondern auch für die Tätigkeit als Fachbetreuerin und Fachbetreuer an Schulen, Multiplikatorenaufgaben in den Regierungsbezirken und Funktionsstellen in der Bildungsadministration (vgl hierzu auch Deutscher Bildungsrat, 1970, 217 ff.).

Zu den für diesen Teilstudiengang postulierten zentralen Lernergebnissen zählen die folgenden:

Sprachwissenschaft

Die Lehrkräfte …
- wissen, was Sprache ist und welche Funktionen sie in der Gesellschaft erfüllt;
- kennen die Besonderheiten mündlicher und schriftlicher Varietäten des Deutschen;
- beschreiben sprachliche Phänomene unter Berücksichtigung unterschiedlicher Dimensionen angemessen;
- kennen Ansätze und Forschungsergebnisse der Angewandten Sprachwissenschaft, die für Problemkonstellationen der sprachlichen Praxis relevant sind.

Sprachenerwerb, Sprach- und Kulturvermittlung

Die Lehrkräfte …

- kennen die neuronalen Voraussetzungen, kognitiven Mechanismen und sozialen Begebenheiten von Sprachenerwerb;
- reflektieren unterschiedliche Modelle des multiplen Sprach- und Kulturerwerbs, die Besonderheiten von deren Verläufen und die daraus resultierenden affektiven Implikationen;
- erschließen die daraus folgenden Konsequenzen für die Sprach- und Kulturvermittlung auf curricularer, didaktischer und methodischer Ebene;
- schätzen ihren Einfluss als Lehrkräfte auf Sprachenerwerb ein;
- kennen die grundlegenden Prinzipien der Unterrichtsgestaltung (Handlungs- und Teilnehmerorientierung, Binnendifferenzierung, Autonomieförderung) sowie die Verfahren zu deren Umsetzung und deren Qualitätsmanagement (kollegiale Unterstützungssysteme, Handlungsforschung);
- reflektieren Kategorien zu Beschreibung von Lernprozessen und wenden sie zu Diagnosezwecken an;
- erkennen Grenzen und Potenziale von Diagnostikinstrumenten;
- beherrschen grundlegende Techniken zur lernfördernden Steuerung der Unterrichtsinteraktion mittels Sozialformen, Aufgabenstellung, Einsatz von Fragen, Scaffolding, Ko-Aktion und konstruktiven Umgang mit Fehlern;
- führen Lehrwerksanalysen durch;
- wenden Ansätze und Materialien zur Vermittlung von (Fach- und Berufs-)Sprache, hermeneutischer Kompetenz, landeskundlichen Inhalten, interkultureller Kompetenz an und entwickeln sie für die Zielgruppe weiter;
- setzen Medien zur Sprach- und Kulturvermittlung sinnvoll ein;
- setzen fachdidaktische Kenntnisse unter Berücksichtigung des Deutschlehrplans und der Fachlehrpläne sowie der Prinzipien der didaktischen Jahresplanung in fachintegrierte Unterrichtsentwürfe um;
- wenden Vermittlungs- und Beratungsstrategien an, um als Multiplikatoren im Kollegium zu fungieren.

Mehrsprachigkeitslinguistik

Die Lehrkräfte …

- haben Einblick in die kommunikativen Anforderungen der beruflichen Ausbildung;
- verfügen über Kenntnisse über die Entstehung und Beschaffenheit (Dichte, Normierung) von Fachsprachen, ihre horizontale und vertikale Stratifizierung, ihr Verhältnis zu Alltags- und Berufssprache und ihre Funktion, sowie zu handlungsleitendem Wissen und zur Wissenserweiterung;
- identifizieren, beschreiben und erklären relevante fachsprachliche Strukturen und deren Funktionen in authentischen Materialien und Situationen;

- kennen die verschiedenen Ausprägungen von Mehrsprachigkeit und deren Auswirkungen auf unterschiedliche Kommunikationskontexte;
- erklären sprachtypologische Besonderheiten durch Gegenüberstellung.

Kultur und Literatur

Die Lehrkräfte …
- analysieren Gegenstände kulturwissenschaftlicher Ansätze;
- wenden Kategorien zu deren Beschreibung, Analyse und Vergleich an;
- kennen das Bildungspotenzial von Diversität und schätzen es wert;
- wissen, wie Literatur der Darstellung und Verarbeitung von Lebenswelten dient;
- kennen die Ziele literarischen Lernens sowie Methoden zu ihrer Erreichung;
- verfügen über interkulturelle Kompetenz sowie eine ausgeprägte Reflexionsfähigkeit und können situationsadäquat und kultursensibel darauf reagieren.

In München haben auch die Wirtschaftspädagoginnen und Wirtschaftspädagogen die Möglichkeit, einen DaF-Schwerpunkt im Studium zu wählen.[5] Die Inhalte des Nebenfachs „Sprache und Kommunikation" sind mit SKD vergleichbar und umfassen insgesamt 66 ECTS.

Die FAU Erlangen-Nürnberg bietet angehenden Lehrkräften der beruflichen Bildung die Möglichkeit, im Studium einen Schwerpunkt auf sprachliche Bildung zu legen. Der Studiengang mit dem Titel „Berufssprache Deutsch" kann als reguläres Zweitfach absolviert werden und umfasst 70 ECTS. Die auf Bachelor- und Masterstudium unterteilten Module lauten wie folgt:[6]

Bachelor:
- Grundlagen des Deutschen als Zweitsprache (10 ECTS)
- Sprachsystem und Zweitspracherwerb (10 ECTS)
- Seminar Praxis der Berufssprache Deutsch I (5 ECTS)

Master:
- Deutsch – Basismodul Grundlagen der Neueren deutschen Literaturwissenschaft (NdL1) (5 ECTS)
- Deutsch – Aufbaumodul Systematische Aspekte der Literaturwissenschaft (LitS) (5 ECTS)
- Deutsch – Basismodul Grundlagen der Fachdidaktik Deutsch (5 ECTS)
- Migrantensprache Sprachmodul I (Grundlagen) (5 ECTS)
- Migrantensprache Sprachmodul II (Aufbau) (5 ECTS)

---

5   Die Entscheidung für einen DaF-Schwerpunkt begründet sich in einem Fokus auf grundständige Spracharbeit, Mehrsprachigkeit, Fachsprachenlinguistik, Literatur- und Kulturwissenschaft.
6   Nähere Informationen unter http://www.didaz.phil.uni-erlangen.de/studium/struktur/berufssprache-deutsch.shtml [20.09.2016]

- Lehren und Lernen in der zweiten Sprache (15 ECTS)
- Seminar Praxis der Berufssprache Deutsch II (5 ECTS)

Im Vergleich zu München fällt insbesondere auf, dass der Studienplan den Erwerb einer sogenannten Migrantensprache vorsieht, eine Tradition, die aus den bayerischen DaZ-Studiengängen für das Grund- und Mittelschullehramt bekannt ist. Organisatorisch werden die Module von vier verschiedenen Professuren gemeinsam verantwortet werden, nämlich der Didaktik des Deutschen als Zweitsprache, der Wirtschaftspädagogik, der Didaktik der deutschen Sprache und Literatur sowie der Neueren deutschen Literaturwissenschaft.

3.3 Neue Angebote für die Basisqualifizierung

„Mit der Ausbildung einer überschaubaren Zahl an Experten ist es aber nicht getan" (SVR 2016, S. 21). Unter anderem die zunehmende Beschulung von Geflüchteten an Berufsschulen hat in letzter Zeit zu einem wachsenden Bewusstsein dafür geführt, dass alle Lehrkräfte eine Ausbildung im Bereich Sprache, Spracherwerb und Kultur benötigen.

Als mittelfristige Maßnahme sollten in diesem Zusammenhang analog zu sogenannten DaZ-Modulen, die in unterschiedlichen Formaten in anderen Bundesländern z.T. bereits verpflichtend in die Lehramtsausbildung aller Fächer eingeführt sind, an den einzelnen Hochschulstandorten entsprechende Veranstaltungen angeboten werden. Unter den neu angebotenen oder geplanten Varianten finden sich unterschiedliche Formate: Präsenzseminare, eine Ringvorlesung und ein Kurs der virtuellen Hochschule Bayern.

An der TU München wird ab Wintersemester 2016/17 ein Pflichtseminar „Sprachliche und kulturelle Vielfalt" für alle Studierende im Lehramt an beruflichen Schulen im Bachelor mit drei ECTS eingeführt. Es soll auf die besonderen Anforderungen der sprachlichen Bildung für berufliche Kontexte Bezug nehmen und Lehramtsstudierende für die Merkmale sowie Herausforderungen von Mehrsprachigkeit sowie interkultureller Kommunikation sensibilisieren. Perspektivisch sollen im Master drei weitere ECTS hinzukommen.

Im Rahmen der Lehrerbildungsoffensive wird an der Universität Bamberg innerhalb des Teilprojekts „KulturPLUS"[7] das Grundlagenmodul „Kulturelle Bildung" entwickelt und seit dem Sommersemester 2016 umgesetzt. Es umfasst eine Ringvorlesung mit Angeboten aus unterschiedlichen Disziplinen, die eine breite Spanne von der Religionspädagogik bis zur Kulturgeografie umfassen und ca. fünf bis sieben weitere spezifische Lehrveranstaltungen zu „kulturbezogener Lehrerbildung", die aus verschiedenen Fächern der Fakultät Geistes- und Kulturwis-

---

7 Nähere Informationen unter https://www.uni-bamberg.de/wege/kulturplus/ (29.09.2016)

senschaft kommen. Es siedelt sich im Wahlpflichtbereich des Masters Berufliche Bildung (fünf ECTS-Punkte) an.

Die Professur für DaF/DaZ an der Katholischen Universität Eichstätt-Ingolstadt und der Lehrstuhl Didaktik der Deutschen Sprache und Literatur/DaZ an der LMU München entwickeln zurzeit ein Modul zum Thema „Durchgängige Sprachbildung an Schulen in Bayern" für die virtuelle Hochschule Bayern. Zielgruppe sind Studierende für das Lehramt an Grund-, Mittel- und Realschulen sowie Gymnasien und berufliche Schulen. Angestrebt wird die Qualifikation von Lehrkräften zum Umgang mit (sprachlich) heterogenen Lernergruppen und zwar in Bezug auf die Sensibilisierung für durchgängige Sprachbildung sowie die eigenständige Erweiterung von Sprachförderkompetenzen. Das Selbstlernangebot ist als Begleitung für Präsenzlehre angedacht.

4. Vorbereitungsdienst

Während der Schwerpunkt in der ersten Phase der Lehrerbildung auf der Vermittlung von fachlichem, fachdidaktischem und pädagogischem Wissen liegt, wird im Vorbereitungsdienst die Entwicklung von Handlungskompetenzen für die Unterrichtspraxis angestrebt. Wie Kenntnisse von Fach- und Berufssprache im Unterricht zu vermitteln sind, lernten Lehramtsstudierende an beruflichen Schulen in Bayern (wenn überhaupt) bislang erst im Vorbereitungsdienst und zwar durch Beobachtungen in Unterrichtshospitationen. Dieser Umstand scheint ein deutschlandweites Phänomen zu sein, denn laut einer Studie des SVR und des Mercator-Instituts überlassen es „die meisten Länder dem Zufall, ob junge Lehrkräfte [im Referendariat] lernen, pädagogisch angemessen mit sprachlichen und kulturellen Unterschieden umzugehen, oder nicht" (SVR, 2016, S. 4). Daneben vermissten Referendarinnen und Referendare, genauso wie Seminarleitungen und Ausbildungslehrkräfte in der Hochschulphase, bislang einen ausreichenden Anwendungsbezug und die Möglichkeit, theoretische Inhalte in der Unterrichtspraxis zu überprüfen und inhaltlich nachzuvollziehen (vgl. Sigel, 2011, S. 11).

Mit dem Schuljahr 2016/17 tritt für die zweite Phase der Lehrerbildung an beruflichen Schulen in Bayern erstmalig ein verbindlicher übergreifender Referenzrahmen in Kraft. Dieser wurde am Staatlichen Studienseminar für das Lehramt an beruflichen Schulen entwickelt mit dem Ziel, transparente Vorgaben für die Ausbildung von Referendarinnen und Referendaren zu erstellen. Sie sollen den Seminarlehrkräften zur Gestaltung ihrer Angebote als Orientierung und der Bewertung von Lehrkräften im Vorbereitungsdienst als Grundlage dienen.

Der Referenzrahmen (Studienseminar, 2016, S. 1) richtet sich nach den KMK-Standards für die Lehrerbildung vom 16.12.2014 (KMK, 2014) und berücksichtigt sowohl die spezifischen Anforderungen an das Lehramt an beruflichen Schulen als auch die inhaltlichen und strukturellen Besonderheiten der Lehrerbildung in

Bayern. Übernommen werden die fünf von der KMK festgelegten Kompetenzbereiche (Unterrichten, Erziehen und Integrieren, Beraten und Beurteilen, Verwalten und Organisieren, Gestalten und Innovieren), die in Kompetenzen untergliedert sind, für die sich wiederum Standards ausformulieren lassen.

So gelten für den Kompetenzbereich Unterrichten (U) die Kompetenzen (Studienseminar, 2016, S. 4): U1: Unterricht planen, U2: Unterricht durchführen und U3: Unterricht reflektieren.

U1 umfasst die folgenden Standards (Studienseminar, 2016, S. 5):

Die Lehrperson…

U1.1 plant den Unterricht fachlich und sachlich richtig und kooperiert dabei mit Kollegen, Betrieben und anderen externen Partnern.

U1.2 berücksichtigt bei der Planung des Unterrichts den aktuellen fachwissenschaftlichen und fachdidaktischen Stand sowie curriculare und schulische Vorgaben. Sie orientiert sich an einschlägigen Erziehungs- und Bildungstheorien.

U1.3 stellt in Abhängigkeit von Schulart und angestrebten Bildungsabschluss den Bezug zur Berufspraxis und zur Lebenswelt der Schüler her.

U1.4 berücksichtigt bei der Planung des Unterrichts die individuellen, insbesondere auch die sprachlichen Voraussetzungen der Schüler.

U1.5 formuliert konkrete Ziele für den Unterricht, die berufliche, fachsprachliche und allgemeinbildende Kompetenzen beinhalten.

…

Abbildung 1: Auszug aus dem Referenzrahmen für die 2. Phase der Lehrerbildung sowie für die Fachlehrerausbildung an beruflichen Schulen in Bayern

Standards und Kompetenzen, die in Wechselwirkung zu Sprach- und Kulturvermittlung stehen, sind an mehreren Stellen zu identifizieren, z.B. wenn es unter U1.4 heißt, die sprachlichen Voraussetzungen der Schülerinnen und Schüler seien zu berücksichtigen. Neben den Kompetenzbereichen Unterrichten, Erziehen und Integrieren, Beraten und Beurteilen spielen sie auch im Kompetenzbereich Gestalten und Innovieren eine zentrale Rolle spielen, z.B. mit Bezug auf interkulturelle Schulentwicklung und Qualitätsmanagement.

Der Referenzrahmen dient auch als verbindliche Grundlage für die Ausgestaltung des Seminarprogramms der einzelnen Unterrichtsfächer und der Hauptseminarangebote. So existiert für das Unterrichtsfach Deutsch bereits ein neues, verbindliches Seminarprogramm, das die Inhalte der Ausbildung ab dem Schuljahr 2016/17 den Kompetenzstandards zuordnet. Es umfasst die folgenden Themen:

- Lehr-/Lernarrangement gestalten
- Lehr-Lernmethoden auswählen
- Lehr-Lernmittel (Medien) auswählen und gestalten
- Gesprächsführung

- Fragetechniken
- Fehlerkorrektur
- Individuelle Lernhilfen geben
- Arbeit mit gestuften Kompetenzen (Kompetenzen fördern)
- Lernzielkontrollen
- Portfolio-Arbeit

Für alle anderen Lehrkräfte, die trotz fehlender Lehrbefähigung Deutsch unterrichten müssen, werden im Vorbereitungsdienst insgesamt acht eintägige Module angeboten. Dieses auf Initiative der Studienseminare entwickelte Angebot existiert seit circa 20 Jahren und wird als „Notprogramm" verstanden, das aufgrund der Erkennung eines dringlichen Bedarfs unter Berücksichtigung der Unterrichtserfahrungen der Seminarlehrkräfte zusammengestellt wurde. Die angebotenen Module zielen auf die Vermittlung eines Mindestwissens zur Gestaltung von Deutschunterricht an Berufsschulen ab. Im Schuljahr 2014/15 umfassten diese Module die folgenden Inhalte:

	Schwerpunkte
Modul 1	Der Deutschlehrplan, Unterrichtsverteilung, Aufbau einer Deutschstunde, Grundlagen für die Arbeitswelt, Lehrwerke
Modul 2	Leistungserhebung 1 Die Präsentation
Modul 3	Rechtschreibung und Grammatik Informationsgewinnung
Modul 4	Methodenvielfalt am Beispiel der Kurzgeschichte, Argumentation und Verkaufsgespräch, Leistungserhebung 2
Modul 5	Literatur, Medien / Werbung
Modul 6	Bewerbung, Vorstellungsgespräch, Arbeitszeugnis Didaktische Jahresplanung Die Präsentation von Arbeitsergebnissen
Modul 7	Massenmedien, Werbung, System Unterricht, die Gruppendiskussion
Modul 8	Literatur, kreatives Schreiben, Deutsch in leistungsstarken Klassen, das Buch als Medium

Abbildung 2: „Deutschmodule"

Sprachdidaktische Themen wie der Unterricht mit Geflüchteten oder die Verzahnung von fachlichem und sprachlichem Lernen sind hier bisher nicht vorgesehen, sondern werden ggf. von einzelnen Referentinnen und Referenten auf Eigeninitiative eingebracht. Perspektivisch sollen die Inhalte der Module jedoch angepasst und auch die Zielgruppe erweitert werden. So ist angedacht, dass künftig alle Referendarinnen und Referendare, auch die mit Unterrichtsfach Deutsch, die acht Module durchlaufen.

Um Aspekten der Sprach- und Kulturvermittlung, der Mehrsprachigkeit und Integration noch mehr Raum zu geben, hat das Studienseminar beim StMBW einen Antrag gestellt, den Vorbereitungsdienst durch einen zweiten Seminartag zu erweitern. Dies würde mit sich führen, dass sich Referendarinnen und Referendare 14-tägig mit pädagogischen Themen auseinandersetzen würden, die mit Sprache zu tun haben: Sprachenerwerb, Mehrsprachigkeit, Migration und Integration.

Insgesamt zeigt sich also, dass die in letzter Zeit oben genannten entstehenden Dokumente, welche das bayerische Referendariat regeln, Raum für die Sprach- und Kulturvermittlung bieten, der in Zukunft auch noch intensiver ausgeschöpft werden kann.

5. Fort- und Weiterbildung

Die Fort-und Weiterbildungssituation zum Umgang mit sprachlicher und kultureller Heterogenität ist in allen Bundesländern noch immer unbefriedigend: „Eine Analyse der zentralen Fortbildungskataloge der 16 Bundesländer lässt erkennen, dass die Arbeit mit sprachlich und kulturell vielfältigen Lerngruppen nach wie vor eine untergeordnete Rolle spielt. Selbst wenn Lehrkräfte die passende Fortbildung im Länderkatalog finden, handelt es sich hierbei meist um kurze Input-Veranstaltungen, die punktuell besucht werden und nur teilweise den Transfer in die Schulpraxis ermöglichen" (SVR, 2016, S. 5). Für Bayern kann immerhin konstatiert werden, dass der Anteil entsprechender Fortbildungen am gesamten Landesfortbildungsangebot im deutschlandweiten Vergleich verhältnismäßig hoch ist und die Qualifizierungsangebote mit größtenteils zwei bis drei Tagen Dauer länger als in manch anderen Regionen der Bundesrepublik sind (ebd., S. 17 f.).[8]

Kurzzeitweiterbildungen zu den in der Einleitung erwähnten curricularen Neuerungen werden inhaltlich vom Staatsinstitut für Schulqualität und Bildungsforschung (ISB) festgelegt und von den Fachmitarbeiterinnen und -mitarbeitern an den sieben bayerischen Bezirksregierungen durchgeführt. Im Zusammenhang mit der Einrichtung von Berufsintegrationsklassen werden im Rahmen von schulinternen Lehrerfortbildungen (SCHILF) auch Angebote zu spezifischen Themen (Alphabetisierung, Umgang mit Traumata usw.) gemacht. Neben diesen Angeboten auf Schul- und Bezirksebene bietet die bayerische Akademie für Lehrerfortbildung und Personalführung auch landesweite Fort- bzw. Weiterbildungen und Lehrgänge zu den Themen „Berufsintegration" und „DaZ für den Unterricht mit berufsschulpflichtigen Asylbewerbern und Flüchtlingen" an.

---

8 Der zitierte Policy-Brief hat das Fortbildungsangebot für alle Schularten untersucht, nicht dezidiert für die beruflichen Schulen.

5.1 Akademische Weiterbildungsangebote an Universitäten

Aufgrund der hohen Anzahl der sprachdidaktisch nicht qualifizierten Lehrkräfte an bayerischen Berufsschulen wurden am Institut für DaF der LMU München drei Weiterbildungsangebote entwickelt, die ihre Lernergebnisse und Inhalten aus jenen des Unterrichtsfachs SKD ableiten (vgl. S. 56 f.).

Im Rahmen der Fort- und Weiterbildungsoffensive für die Beschulung von Geflüchteten in berufsvorbereitenden Maßnahmen gibt es ab dem Herbst 2016 Kompaktweiterbildungen im Blended-Learning-Format im Umfang von sechs ECTS. Sie umfassen einen Zeitraum von vier bis fünf Monaten und werden in allen Regierungsbezirken durchgeführt. Das Konzept beinhaltet fünf Module à zehn Unterrichtseinheiten:

- Modul 1: Grundlegende Prinzipien von Spracherwerb und Sprachverarbeitung
- Modul 2: Einführung in die Linguistik der deutschen Sprache
- Modul 3: Leben und Lernen als Geflüchteter in Deutschland
- Modul 4: Alphabetisierung und Entwicklung von Textkompetenz
- Modul 5: Grundzüge eines sprachsensiblen, handlungsorientierten interkulturellen Unterrichts

Es finden jeweils zweitägige Präsenzveranstaltungen statt, vor- und nachbereitet durch eine tutorierte Online-Phase. Das Angebot beinhaltet außerdem die Reflexion von Unterricht mit neu Zugewanderten an beruflichen Schulen sowie die Vorbereitung und Begleitung von Multiplikatorenaktivitäten.

Daneben können Lehrkräfte ab 2017/18 zwei weitere berufsbegleitende Qualifizierungsmaßnahmen besuchen: einen Weiterbildungsmaster mit 60 ECTS und ein Zusatzstudium mit 30 ECTS.

Am Institut für DaF der Katholischen Universität Eichstätt-Ingolstadt wird ab dem Wintersemester 2016/17 das Weiterbildungszertifikat „Sprachqualifizierung und Integrationscoaching für die Arbeit mit Flüchtlingen" angeboten. Es richtet sich an verschiedene Zielgruppen wie Lehrkräfte, Sozialpädagoginnen und Sozialpädagogen sowie Ehrenamtliche) und umfasst die folgenden Module:

- Basismodul I: Sprachdidaktik – Grundlagen DaF/DiDaZ
- Basismodul II: Fachliche Zugänge zum Kontext von Flucht und Migration
- Vertiefungsmodul I: Sprachdidaktik – Sprache und Sprachgebrauch
- Vertiefungsmodul II: Fachliche Zugänge zum Kontext von Flucht und Migration
- Praktikum

Die Universität Regensburg hat ihre Fortbildungsaktivitäten im Bereich DaF/DaZ teilweise in das 2014 gegründete Institut für Sprachberatung Deutsch ausgelagert. Auf Anfrage können hierüber Qualifizierungsangebote gebucht werden. Zielgruppe sind Personen ohne grundständiges Studium DaZ, deren berufliche Betätigung eine Weiterbildung in diesem Kontext nötig macht.

5.2 Schulische Modellversuche und Verbundprojekte

Schulische Modellversuche und Verbundprojekte sind ein weiterer Ansatz, um Lehrkräften Weiterqualifizierungsmöglichkeiten zu bieten. Im Rahmen des Bund-Länder-Projekts BiSS (Bildung durch Sprache und Schrift), Teilprojekt QuaS[9] haben elf oberbayerische Berufsschulen die Möglichkeit, sich zu Fragen der Beschulung von neu Zugewanderten zu vernetzen und fortzubilden. Das Besondere hierbei ist, dass nicht nur bayerische Erfahrung zur Sprache kommen, sondern Anregungen und Ideen aus anderen Bundesländern einfließen können.

Im Projekt „Perspektive Beruf für Asylbewerber und Flüchtlinge"[10] arbeiten 21 bayerische Modellschulen auf regionaler Ebene zusammen, wobei sprachliche und kulturelle Vielfalt nur einer von mehreren bearbeiteten Themenblöcken ist. Der Übergang in eine duale Ausbildung, ein Arbeitsverhältnis oder eine weiterführende Schule steht ebenso im Zentrum. Des Weiteren ergeben sich aus der Zusammenarbeit neue Themen, zu denen die Lehrkräfte arbeiten möchten, darunter beispielsweise die Extremismusprävention. Fortbildungen werden u.a. vom wissenschaftlichen Beirat des Projekts angeboten.

6. Dimensionen der Qualitätssicherung

Abschließend soll auf Dimensionen der Qualitätssicherung eingegangen werden, die sich aus der Einführung der dargestellten Professionalisierungsangeboten in Bayern als umfassende Entwicklungsaufgabe für die Zukunft ergeben. Zentrale Aspekte der Qualitätssicherung im Bereich der Lehrkräftebildung stellen die Festlegung und Überprüfung von vorgegebenen Standards bzw. Lehrerkompetenzen im Sinne der Wirksamkeit und Nachhaltigkeit von Professionalisierungsmaßnahmen dar. Für die erste und zweite Phase umfasst dies einmal die Entwicklung von Angeboten auf der Grundlage von Standards wie z.B. jenen der KMK bzw. deren Ausformulierung in Form von erwarteten Lernergebnissen (s. oben SKD) oder Kompetenzen (s. Referenzrahmen für den Vorbereitungsdienst). Dennoch bleiben die Formulierungen vage, was u.U. dem sprachlichen Duktus von Kompetenzstandards geschuldet sein mag, die der Praxis in der Regel gewisse Ausgestaltungsspielräume lassen. Deren Überprüfung erfolgt dann im Normalfall anhand von Leistungsnachweisen (Klausuren, Hausarbeiten und Abschlussarbeiten) und kasuistischen Aufgaben in Prüfungen (Unterrichtsproben und Kolloquium zum 2. Staatsexamen).

Zum Zweck der Ergebnisevaluation werden daneben auch zunehmend Messinstrumente nach dem Vorbild von COACTIV (Kunter, Baumert, Blum, Klusmann, Krauss & Neubrand, 2011) entwickelt, wobei die Deutschdidaktik in dem

---

9   http://www.biss-sprachbildung.de/biss.html?seite=35&bundesland=Bayern&Id=91

10 http://bildungspakt-bayern.de/perspektive-beruf-fuer-asylbewerber-und-fluechtlinge/

Bereich nach Pissarek und Schilcher (2015, S. 322) „hinterherhinkt". Dies ist z.T. auf ihre noch nicht abgeschlossenen fachspezifische Modellierung (Wieser, 2015, S. 19 f.) zurückzuführen. Die vorliegenden Instrumente wie z.B. TEDS-LT für die Hochschulphase oder FALKO für berufstätige Deutschlehrkräfte (Pissarek & Schilcher, 2015) berücksichtigen daneben Kompetenzmodelle, welche die veränderten bzw. spezifischen Rahmenbedingungen des Deutschunterrichts an beruflichen Schulen noch nicht operationalisieren. Genauso müsste der im Rahmen des Projekts DaZKom entwickelte Kompetenztest für angehende Lehrkräfte (Hammer, Carlson, Ehmke & Koch-Priewe, 2015) angepasst und erweitert werden.

Neben bislang selten durchgeführten ergebnisorientierten Evaluationen besteht die Möglichkeit, Professionalisierungsmaßnahmen durch Prozessevaluationen zu begleiten. Die TU München übernimmt im Rahmen des erwähnten Projekts „Bildungssprache Deutsch für berufliche Schulen" eine formative Evaluation des neuen Studiengangs „Sprache und Kommunikation Deutsch" zum Zweck der Optimierung von Inhalten und organisatorischen Abläufen. In die Evaluation einbezogen sind in erster Linie die Studierenden, aber auch Kolleginnen und Kollegen der Scientific Community sowie der Lehrkörper und die Verwaltung der am Studiengang beteiligten Universitäten.

Im Bereich von Fort- und Weiterbildungen überwiegen Prozessevaluationen, was z.T. auf die Komplexität der Transferprozesse von Fortbildungsinhalten in die Unterrichtspraxis zurückzuführen ist (Lipowsky, 2010, S. 51). Dieser wird von unterschiedlichen Faktoren beeinflusst und kann schlussendlich nur an der Qualität des Unterrichts und dem Lernerfolg der Schülerinnen und Schüler gemessen werden. In der Qualitätssicherung sind folglich zahlreiche Faktoren zu berücksichtigen, u.a. die schulischen Kontextbedingungen (ebd., S.63) vor sowie nach der Fortbildung, deren Ziele und die Konzeption des Fortbildungsangebots, dessen Wahrnehmung und Nutzung durch die Lehrkräfte sowie deren individuellen Voraussetzungen. Hierzu zählen das persönliche professionelle Wissen, subjektive Theorien, die affektiv-motivationale Entwicklung und unterrichtspraktisches Handeln (ebd., S.63).

Einen zentralen Aspekt bei der Konzeption von Fortbildungen betrifft deren theoretische Fundierung, die der von Lehrkräften oft bevorzugten Praxisorientierung entgegengesetzt wird. Da es sich bei den Lehrkräften um erwachsene Lernende handele, sei zu berücksichtigen, dass sie bei der Aufnahme neuer Inhalte stärker problem- als themenzentriert vorgehen (Huber, 2009, S. 453 f.). Die Vermittlung von theoretischen Grundlagen sei allerdings unbedingt erforderlich, um die Lehrkräfte zur Reflexion der täglichen Praxis über ihre „eingefahrenen subjektiven Alltagstheorien hinaus" anzuregen. Sie müsse allerdings so gestaltet sein, dass sie diese unmittelbar in den Unterrichtsalltag eingesetzt werden könnten (ebd.)

Für die Wirksamkeit einer Fortbildung ist der Transfer in die Praxis ausschlaggebend. Huber (2009, S. 453) sieht ihn von den persönlichen und beruflichen Erfahrungen der Lehrkräfte sowie deren Wissen und Selbstverständnis beeinflusst. Des Weiteren sind die Erfolgserwartungen der Teilnehmenden und der ihnen zugeordnete subjektive Wert relevant (ebd.). Dies bedeutet, dass Instrumente der Qualitätssicherung neben den oben angesprochenen Lernergebnissen und Standards auch die Perspektive der Teilnehmerinnen und Teilnehmer – und zwar bereits vor der Durchführung von Professionalisierungsmaßnahmen – und deren Transfermöglichkeiten im Rahmen individueller schulischer Kontextbedingungen berücksichtigen sollten.

7. Fazit

Anhand des Beispiels Bayern lässt sich zeigen, welche Veränderungen die Lehrkräftequalifizierung im Bereich beruflicher Bildung derzeit unter der Überschrift sprachliche und kulturelle Vielfalt erfährt. Auslöser sind hier u.a. veränderte Rahmenbedingungen, wie die große Anzahl neu zugewanderter Schülerinnen und Schüler, oder curriculare Neuerungen an den Schulen und in der Lehrerbildung.

Der Anstieg von etwa 100 auf rund 22.000 Schulplätze für neu Zugewanderte an Bayerns Berufsschulen innerhalb von nur sechs Jahren hat den Schulen, den Lehrkräften und der Bildungsadministration enorme Anstrengungen abverlangt. Als positiver Nebeneffekt lässt sich konstatieren, dass die Verantwortlichen der unterschiedlichen Lehrerbildungsphasen gezwungen waren, (noch) intensiver zusammenzuarbeiten als es bisherige Routinen vorsahen. In diesem Arbeitsklima wurden Neuerungen in enormer Geschwindigkeit möglich, deren Wirkung weit über die Beschulung von Geflüchteten hinausgeht. Studiengänge wie „Sprache und Kommunikation Deutsch" oder „Berufssprache Deutsch" sind ohne langes Zögern aller Beteiligten entstanden – profitieren werden nicht nur kürzlich zugewanderte Migrantinnen und Migranten. Bei der Einführung neuer Professionalisierungsangebote sollte die Chance genutzt werden, angemessene Ansätze der Qualitätssicherung zu etablieren. Aktuell werden im Bereich der Wirksamkeitsevaluation neue Instrumente entwickelt und erprobt, die es für die berufliche Bildung anzupassen gilt.

Nicht zuletzt wäre wünschenswert, dass Weiterqualifizierungsangebote allen an einer sprachlichen Bildung beteiligten Pädagoginnen und Pädagogen offenstehen. An den Schulen sind neben Lehrkräften mit regulärer Lehramtsausbildung beispielsweise auch Lehrkräfte mit Magister oder Master in Fächern wie Deutsch als Zweit- oder Fremdsprache sowie Sozialpädagoginnen und Sozialpädagogen im Einsatz. Auch sie sind künftig im Rahmen staatlicher Fort- und Weiterbildungsangebote selbstverständlich als Zielgruppe anzuerkennen.

Literatur

Baumann, Barbara (2016). Sprachförderung und Deutsch als Zweitsprache in der Lehrerbildung – ein deutschlandweiter Überblick. In Michael Becker-Mrotzek, Peter Rosenberg, Christoph Schroeder & Annika Witte (Hrsg.), *Deutsch als Zweitsprache in der Lehrerbildung* (S. 9–26). Münster: Waxmann.

Baumann, Barbara & Becker-Mrotzek, Michael (2014). *Sprachförderung und Deutsch als Zweitsprache an deutschen Schulen: Was leistet die Lehrerbildung?* Überblick, *Analyse und Handlungsempfehlungen*. Köln: Mercator-Institut für Sprachförderung und Deutsch als Zweitsprache.

Casper-Hehne, Hiltraud; Koreik, Uwe & Middeke, Annegret (Hrsg.). (2006). *Die Neustrukturierung von Studiengängen Deutsch als Fremdsprache: Probleme und Perspektiven.* Göttingen: Universitätsverlag Göttingen.

Deutscher Bildungsrat (1970). *Empfehlungen der Bildungskommission. Strukturplan für das Bildungswesen.* Stuttgart: Klett.

Hammer, Svenja; Carlson, Sonja A.; Ehmke, Timo & Koch-Priewe, Barbara (2015). Kompetenz von Lehramtsstudierenden in Deutsch als Zweitsprache. Validierung des GSL-Testinstruments. *Zeitschrift für Pädagogik, 61*, 32–54.

Huber, Stephan G. (2009). Wirksamkeit von Fort- und Weiterbildung. In Olga Zlatkin-Troitschanskaia, Klaus Beck, Detlef Sembill, Reinhold Nickolaus & Regina Mulder (Hrsg.), *Lehrprofessionalität. Bedingungen, Genese, Wirkungen und ihre Messung* (S. 451–463). Weinheim & Basel: Beltz.

ISB (2016a). *Extrakt des ersten Zwischenberichtes der Evaluation des Modellprojektes „Perspektive Beruf für Asylbewerber und Flüchtlinge".* Verfügbar unter: http://bildungs-pakt-bayern.de/wp-content/uploads/2016/11/Perspepktive-Beruf-erste-Ergebnisse.pdf [11.03.2017].

ISB (2016b). *Lehrplan für die Berufsschule und Berufsfachschule. Unterrichtsfach: Deutsch.* Verfügbar unter: https://www.isb.bayern.de/berufsschule/lehrplan/berufsschule/fachlehrplan/1624/ [11.03.2017].

KMK (2014). *Standards für die Lehrerbildung: Bildungswissenschaften. (Beschluss der Kultusministerkonferenz vom 16.12.2004).* Verfügbar unter: http://www.kmk.org/fileadmin/ Dateien/veroeffentlichungen_beschluesse/2004/2004_12_16-Standards-Lehrerbildung. pdf [11.03.2017].

KMK (2015). *Ländergemeinsame inhaltliche Anforderungen für die Fachwissenschaften und Fachdidaktiken in der Lehrerbildung. (Beschluss der Kultusministerkonferenz vom 16.10.2008 i.d.F vom 12.02.2015).* Verfügbar unter: http://www.kmk.org/fileadmin/veroeffentlichungen_beschluesse/2008/2008_10_16-Fachprofile-Lehrerbildung.pdf [11.03.2017].

Kretzschmar, Anna (2015). *Leselehrer sein und werden. Eigenen Lesesozialisation, Einstellungen zur Lesekompetenzförderung und die Entwicklung zum Leselehrer an beruflichen Schulen Sekundarstufe II.* Baltmannsweiler: Schneider Hohengehren.

Kunter, Mareike; Baumert, Jürgen; Blum, Werner; Klusmann, Uta; Krauss, Stefan & Neubrand, Michael (Hrsg.). (2011). *Professionelle Kompetenz von Lehrkräften. Ergebnisse des Forschungsprogramms COACTIV.* Münster: Waxmann.

Lipowsky, Frank (2010). Lernen im Beruf. Empirische Befunde zur Wirksamkeit von Lehrerfortbildung. In Florian H. Müller, Astrid Eichenberger, Manfred Lüders & Johannes Mayr (Hrsg.), *Lehrerinnen und Lehrer lernen. Konzepte und Befunde zur Lehrerfortbildung* (S. 51–70). Münster: Waxmann.

Pissarek, Markus & Schilcher, Anita (2015). Fachspezifische Lehrerkompetenzen im Fach Deutsch messen? Modellierung und Konstruktvalidierung eines Erhebungsinstruments im Rahmen der Projektgruppe FALKO Regensburg. In Christoph Bräuer & Dorothee Wieser (Hrsg.), *Lehrende im Blick: empirische Lehrerforschung in der Deutschdidaktik* (S. 321–342). Wiesbaden: VS Verlag für Sozialwissenschaften.

Roche, Jörg; Terrasi-Haufe, Elisabetta; Kirndorfer, Susanne, Hoffmann, Martina (in Begutachtung). *Empirische Grundlagen und didaktische und curriculare Konzepte der Berufssprache Deutsch.* AGBFN Forum.

Sigel, Richard (2011). *Brauchbarkeiten der universitären Lehrerbildung – aus der Perspektive von bayerischen Referendaren und Seminarleitern.* Mimeo: Universität München.

Studienseminar Bayern (2016). *Referenzrahmen für die 2. Phase der Lehrerbildung sowie für die Fachlehrerausbildung an beruflichen Schulen in Bayern.* Verfügbar unter: http://berufsschulnetz.de/studienseminar/download/Referenzrahmen.pdf [11.03.2017].

SVR [Sachverständigenrat deutscher Stiftungen für Integration und Migration] (2016). *Lehrerbildung in der Einwanderungsgesellschaft. Qualifizierung für den Normalfall Vielfalt, Policy Brief des SVR-Forschungsbereichs und des Mercator-Instituts für Sprachförderung und Deutsch als Zweitsprache, gefördert von der Stiftung Mercator.* Berlin: SVR GmbH.

Roche, Jörg & Terrasi-Haufe, Elisabetta (2017). Handlungsbasierter Unterricht an beruflichen Schulen in Bayern. In Christian Efing & Karl-Hubert Kiefer (Hrsg.), *Sprachbezogene Curricula und Aufgaben in der beruflichen Bildung. Wissen – Kompetenz – Text* (S. 71–90). Frankfurt am Main: Peter Lang.

Terrasi-Haufe, Elisabetta; Roche, Jörg & Riehl, Claudia Maria (2017). Heterogenität an beruflichen Schulen. Ein integratives, handlungsorientiertes Modell für Curriculum, Unterricht und Lehramt: didaktische, bildungs- und fachpolitische Perspektiven. In Regina Freudenfeld, Ursula Gross-Dinter, Tobias Schickhaus & Florian Feuser (Hrsg.), *In Sprachwelten über-setzen. Beiträge zur Wirtschaftskommunikation, Kultur- und Sprachmittlung in DaF und DaZ. 42. Jahrestagung des Fachverbandes Deutsch als Fremd- und Zweitsprache in München 2015* (S. 157–182). Göttingen: Universitätsverlag Göttingen.

Wieser, Dorothee (2015). Theorie(?)-Praxis-Konstellationen in Lehrerforschung und Lehrerbildung: Fragen an die aktuelle deutschdidaktische Lehrerforschung Fragen an die aktuelle deutschdidaktische Lehrerforschung. In Christoph Bräuer & Dorothee Wieser (Hrsg.), *Lehrende im Blick: empirische Lehrerforschung in der Deutschdidaktik* (S. 17–34). Wiesbaden: VS Verlag für Sozialwissenschaften.

Wilbers, Karl (2016). Die Verankerung der Anforderungen aus dem Unterricht von Flüchtlingen in der ersten Phase der Ausbildung von Lehrkräften an beruflichen Schulen. *berufsbildung, 158,* 39-41.

Astrid Neumann & Andrea Bogner

Herausforderungen für die Lehrkräftebildung am Beispiel der Qualifizierung für Berufsbildende Schulen im Mercator Entwicklungsprojekt Umbrüche Gestalten

Sprachenförderung und -bildung als integrale Bestandteile innovativer Lehramtsausbildung in Niedersachsen

Zum Studienjahr 2015/16 hat Niedersachsen die Masterverordnung für die Lehramtsausbildung zum zweiten Mal novelliert und damit Basiskompetenzen in den Bereichen Deutsch als Zweit- und als Bildungssprache zu verpflichtenden Bestandteilen der Ausbildung für alle Studierenden erklärt (Nds. Landesregierung, 2015). Diese Novellierung stellte einen ersten Schritt in der Umsetzung des niedersächsischen Verbundprojekts *UMBRÜCHE GESTALTEN* dar, der nicht zuletzt durch die aktive Beteiligung beider Ministerien, des niedersächsischen Kultusministeriums und des Ministeriums für Wissenschaft und Kultur, als Projektpartner möglich war.[1] Als zentraler Bestandteil für die Umsetzung dieser Anforderungen wurden im Rahmen des Projekts schulformenübergreifend Kernkompetenzen formuliert, die bildungswissenschaftliche, sprachwissenschaftliche und fachdidaktische Diskurse zusammenführen, um auf der Grundlage dieser Modellierung schulformen- und fächerspezifische Materialien zu entwickeln und die Kerninhalte in die Curricula zu implementieren (Neumann & Casper-Hehne, 2016). Im vorliegenden Artikel sollen zum einen Ergebnisse der Evaluation der Kernkompetenzen für den Bereich der beruflichen Bildung durch eine Online-Expertenbefragung, zum anderen exemplarisch Materialien für die Lehramtsausbildung Sozial- und Wirtschaftspädagogik vorgestellt werden.

1. Ausgangslage

PISA gilt als das bildungspolitische Benchmarking für deutsche Schülerinnen und Schüler. Beständig wird aus Monitoringsicht auf Verbesserungen der Ergebnisse aus dem Jahr 2001 und deren Erklärungen geschaut. So werden 2009 bei der zweiten Welle mit dem Schwerpunkt Lesekompetenz zwar mit 18,5 Prozent (2012: 14,5 Prozent) schwacher Leserinnen und Leser Verbesserungen, aber immer noch ein zu großer Prozentsatz von „Risiko-Lesenden" festgestellt (Klieme et al., 2010; Prenzel, Sälzer, Klieme & Köller, 2013). Oft wird hinsichtlich der verschiedenen Lernvoraussetzungen und Lernbeteiligungen der größer werdenden Gruppe von

---

1 Vgl. dazu die Projektstruktur und die Kurzdarstellung des Projekts unter www.sprachenbilden-niedersachsen.de [9.3.2017].

Jugendlichen mit Migrationshintergrund argumentiert, dass deren Förderung in den letzten Jahren gesellschaftlich weiter voranschreitet und so grundlegende Standards sichern sollte (Stanat & Felbrich, 2013). Grundsätzlich wird dabei Sprachförderung an der Schlüsselkompetenz ‚Leseverstehen' gezeigt. Eine Betrachtung anderer Kompetenzbereiche von Sprache und Kommunikation in der beruflichen Bildung erfolgte bisher nicht oder nur am Rande. Sprachprobleme im sprachlich-*produktiven* Bereich behindern aber nicht nur das Verstehen, sondern v.a. auch den sozialen Umgang, z.B. zwischen Kolleginnen und Kollegen oder mit Kundinnen und Kunden. Eine Form der ‚Kompensation' wird in unseren, sich verändernden Regelbildungssystemen nicht immer positiv honoriert, so dass der Übergang ins Ausbildungssystem aufgrund fehlender sprachlicher Kenntnisse erschwert ist (BMBF, 2014). Nach wie vor werden die sprachlichen Repertoires von Kindern und Jugendlichen nicht konsequent als Ressource in schulischen Vermittlungsprozessen genutzt, nicht zuletzt deshalb, weil die Lehrenden auf diese in allen Fächern zu leistende Arbeit nur ungenügend vorbereitet sind. Dabei ist eine integrative Sprachenbildung nicht nur vor dem Hintergrund der steigenden Zahlen von Seiteneinsteigerinnen und Seiteneinsteigern erforderlich, sprachsensibler Unterricht kommt nachweislich allen zugute (Leisen, 2010) und erweist sich in qualitativ hochwertiger Form als lohnenswert für alle (Gogolin et al., 2011).

2. UMBRÜCHE GESTALTEN

2013 haben sich auf Anregung der Fachvertreterinnen und Fachvertreter der germanistischen und bildungswissenschaftlichen Fächer alle acht lehramtsausbildenden Hochschulen des Landes Niedersachsen (Braunschweig, Göttingen, Hannover, Hildesheim, Lüneburg, Oldenburg, Osnabrück und Vechta) zur Initiative *Sprachen bilden – Heterogenität gestalten* zusammengeschlossen und sich mit ihrem Projekt *UMBRÜCHE GESTALTEN* zum Ziel gesetzt, die Themen Sprachenbildung und Sprachenförderung obligatorisch in die Lehramtsausbildung aller Fächer aller Schulstufen und aller Schulformen in Niedersachsen einzubinden. Dieses Entwicklungsprojekt wurde von 2014–2017 vom *Mercator-Institut für Sprachförderung und Deutsch als Zweitsprache der Universität zu Köln*, vom niedersächsischen Kultusministerium sowie vom niedersächsischen Ministerium für Wissenschaft und Kultur gefördert.

In der Überzeugung, dass Konzepte für eine umfassende Sprachenbildung fächerspezifisch entwickelt werden müssen, hat die Projektgruppe – bestehend aus neun Professuren, 20 Mitarbeiterinnen und Mitarbeiter und sechs abgeordneten Lehrerkräften – in intensiver Kooperation mit den Fachwissenschaften und Fachdidaktiken an den einzelnen Standorten Lehrveranstaltungen und Module in den Fächern gesichtet, um zu entscheiden, an welchen Stellen und wie der Bereich Sprachenbildung und -förderung zu integrieren ist. Gemeinsam wurden dann auf der Basis der im Projekt entwickelten Kernkompetenzen (s. Abschnitt 3) Inhalte, Formen und Formate für die Integration und ein Implementierungskonzept mit bis zu zwölf Leistungspunkten über die gesamten Ausbildungsgänge verabschiedet. Von Anfang an wurden dabei auch alle drei Phasen der Lehramtsausbildung in den Blick genommen und der Einsatz der Materialien in eine zyklische Progression gebracht, über die auch flexibel auf veränderte schulische Strukturen, wie im Falle der neuen Grund-, Haupt- und Realschulstudiengänge mit den Praxissemestern im GHR300[2], reagiert werden kann.

Dabei haben sich zwei grundlegende Formen der Integration in die Fächer herausgebildet und als handlungsweisend erwiesen:

1. die direkte Integration: die Integration direkt in Veranstaltungen der Fachdidaktiken, Fachwissenschaften und Bildungswissenschaften;
2. die indirekte Integration über die Germanistik: die Integration in die fachdidaktischen Veranstaltungen der Germanistik. Dabei wird die Doppelfachbelegung aller Lehramtsstudierenden genutzt, um die in der Fachdidaktik Germanistik vermittelten Sprachförderkonzepte in den jeweiligen Veranstaltungen auch auf das zweite belegte Fach zu transferieren.

Die Funktionsweise beider Formen ist integrativ und flexibel und bildet die Grundlage für das niedersächsische Modell: Dieses integrative Modell ermöglicht eine passgenaue, standortspezifische Integration der Themen Sprachenförderung und -bildung, die auf eine intensive Verbindung von Fach- und Sprachenbildungsexpertise in der Vermittlung und damit eine ressourceneffiziente Integration der Themen in die Lehramtsausbildung baut. Der diskursive Prozess der Entwicklung und der Integration der jeweiligen fachlichen Konzeptionen sowie der entsprechenden Materialien als *Bottom-up*-Prozess hat dazu geführt, dass ein breites, über das Projekt hinausgehendes Netzwerk an Professorinnen und Professoren der Bildungswissenschaften, der Fachdidaktiken und der Fachwissenschaften entstanden ist, das das Ziel des Projektes aktiv und überzeugt unterstützt und für die Nachhaltigkeit des Projekts einsteht. Unerlässlich ist dafür jedoch auch der flankierende *Top-Down*-Prozess, der nicht zuletzt über die ministerielle Beteiligung die erforderlichen Weichen für eine qualitativ und quantitativ gelungene Implementation der innovativen Lehrinhalte und somit einer Optimierung der Lehramtsausbildung stellte, die den Herausforderungen der Migrationsgesellschaft gerecht wird.

---

2 GHR300 ist das Akronym für die Neustrukturierung der Masterstudiengänge für die Lehrämter an Grund-, Haupt- und Realschulen, die mit Beginn des Wintersemesters 2014/15 von zwei auf vier Semester verlängert wurden. Die Absolventinnen und Absolventen schließen ihr Studium mit dem akademischen Abschluss „Master of Education" mit 300 Leistungspunkten ab. Vgl. dazu http://www.mk.niedersachsen.de/startseite/schule/lehrkraefte/studium_master_ghr_300/ghr-300--101533.html [15.3.2017]

3. Kernkompetenzen und ihre Evaluation im Bereich der beruflichen Bildung

Für eine klare Orientierung der weiteren Handlungsschritte wurden im ersten Projektjahr – theoretisch abgeleitet – Kernkompetenzen für die Lehramtsausbildung formuliert und durch entsprechende Inhaltsbeschreibungen präzisiert.[3] Die Kernkompetenzen beziehen sich dabei auf zentrale Annahmen der Forschung zu Deutsch als Fremd- und Zweitsprache und sind unter Einbezug von rahmenden Bedingungen (z.B. Bildungschancen, Ressourcenorientierung, curriculare Voraussetzungen, Diagnoseverfahren, etc.) formuliert. Sie decken als Basisstandards wesentliche Wissens- und Könnensbereiche von Studierenden ab, die aus der bildungspolitischen Diskussion, Diagnostik und Vermittlung sprachsensibler Fachinhalte unter einer migrationssensiblen Perspektivierung unseres Schulsystems abzuleiten sind. Sie lauten folgendermaßen (s. Abbildung 1):

1. Studierende können sprachenpolitische Rahmenbedingungen von Bildungsprozessen beschreiben und ihr eigenes Lehrerhandeln als sprachenpolitisches verstehen.
2. Studierende sind mit aktuellen Studien zur Bildungssituation und Lebenssituation von Schülern und Schülerinnen vertraut und in der Lage, insbesondere den Zusammenhang zwischen Migration, Auf- und Ausbau von Sprache(n) und Bildungschancen zu reflektieren.
3. Studierende verfügen über Wissen zu Modellierung, Vermittlung und Erwerb bildungssprachlicher Handlungsfähigkeiten als Konkretisierungen sprachlicher Basisqualifikationen.
4. Studierende erkennen mehrsprachige Repertoires als Potenziale für die Gestaltung von Lehr- und Lernprozessen. Studierende können Mehrsprachigkeit als Ressource und Bildungsziel beschreiben, didaktische Modellierungen zu Mehrsprachigkeit konzipieren und hinterfragen. Sie wissen, wie sie mehrsprachige Erwerbssituationen analysieren und reflektierend in ihr didaktisches Handeln einbeziehen können.
5. Studierende verfügen über Wissen zu fächerspezifischen Diskursfähigkeiten.
6. Studierende kennen ausgewählte diagnostische Verfahren zur Einschätzung des Sprachstands und des fachlichen Unterrichtsdiskurses und können diese anwenden.
7. Studierende verfügen über Wissen zur Förderung und Vermittlung fächerspezifischer Diskursfähigkeiten.

Abbildung 1: Kernkompetenzen in UMBRÜCHE GESTALTEN

Zu betonen ist, dass im Kontext des Projekts und damit im Einklang mit den Vorgaben des Niedersächsischen Kultus- und des Wissenschaftsministeriums auch zukünftig richtungsweisend für die Lehramtsausbildung von einem Vorgehen aus den jeweiligen Fachkontexten heraus ausgegangen wird. Die Fächer

---

3 Vgl. dazu die detaillierten Beschreibungen auf der Projektseite: www.sprachen-bilden-niedersachsen.de.

müssen dafür entsprechend ihrer verschiedenen Sprachaffinitäten unterschiedlich intensiv begleitet werden.

2015 wurden diese Kernkompetenzen in der *community* der beruflichen Bildung evaluiert. Dazu wurde eine anonyme *limeservice online* Befragung unter Expertinnen und Experten durchgeführt. Dabei sollte eine Einschätzung der Kompetenzen auf einer 4-stufigen Skala von 1 = nicht relevant bis 4 = sehr relevant vorgenommen werden. Diese Einschätzung konnte pro Kompetenz weiter kommentiert werden. Die Bearbeitungszeit der Befragung lag bei fünf bis zehn Minuten, alle Angaben waren optional. Zur Verbreitung wurden verschiedene Verteiler genutzt, so dass am Ende 97 von 164 angeschriebenen Expertinnen und Experten aus Berufsbildenden Schulen und Universitäten genutzt werden konnten. Das entspricht einer zufriedenstellenden Rücklaufquote bei Online-Befragungen von 59 Prozent. Von diesen liegen N=60 vollständig ausgefüllte Bögen vor, einige Teilnehmende konzentrierten sich vor allem auf die offenen Angaben am Ende der Befragung.

Im Ergebnis zeigte sich eine hohe Akzeptanz der formulierten Kompetenzen für die berufliche Bildung (s. Abbildung 2).

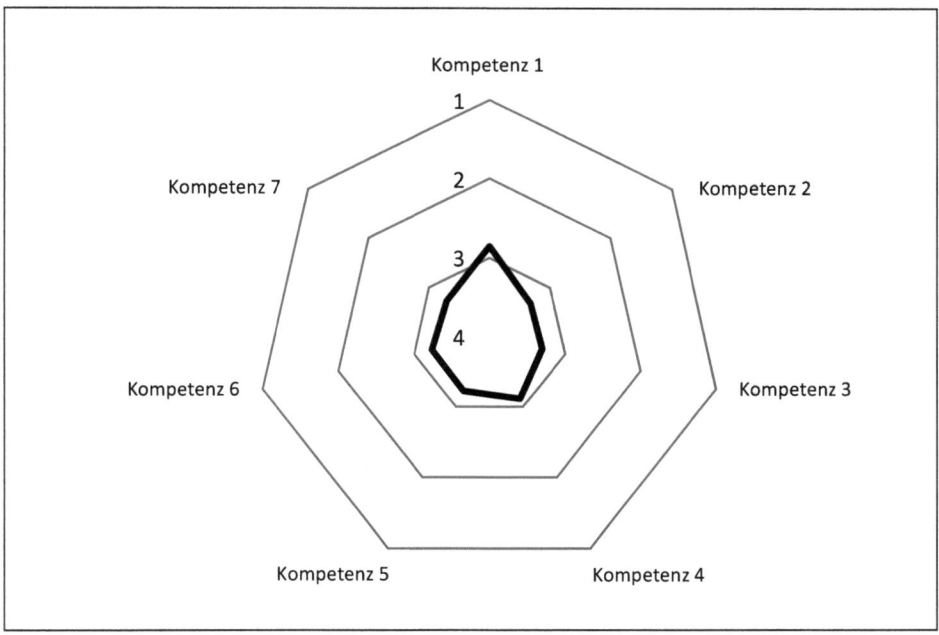

Abbildung 2: Einschätzung der Kernkompetenzen durch Expertinnen und Experten im Bereich der beruflichen Bildung

Es zeigten sich keine signifikanten Unterschiede in der Einschätzung der einzelnen Kompetenzen, alle erwiesen sich auch als etwa gleichwertig in der Streuung der Einschätzungen (s. Tabelle 1).

Tabelle 1:   Einschätzung der Kompetenzen in UMBRÜCHE GESTALTEN

Kompetenz	N	M	SD
1	57	2,86	,79
2	64	3,33	,71
3	56	3,30	,66
4	60	3,12	,72
5	58	3,22	,70
6	58	3,24	,71
7	55	3,29	,63

Differenziell ließ sich feststellen, dass praktizierende Lehrkräfte an Berufsbildenden Schulen tendenziell die niedrigste mittlere Einschätzung abgaben, wohingegen Universitätsangehörige und Fachbereichsleitende die höchsten mittleren Einschätzungen abgaben. Signifikante Unterschiede konnten für die Kompetenzen 3 (3,16 vs. 3,62), 4 (3,03 vs. 3,43) und 5 (3,09 vs. 3,53) bei Beachtung der Vorerfahrungen im Deutsch-, Deutsch als Zweitsprache- und Deutsch als Fremdspracheunterricht nachgewiesen werden. Hier bereits sensibilisierte Menschen erachteten die Kompetenzen von *UMBRÜCHE GESTALTEN* als relevanter. In den offenen Kommentaren wurde auch auf grundlegende Aspekte verwiesen. Es wird eine stärkere Fokussierung der Übergänge zwischen verschiedenen Bildungsinstitutionen (Familie, Schule, Träger, Behörden, etc.) angemahnt, Multikulturalität und Mehrsprachigkeit, auch seitens der Lehrenden, gefordert und vor allem immer wieder Beziehungs- und Kommunikationsfähigkeit als tragendes Element herausgestellt. Diese basalen strukturellen und/oder persönlichen Voraussetzungen können nur schwer verändert werden, dies sind langfristige Aufgaben im Blick der Schulpolitik. Aktuell wurde der Diskurs dagegen als sehr auf der Metaebene angesiedelt wahrgenommen: ‚Mit ist es wichtiger, dass sie [Studierende] konkret in der Situation agieren können, das hier ist mir zu sehr auf der Metaebene‘ und die Frage der Implementation in einem „Gehetze" der BA/MA-Studiengänge muss als zentrale Aufgabe angenommen werden.

Hier kann *UMBRÜCHE GESTALTEN* mit der Implementation in die verschiedenen Bildungsgänge und Schulstufen unterstützend wirken. Die zu erarbeitenden Hinweise für die einzelnen Lehramtsstudiengänge und anvisierten Schulformen müssen auf verschiedene Anforderungen reagieren und im Sinne eines angestrebten sprachsensiblen Unterrichts unter sehr diversen Voraussetzungen agieren.

Beispielhaft soll das im folgenden Abschnitt an der Präzisierung der Inhalte zur Kernkompetenz 5, also zu den benannten fächerspezifischen Diskursfähigkeiten gezeigt werden (s. Abbildung 3). Diese Kernkompetenz erweist sich als eine für die Anforderungen der einzelnen Fächer immer wieder aktuell zu spezifizie-rende Kompetenz, die sowohl für die Lernenden als auch die Hochschullehren-den besondere Herausforderungen an die Analyse der eigenen Fachlichkeit und deren sprachliche Realisierungen stellt.

- Studierende wissen, dass die sprachlichen Anforderungen des Fachunterrichts u.a. aus fach- und bildungssprachlichen Elementen sowie interaktiven Problemlösungen bestehen.
- Studierende können aufzeigen, dass die sprachlichen und inhaltlichen Anforderungen ihres Faches miteinander verbunden sind.
- Studierende können bildungs- und fachsprachliche Merkmale, Anforderungen und potentielle Problembereiche mindestens eines ihrer Unterrichtsfächer identifizieren.
- Studierende können die jeweiligen fächerspezifischen Diskursfähigkeiten beschreiben und ihre Funktionen darstellen.
- Studierende können den Zusammenhang zwischen Sprachhandel-, Denk- und Mittei-lungsstrukturen des Faches in mehrsprachigen Kontexten beschreiben.

Abbildung 3:   Ausdifferenzierung der Kernkompetenz 5 des Projekts *UMBRÜCHE GESTALTEN*

Es zeigt sich, dass die übergreifende Formulierung konkretisierender Kompe-tenzbeschreibungen von den jeweiligen Schulformen und Unterrichtsfächern ,ausgefüllt' werden muss, dass sie aber eine Orientierung zur weiteren integrati-ven Ausbildung zukünftiger Lehrkräfte geben kann und muss. Um die Potenziale einer hier angestrebten integrativen Fach-Sprach-Ausbildung aufzuzeigen, lohnt ein genauerer Abgleich mit anderen bereits formulierten Modellen im Bereich der durchgängigen Sprachbildung in der Schule und Lehramtsausbildung.

4.   Materialien für die Ausbildung im Bereich der beruflichen Bildung

Eine zentrale Stellung nehmen beim Lernen in den Berufsschulen die zur Verfü-gung gestellten Lernaufgaben ein. Mit diesen müssen sich die Schülerinnen und Schüler auseinandersetzen, an ihnen ,wachsen' sie im Sinne der Ausbildungs-erwartung. Berufsschülerinnen und Berufsschüler sind dabei im Spannungsfeld zwischen beruflicher Praxis und theoretischer Ausbildung, aber auch in ihrem allgemeinbildenden Anspruch spezifischen Herausforderungen unterworfen. In den Berufsbildenden Schulen wird diesen durch besonderes Augenmerk auf fächerübergreifende Querschnittsaufgaben zu begegnen versucht. Die Lernfeld-didaktik orientiert das Curriculum der Berufsschulen seit dem KMK-Beschluss von 1996 an verschiedenen, aus den Handlungsfeldern der Berufe entwickelten Lernfeldern (KMK, 1996/2001). Diese Orientierung führt zu einer Situierung der Lernprozesse in den sechs Stufen von vollständigen Handlungen (informieren, planen, entscheiden, ausführen, kontrollieren und bewerten), die reflexiv unter Nutzung allgemeinbildender (schrift-)sprachlicher Fähigkeiten zu möglichst authentischen Ergebnissen führen sollen. Auf diese Art und Weise soll in der Berufsschulausbildung ein stärkerer Theorie-Praxis-Bezug umgesetzt werden, ohne dass berufsspezifisch komplexe Themenfelder in Einzelbereiche segmentiert und damit einer ganzheitlichen Betrachtung der Anforderungen entgegengewirkt werden (Clement, 2006).

In dieser gewollten Komplexität liegt aber auch die besondere Herausforderung, da neben kognitiven eben parallel die fachlichen und (fach-)sprachlichen Anforderungen bei der Lösung der Aufgaben bewältigt werden müssen. Beim Erwerb der dazu erforderlichen Fähigkeiten kann der Berufsschulunterricht durch verschiedene Scaffolds im Sinne Gibbons (2002) stützend zur Seite stehen, die von sprachsensiblen Lehrenden vorbereitet bzw. unterbreitet werden müssen. Diese Lehrenden müssen in der Lehramtsausbildung aktuell auf diese Aufgaben vorbereitet werden. Welche komplexen sprachlichen und kognitiven Anforderungen dabei zu bewältigen sind, soll im Folgenden an zwei Beispielen aus der Sozialpädagogik und der Wirtschaftspädagogik aus dem Projekt *UMBRÜCHE GESTALTEN* in Bezug auf die oben dargelegte Kernkompetenz 5 gezeigt werden.

4.1 Material Sozialpädagogik

Eine komplexe Lernaufgabe in der Ausbildung zur Erzieherin bzw. zum Erzieher und damit der sozialpädagogischen Reflexion ist in Abbildung 4 dargestellt. Auf eine grafische Unterstützung durch Bilder und Abbildungen von Originaldokumenten wurde dabei verzichtet. Die zu bewältigende Lernsituation wird mittig im grauen Kasten dargestellt.

Ganz links sind wesentliche sprachliche Muster benannt, die von den Lernenden erworben/beherrscht werden müssen, die also die Diskursfähigkeiten für diese Aufgabe darstellen. Dabei sind sowohl medial mündliche vs. schriftliche als auch in der Situierung eher alltagssprachliche vs. fachsprachliche (Telefoninformationen vs. Erlasse) Sprachformen zu erlernen. Bereits hieran kann deutlich gemacht werden, dass die Kernkompetenz 5 in jeweils anderen diskursiven Herausforderungen angenommen wird. Befragungen und Internetauftritte folgen spezifischen sprachlichen Strukturen, die bei Kenntnis zur schnelleren Orientierung im Text führen. Während die Lernenden im Brainstorming noch alltagssprachlich Ideen erfassen, sehen sie sich bei Gesetztestexten und Elternanschreiben anderen situativen Kontexten gegenüber. Während sie die Eltern eher persönlich anschreiben müssen, um Werbung für ihr Projekt zu machen, erfordert eine Berichtslegung zur Reflexion objektivierende sprachliche Mittel. Entsprechende Mustertexte können sprachlich unterstützen und so dafür sorgen, dass die Sprachhandel-, Denk- und Mitteilungsstrukturen im Blick behalten werden.

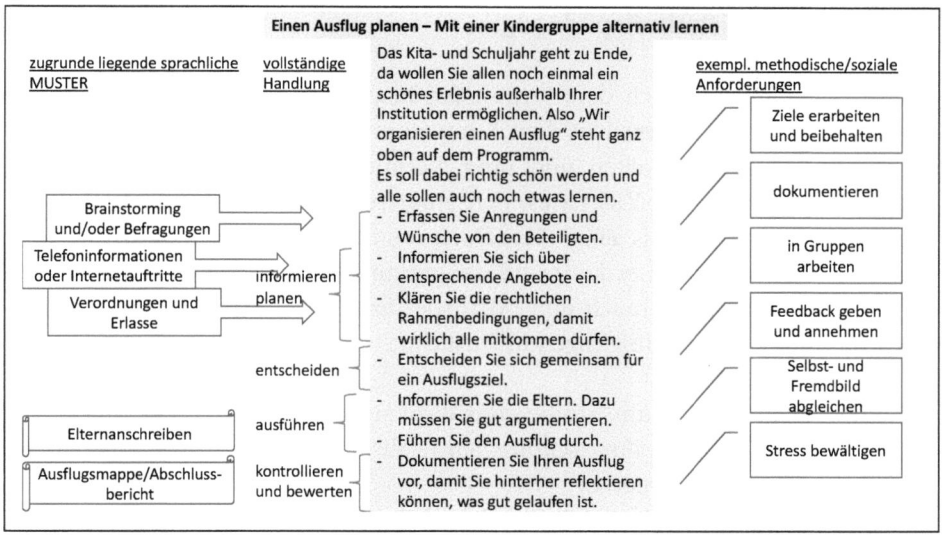

Abbildung 4: komplexe Lernsituation im Bereich Sozialpädagogik

Sprachlich zeigt sich vor allem, dass bereits auf der Wort- und Satzebene in der Beschreibung der Situation einige Herausforderungen in der integrierten Bildungssprachlichkeit auftreten. Selbstverständlich müssten die in den Arbeitsaufträgen genutzten Operatoren für den sozialen Anwendungskontext geklärt werden, da z.B. *dokumentieren* in diesem Fall eine andere Bedeutung hat als im pflegerischen oder handwerklichen Bereich. Andererseits werden aber auch zur Alltagssprache synonyme Verwendungen von Lexemen wie ‚Programm' oder ‚(sich) informieren' ggf. einer Verständnissicherung bedürfen. Hierzu sind sprachsensible Herangehensweisen und das Identifizieren entsprechender ‚Stolpersteine', eben auch in einer vermeintlich alltagsnahen Ausbildung, unerlässlich.

Für die Reflexion und Unterrichtsvorbereitung sind links von der Lernaufgabe vor den Klammern die Stufen der komplexen sprachlichen Handlungen markiert. Auf der rechten Seite sind sechs mögliche exemplarische methodische oder soziale Anforderungen aufgelistet, denen bei der Bewältigung der Aufgabe begegnet werden muss. Diese können Scaffolds in Tabellenform (z.B. Arbeitsplakate zum Führen von Telefongesprächen oder Mustervordrucke für Telefonnotizen; Vorlagen zum Erstellen einer Mindmap; Feedbackbögen) oder auch entsprechende PC-Tools als Unterstützung enthalten. Die Komplexität dieser Darstellung ermöglicht es in der Lehrkräftebildung, die Anforderungen an eine sprach- und kultursensible Lehre exemplarisch fächerspezifisch zu diskutieren.

4.2   Material Wirtschaftspädagogik

Auch das aus dem Bereich der Wirtschaftspädagogik gewählte, im Rahmen des Projekts entwickelte Material ist dem Kompetenzbereich des Wissens um fächerspezifische Diskursfähigkeiten und ihrer Vermittlung im Fachunterricht zuzuordnen.[4] Übergeordnetes Ziel ist es, den Studierenden ein Konzept von Sprache und Sprachkompetenz als einer Handlungskompetenz zu vermitteln, die über eine bloße Kenntnis des Lexikons und der grammatischen Strukturen hinaus den angemessenen Sprachgebrauch unter den spezifischen fachlichen Anforderungen und Kommunikationsbedingungen hinausgeht.

Im Einzelnen geht es darum, Studierende dazu zu befähigen,
- Diskursfunktionen, in ihrer schulischen Realisierung in Form von Operatoren, fachspezifisch zu definieren,
- Aufgabenstellungen und Schülertexte in Bezug auf einen präzisen und fachlich angemessenen Gebrauch von Operatoren zu beurteilen und
- Operatoren in Aufgabenstellungen präzise und ihrer fachspezifischen Bedeutung angemessen einzusetzen.

An den in dem folgenden Beispiel (s. Abbildung 5) exemplarisch herausgegriffenen Operatoren *erklären*, und *beurteilen* sollen die unterschiedlichen kognitiven Anforderungen bzw. Erwartungshorizonte deutlich gemacht werden. Diese vordringliche Aufgabe der Sprachenbildung kann, da in den Operatoren ein besonderer Zusammenhang von Sprache, Denken und Lernen zum Ausdruck kommt (Feilke, 2013), nicht fachübergreifend geschehen, sondern muss fachspezifisch ‚aufgefüllt' und vermittelt werden (Vollmer & Thürmann, 2010).

---

4   Entwickelt wurde das Beispiel von Monika Urbanik. In der *Handreichung: Sprachenförderung im Fachunterricht an Berufsbildenden Schulen* finden sich weitere Aufgabenbeispiele samt Erläuterungen zum theoretischen Hintergrund und mit didaktischen Kommentaren, die in der Qualifizierung von Lehramtsstudierenden für eine sprachensensible Vermittlung eingesetzt werden können. Weitere Materialien liegen auf der Plattform www.sprachen-bilden-niedersachsen.de gegliedert nach Fächern und Schulformen zum Download bereit.

Reflexion von fächerspezifischen Diskursfähigkeiten

Arbeitsauftrag für Studierende:

Im Folgenden finden Sie Aufgabenstellungen und Schülerantworten zum Thema ,Markt und Preis'.

- a. Beurteilen Sie die Aufgabenstellungen und den Gebrauch von Operatoren. Würden Sie die Aufgaben ähnlich wie in den Beispielen formulieren?
- b. Beurteilen Sie die Schülerantworten. Wurde die geforderte diskursive Funktion (Operator) erfüllt?

Aufgabenstellung und Schülerantworten 1

Aufgabe für Schülerinnen und Schüler: **Erkläre**, *was man unter einem Markt versteht.*

> An einem Markt trifft Angebot auf Nachfrage. Es gibt für jede Güter einen Markt

(Jannis, 16 Jahre)

> Ein Markt ist das wo Angebot und Nachfrage aufeinander stoßen handel und wird behnehen, es wird verhandelt und gehandelt, gibt für jegliche Produkte ein Angebot

(Calvin, 16 Jahre, DaZ)

> Unter einem Markt versteht man einen Ort wo Angebot und Nachfrage angeboten wird. Ein Ort wo Dinge zu einem fairen Preis verkauft werden. Dies ist leider aber nicht immer der fall

(Dominic, 15 Jahre, DaZ)

Aufgabenstellung und Schülerantworten 2

Aufgabe für Schülerinnen und Schüler: **Beurteile**, *warum Monopole gefährlich sind.*

> Sie wollen keine Anbieter, die etwas alleine Anbieten (ohne Konkorenz) und so den Preis alleine bestimmen und das ein Anbieter den Markt alleine „regiert" beherrst, dies wollen sie nich

(Max, 15 Jahre)

> Ich denke, weil der Markt zusammenbrechen wird, wenn es zu viele einzelne Anbieter.

(Camilla, 17 Jahre, DaZ)

Abbildung 5: Reflexion von fächerspezifischen Diskursfähigkeiten

Um exemplarisch auf beide Analyseebenen – Formulierung von Aufgaben und
‚Beurteilung von Schülerantworten –, wie sie in der Ausbildung von Studierenden vorgesehen sind, einzugehen, ließe sich für den Gebrauch von Operatoren in
der Aufgabenstellung anführen, dass in der Aufgabenstellung ‚Beurteile, warum
Monopole gefährlich sind' der Operator *beurteilen* nicht angemessen eingesetzt
wurde. Die Formulierung enthält mit ‚gefährlich' bereits eine Beurteilung bzw.
Wertung. Gefordert wäre demnach eher eine Begründung der von den Monopo-
len ausgehenden Gefahren. Dass der Arbeitsauftrag von den Schülerinnen und
Schülern als Aufforderung zur Begründung interpretiert – wenn auch (bildungs-)
sprachlich nicht ganz angemessen (persönlicher Ausdruck anstelle einer Verallge-
meinerung) umgesetzt – wird, sei hier zumindest angeführt. Wollte man an dem
Operator *beurteilen* festhalten, müsste die Aufgabe entsprechend in ‚Beurteile, ob
Monopole gefährlich sind' umformuliert werden.

Ähnlich problematisch ist die Aufgabenstellung ‚Erkläre, was man unter einem Markt versteht', da aus wirtschaftspädagogischer Sicht die Formulierung hier
eher eine Aufforderung zur Definition des Begriffs ‚Markt' enthält, im Sinne einer
‚Begriffsbestimmung bspw. unter Nennung eines Oberbegriffs und der Festlegung
typischer Merkmale'. Dagegen wird in den Spezifizierungen der Bedeutung von
erklären die Einordnung von Fakten und Sachverhalten in Zusammenhänge als
ein charakteristisches Merkmal dieses Operators hervorgehoben. Die Beschreibung dieses Operators für das Fach Wirtschaft lautet explizit ‚Ökonomische Sachverhalte durch Wissen und Einsichten in einen Zusammenhang einordnen und
deuten', während in anderen Fächern von Erklären als ‚Strukturen, Prozesse und
Zusammenhänge von Erscheinungen erfassen, in Einzelheiten verdeutlichen und
ihre Ursachen darstellen' oder auch ‚Informationen auf der Grundlage eigenen
Wissens in einen Zusammenhang (Theorie, Regel, Gesetz u.a.) einordnen und
kausal begründen bzw. beweisen' gesprochen wird. Entsprechend der Aufgaben-
formulierung kommen auch hier die Schülertexte eher den Anforderungen des
Operators *definieren* nach, indem sie mit ‚Angebot trifft auf Nachfrage' oder ‚Es
wird verhandelt und gehandelt' – ob korrekt oder nicht – typische Merkmale anführen und dies auch in der für Definitionen typischen Formulierung „Ein Markt
ist X" realisieren. Sie erreichen nicht die Anforderungen des Operators *erklären*
im spezifisch wirtschaftspädagogischen Verständnis, wohl aber könnten Definitionen Ausgangspunkte für Erklärungen bieten. Die Aufgabenstellung müsste dafür
eine Spezifizierung bspw. im Sinne der zu erklärenden Sachverhalte bspw. des Zu-
sammenhangs von Angebot und Nachfrage enthalten.

In der Lehramtsausbildung sollen Studierende über diese Reflexionsaufgaben
für die diskursiven Anforderungen und für eine präzise und transparente Formulierung von Aufgaben im Wirtschaftsunterricht sensibilisiert werden. Einen
besonderen Stellenwert erlangt dadurch auch die Selbstreflexion der Lehrkräfte
im Hinblick auf ihre eigene, (bildungs-)sprachlich und fachlich angemessene

Ausdrucksweise im Klassenzimmer, die nur auf diese Weise und im sukzessiven Ausbau einen Beitrag zur Sprachenbildung leisten kann.

5.   Abschießende Bemerkungen mit einem Zukunftsblick

Sprachenbildung ist nicht nur in Bezug auf die Ressourcensicherung und -entwicklung ein notwendiger Bestand von Ausbildung insgesamt, sondern zeigt auch Wertschätzung und Respekt allen Lernenden, besonders auch Ankommenden und Benachteiligten gegenüber. Inzwischen wird sie politisch stark unterstützt.

Niedersachsen hat auf die steigende Anzahl von Schülerinnen und Schülern mit Unterstützungsbedarf auf dreierlei Art und Weise reagiert:

1. Es gibt seit 2015 eine neue Masterverordnung. Hier wurden alle lehramtsausbildenden Hochschulen dazu verpflichtet, Sprachbildung und Deutsch als Zweit- und Bildungssprache für zukünftige Lehrerkräfte als Ausbildungsinhalt obligatorisch sicher zu stellen.
2. Es werden zentrale Projekte in Bezug auf die Sprachbildung ministerial unterstützt.
a. Zu Beginn war dort der Aufbau des sogenannten DaZ-Nets geplant,[5] aus dem dann die Sprachbildungszentren hervorgingen.
b. Dann übernahmen das Kultus- und Wissenschaftsministerium Teilfinanzierungen des Mercator-Projektes *UMBRÜCHE GESTALTEN*. Hier konnten zentrale Impulse in die Lehrkräftebildung mit formulierten Kernkompetenzen, deren Implementation und standortspezifische Materialentwicklungen hereingetragen werden. Darüber hinaus wurden im Projekt eine Reihe hochqualifizierter Multiplikatorinnen und Multiplikatoren ausgebildet. Erstmalig sind davon nun auch systematisch die Lehramtsstudiengänge der Berufsbildenden Schulen betroffen.
c. Aktuell werden Aus- und Bildungsprojekte sowohl zur Umsetzung der Basiskompetenzen ‚Inklusion und Deutsch als Zweit- und Bildungssprache' in der Lehramtsausbildung als auch ‚Studierende unterstützen Flüchtlinge beim Spracherwerb' (Nds. Verbund für Lehrerbildung, 2016) sowie SPRINT und Sprint-Dual (Nds. Landesschulbehörde, 2016) für die Integration geflüchteter Jugendlicher unterstützt.

Die sich abzeichnende Weiterführung der Ziele des Mercator-Projektes *UMBRÜCHE GESTALTEN* über die zuständigen Ministerien wird dabei stärker standortspezifische Umsetzungen sowie weitere Materialentwicklungen in den Fokus rücken. Trotzdem bleibt langfristig ein Übergang in die universitären

---

5   Detailliertere Informationen zu den Kooperationspartnern des Verbundes UMBRÜCHE GESTALTEN auf der Projektseite.

Haushalte zu fordern, damit aus den Projektcharakteristika Sprachenbildung und Sprachenförderung als Daueraufgaben sichtbar und umsetzbar werden.

Literatur

BMBF (2014). *Berufsbildungsbericht 2014*. Verfügbar unter: http://www.bmbf.de/de/berufs-bildungsbericht.php [10.3.2017].

Clement, Ute (2006). Curricula für die berufliche Bildung – Fächersystematik oder Situationsorientierung? In Rolf Arnold & Antonius Lipsmeier (Hrsg.), *Handbuch der Berufsbildung* (2. Auflage) (S. 260–268). Wiesbaden: VS Verlag für Sozialwissenschaften.

Feilke, Helmuth (2013). Bildungssprache und Schulsprache am Beispiel literal-argumentativer Kompetenzen. In Michael Becker-Mrotzek, Karen Schramm, Eike Thürmann, Eike & Helmut Johannes Vollmer (Hrsg.), *Sprache im Fach. Sprachlichkeit und fachliches Lernen* (S. 113–130). Münster: Waxmann.

Gibbons, Pauline (2002). *Scaffolding Language, Scaffolding Learning: Teaching Second Language Learners in the Mainstream Classroom*. Sydney: Heinemann Educ Books.

Gogolin, Ingrid; Lange, Imke; Hawighorst, Britta; Bainski, Christiane; Heintze, Andreas; Rutten, Sabine & Saalmann, Wiebke (2011). *Durchgängige Sprachbildung. Qualitätsmerkmale für den Unterricht. FörMig-Material*. Münster: Waxmann.

Klieme, Eckhard; Artelt, Cordula; Hartig, Johannes; Jude, Nina; Köller, Olaf; Prenzel, Manfred; Schneider, Wolfgang & Stanat, Petra (Hrsg.). (2010). *PISA 2009. Bilanz nach einem Jahrzehnt*. Münster: Waxmann.

KMK (1996/2011). *Handreichungen für die Erarbeitung von Rahmenlehrplänen der Kultusministerkonferenz für den berufsbezogenen Unterricht in der Berufsschule und ihre Abstimmung mit Ausbildungsordnungen des Bundes für anerkannte Ausbildungsberufe.* Verfügbar unter: http://www.kmk.org/fileadmin/Dateien/veroeffentlichungen_beschlu-esse/2011/2011_09_23_GEP-Handreichung.pdf [10.3.2017].

Leisen, Josef (2010). *Handbuch Sprachförderung im Fach – Sprachsensibler Fachunterricht in der Praxis*. Bonn: Varus.

Neumann, Astrid & Casper-Hehne, Hiltraud (2016). Professionalisierung von Lehrkräften für sprachsensibles Unterrichten in Niedersachsen: Das Projekt ‚Umbrüche gestalten'. *Die Deutsche Schule, Beiheft, 13*, 52–62.

Niedersächsische Landesregierung (2015). *Niedersächsisches Gesetz- und Verordnungsblatt Nr. 21/2015*. Verfügbar unter: http://www.niedersachsen.de/politik_staat/gesetze_ver-ordnungen/verkuendungsblaeverk_vorjahre/niedersaechsisches-gesetz--und-verord-nungsblatt-2015-139493.html [07.05.2017].

Niedersächsische Landesschulbehörde (2016). *Sprint-Projekt*. Verfügbar unter: https://www.landesschulbehoerde-niedersachsen.de/themen/projekte/sprint [10.3.2017].

Niedersächsischer Verbund für Lehrerbildung (2016). *Sprachlernunterstützung Geflüchteter*. Verfügbar unter: http://www.lehrerbildungsverbund-niedersachsen.de/index.php?s=Spr achlernunterstuetzungGefluechteter [10.3.2017].

Prenzel, Manfred; Sälzer, Christine; Klieme, Eckhard & Köller, Olaf (Hrsg.) (2013). *PISA 2012. Fortschritte und Herausforderungen in Deutschland*. Münster: Waxmann.

Stanat, Petra & Felbrich, Anja (2013). Sprachförderung als Voraussetzung für die Sicherung von Mindeststandards im Bildungssystem: Ansatzpunkte und Herausforderungen. In David Deißner (Hrsg.), *Chancen bilden. Wege zu einer gerechteren Bildung – ein internationaler Erfahrungsaustausch* (S. 79–100). Wiesbaden: VS Verlag.

Vollmer, Johannes & Thürmann, Eike (2010). Zur Sprachlichkeit des Fachlernens: Modellierung eines Referenzrahmens für Deutsch als Zweitsprache. In Bernt Ahrenholz (Hrsg.), *Fachunterricht und Deutsch als Zweitsprache* (S. 107–132). Tübingen: Narr.

Anke Börsel

Sprachbildung in die Fachdidaktiken

Kooperationsprozesse im Berliner Projekt ‚Sprachen – Bilden – Chancen: Innovationen für das Berliner Lehramt'

1. Der Auftrag zur Kooperation

Die Notwendigkeit zu verstärkter transdisziplinärer Zusammenarbeit in der Berliner Lehrkräftebildung resultiert aus dem Lehrkräftebildungsgesetz von 2014, in dem Kooperationen von bildungspolitischer Seite als sozialethische Norm gesetzt, als Handlungsauftrag nahegelegt und durch Kooperationsgremien in Paragraph 3 wie z.B. Zentren für Lehrkräftebildung auch expliziert wurden (LBiG, 2014). Die Durchgängigkeit von Sprachbildung, z.B. in den Netzwerken für sprachliche Bildung, setzt eine Kooperation über Fach- und Institutionengrenzen voraus. Diejenigen Kooperationsbeziehungen, die vom Projekt *Sprachen – Bilden – Chancen: Innovationen für das Berliner Lehramt*[1] (kurz: Sprachen – Bilden – Chancen, vgl. www.sprachen-bilden-chancen.de; Mercator-Institut, 2014) für den Bereich der beruflichen Bildung initiiert wurden, sollen hier exemplarisch betrachtet werden. Ein zentrales Projektziel bestand darin, die Voraussetzungen für Sprachbildung als integrierter Bestandteil der Ausbildungsnormalität in den Fachdidaktiken der drei Berliner Universitäten zu schaffen. Als geeignetes Instrument zur Schaffung dieser Voraussetzungen wurden inneruniversitäre Kooperationen zwischen den Vertreterinnen und Vertretern der Fachdidaktiken und Projektmitarbeiterinnen und Projektmitarbeitern der gleichen Fächergruppe angesehen. Bei Verbundprojekten stehen häufig die materialisierbaren Ergebnisse der Kooperationen im Vordergrund. Institutionalisierte Formen von Kooperation an den Hochschulen lassen sich besonders im Bereich der Drittmittelförderung finden, wo häufig eine trans- oder interdisziplinäre Form der Kooperation als unabdingbare Voraussetzung der Förderung nachzuweisen ist. Auch in den durch das Mercator-Institut für Sprachförderung und Deutsch als Zweitsprache geförderten Projekten (Förderzeitraum 2014 bis 2017) wurden Kooperationen mitgefördert und bildeten z.B. das Leitthema der Postersektion auf der dritten Jahrestagung im Februar 2016. Kooperationsmodelle haben sich auf inneruniversitärer, interuniversitärer und außeruniversitärer Ebene etabliert (Mercator-Institut, 2014), die zu strategischen

---

[1] Das Projekt war eine gemeinsame Initiative der Humboldt-Universität zu Berlin (HU), der Technischen Universität (TU) und der Freien Universität (FU) mit dem Ziel, Impulse zur Verbesserung der Lehrkräftebildung in den Bereichen Sprachbildung, Sprachförderung und Deutsch als Zweitsprache (DaZ) zu setzen. Von 2014 bis 2017 wurde das Projekt durch das Mercator-Institut für Sprachförderung und Deutsch als Zweitsprache gefördert.

Netzwerken für sprachliche Bildung entwickelt werden können.[2] Die Prozesse für ihren Aufbau und ihre Ausgestaltung bilden i.d.R. nicht den Interessenfokus von wissenschaftlichen Publikationen. Der vorliegende Beitrag betrachtet die Prozesse und Faktoren, die zur Umsetzung dieses innovativen Kooperationsansatzes notwendig waren. Er fokussiert auf Aufbau und Unterhalt der Kooperationsbeziehungen im Berliner Mercator-Projekt, nicht zuletzt, weil hier eines der Projektziele lag. Die Basis des Beitrags ist ein Ausschnitt der Projektarbeit, der sich auf die erste Phase der Lehrkräftebildung der berufsbildenden Fächer konzentriert.

2. Das Projekt ‚Sprachen – Bilden – Chancen'

2.1 Die Stellung des Projekts in der Berliner Lehrkräftebildung

Ein kurzer Rückblick in die letzten zehn Jahre soll die Entwicklungsdynamik in den Bereichen Deutsch als Zweitsprache und Sprachbildung hin zu integrierten Bestandteilen der Berliner Lehrkräftebildung verdeutlichen. Mit dem Wintersemester 2007/2008 wurde Sprachbildung als Modul *Deutsch als Zweitsprache* in der Berliner Lehrkräftebildung verankert. Das Modul ist an den drei lehrerbildenden Universitäten in Berlin institutionalisiert: an der Humboldt-Universität zu Berlin (HU), an der Freien Universität Berlin (FU) und an der Technischen Universität Berlin (TU). Als Basismodul und Aufbaumodul war es mit jeweils drei Leistungspunkten ausgestattet und für alle Lehramtsstudierenden in der ersten Phase der Berliner Lehrkräftebildung verpflichtend. Berlin war das erste und bis 2010 auch das einzige Bundesland, das entsprechend der sprachlichen Heterogenität der Berliner Schülerinnen und Schüler seine Studien- und Prüfungsordnung in diesem Teilbereich verändert und diese Neuerung curricular und institutionell implementiert hat. Nach den Empfehlungen aus dem Gutachten der sogenannten Baumert-Kommission im Jahr 2012 (Senatsverwaltung für Bildung, Jugend und Wissenschaft, 2012) wurde eine weitere qualitative (vom DaZ-Modul zum Sprachbildungsmodul) und quantitative (von 6 auf mind. 10 LP) Aufwertung des Studienanteils sprachlicher Bildung im Lehramtsstudium vorgenommen. Umsetzung fanden diese Empfehlungen durch das Berliner Lehrkräftebildungsgesetz (LBiG) vom 20. Februar 2014 und der entsprechenden Verordnung (Verordnung über den Zugang zu Lehrämtern, LZVO) vom 30. Juni 2014. Dort ist der Auftrag der Berliner Fachdidaktiken gesetzlich verankert, nach dem Konzept der integrierten Sprachförderung mindestens drei Leistungspunkte Sprachbildung in ihren Modulen zu integrieren. Die weiteren Leistungspunkte verteilen sich auf ein

---

2 Beobachtbar ist dies am Beispiel des bayrischen Netzwerks zwischen Kultusministerium, Universitäten, Staatsinstituten, Schulen, das aus dem Mercator-geförderten Projekt „Bildungssprache Deutsch für berufliche Schulen" hervorgegangen ist (Mercator-Institut für Sprachförderung und Deutsch als Zweitsprache 2017, S. 29ff.).

Basismodul Sprachbildung im Bacherlor und auf integrierte Bestandsteile im Praxissemester (vgl. auch Lütke & Börsel 2017). Das Projekt leistete *Sprachen – Bilden – Chancen* einen Beitrag zur inhaltlichen Ausgestaltung von fachspezifischen und fachübergreifenden Aspekten in Sprache, Kommunikation, Sprachförderung und sprachlicher Bildung. In einem von insgesamt drei Teilprojekten wurde im Berliner Projekt *Sprachen – Bilden – Chancen* das Thema der fachintegrierten Sprachbildung bearbeitet: Das Teilprojekt *Sprachbildung in den Fachdidaktiken* zielte darauf ab, Kommunikationsstrukturen mit dem Ziel der Verstetigung zu schaffen, eine Sensibilisierung für die Notwendigkeit von Sprachbildung in den Fächern herzustellen und Konzepte und Lehr- und Lernmaterialien für die universitäre Lehre zu entwickeln und exemplarisch zu erproben, ihren Einsatz zu evaluieren und sie entsprechend zu überarbeiten.

2.2 Die Bedeutung der beruflichen Bildung im Projekt ‚Sprachen – Bilden – Chancen'

Wie in der Allgemeinbildung vollziehen sich auch bei der Lehrkräftebildung für die berufliche Bildung seit längerem Reformen aufgrund gesetzlicher, demografischer, sozialer und bildungspolitischer Veränderungen. Die Verabschiedung des aktuellen Berliner Lehrkräftebildungsgesetzes, neue Studienordnungen und Praxissemester veränderten auch Umfang und Inhalte derjenigen Studienanteile im Bereich Sprache und sprachliche Bildung, mit dem sich Studierende der beruflichen Fachrichtungen während ihres Lehramtsstudiums verpflichtend beschäftigen. Nach wie vor *kann* die Zugehörigkeit zu einer anderen Sprache und Kultur als der deutschen Mehrheitskultur für Jugendliche mit Migrationshintergrund den entscheidenden Hinderungsgrund darstellen, in Ausbildung zu kommen und zu bleiben. Deutlich wird in den angeführten Befunden das Bewusstsein in den Ausbildungsbetrieben für sprachliche Performanz: Sie ist wie selbstverständlich an die Sprache Deutsch gebunden, weil sie die Sprecherinnen und Sprecher ermächtigt, hier Zugang zu einem Ausbildungsplatz zu finden oder sie eben daran hindern kann. Die Dynamik der letzten Jahre fordert noch einmal eine ganz eigene Betrachtung, die jedoch, mit Verweis auf Zielsetzung und Rahmen des Beitrags, hintangestellt wird. Das betrifft z.B. die Frage danach, welche Aufgaben die Integration jugendlicher Arbeitsmigrantinnen und Arbeitsmigranten aus der EU insbesondere nach 2008 (vgl. Granato & Settelmeyer in diesem Band) oder Neuzugewanderte in der beruflichen Bildung bereithält (s. Baumann; Terrasi-Haufe & Baumann; Neumann & Bogner in diesem Band).

Das Studium von Deutsch als Zweitsprache oder Sprachbildung hat noch keine Ausbildungsnormalität im Lehramt der beruflichen Bildung erreicht: Bundesweit besuchen deutlich weniger als die Hälfte der Studierenden im Berufsschullehramt ein obligatorisches Studienangebot ‚Deutsch als Zweitsprache' (Baumann & Becker-Mrotzek, 2014, S. 7). Berlin mit seinem DaZ-Modul auch für angehende

Berufsschullehrkräfte agiert auch hier bereits seit 2007 innovativ. In Berlin bieten zwei Universitäten Studiengänge für das Berufsschullehramt an: An der Technischen Universität Berlin können die Studiengänge in den Bereichen Ernährungs- und Lebensmittelwissenschaft, Holz- und Metalltechnik, Bautechnik und Land- und Gartenbau studiert werden. Die fachdidaktische Lehre ist an drei Lehrstühlen verankert. An der Humboldt-Universität zu Berlin können Studiengänge im Bereich der beruflichen Bildung für das Berufsschullehramt Wirtschaftspädagogik und Land- und Gartenbau studiert werden. Die fachdidaktische Lehre ist hier an zwei Lehrstühlen verankert.

Die Berufsbildung ist in Berlin maßgeblich an 36 Oberstufenzentren und weiteren 20 beruflichen Schulen (www.oberstufenzentrum.de) institutionalisiert, an denen laut amtlicher Statistik insgesamt 39.342[3] Auszubildende im Jahr 2015 lernten (Amt für Statistik Berlin Brandenburg, o.J.). Als aktuelle organisatorische und konzeptionelle Aufgabe stellt sich hier die Beschulung von Neu- zugewanderten in den mehr als 500 Willkommensklassen der beruflichen Bildung in Berlin dar: So wurde z.B. die *Klärungsstelle* für berufliche und zentral verwaltete Schulen der Berliner Senatsverwaltung für Bildung, Jugend und Wissenschaft eingerichtet oder das sog. Willkommens-Curriculum entwickelt (Wiażewicz, Kahleyss & Vöge, 2016).

2.3 Entwicklungsstand: Sprachbildung in den Fachdidaktiken der beruflichen Bildung in Berlin

Die integrierte Vermittlung von sprachlicher Bildung war nach Inkrafttreten des aktuellen Lehrkräftebildungsgesetz eine neue Aufgabe der Berliner Fachdidaktiken der allgemeinbildenden und berufsbildenden Fächer. Der Stand in Forschung und Konzeptentwicklung zum Thema ‚Sprache im Fach‘, ‚Ermittlung sprachlich-kommunikativer Anforderungen in ausgewählten Berufsfeldern‘ oder ‚fachintegrierte Sprachbildung‘ ließ zahlreiche Fragen offen. Wenn überhaupt existierten Handlungskonzepte zur Sprachvermittlung, die stark den regionalen Gegebenheiten angepasst wurden. In Berlin sind exemplarisch die drei Modellprojekte *Meslek Evi – Lehrerfortbildung* (Laufzeit von 2003 bis 2007), *Sprachförderung in der beruflichen Bildung/Modellversuch MDQM* (Laufzeit von 2003 bis 2007) und *Integrierte Sprachförderung in Berufsvorbereitung und Berufsausbildung an beruflichen Schulen* (Laufzeit von 2006 bis 2015) zu nennen (vgl. für einen Überblick Börsel, 2010).

Im Beitrag wird Kooperation als ein immaterielles Projektergebnis betrachtet, das als „grundsätzlich wünschenswert" (Huber & Ahlgrimm, 2012, S. 20) anzusehen ist. Die Stärke des Prozesses wird im *community building*, das es bis dahin

---

3 https://www.statistik-berlin-brandenburg.de/BasisZeitreiheGrafik/Zeit-Berufsbildung. asp?Ptyp=400&Sageb=21002&creg=BBB&anzwer=6. [6.1.2017].

nicht gab, unter neuen Voraussetzungen sichtbar: „Gerade im pädagogischen Diskurs, der an vielen Stellen normativ geprägt ist, werden mit Kooperation Gemeinsamkeiten, Sympathie und gegenseitige Unterstützung assoziiert." (ebd.) Nach einer theoriebasierten Annäherung an Kooperationsprozesse werden die Phasen der projektbezogenen Prozessausgestaltung betrachtet, die inhaltlichen Impulse für die Anteile der fachintegrierten Sprachbildung in der ersten Phase der Lehrkräftebildung in Berlin liefern sollten.

3. Kooperation aus theoriebasierter Perspektive

3.1 Kooperationen aus anthropologischer Perspektive

Folgt man Tomasellos Argumentation (z.B. 2009), so ist uns die Bereitschaft zur Kooperation genetisch eingeschrieben. Kooperationen wecken seit längerem das Forschungsinteresse verschiedener Disziplinen: „Efforts to answer this question [why we cooperate, Anm. AB] have been illuminated by theoretical, methodological, and empirical contributions from evolutionary theory, primate behavioral ecology, cognitive psychology, developmental psychology, economics, and anthropology." (Silk, 2009, S. 111f.) In der Schulentwicklungsforschung werden verstärkt die innerschulischen und institutionenübergreifenden Kooperationen unter verschiedenen Fragestellungen betrachtet (z.B. Huber & Ahlgrimm, 2012). Tomasello betrachtet Kooperation aus anthropologischer Perspektive, um ihre innere Konstruktion (Ablauf, Struktur, Aktivitäten) als *„shared cooperative activities"* (Bratman, 1992, zit. nach Tomasello, 2009, S. 61) offen zu legen und um dasjenige darin zu identifizieren, was den Menschen in seinem Menschsein konstituiert. Der gemeinsamen Kooperationsaktivität in Planungs- und Entwicklungsprozessen kommt dabei eine große Bedeutung zu.

> „Human cooperative communication thus evolved first within the bounds of collaborative activities because these activities provided the needed common ground for establishing joint topics, and because they generated the cooperative motives that Grice established as essential if the inferential machinery is to work appropriately." (Tomasello, 2009, S. 73)

Zur Grundlegung dieser geteilten kooperativen Aktivitäten (*shared cooperative activities*) müssen laut Tomasello eine Voraussetzung sowie zwei zentrale Bedingungen erfüllt sein. Eine Kooperation setzt eine gegenseitige Kenntnisnahme der anfänglichen Bedürfnisse des Gegenübers voraus. Die Existenz eines gemeinsamen Ziels, das durch eine Aktivität gemeinsam erreicht werden soll und das Bewusstsein für diese Tatsache, und dass dies in einer Koordination aller Aktivitäten durch die die beteiligten Partnerinnen und Partner resultiert, sind die rahmenden Bedingungen von Kooperationen. (vgl. ebd., S. 62) Die Kommunikation von Kooperationsinteressen hat einen ebenso großen Wert: Wird der innere

Mechanismus von Kooperationen z.B. bei Experimenten unter Laborbedingungen betrachtet, wird der Wert einer explizit ausgehandelten Absprache (*„explicit commitment"*, ebd., S. 66) nachgewiesen. Ihr Wert konstituiert sich aus der Verpflichtung für den kooperierenden Part, der mit der Explizitheit der getroffenen Vereinbarung zur Kooperation steigt. Kommunikation und Kooperation sind nach Tomasello (s.o.) zwei einander bedingende Wirksysteme: Kooperation kann nicht ohne Kommunikation existieren; Kommunikation findet ihren Handlungsrahmen in kooperativen Aktivitäten. Gemeinsam konstituieren sie einen Teilbereich eines neuen praxisorientierten Handlungsfeldes, das innovative Ansätze innerhalb der Universitäten einfordert, z.B. durch kooperative Entwicklungsaufgaben. Darüber hinaus kann Kooperation auch als Teil eines individuellen Professionalisierungsprozesses betrachtet werden: Eine „professionelle Kooperationskompetenz" (Helsper, 2006, S. 26) ist Bestandteil der professionellen Kompetenz von Lehrkräften in der Schule und beruht auf „den grundlegenden Kompetenzen des kommunikativen Handelns" (ebd.)

3.2 Kooperationsphasen

Den Ablauf von Kooperationen kennzeichnen fünf Phasen, die auch zur Analyse von Kooperationsprozessen in pädagogischen Institutionen herangezogen werden, z.B. zur Darstellung der Kooperationsphasen in FörMig-Projekten (vgl. Dobutowitsch, Neumann, Michel & Salem, 2013, S. 31; Michel, 2009, S. 46ff.).

Phase 1: Initialentscheidung für eine Kooperation: Der Entscheidung zugunsten einer Kooperation geht eine Analyse der Ausgangssituation voraus, die eine Bewertung der Kooperationsattraktivität und eine Festlegung der Ziele durch die Kooperationsinitiatoren umfasst

Phase 2: Auswahl und Gewinnung von Kooperationspartnerinnen und Kooperationspartnern: Zeitlich nachgeordnet ist die Identifikation von geeigneten Kooperationspartnerinnen und Kooperationspartnern und ihrer Gewinnung für die Kooperation.

Phase 3: Konfiguration der Kooperation: Hierunter ist die rechtliche und organisatorische Ausgestaltung der Kooperation zu verstehen

Phase 4: Durchführung der Kooperation: Diese Phase ist gekennzeichnet durch das Aufrechterhalten der Kooperationsfähigkeit und die mögliche Integration externer Ressourcen

Phase 5: Beendigung der Kooperation: In dieser Phase geht es darum, den richtigen Zeitpunkt für die Beendigung der Kooperation zu erkennen und eine geeignete Form zu finden, diese zu beenden (vgl. ebd.)

4. Kooperationsarbeit im Berliner Projekt ‚Sprachen – Bilden – Chancen'

Die Kooperationsphasen sollen am Beispiel des Berliner Projekts beleuchtet werden. Die Grundvoraussetzung der professionellen Kooperationskompetenz besteht im kompetenten kommunikativen Handeln (s.o.). Daher wurde die grundlegende Entscheidung getroffen, durch dialogisches Handeln die Voraussetzungen für Kooperationen zu schaffen. Dafür wurden Gespräche mit den einzelnen Fachdidaktiken gewählt, um die Kontakte in die Fachdidaktiken herzustellen bzw. zu verstetigen. Für die Kooperationsarbeit im Rahmen der Projektdurchführung lassen sich vier der fünf o.g. Phasen und eine vorgeschaltete Phase rekonstruieren. Die Grundlage war eine Dokumentenanalyse von Protokollen, Berichten und Arbeitsmaterialien. Die sich veränderten curricularen Rahmenbedingungen durch das Lehrkräftebildungsgesetz, die Studien- und Prüfungsordnung und die Modulbeschreibungen waren die Analysebasis der Ausgangssituation, die die Notwendigkeit zur Kooperation in der Vorphase und *ersten Phase* aufzeigte. Das Projektteam schloss in seiner Bestandsaufnahme an unterschiedliche Kooperationsentwicklungen an, die die über Jahre unter unterschiedlichen Rahmenbedingungen gewachsene Kooperationsbeziehungen an den zwei Universitäten Humboldt-Universität und Technische Universität zeigen. Als ein Institutionen übergreifendes Merkmal lässt sich festhalten, dass es bis zum Projektbeginn keine fest etablierten Kooperationen zwischen dem Bereich Sprachbildung / Deutsch als Zweitsprache und den fachdidaktischen Lehrstühlen der beruflichen Bildung gab. (Jostes, 2016, S. 49ff.) Diese kooperative Ausgestaltung der Zusammenarbeit zwischen inneruniversitärer Fachdidaktik und Projekt war neu und wurde gewählt, um die fachlichen Diversität der Fachdidaktiken bewahren und für die Weiterentwicklung nutzen zu können. Die kommunikationsintensive Kooperationsarbeit wurde als aus vielfältigen Einzelkooperationen bestehend konzipiert und umgesetzt. Dementsprechend stattete sich das Projektteam von ‚Sprachen – Bilden – Chancen' mit Mitarbeiter/-innen aus, die sich durch eine entsprechenden Fachexpertise auszeichneten.

Bei der Auswahl und Gewinnung von Kooperationspartners in *Phase 2* ging die Kooperationsinitiative vom Projekt ‚Sprachen – Bilden – Chancen' aus: in Form eines Initialbriefs der Projektleitung an die fachdidaktischen Hochschullehrerinnen und Hochschullehrer der beteiligten Universitäten, die zu Gesprächen einlud. Alle Fachdidaktiken der beruflichen Bildung an TU und HU zeigten sich kommunikationsbereit und sagten zu: In dieser Phase der Gewinnung von Vertretern und Vertreterinnen der Berliner Fachdidaktiken der beruflichen Bildung wurden Erstgespräche geführt, die neben der Kontaktaufnahme und dem Kennenlernen auch die Funktion einer Bestandsaufnahme hatten. Folgende Leitfragen wurden als Grundlage ausgewählt:

- Gibt es in Ihrem Fach einen Diskurs über „Sprache im Fach"?
- Welches Verständnis von Sprache bringen Sie aus der Perspektive Ihrer Fachdidaktik mit?
- Wo sehen Sie im Fachunterricht Anknüpfungspunkte für die Förderung der sprachlichen Weiterentwicklung von Schülerinnen und Schülern?
- Welche Aufgaben und/ oder Unterrichtsarrangements sind „typisch" für den Unterricht in Ihrem Fach bzw. werden als typisch vermittelt?
- Welche Textsorten, Textarten (produktiv, rezeptiv, interaktional) sind „typisch" für den Unterricht in Ihrem Fach bzw. werden als typisch vermittelt?
- Was könnten wir Ihnen als „Experten und Expertinnen für Sprache" bieten?

In diesen Auftaktgesprächen haben alle sieben fachdidaktischen Lehrstühle der beruflichen Bildung ihre Kooperationsbereitschaft signalisiert und eine Zusammenarbeit zugesichert. Mit diesen Gesprächen wurde die Zielsetzung des Projekts wie folgt umgesetzt: Zum einen ging es um die Verständigung gemeinsamer Zielsetzungen, die sich beispielhaft in dem Bewusstsein für die Notwendigkeit der Integration des neuen Arbeitsfeldes ‚Sprachbildung' in die fachdidaktische Beschäftigung zeigen. Dieser Gesprächskonsens vergrößerte sich, sobald unterrichtliche Interaktionsprozesse oder Anforderungen der beruflichen und schulischen Praxis einbezogen wurden. Die Bedarfe der Arbeitsfelder in der kooperativen Zusammenarbeit stellten sich wie folgt dar: Konzepte für die Ausgestaltung von Sprachbildung und Deutsch als Zweitsprache im Praxissemester; Gestaltung einer gemeinsamen Seminarsitzung; Entwicklung von Best-Practice-Beispielen; Einwicklung von Beispielmaterialien; Entwicklung zur Aufgabenausgestaltung für die Unterrichtsinteraktion; Kriterienbasierte Materialanalyse. (Sprachen – Bilden – Chancen, 2015) Rückblickend können die in der Phase 2 von Kooperationen angebahnten Beziehungen als belastbar und zielführend beschrieben werden.

Zur Ausgestaltung der Kooperation in *Phase 3* und *Phase 4* wurden Arbeitssitzungen nach individuellen Absprachen gewählt, die unterschiedliche inhaltliche Rahmungen erfuhren. Als besonders zielführend wurde die Perspektive auf den Fachunterricht an der Berufsschule empfunden. Konkretisiert wurde die gemeinsame Arbeit an Materialien zu sprachbildenden Aufgabenstellungen nach dem Prinzip der vollständigen Handlung im Lernfeldkonzept (vgl. den Beitrag von Riedl in diesem Band). Dieser Arbeitsprozess erfuhr seine Schwerpunktsetzung durch die Einbringung der zwei Perspektiven Fach und Sprache auf den Gegenstand Aufgabenstellung. Ein Pool an Lernaufgaben (s.u.) für die Fächer der Berliner beruflichen Bildung wurde entwickelt:[4] für die Umsetzung von Sprachbildung und Deutsch als Zweitsprache-Förderung in den handlungsorientierten

---

4 Eine Veröffentlichung auf der Projekt-Homepage ist geplant. Eine weitere Fundstelle stellt der in der Reihe ‚Sprachliche Bildung' (Hrsg.: Mercator-Institut für Sprachförderung und Deutsch als Zweitsprache der Universität zu Köln, Band 4) geplante Projektsammelband dar.

Lernfeldkontext, exemplarisch in der ersten Phase der Berliner Lehrkräftebildung. Die Unterstützung der Fachdidaktiken bei der Durchführung der Sprachbildungsanteile in ihren Fächern ist als längerfristiger Entwicklungsprozess angelegt, sodass die Kooperation auch über das Projektende fortbestehen müsste und es keine fünfte Phase (Beendigung der Kooperation) geben dürfte.

5. Ergebnisse der Kooperationen in ‚Sprachen – Bilden – Chancen'

Die Gespräche in den Fächergruppen der beruflichen Bildungen verliefen in angeregter Atmosphäre. Mit einer Gesprächsdauer von jeweils circa zwei Zeitstunden gestalteten sie sich als zeit- und ressourcenintensiv für die Kooperationspartnerinnen und Kooperationspartner. Nicht selten waren mehr als nur zwei Gesprächspartnerinnen bzw. -partner anwesend. Beispiele für die Kooperationsarbeit sind sichtbar durch den gemeinsamen Wissenschaftstransfer zu Entwicklungsprodukten, z.B. auf der bundesweiten Fachtagung des Projekts im September 2015 an der Universität Potsdam oder bei dem Workshop zur fachdidaktischen Materialentwicklung im November 2016 an der FU (Sprachen – Bilden – Chancen, o.J.).

Fachspezifische und fächerübergreifende Materialien wurden präsentiert und mit Fachdidaktikerinnen und Fachdidaktikern, Lehrkräften für Sprachbildung und Deutsch als Zweitsprache der Universitäten, Leitungen schulpraktischer Seminare und Fachseminare, Dozentinnen und Dozenten der Fort- und Weiterbildung, Vertreterinnen und Vertretern der Senatsverwaltung sowie Lehrkräften diskutiert. Ausdruck einer funktionierenden Arbeitskooperation ist die gemeinsame Workshop-Moderation als *shared cooperative activities* (Sprachen – Bilden – Chancen, 2016).

6. Ausblick

Die zentrale Voraussetzung der Kooperationsarbeit war ein dialogisches Verständnis von institutionellem Handeln, bei dem Vertreterinnen und Vertreter der unterschiedlichen Fachkulturen eine Entwicklungsaufgabe als ihre gemeinsame ansahen und diese bearbeiteten, ohne die Spezifik der Einzelfächer aus dem Blick zu verlieren. Die Umsetzung der Projektaufgaben orientierte sich am Prozesswissen um Kooperations- und Transferverfahren in Institutionen.

Eine derzeit noch offene Frage bleibt, ob und inwieweit die im Projekt angebahnten fachspezifischen Kooperationen nach Projektende bestehen bleiben, ob sie unter anderen institutionellen Voraussetzungen weitergeführt werden können oder gar zu Netzwerken für durchgängige Sprachbildung werden. Da Netzwerke unter unternehmens- und managementorganisatorischen Aspekten als das „Gold unserer Zeit gelten" (Scheib, Haverbier & Weßels, 2016, S. 88) wäre eine Nutzung der durch das Kooperationsprojekt „Sprachen – Bilden – Chancen: Innovationen für das Berliner Lehramt" entstandenen Beziehungen zur Weiterentwicklung und dauerhaften Stärkung der Berliner Lehrkräftebildung mehr als wünschenswert und notwendig, wie die Empfehlungen zum Projektende belegen (Sprachen – Bilden – Chancen, o.J.). Es bleibt zu hoffen, dass das Projektende mit dem Auslaufen der Finanzierung nicht zugleich das Ende der Kooperationen bedeutet. In Zeiten neuer Aufgaben und knapper Ressourcen treffen Kooperationen aktuell auf ein breites Interesse, dem z.B. der Vortrag mit dem Titel „Wieso Vertrauen? – Verhaltensökonomische Grundlagen von Kooperation" in der aktuellen Vortragsreihe der Helmholtz-Vorlesungen an der Humboldt-Universität zu Berlin nachging (HU Berlin, o.J.) oder auch der abschließende Blick in das Tagungsprogramm der Projektinitiative der Universität Hamburg „Professionelles Lehrerhandeln zur Förderung fachlichen Lernens unter sich verändernden gesellschaftlichen Bedingungen im Rahmen der Qualitätsoffensive Lehrerbildung", auf dem die „Cooperation between Subject Disiplines and Subject-Related Didactics" für ein Tagungssymposium im September 2017 themengebend sein wird.

Verwendete Literatur

Amt für Statistik Berlin Brandenburg (2017). *Berufsbildung*. https://www.statistik-berlin-brandenburg.de/BasisZeitreiheGrafik/Zeit-Berufsbildung.asp?Ptyp=400&Sageb=21002&creg=BBB&anzwer=6. [06.01.2017].

Baumann, Barbara & Becker-Mrotzek, Michael (2014). *Sprachförderung und Deutsch als Zweitsprache an deutschen Schulen: Was leistet die Lehrerbildung? Überblick, Analysen und Handlungsempfehlungen*. Köln: Mercator-Institut für Sprachförderung und Deutsch als Zweitsprache. http://www.mercator-institut-sprachfoerderung.de/fileadmin/user_upload/Mercator-Institut_Was_leistet_die_Lehrerbildung_03.pdf. [05.12.2016].

Börsel, Anke (2010). „Integration durch Bildung". Sprachförderung für Berliner Schülerinnen und Schüler. In Astrid Neumann (Hrsg.), *Deutsch als Zweitsprache in der Sekundarstufe. Theoretische Aspekte und Praxis an Berliner Berufs- und Oberschulen* (S. 9–33). Hamburg: Verlag Dr. Kovač.

Dobutowitsch, Friederike; Neumann, Ursula; Michel, Ute & Salem, Tanja (2013). *Netzwerke für durchgängige Sprachbildung 2. Qualitätsmerkmale für Sprachbildungsnetzwerke* (FörMig-Material, Bd. 6). Münster: Waxmann.

Gesetz über die Aus-, Fort- und Weiterbildung der Lehrerinnen und Lehrer in Berlin (Lehrkräftebildungsgesetz – LBiG) vom 7. Februar 2014. Verfügbar unter: http://gesetze.berlin.de/jportal/?quelle=jlink&query=LehrBiG+BE&psml=bsbeprod.psml&max=true&aiz=true [20.03.2017].

Helsper, Werner (2006). Kompetenzen von Lehrkräften – eine Fundierung der Lehrerarbeit? In Renate Hinz & Tanja Pütz (Hrsg.), *Professionelles Handeln in der Grundschule. Entwicklungslinien und Forschungsbefunde* (Entwicklungslinien der Grundschulpädagogik, 3; S. 15-35). Baltmannsweiler: Schneider Verlag Hohengehren.

Huber, Stephan Gerhard & Ahlgrimm, Frederik (2012). *Kooperation. Aktuelle Forschung zur Kooperation in und zwischen Schulen sowie mit anderen Partnern*. Münster: Waxmann.

Humboldt Universität zu Berlin (2017). Wieso Vertrauen? Verhaltensökonomische Grundlagen von Kooperation. Vortragsankündigung, 26.01.2017. Online verfügbar unter https://www.kulturtechnik.hu-berlin.de/de/content/helmholtz-vorlesung-wieso-vertrauen-verhaltensokonomische-grundlagen-von-kooperation/ [20.01.2017].

Jostes, Brigitte (Koordination) (2016). *Sprachbildung/Deutsch als Zweitsprache in der Berliner Lehrkräftebildung. Eine Bestandsaufnahme*. Online verfügbar unter http://www.sprachen-bilden-chancen.de/index.php/material/16-publikationen, [06.11.2016].

Lütke, Beate & Börsel, Anke (2017). Deutsch als Zweitsprache in der Berliner Lehrkräftebildung. In Michael Becker-Mrotzek, Peter Rosenberg, Christoph Schroeder & Annika Witte (Hrsg.), *Deutsch als Zweitsprache in der Lehrerbildung* (Sprachliche Bildung, Bd. 2; S. 37–49). Münster: Waxmann.

Mercator Institut für Sprachförderung und Deutsch als Zweitsprache (2014). *Forschungs- und Entwicklungsprojekte. Projektatlas*. Köln. Online verfügbar unter http://www.mercator-institut-sprachfoerderung.de/fileadmin/user_upload/Mercator-Institut_Projektatlas_final_Einzelseiten_03.pdf [05.12.2016].

Mercator Institut für Sprachförderung und Deutsch als Zweitsprache (2017). *Blick zurück nach vorn. Perspektiven für sprachliche Bildung in Lehrerbildung und Forschung. Lessons Learned und Erfahrungen aus den geförderten Forschungs- und Entwicklungsprojekten*. Köln.

Michel, Luis M. (2009). *Management von Kooperationen im Bereich Entwicklung und Forschung. Eine empirische Studie* (Konstanzer Managementschriften, Bd. 7). Konstanz.

Scheib, Jennifer; Haverbier; Jana; Weßels, Doris (2016). Netzwerke – Gold unserer Zeit. Vernetzungsförderung als Managementaufgabe. *OrganisationsEntwicklung*, (2), 88–91. Online verfügbar unter https://recherche.zoe-online.org/document/zeitschriften/organisationsentwicklung/2016/heft-02/beitrage/netzwerke-gold-unserer-zeit/MLX_70ed?authentication=none [27.11.2016].

Senatsverwaltung für Bildung, Jugend und Wissenschaft (Hrsg). (2012). *Ausbildung von Lehrkräften in Berlin. Empfehlungen der Expertenkommission Lehrerbildung*. Verfügbar unter: www.berlin.de/imperia/md/content/sen-bildung/lehrer_werden/expertenkommission_lehrerbildung.pdf [11.12.2016].

Silk, Joan B. (2009). Forum. Why We Cooperate. In: Michael Tomasello (Hrsg.), *Why we cooperate* (A Boston review book; S. 111–125). Cambridge, Mass: MIT Press.

Sprachen-Bilden-Chancen (o.J.). *Alle Veranstaltungen*. Verfügbar unter: www.sprachen-bilden-chancen.de/index.php/tagungen [05.03.2017].

Sprachen-Bilden-Chancen (2015). *Inneruniversitäre Netzwerkbildung. Sprachbildung in den Fachdidaktiken*. Poster auf der Mercator Jahrestagung am 16./17.3.2015 in Köln.

Sprachen-Bilden-Chancen (2016). *Workshop „Chancen für die Sprachbildung – Materialentwicklung für die Lehrkräftebildung" am 04. November 2016 an der Freien Universität Berlin*. Verfügbar unter: http://www.sprachen-bilden-chancen.de/images/Files/Statements-Workshopleitungen.pdf [21.12.2016].

Tomasello, Michael (2009). *Why we cooperate. Cambridge* (A Boston review book). Mass: MIT Press

Wiażewicz, Magdalena; Kahleyss, Margot & Vöge, Monika (2016). *Das Willkommenscurriculum für die beruflichen und zentral verwalteten Schulen Berlins Curriculum zur sprach- und berufsübergreifenden Didaktik in den Willkommensklassen für Neuzuge-wanderte über 16 Jahre.* Im Auftrag und in der Zusammenarbeit mit der Berliner Senatsverwaltung für Bildung, Jugend und Wissenschaft erstellt vom Sven Walter Institut der gemeinnützigen Gesellschaft für berufsbildende Maßnahmen mbH. Berlin. (gfbm. de/wp-content/uploads/WiKoCurricBerufbldnSchulen_Leseprobe.pdf) [10.01.2017].

Anke Backhaus & Joanna Chlebnikow

„In der Sprache liegt die Würze" – Sprachsensibel unterrichten im Fach Ernährungs- und Hauswirtschaftswissenschaften
Ein Blended-Learning-Konzept für die Lehrerausbildung

Das in Nordrhein-Westfalen verpflichtende Modul *Deutsch für Schülerinnen und Schüler mit Zuwanderungsgeschichte* (DSSZ) wird an der Rheinischen Friedrich-Wilhelms-Universität Bonn im ersten Jahr der Masterphase als vierstündiges Seminar im Blended-Learning-Format umgesetzt. Dieser Ansatz wurde gewählt, um eine Differenzierung der Modulinhalte nach Fachrichtungen und Lehramtstypen und damit einen stärkeren Praxisbezug zu ermöglichen.

Im Rahmen des vorliegenden Beitrags stellen wir das Bonner Blended-Learning-Modell für das Modul vor und zeigen exemplarisch an zwei Sequenzen, wie die Inhalte in Präsenz- und Onlineanteilen umgesetzt werden.

Es folgt eine erste Bestandsaufnahme der Studierendenergebnisse. Gegenstand unserer Betrachtung sind die Modulabschlussprüfungen in Form von Hausarbeiten (N=12), die von Studierenden des Lehramtes für das Berufskolleg im Fach Ernährungs- und Hauswirtschaftswissenschaften erarbeitet wurden. Im Fokus standen dabei die folgenden drei Fragen:

1. Welche Operatoren und sprachlichen Strukturen haben die Studierenden in den von ihnen analysierten Lehrwerksabschnitten im Fach Ernährungswissenschaften erkannt?
2. Welchen Fokus für mögliche sprachsensible Aktivitäten im Kontext ihres Faches haben sie analysegestützt gewählt?
3. Welche Übungs- und Aufgabenformate haben die Studierenden verwendet, um die von ihnen anvisierten sprachlichen Ziele im Fachunterricht umzusetzen?

Wir bedanken uns bei den Bonner Studierenden für ihre Offenheit, sich mit uns auf einen Weg der Seminardurchführung einzulassen, der für die meisten neu war. Ein besonderer Dank gilt den Lehramtsstudierenden des Faches Ernährungs- und Hauswirtschaftswissenschaften für das Berufskolleg, die uns ihre Hausarbeiten für die Analyse zur Verfügung gestellt haben.

1.   Ausgangslage

Eine durch Prozesse von Zuwanderung und Integration geprägte Gesellschaft mit sowohl bildungsbiografisch als auch sprachlich und sozial sehr heterogenen Schülervoraussetzungen stellt auch die Hochschulen im Rahmen der Lehrerausbildung vor veränderte Anforderungen. Diesen wurde im Bundesland NRW im Jahr 2009 mit der Reform des Lehrerausbildungsgesetzes (Ministerium für Schule und Weiterbildung, 2015) begegnet. Dort verankert wurde das Modul *Deutsch für Schülerinnen und Schüler mit Zuwanderungsgeschichte*, häufig kurz als DSSZ-Modul bezeichnet, als ein mindestens sechs Leistungspunkte umfassendes Pflichtmodul für alle Lehramtsstudierenden, unabhängig von der jeweiligen Fächerkombination und Schulform. Neben NRW und Berlin, wo die Bereiche sprachliche Bildung und Deutsch als Zweitsprache in der Lehrerausbildung verpflichtend sind, diskutieren derzeit weitere Bundesländer eine Verankerung der Thematik im Rahmen des Studiums, was durch Programme, Projekte und Modelle flankiert wird. Die inhaltliche und hochschuldidaktische Umsetzung gestaltet sich aufgrund der jeweils spezifischen Ausgangsvoraussetzungen institutioneller Art wie Studierendenanzahl, Schulformen und Fächerkombinationen, der personellen Ressourcen und der Anbindung an verschiedene Fachbereiche unterschiedlich (Koch-Priewe & Krüger-Potratz, 2016; Becker-Mrotzek, Rosenberg, Schroeder & Witte, 2016).

An der Rheinischen Friedrich-Wilhelms-Universität Bonn wird das DSSZ-Modul im ersten Jahr der Masterphase als einsemestriges Seminar im Umfang von vier Semesterwochenstunden realisiert. Die Universität Bonn bildet Studierende für das Lehramt an Gymnasien und Gesamtschulen sowie an Berufskollegs aus. Es werden 18 Fächer für das Lehramt an Gymnasien und Gesamtschulen angeboten. Zusätzlich umfasst das Studium für das Lehramt an Berufskollegs neben dem Fach Bildungswissenschaften und den Praxiselementen die zwei großen Fachrichtungen Agrarwissenschaft und Ernährungs- und Hauswirtschaftswissenschaft, die jeweils mit einer kleinen beruflichen Fachrichtung kombiniert werden. Im DSSZ-Modul machen die Studierenden für das Lehramt an Berufskollegs derzeit einen Anteil von etwa sieben Prozent aus, wovon etwa sechs Prozent auf die Ernährungs- und Hauswirtschaftswissenschaft und ein Prozent auf die Agrarwissenschaft fallen.

Im Rahmen des DSSZ-Moduls sollen Lehramtsstudierende aller Fächer und Schulformen auf den Umgang mit sprachlicher und kultureller Diversität im Unterricht vorbereitet werden. Bei der Modulentwicklung stand die inhaltliche Frage im Mittelpunkt, wie sprachliche Aspekte des Fachunterrichts bereits im Studium vermittelt werden können. Neben der Sensibilisierung für die Bedeutung sprachlicher Fähigkeiten für den Erwerb fachlicher Kompetenzen und schließlich auch für den Bildungserfolg steht die Vermittlung grundlegender Kompetenzen in der Analyse sprachlicher Anforderungen in den Unterrichtsinhalten der einzelnen Fächer, in der Diagnose sprachlicher Voraussetzungen der Schülerinnen und Schüler und im sprachsensiblen Unterrichten im Fokus.

Auf der Ebene der hochschuldidaktischen Umsetzung bestand die zentrale Herausforderung darin, ein Modell zu entwickeln, das eine Differenzierung der Modulinhalte nach Fachrichtungen und Lehramtstypen ermöglicht. Aufgrund der ungleichen Verteilung der Studierenden auf Fächer und Schulformen ist eine

Außendifferenzierung in Bonn nicht gegeben, sodass die Seminargruppen durch eine große Heterogenität gekennzeichnet sind. Um dennoch eine Auseinandersetzung mit den Modulinhalten aus der Perspektive des eigenen Faches und einen Praxisbezug zu gewährleisten, wurde bei der Konzeption des Moduls ein Blended-Learning-Format gewählt, auf das im Folgenden genauer eingegangen wird. Die Erarbeitung des Blended-Learning-Konzeptes erfolgte im Rahmen des Entwicklungsprojektes: *Erstellung, Erprobung und Implementation von eLearning-Einheiten zum sprachsensiblen Unterrichten im Fach* gefördert vom Mercator-Institut für Sprachförderung und Deutsch als Zweitsprache.

2. Das Bonner DSSZ-Modul im Blended-Learning-Format

Der oben angesprochenen Heterogenität der Seminargruppen wurde im Bonner DSSZ-Modul mit einem binnendifferenzierenden Konzept begegnet, das für die spezifischen Bedarfe entwickelt und pilotiert wurde. Die Lehre im Modul wird durch eine Kombination aus Präsenz- und Onlineanteilen realisiert, die im Sinne des Blended Learning inhaltlich und methodisch verzahnt und aufeinander abgestimmt sind (Arnold, Kilian, Thillosen & Zimmer, 2015). Dabei dienen die Präsenzsitzungen einer fächerübergreifenden Einführung in die jeweiligen Modulinhalte. Durch die Onlineanteile wird eine fächerspezifische Fokussierung ermöglicht. Konkret werden wöchentlich jeweils drei Stunden in Seminarform in Präsenz gelehrt. Es folgt eine einstündige vertiefende eLearning-Einheit, die sich aus zwei bis drei Online-Aufgaben zusammensetzt und bis zur jeweils nächsten Präsenzsitzung zeitlich flexibel durch die Studierenden bearbeitet wird. Die Onlineanteile werden durch die Lehrperson tutoriert und auf die Ergebnisse wird in der nachfolgenden Präsenzsitzung Bezug genommen. Die folgende Grafik stellt die inhaltliche Gliederung des Moduls in fünf thematische Blöcke und die Aufteilung dieser in Präsenz- und Onlineanteile dar (Abb. 1).

Insgesamt bearbeiten die Studierenden im Laufe des Moduls 30 Online-Aufgaben, wovon 17 einen Fächerbezug herstellen, indem sich die Studierenden mit fachspezifischen Materialien auseinandersetzen und/oder eigene Materialien für den Einsatz im Fachunterricht erstellen. Dies bietet den Vorteil einer individuelleren Auseinandersetzung mit den Inhalten des eigenen Faches. Der fachliche Fokus wird zudem durch die Bearbeitung von Arbeitsaufträgen in Fachgruppen verstärkt.

Bei der Konzeption des DSSZ-Moduls wurden die Präsenz- und Onlineanteile inhaltlich und methodisch miteinander verzahnt. Das „Ineinandergreifen und Zusammenspiel von Präsenz- und Onlineelementen" (Pfeil, 2015, S. 29) wird dadurch erreicht, dass die Aktivitäten der eLearning-Einheiten in der Präsenzsitzung vorbereitet und Ergebnisse aus diesen in nachfolgenden Präsenzveranstaltungen wieder aufgegriffen werden. Die eLearning-Einheiten bestehen aus einer

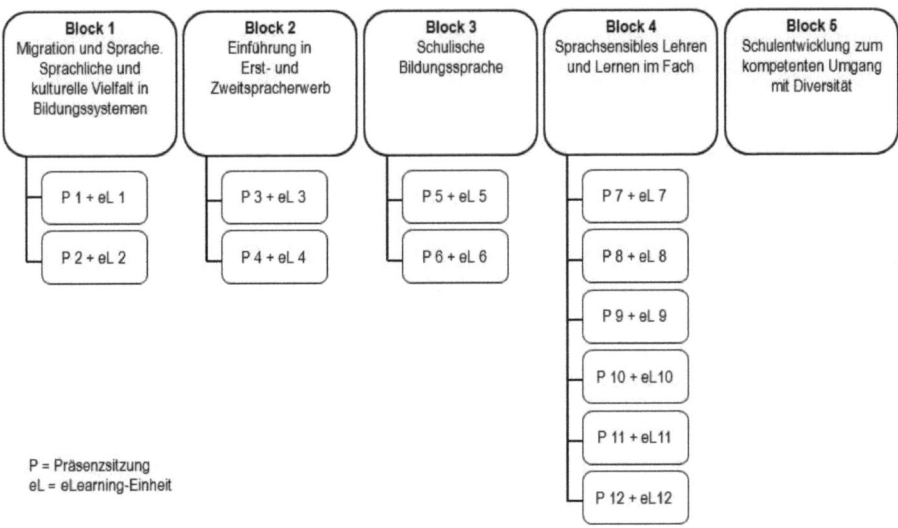

Abbildung 1:   Blended-Learning-Struktur des Bonner DSSZ-Moduls

Kombination von geschlossenen und offenen Formaten, wobei erstere zumeist repetitiver Natur sind und das Ziel verfolgen, die in der Präsenzsitzung eingeführten theoretischen Grundlagen zu wiederholen und zu festigen. Die offenen Aufgaben, die in Anlehnung an den aufgabenorientierten Ansatz (task-based approach, Willis & Willis, 2007) konzipiert wurden, zielen auf die Bewältigung komplexerer Herausforderungen im Kontext des eigenen Faches. Die Umsetzung wollen wir anhand von zwei Sequenzen aus dem Block 4: *Sprachsensibles Lehren und Lernen im Fach* illustrieren.

Im Block 4 werden die Studierenden mit einer sprachintegrativen Sichtweise auf ihr Fach konfrontiert, bei der die Vermittlung von „sprachliche[n] Sachverhalte[n] nicht isoliert, sondern im situativen Kontext, sprachhandlungs- und inhaltsorientiert" (Rösch, 2004, S. 6) erfolgt. Als eine Orientierung zur praktischen Planung und Gestaltung eines sprachsensiblen Unterrichts im Fach setzen sich die Studierenden mit dem Scaffolding-Ansatz nach Pauline Gibbons (2002) auseinander. In Anlehnung an die Schritte des Makro-Scaffolding, bei dem ein systematisches und gestaffeltes Lernen im Fach geplant und ermöglicht werden soll, durchlaufen die Studierenden die vier Etappen: Bedarfsanalyse, Ermittlung des Lernstands der Schülerinnen und Schüler, Lernzielformulierung und Unterrichtsplanung. Die bearbeiteten Bausteine führen am Ende zur Erstellung sprachsensibler Unterrichtsaktivitäten für die Umsetzung im Fachunterricht im Sinne des Mikro-Scaffolding. Die folgende Tabelle gibt einen Gesamtüberblick über den Aufbau des vierten Blocks.

Tabelle 1:   Aufbau Block 4: Sprachsensibles Lehren und Lernen im Fach

	Sitzungen	Präsenzanteile	Onlineanteile Aufgabe und Tool
Block 4: Sprachsensibles Lehren und Lernen im Fach	P 7 + eL 7 *Sprachkompetenz im Fach entwickeln durch Scaffolding*	– Umgang mit heterogenen Schülervoraussetzungen – Einführung in den Scaffolding-Ansatz – Exemplarische Erstellung einer Bedarfsanalyse	Aufgabe I: (Test) *Scaffolding* Aufgabe II: (Übung) *Bedarfsanalyse*
	P 8 + eL 8 *Sprachstandsanalyse Die Sprache(n) von Schülerinnen und Schülern*	– Reflexion der Bedarfsanalysen in Fachgruppen – Einführung in die Sprachstandsanalyse – Formelle und informelle Testverfahren	Aufgabe I: (Test) *C-Test und TF-Test* Aufgabe II: (Übung) *TF-Test im Fachunterricht*
	P 9 + eL 9 *Sprachkompetenz fördern: Lesen und Schreiben*	– Leseprozess und Lesestrategien – Schreibprozess und Schreibstrategien	Aufgabe I: (Test) *Lesen und Schreiben* Aufgabe II: (Forum) *Kollegialer Austausch*
	P 10 + eL 10 *Sprachkompetenz fördern: Fachwortschatz und grammatische Strukturen*	– Wortschatzvermittlung im Fachunterricht – Berücksichtigung grammatischer Phänomene im Fachunterricht	Aufgabe I: (Test) *Wortschatz und Grammatik* Aufgabe III: (Forum) *Checkliste*
	P 11 + eL 11 *Fehlerkorrektur und Planung einer sprachsensiblen Aktivität für den Fachunterricht*	– Einführung in die Fehlerkorrektur – Lernzielformulierung – Übungs- und Aufgabentypen	Aufgabe I: (Umfrage) *Fehlerkorrektur* Aufgabe II: (Übung) *Sprachsensible Aktivität*
	P 12 + eL 12 *Sprachsensible Aktivitäten für den Fachunterricht*	– Vorstellung und Diskussion der Entwürfe der sprachsensiblen Aktivitäten – Vorschläge zur Überarbeitung	Aufgabe I: (Forum) *Peer-Feedback* Aufgabe II: (Test) *Wiederholung (fakultativ)*

Die sukzessive Vorgehensweise im Block 4 dient zugleich einer Hinführung auf die Modulabschlussprüfung in Form einer Hausarbeit. Diese besteht aus drei Komponenten: Einer Bedarfsanalyse eines Lehrwerkstextes aus dem eigenen Fach, Arbeitsblättern mit Aktivitäten zur sprachlichen Unterstützung und einer Aktivitätsskizze, die die konkrete Umsetzung der Arbeitsblätter im Unterricht beschreibt.

Exemplarisch stellen wir hier die Sequenzen zur Erstellung einer Bedarfsanalyse und einer sprachsensiblen Aktivität vor. Beide beginnen mit der thematischen Einführung in der Präsenzsitzung, es folgt die Bearbeitung einer Online-Aufgabe im Rahmen der eLearning-Einheit, deren Ergebnisse in der anschließenden Präsenzsitzung wieder aufgenommen werden.

2.1 Sequenz: Bedarfsanalyse

Die Sequenz Bedarfsanalyse beginnt mit einer Einführung in die Prinzipien und die Bestandteile des Scaffolding-Ansatzes. Dabei wird exemplarisch die Erstellung einer Bedarfsanalyse vorgestellt. Anders als beim klassischen Makro-Scaffolding, bei dem in der Regel komplette Unterrichtsreihen sprachlich analysiert werden, beschränkt sich die Erstellung der Bedarfsanalyse im Seminar auf einen Lehrwerkstextabschnitt. Die Studierenden analysieren unter Anleitung in einem ersten Schritt die sprachlichen Strukturen und den verwendeten Wortschatz. In einem zweiten Schritt wenden sie sich den Arbeitsanweisungen des Lehrwerks zu und arbeiten gemeinsam mit der Lehrperson die darin enthaltenen Operatoren und daraus resultierende sprachliche Implikationen heraus.

In der folgenden eLearning-Einheit wiederholen und festigen die Studierenden die Grundprinzipien des Scaffolding in Form eines Tests und erhalten eine automatische Rückmeldung. Die praxisbezogene Online-Aufgabe besteht in der individuellen Erstellung einer Bedarfsanalyse für das eigene Fach. Zur Unterstützung stehen online Beispielanalysen für jedes Fach zur Verfügung. Die Ergebnisse werden von den Studierenden hochgeladen und können nach Ablauf der Bearbeitungsfrist von etwa einer Woche von allen Seminarteilnehmerinnen und Seminarteilnehmern eingesehen werden. Die Lehrperson gibt online ein erstes Feedback.

Eine weitere inhaltliche Begutachtung der erstellten Bedarfsanalysen erfolgt in der anschließenden Präsenzsitzung in Fachgruppen durch die Studierenden selbst. Auf diese Weise können Erfahrungen reflektiert und offene Fragen geklärt werden.

2.2 Sequenz: Sprachsensible Aktivität

Die Sequenz Sprachsensible Aktivität beginnt ebenfalls in der Präsenzsitzung. Zunächst werden Prinzipien der Lernzielformulierung besprochen. In einem nächsten Schritt sollen die Studierenden auf der Grundlage der zuvor erstellten Bedarfsanalysen Lernziele für sprachlich unterstützende Unterrichtsaktivitäten identifizieren. Anschließend durchlaufen die Studierenden Stationen und sichten Beispiele von Übungen und Aufgaben aus unterschiedlichen Fächern zur sprachlichen Unterstützung auf der Wort-, Satz-, und Textebene. Dabei sollen sie eine erste Auswahl von Übungs- und Aufgabentypen treffen, die für die Realisierung der von ihnen anvisierten sprachlichen Lernziele geeignet scheinen.

Den Schwerpunkt der folgenden eLearning-Einheit bilden die Planung und Gestaltung einer ersten sprachsensiblen Aktivität für den Unterricht im Fach. Hierbei sollen die in der Präsenzsitzung als geeignet identifizierten Übungs- und Aufgabenbeispiele für den eigenen Bedarf adaptiert und ein Arbeitsblatt für den

Unterricht erstellt werden. Die Ergebnisse werden hochgeladen und können von allen Studierenden gesichtet werden.

Die anschließende Präsenzsitzung greift die Ergebnisse wieder auf. Die entstandenen Arbeitsblätter werden im Seminarraum ausgehängt und mit Feedbackbögen mit vorgegebenen Kriterien versehen. Die Studierenden werden aufgefordert die Arbeitsblätter zu sichten und schriftlich zu kommentieren. Neben den Peers gibt auch die Lehrperson Feedbacks in dieser Runde. Die ausgefüllten Feedbackbögen werden den Studierenden ausgehändigt.

Die Ergebnisse der beiden hier beschriebenen Sequenzen bilden die Grundlage für die Erstellung der Hausarbeit. Die erhaltenen Feedbacks dienen dabei als Hilfestellung für die Überarbeitung und Weiterentwicklung.

Nachdem wir die Umsetzung des Bonner DSSZ-Moduls umrissen haben, wenden wir uns im Folgenden den im Seminar erstellten Hausarbeiten des Faches Ernährungs- und Hauswirtschaftswissenschaften zu.

3. Ergebnisse aus dem Fach Ernährungs- und Hauswirtschaftswissenschaften

Im Zeitraum Wintersemester 2014/15 bis Wintersemester 2015/16 haben insgesamt 14 Studierende des Faches Ernährungs- und Hauswirtschaftswissenschaften für das Lehramt an Berufskollegs das DSSZ-Modul besucht. Zwölf Studierende haben uns ihre im Rahmen der Modulabschlussprüfung erstellten Hausarbeiten zur Verfügung gestellt. Diese bilden den Gegenstand einer ersten Bestandsaufnahme, deren Ergebnisse wir im Folgenden vorstellen werden. Im Fokus unserer Betrachtung standen die Fragen, welche Operatoren in den fachlichen Lernzielen der Studierenden enthalten sind, welche sprachlichen Strukturen und welcher Fachwortschatz in den Lehrwerkstexten erkannt wurden und wo daraus resultierend sprachliche Bedarfe gesehen werden, die mit sprachsensiblen Aktivitäten unterstützt werden sollten. Anschließend skizzieren wir, welche Übungs- und Aufgabentypen die Studierenden für das Erreichen der festgelegten Lernziele vorgesehen haben.

Als Grundlage zur Erstellung der Hausarbeiten haben die Studierenden Lehrwerkstexte aus den folgenden Lehrwerken gewählt, die ihnen bereits aus fachdidaktischen Lehrveranstaltungen bzw. Schulpraktika bekannt waren: Lernfeld Hauswirtschaft (Schlieper, 2014), Das Bäckerbuch in Lernfeldern (Loderbauer, 2013), Perspektive Hauswirtschaft. Fachkunde in Lernfeldern (Blask-Sosnowski et al., 2012), Perspektive Hauswirtschaft. Ernährung heute (Schlieper, 2011b), Arbeitsbuch Ernährung (Schlieper, 2011a), Lebens- und Genussmittel Warenkunde (Anderle, Schwarz & Krüger-Stolp, 2009), Gastronomie Grundstufe (Herrmann, 2004) und Grundfragen der Ernährung (Schlieper, 2004).

Bei der freien Auswahl von fachlichen Themen, ergab sich das folgende Spektrum:

- Aufbau und Eigenschaften von Proteinen
- Aufbau und Zusammensetzung eines Getreidekorns und die Bedeutung für die Ernährung
- Aufgussgetränke mit Koffein (zwei Hausarbeiten)
- Butterherstellung
- Einteilung und fachkompetente Beschreibung von Bier
- Ernährung im Alter
- Ernährung im Kindesalter
- Fettbedarf und Funktion von Fetten
- Kräuter als Würzmittel
- Speisesalz-Handelssorten, Gewinnung und backtechnologische Eigenschaften
- Unterschiede zwischen den Milchsorten in Bezug auf die Verarbeitung in der Molkerei

3.1 Operatoren in den fachlichen Lernzielen

Die Analyse der von den Studierenden formulierten fachlichen Lernziele ergab folgendes Bild an identifizierten Operatoren im Kontext der fachlichen Bezüge (Tab. 1).[1]

Die genannten Lernziele enthalten im Durchschnitt zwei Operatoren, die in einem fachlogischen Zusammenhang stehen. So steht zum Beispiel das *Charakterisieren* von Kräutern vor einer *Zuordnung* zu Gerichten oder das *Angeben* von Nährstoffen von Lebensmitteln vor der *Begründung* einer geeigneten Lebensmittelauswahl für die Ernährung im Kindesalter. Die am häufigsten genannten Operatoren sind *Angeben* (n=4) und *Charakterisieren* (n=4) gefolgt von *Ableiten* (n=3) und *Beschreiben* (n=3). Das explizite oder implizite Ziel, *beraten* zu können bzw. jemandem etwas *empfehlen* zu können, ist in den fachlichen Lernzielen zweier Hausarbeiten enthalten. Beispielsweise sollen „die SuS […] fähig sein, Gäste fachkompetent zu verschiedenen Biersorten zu informieren und zu beraten" bzw. konkrete „Ernährungsempfehlungen für Kleinkinder" zu geben.

---

1 Vorbereitend auf die Erstellung der Hausarbeit haben sich die Studierenden mit den Operatoren der Fächer auseinandergesetzt. Die Grundlage für das Fach Ernährungs- und Hauswirtschaftswissenschaften bildete die folgende Operatorenliste für das Fach Ernährungslehre. Verfügbar unter: https://www.standardsicherung.schulministerium.nrw.de/cms/zentralabitur-gost/faecher/getfile.php?file=3941 [29.08.2016].

Tabelle 2: Operatoren und fachliche Bezüge

Operator	Fachlicher Bezug
Ableiten	von ernährungsbedingten Veränderungen im Alter einer Rohstoffauswahl für die Speisenherstellung nach ernährungsphysiologischen Kriterien und Verwendungszweck von Konsequenzen für die Erstellung eines Tageskostplans
Analysieren	von Ursachen für ernährungsbedingte Veränderungen im Alter von Rohstoffen / Proteinen
Angeben	der Arten von Kaffeepflanzen der Bestandteile von Proteinen von Nährstoffen in Lebensmitteln des Fettbedarfs
Begründen	der geeigneten Lebensmittelauswahl für die Ernährung im Kindesalter der richtigen Kaffeelagerung
Beschreiben	der Prozessschritte bei der Kaffeeherstellung des Verfahrensablaufes bei der Butterherstellung der Funktion von Fetten
Beurteilen	der technologischen und sensorischen Eigenschaften von Salz auf Gebäck
Charakterisieren	von Biersorten von Milchsorten von Kaffeepflanzen von Kräutern
Vergleichen	von Milchsorten
Zuordnen	von Kräutern zu Gerichten

3.2 Fachwortschatz und sprachliche Strukturen in den Lehrwerkstexten

Bei der Erstellung der sprachlichen Analyse der Lehrwerkstexte haben die Studierenden den darin enthaltenen Fachwortschatz und die sprachlichen Strukturen in den Blick genommen. Auf der Wortebene führen die fachsprachlichen Komposita (n=10) das Feld an. Oft genannt wurden zudem Nominalisierungen (n=7) und fachlich verwendete Adjektive (n=6). Im Bereich der Verben wurde die häufige Verwendung von untrennbaren (n=7), trennbaren (n=6) und reflexiven (n=4) Verben identifiziert.

Auf der Satzebene ist insbesondere die Nennung von Passivstrukturen (n=8) auffällig. Bei den Satzverbindungen werden Kausalsätze (n=6), Relativsätze (n=4), Finalsätze (n=4), Temporalsätze (n=3) und Adversativsätze (n=3) genannt. Knapp die Hälfte der Studierenden (n=5) führt Präpositionalangaben auf. In zwei Fällen wurden Genitivattribute (n=2) in den Lehrwerkstexten erkannt.

3.3 Sprachliche Lernziele

Auf der Grundlage der identifizierten sprachlichen Strukturen und des Fachwortschatzes wurden sprachliche Lernziele für den Fachunterricht formuliert. Die Mehrheit der Studierenden hat den Bedarf der sprachlichen Unterstützung im Bereich des Fachwortschatzes (n=8) angesiedelt. Des Weiteren wurden unterstützende Maßnahmen zur Passivverwendung (n=3) als sinnvoll angesehen. In einer Ausarbeitung wurde der Fokus auf die Förderung von kausalen Zusammenhängen (n=1) gelegt.

In den Begründungen der Lernziele wurde auf die häufige Verwendung der jeweiligen sprachlichen Phänomene in den Lehrwerkstexten und deren Bedeutung für die Bewältigung der fachlichen Aufgaben verwiesen, wie die folgenden Beispiele illustrieren: „In dem Lehrbuchtext sind viele Passivsätze. Diese Strukturen benötigen die SuS immer wieder, um Verfahrensabläufe zu beschreiben" (Zitiert aus Hausarbeit: Butterherstellung). „In dem Lehrbuchtext sind zahlreiche Adjektive zur Wirkungsweise und Geschmacksbeschreibung zu finden. Diese benötigen die SuS, um geschmackliche Wahrnehmung und die physiologische Wirkungsweise von Lebensmitteln und deren Inhaltsstoffe präzise zu beschreiben" (Zitiert aus Hausarbeit: Kräuter als Würzmittel). „Aufbauend auf dem Fachwortschatz werden sprachliche Strukturen erarbeitet, die die SuS zur Beschreibung und zu einem Vergleich der Biersorten in der Gästeberatung benötigen" (Zitiert aus Hausarbeit: Einteilung und fachkompetente Beschreibung von Bier).

3.4 Sprachsensible Aktivitäten

Bei der Erstellung der sprachsensiblen Aktivität haben neun Studierende mehrschrittige Sequenzen von zwei bis fünf aufeinander aufbauenden Aktivitäten konzipiert. Bei 27 von insgesamt 30 erstellten Vorschlägen handelt es sich um Übungen, drei der neun Sequenzen enden mit einer handlungsorientierten Aufgabe.

Zehn Aktivitäten sind im Bereich der Rezeption von Fachtexten angesiedelt. In diesen werden inhaltsbezogene Fragestellungen zur selektiven Informationsentnahme, Textpuzzle zur logischen Rekonstruktion von Textabschnitten und die Erstellung von Flussdiagrammen zur Verständnissicherung von Vorgangsbeschreibungen verwendet.

Ein weiteres Drittel der Aktivitäten fokussiert die Arbeit am Fachwortschatz. Es werden vor allem Fachnomen und fachliche Adjektive und Adverbien unterstützt. Als Formate wurden Wort-Bild-Zuordnungen, Zuordnungen von Fachwörtern zu Wortdefinitionen und Kategorien sowie das Einsetzen von Fachbegriffen aus Schüttelkästen in Lückentexte gewählt. Zusätzlich haben die Studierenden Umformungsübungen verwendet, wie das folgende Beispiel aus der Hausarbeit *Kräuter als Würzmittel* illustriert.

Die Wirkungsweise der Kräuter			
Welche Wirkung hat es? Bitte forme nach dem gegebenen Beispiel um!			
es hat eine appetit**an**regende Wirkung	**ODER**	es regt den Appetit **an**	m.
... eine magenstärkende Wirkung			m.
		es fördert den Schlaf	m.
... eine verdauungsfördernde Wirkung			f.
		Es regt die Verdauung **an**	f.
... eine durchblutungsverbessernde Wirkung			f.
... eine immunstärkende Wirkung			n.
... eine krampflösende Wirkung			pl.

Abbildung 2: Beispiel Umformungsübung aus Hausarbeit von Martina Blass

Auf der Ebene der Strukturen überwiegen Aktivitäten zur Verwendung des Passivs in Form von Zuordnungs-, Umformungs- und Einsetzübungen. An der folgenden Übung aus der Hausarbeit *Butterherstellung* soll zudem exemplarisch gezeigt werden, wie Studierende versuchen, den Schwierigkeitsgrad ihrer Übungen zu differenzieren. „[J]e nach Leistungsstand der Schülerinnen und Schüler SuS [kann] entweder der Lückentext mit den Verben im Schüttelkasten oder der Lückentext, in dem die Verben bereits an der richtigen Stelle stehen, bearbeitet [werden]" (Zitiert aus Hausarbeit: Butterherstellung).

Ergänzen Sie den folgenden Text über die Butterherstellung. Achten Sie darauf, dass Sie im Passiv schreiben.

aufnehmen   bearbeiten   kontrollieren   beimischen
~~benötigen~~   abkühlen   schlagen   ablassen   geben
erhitzen   separieren   trennen   zufügen

Für die Herstellung von einem Kilo Butter werden etwa 25 Liter Milch benötigt. Die Rohmilch _____ dabei zunächst auf Reinheit und Qualität _____. Danach _____ sie in einen so genannten Separator, eine Zentrifuge, _____. [...]

Variante 2

Für die Herstellung von einem Kilo Butter _____ etwa 25 Liter Milch _____ (benötigen). Die Rohmilch _____ dabei zunächst auf Reinheit und Qualität _____ (kontrollieren). Danach _____ sie in einen so genannten Separator, eine Zentrifuge, _____ (geben). [...]

Abbildung 3: Beispiel Lückentext mit Differenzierung aus Hausarbeit von Daniela Reekers

Bei drei der insgesamt zwölf Hausarbeiten schließen die Studierenden ihre sprachsensiblen Aktivitäten mit Aufgaben ab. Am Ende der Sequenz zum Thema *Kräuter als Würzmittel* sollen Kräutersteckbriefe erstellt werden. Die Arbeit *Ernährung im Kindesalter* endet mit einer mündlichen Aufgabe, bei der auf Grundlage von Informationen zur Nährstoffbedarfsdeckung über Konsequenzen für die Erstellung eines Tageskostplans diskutiert wird. Ebenfalls eine mündliche Aufgabe sieht die Arbeit *Einteilung und fachkompetente Beschreibung von Bier* vor. Hier soll ein Beratungsgespräch zu regional typischen Biersorten mit Formulierungshilfen vorbereitet und durchgeführt werden.

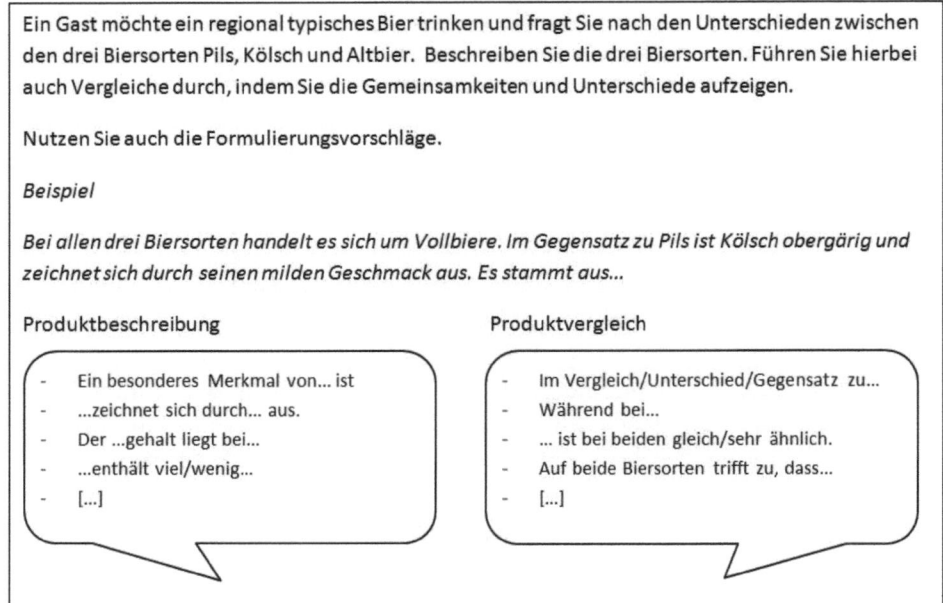

Abbildung 4:   Beispiel Aufgabe aus Hausarbeit von Sabine Reinhart-Maack

4.   Schlussbemerkungen

Die hier vorgestellte Umsetzung des Moduls *Deutsch für Schülerinnen und Schüler mit Zuwanderungsgeschichte* an der Rheinischen Friedrich-Wilhelms-Universität Bonn im Blended-Learning-Format hat sich aus der Sicht der Studierenden bewährt. Dies belegen die Ergebnisse der Evaluation der vergangenen vier Semester (Wintersemester 2014/15 bis Sommersemester 2016) mit einer zu 95 Prozent positiven Bewertung des Ansatzes. „Meiner Meinung nach ist das Blended-Learning-Format eine gute Möglichkeit, Studenten/innen zu aktivieren und erworbenes Wissen aus den Sitzungen anzuwenden und zu wiederholen. Es ist sowohl eine Rückmeldung für den Dozenten, als auch eine Reflexion für die Studenten/innen selbst" (Zitiert aus Studierendenevaluation).

Die Kombination aus Präsenz- und Onlineanteilen unterstützt nach Ansicht der Studierenden die intendierte Fächerdifferenzierung, da in den eLearning-Einheiten die „Inhalte vertieft werden konnten und man sich besonders mit den fachspezifischen Anforderungen, Merkmalen etc. der eigenen Fächer auseinandersetzen konnte" (zitiert aus Studierendenevaluation).

Auch den durch das Modul verfolgten Praxisbezug sehen die Studierenden als gegeben. Insbesondere werden in diesem Zusammenhang die Aufgaben des vierten Blocks *Sprachsensibles Lehren und Lernen im Fach* hervorgehoben. „Sowohl die Erstellung eines TF-Tests, der Bedarfsanalyse als auch der sprachsensiblen Aktivität haben mir sehr gut gefallen, da ich die Theorie anwenden konnte und quasi durch „learning by doing" verstanden habe, wie es geht und für was es gut ist. Diese Werkzeuge werde ich im Schulalltag gut gebrauchen können" (zitiert aus Studierendenevaluation).

Die im Wechsel von Präsenz- und Onlineanteilen gestaltete schrittweise Heranführung an den Scaffolding-Ansatz und die damit einhergehende sukzessive Erarbeitung der Hausarbeit in einem begleiteten Prozess haben die Studierenden als unterstützend empfunden. So konnte man „zum einen die Inhalte der Sitzung nacharbeiten und vertiefen [...] und sich zum anderen neue Inhalte erarbeiten [...]. Außerdem konnte man bereits große Teile für die Hausarbeit vorbereiten und Feedback von der Dozentin und den anderen Studenten erhalten" (zitiert aus Studierendenevaluation). „Dadurch konnte ich Sicherheit für die Durchführung der Hausarbeit gewinnen" (zitiert aus Studierendenevaluation).

Die hier geschilderten Erfahrungen der Studierenden mit dem Blended-Learning-Ansatz sind aus unserer Sicht nicht nur positiv im Hinblick auf die Umsetzung des Bonner Moduls *Deutsch für Schülerinnen und Schüler mit Zuwanderungsgeschichte* zu bewerten. Sie geben auch Anlass zur Hoffnung, dass sich dadurch eine größere Offenheit gegenüber der Nutzung digitaler Medien im Unterricht entwickelt. „Es wurden verschiedene Materialien und Methoden des eLearning verwendet. Das hat es für mich, auch als zukünftige Lehrerin, interessant gemacht" (zitiert aus Studierendenevaluation).

Die hier skizzierte erste Bestandsaufnahme der Hausarbeiten zeigt, dass die Mehrheit der erstellten Aktivitäten sich auf die Unterstützung auf Wort- und Satzebene beschränkt. Nur in drei Hausarbeiten zeigen sich Ansätze einer handlungsorientierten Vermittlung (vgl. Terrasi-Haufe & Miesera, 2016) der Fach- und Berufssprache. Eine erste daraus gezogene Konsequenz besteht in der Erweiterung der Vorgaben für die Erstellung der Hausarbeit dahingehend, dass die darin erarbeiteten sprachsensiblen Aktivitäten mit einer Aufgabe enden sollen, die die Bewältigung konkreter Kommunikationssituationen im Beruf unterstützt.

Auf der Ebene der Modulkonzeption haben sich insbesondere Herausforderungen dadurch ergeben, dass die Beschreibung der spezifischen sprachlichen Bedarfe im Fach noch am Anfang steht (vgl. Efing, 2015). Zudem sollte ein fachspezifisch differenzierender Ansatz mit der Bereitstellung fachspezifischer Materialien einhergehen. Dies ist gerade im Bereich der Verwendung von Lehrwerken und damit verbundenen Fragen von Nutzungsrechten problematisch. Ebenfalls hilfreich für die Lehre wären Unterrichtsmitschnitte zur Umsetzung von sprachsensiblen Unterrichtskonzepten in unterschiedlichen Fächern. Auch die Arbeit an authentischen Lernertexten aus einzelnen Fächern, Schulformen und Jahrgangsstufen erfordert den Aufbau eines Korpus, der durch institutionenübergreifende Zusammenarbeit zwischen Schulen und Hochschulen möglich ist.

Wünschenswert für die Weiterentwicklung wäre eine enge Zusammenarbeit mit den Fachdidaktiken und eine phasenübergreifende Vernetzung der an der Lehrerausbildung beteiligten Institutionen, um Studierende möglichst praxisnah für sprachliche Aspekte des Fachunterrichts zu sensibilisieren und ihnen Ansätze der sprachlichen Förderung im Fach näherzubringen.

Literatur

Anderle, Peter; Schwarz, Helmut & Krüger-Stolp, Katja (2009). *Lebens- und Genussmittel Warenkunde.* Köln: Bildungsverlag EINS.

Arnold, Patricia; Kilian, Lars; Thillosen, Anne & Zimmer, Gerhard M. (2015). *Handbuch E-Learning. Lehren und Lernen mit digitalen Medien* (4. erw. Aufl.). Bielefeld: W. Bertelsmann Verlag.

Becker-Mrotzek, Michael; Rosenberg, Peter; Schroeder, Christoph & Witte, Annika (Hrsg.) (2016). *Deutsch als Zweitsprache in der Lehrerbildung.* Münster: Waxmann.

Blask-Sosnowski, Ute; Blömers, Roswitha; Cuylen, Monika; Koopmann, Marina; Körber-Kallweit, Angelika; Krischel, Gabriele; Morschhäuser, Gabriele; Ohlendorf, Claudia; Schöps, Meike & von Sothen, Florian (2012). *Perspektive Hauswirtschaft. Fachkunde in Lernfeldern.* Haan-Gruiten: Verlag Europa-Lehrmittel.

Efing, Christian (2015). *Berufsweltbezogene kommunikative Kompetenz in Erst- und Fremdsprache – Vorschlag einer Modellierung.* In Christian Efing (Hrsg.), *Sprache und Kommunikation in der beruflichen Bildung* (S. 17–46). Frankfurt am Main: Peter Lang.

Gibbons, Pauline (2002). *Scaffolding language, scaffolding learning. Teaching second language learners in the mainstream classroom.* Portsmouth, NH: Heinemann.

Herrmann, F. Jürgen (2004). *Gastronomie Grundstufe.* Hamburg: Verlag Dr. Felix Büchner – Handwerk und Technik.

Koch-Priewe, Barbara & Krüger-Potratz, Marianne (Hrsg.) (2016). *Qualifizierung für sprachliche Bildung. Programme und Projekte zur Professionalisierung von Lehrkräften und pädagogischen Fachkräften. Die Deutsche Schule, 13. Beiheft.* Münster: Waxmann.

Loderbauer, Josef (2013). *Das Bäckerbuch in Lernfeldern* (6. akt. Aufl.). Hamburg: Verlag Dr. Felix Büchner – Handwerk und Technik.

Ministerium für Schule und Weiterbildung (2015). *Gesetz über die Ausbildung für Lehrämter an öffentlichen Schulen (Lehrerausbildungsgesetz – LABG) Vom 12. Mai 2009.* Verfügbar unter: https://www.schulministerium.nrw.de/docs/Recht/LAusbildung/LABG/LABGNeu.pdf [29.08.2016].

Pfeil, Andrea (2015). Verzahnung als Schlüssel für erfolgreichen Unterricht mit digitalen Medien. *Fremdsprache Deutsch, 53,* 29–34.

Rösch, Heidi (2004). *Deutsch als Zweitsprache (DaZ) in der Beruflichen Bildung.* Verfügbar unter: http://www.bildung-interkulturell.de/cweb/cgi-bin-noauth/cache/VAL_BLOB/5323/5323/3284/DaZ-Beruf_Heidi_Roesch.pdf [29.08.2016].

Schlieper, Cornelia A. (2004). *Grundfragen der Ernährung* (17. Aufl.). Hamburg: Verlag Dr. Felix Büchner – Handwerk und Technik.

Schlieper, Cornelia A. (2011a). *Arbeitsbuch Ernährung.* Hamburg: Verlag Dr. Felix Büchner – Handwerk und Technik.

Schlieper, Cornelia A. (2011b). *Ernährung heute.* Hamburg: Verlag Dr. Felix Büchner – Handwerk und Technik.

Schlieper, Cornelia A. (2014). *Lernfeld Hauswirtschaft.* Hamburg: Verlag Dr. Felix Büchner – Handwerk und Technik.

Terrasi-Haufe, Elisabetta & Miesera, Susanne (2016). Fach- und Berufssprachenvermittlung im Berufsfeld „Ernährung und Hauswirtschaft". *Berufsbildung in Wissenschaft und Praxis, 6,* 19–23.

Willis, Dave & Willis, Jane (2007). *Doing Task-based Teaching: A Practical Guide to Task-based Teaching for ELT Training Courses and Practicing Teachers.* Oxford: OUP.

Birgit Kruse, Marina Pasquay & Hartmut Sturm

Die dualisierte Ausbildungsvorbereitung für neu zugewanderte Jugendliche in Hamburg
Sprachaneignungsprozesse in Betrieb und Schule

1. Die Ausbildungsvorbereitung in Hamburg

Seit 2011 lernen und arbeiten berufsschulpflichtige Jugendliche in Hamburg erfolgreich in der dualisierten Ausbildungsvorbereitung AvDual[1] (vgl. Sturm, Schulze u.a., 2014), um sich Anschlussperspektiven in die Berufswelt zu erarbeiten. Angesichts des sehr hohen Flüchtlingszustroms hat die Hamburger Bürgerschaft im November 2015 entschieden, für alle schulpflichtigen neu zugewanderten Jugendlichen regelhaft ein ganztägiges dualisiertes Angebot zur Ausbildungsvorbereitung für Migrantinnen und Migranten „AvM-Dual"[2] unabhängig von ihrem Aufenthaltsstatus einzurichten.

Die Gewährleistung des Ganztagsbetriebs mit Unterstützung von Trägerpersonal, die Dualisierung der Lernorte durch die konsequente Einbeziehung des Betriebes als Lernort und die kontinuierliche Begleitung der Jugendlichen von Mentorinnen und Mentoren im Betrieb, die eine systematische Verzahnung der Lernorte gewährleistet, wurden als Strukturelemente aus AvDual übernommen. Die Dualisierung der Lernorte und das Ziel, betriebliches und schulisches Lernen eng miteinander zu verknüpfen, erfordern eine neue Sicht auf Sprachaneignungsprozesse und die Entwicklung eines Sprachförderkonzeptes, welches informelle Sprachaneignungsprozesse am betrieblichen Lernort mit einbezieht und als Grundlage für formale Sprachaneignungsprozesse in der Schule nutzt. Erste Ansätze hierzu wurden in einem Pilotmodell (2014 bis 2016) entwickelt und erprobt.

Ende 2016 boten alle Hamburger Berufsschulen AvM-Dual für über 2.300 neu zugewanderte Jugendliche an. Zu Beginn des Schuljahres 2016/17 haben 72 betriebliche Integrationsbegleiterinnen und Integrationsbegleiter ihre Arbeit an den Schulen aufgenommen. Zur Implementierung des neuen Bildungsganges AvM-Dual wurde aufbauend auf den Erfahrungen im Piloten eine Begleit- und Qualifizierungsstruktur für das gesamte beteiligte Personal aufgebaut. Die Lehrkräfte in den Schulen und die betrieblichen Integrationsbegleiterinnen und Integrationsbegleiter werden begleitet und unterstützt durch moderierte Teamsitzungen, Fallbesprechungen sowie schulgenaue Qualifizierungsangebote und Coaching.

---

1 http://hibb.hamburg.de/bildungsangebote/berufsvorbereitung/berufsvorbereitungs-schule/die-dualisierte-ausbildungsvorbereitung/

2 http://hibb.hamburg.de/bildungsangebote/berufsvorbereitung/berufsvorbereitungs-schule/bildungsangebote-fuer-migrantinnen-und-migranten/

Regelmäßige Fachtage zu Themen wie Sprachförderung im Betrieb, Verzahnung von betrieblichem und schulischem Sprachlernen, Berufssprache und DAZ, Sichtbarmachen informell erworbener Kompetenzen, Erstellen von Lernmaterialien, Akquise betrieblicher Lernorte, Arbeitsplatzanalysen und betriebliches Lernen, Betreuung von Lernaufgaben, Mentorenarbeit, Reflexion betrieblicher Erfahrungen, Übergangsmanagement oder Verzahnung mit der Jugendberufsagentur vervollständigen das Qualifizierungsangebot.

In diesem Beitrag werden zunächst die pädagogischen Herausforderungen aus entwicklungspsychologischer Sicht umrissen und anschließend erste Überlegungen zu den besonderen Chancen der dualisierten Ausbildungsvorbereitung hinsichtlich der Realisierung von Sprachaneignungsprozessen angestellt sowie der aktuelle Stand des integrierten Sprachförderkonzeptes skizziert. Erfahrungen und Beispiele aus der Praxis werden vorgestellt. Abschließend wird auf die Ergebnisse des Pilotprojektes und auf noch offene Fragen und Herausforderungen eingegangen.

2. Das Konzept von AvM-Dual

2.1 Pädagogische Herausforderungen in der Ausbildungsvorbereitung aus entwicklungspsychologischer Sicht

Das System des Übergangs von der Schule in den Beruf vom Jugendlichen her zu denken, heißt für die Gesellschaft und professionelle Akteurinnen und Akteure, das Grundbedürfnis aller Jugendlichen und jungen Erwachsenen, sich solide Möglichkeiten zur lebenslangen gesellschaftlichen Teilhabe zu eröffnen, anzuerkennen und zu erfüllen. Auch unter einer Life-Span-Orientierung und der Betrachtung der persönlichen Entwicklung als ein lebenslanger immer komplexer, multidirektionaler Prozess, in dem Übergänge jeweils besondere veränderungssensitive Zonen darstellen und kritische Lebensereignisse lebenslang wieder neue Herausforderungen stellen, bleibt das Jugend- und frühe Erwachsenenalter eine Phase, die geprägt ist durch eine Häufung von alterskorrelierten Entwicklungsaufgaben (vgl. Dreher, 2010; Casper-Kroll, 2011). Berufsorientierung, Ausbildungsvorbereitung, Ausbildung, schließlich die Ausübung eines Berufes und letztlich die Teilhabe an der Gesellschaft stellen junge Menschen in einem relativ kurzen Lebensabschnitt ständig vor neue Herausforderungen: Vorbereitung auf das Berufsleben; Vorbereitung auf Partnerschaft und Familie; soziale, politische und gesellschaftliche Verantwortung übernehmen zu können sowie ein eigenes Wertesystem aufzubauen und ein ethisches Bewusstsein zu entwickeln (Havighurst, 1972, 1974; Dreher & Dreher, 2008; Hurrelmann, 2010). Strategien zur Bewältigung typischer Entwicklungsaufgaben in der Jugendphase hängen maßgeblich davon ab, über welche *Handlungskompetenzen* und welches *Selbstkonzept* Jugendliche verfügen. Neu zugewanderte Jugendliche sind biographisch darauf ausgerichtet, ihre Entwicklungsaufgaben in dem sozialen, kulturellen und arbeitsweltlichen Kontext ihrer jeweils ganz konkreten eigenen Herkunft zu lösen. Überlagert durch die individuelle Fluchtgeschichte reichen die mitgebrachten Handlungsmuster nicht mehr zur Lösung der Entwicklungsaufgaben im neuen gesellschaftlichen Kontext aus. Es entstehen Probleme, die mitgebrachte Sozialisation funktioniert nicht. Interkulturelle Kompetenzen zu erwerben bedeutet, Entwicklungsaufgaben auf sehr unterschiedlichen Ebenen, individuell und gesellschaftlich, privat und politisch zu lösen. Für die neu zugewanderten Jugendlichen bedeutet dies vor allem auch, bereits in der Heimat gelöste Entwicklungsaufgaben erneut zu bewältigen, da die vorhandenen Lösungsmuster oft nicht kompatibel sind. Abwertung oder Ablehnung können zu Reethnisierung als Reaktion führen, denn Neues annehmen können, um Ablehnungen und Ängste vor dem Fremden zu reduzieren, erfordert unter anderem die Reflexion des eigenen Wertesystems. Die neue Sprache und die neue Kultur werden in ein bereits vorhandenes kulturelles Orientierungsmuster integriert. Die Reflexion unterschiedlicher Normen und Werte sowie der eigenen kulturellen Prägung stellen daher besondere Herausforderungen für die Pädagoginnen und Pädagogen dar. Ein interkulturell sensibler Lernprozess verläuft erfolgreicher, wenn der Anreiz zu lernen attraktiv ist. Dies ist in Betrieben gegeben und die Attraktivität des Anreizes besteht in dem dringenden Wunsch, die Entwicklungsaufgaben ‚Vorbereitung auf das eigene Berufsleben' und ‚Zukunftsperspektiven entwickeln' im neuen Lebenskontext erfolgreich zu bewältigen.

2.2   Chancen eröffnen durch Dualisierung

Betriebliche Handlungsfelder sind stets authentisch und komplex und können nicht durch exemplarische Konstruktionen z.B. im Werkstattunterricht ersetzt werden. Im Sinne der Selbstbestimmungstheorie (Ryan & Deci, 2001) sollten vielmehr für die Jugendlichen Kontexte entstehen, die deutlich machen, „welchen Nutzen es für sie persönlich aktuell hat, sich mit berufsbezogenen Fragen zu beschäftigen" (Kracke, 2014, S. 19). Die Möglichkeiten zum Erwerb relevanter Handlungskompetenzen im Übergang von der Schule in den Beruf können also nur durch die systematische Einbeziehung des Betriebs als Lernort erreicht werden: Lernen in Schule und Betrieb. Die Bedeutung von betrieblichen Erfahrungen wird in der McDonald's Ausbildungsstudie (2013) nachdrücklich bestätigt. 53 Prozent der Auszubildenden empfinden im Rückblick „die Informationen als überdurchschnittlich hilfreich, die aus der Praxis bzw. dem Umfeld der Unternehmen stammen" (ebd., S. 48). Als hilfreich werden Personen genannt, die in diesem Beruf arbeiten bzw. gearbeitet haben (32 Prozent) oder Gespräche mit Peers und anderen, die die gleiche Ausbildung machen bzw. gemacht haben (24 Prozent). Nur acht Prozent der Jugendlichen geben an, sie hätten Informationsdefizite hinsichtlich des Bewerbungsablaufes gehabt. Hurrelmann (2014, S. 10) fordert deshalb Veränderungen im schulischen und berufsschulischen System ein: „Man kann aus der Befragung erkennen, dass vorhandene Angebote von den jungen Leuten als zu abstrakt und nicht auf ihre eigene Lebenssituation zugeschnitten wahrgenommen werden. Letztlich wünschen sie sich so eine Art Bildungscoach, eine richtige Begleitung, die man ihnen zur Seite stellt. Wir sollten überlegen, ob man Ansätze davon im schulischen und berufsschulischen System nicht viel stärker als bisher installiert." Mentoren im AvM-Dual erfüllen genau diese Funktion, eine „richtige Begleitung" zu sein, so wie es sich die Jugendlichen wünschen. Diese Überlegungen, gestützt durch die positiven Erfahrungen in AvDual führten zu drei Thesen für AvM-Dual:

1. Neu zugewanderte Jugendliche im Übergang Schule-Beruf werden unter individualisierenden Bedingungen ebenso wie die hiesigen Jugendlichen zu Akteurinnen bzw. Akteuren ihrer eigenen Lernprozesse und damit ihrer eigenen Entwicklung.
2. Reale betriebliche Kontexte sind dafür eine entscheidende Voraussetzung.
3. Sprachaneignungsprozesse sind generell als integraler Bestandteil in dualisierten Konzepten vorzusehen.

2.3 Sprachaneignungsprozesse in dualisierten Kontexten

Durch die Dualisierung eröffnen sich zwei Kommunikationskontexte für Sprachaneignungsprozesse: Im Betrieb sind Jugendliche mit alltäglichen Kommunikationssituationen konfrontiert, in denen sie sich durch Nachfragen, Imitation, Ausprobieren, sprachbegleitendes Handeln und die Hilfestellungen ihrer Gesprächspartnerinnen und Gesprächspartner orientieren. Allerdings wirken der Betrieb selbst mit seinen Anforderungen, wie auch die Kolleginnen und Kollegen sowie Kundinnen und Kunden sowohl als sprachliche Vorbilder als auch in ihrer Rolle als Gesprächspartnerinnen bzw. Gesprächspartner steuernd auf die Sprachaneignungsprozesse ein. Der betriebliche Lernkontext ist also durch kaum strukturierte oder systematisierte, aber für den Jugendlichen reale, sehr *informelle Sprachaneignungsprozesse* geprägt.

In der Schule hingegen befinden sich die Jugendlichen in einem überwiegend formalen, systematisch ausgerichteten Sprachaneignungsangebot, das an sprachlichen Normen orientiert ist und dessen Ergebnisse vom Jugendlichen häufig nicht direkt im Alltag umgesetzt werden können. Psychologie, Linguistik und Neurowissenschaften liefern empirisch gut fundierte Modelle für die These, dass Sprachwissen eng gekoppelt an Repräsentationen von typischen Verwendungssituationen gespeichert wird (vgl. Ellis & Wulff, 2015; Macadonia, 2013). Der betriebliche Lernort eröffnet vielfältige Möglichkeiten, formale Sprachaneignungsprozesse in der Schule aufzugreifen und an relevanten Sprachhandlungen auszurichten. Die erfolgreiche Bewältigung von Sprachhandlungen im Betrieb hat für die Jugendlichen höchste Bedeutsamkeit: Sie eröffnet ihnen zum einen die soziale Einbindung in den Betrieb und damit eine berufliche Zukunftsperspektive, zum anderen, sich nachhaltig in die gesellschaftlichen Strukturen des Ankunftslandes zu integrieren. Das betriebliche Praktikum muss vorbereitet und nachbereitet werden. In der Zeit der Suche nach einem Praktikumsplatz setzen sich die Jugendlichen mit eigenen Wünschen auseinander, erforschen berufliche Möglichkeiten und nehmen Kontakt mit Betrieben auf. Auch wenn die damit verbundenen Sprachaneignungsprozesse überwiegend im schulischen Lernkontext stattfinden, sind sie nicht an einer sprachsystematischen Progression ausgerichtet, sondern sollen auf die erfolgreiche Bewältigung von anstehenden konkreten Sprachhandlungen im Alltag vorbereiten.

Während des Praktikums entstehen durch den Arbeitskontext unzählige reale Sprechanlässe und sprachliche Anforderungen. Bedingt durch normierte, sich wiederholende Arbeitsabläufe sind die in ihnen eingebetteten Sprachhandlungen einerseits stark funktionalisiert, andererseits unterscheiden sie sich je nach Berufsfeld voneinander und sind geprägt durch die jeweilige Betriebskultur. Die Allgemeinsprache und berufs- bzw. arbeitsplatzbezogene Sprache nutzen häufig die gleichen sprachlichen Mittel. Fachsprache baut darauf auf, ist aber deutlicher abgegrenzt. In Betrieben besteht ein bestimmter Kodex hinsichtlich der Alltagssprache in der Kommunikation der Mitarbeiterinnen und Mitarbeiter untereinander und mit Vorgesetzten. Von der Bewältigung dieser Sprachhandlungen hängt die persönliche Akzeptanz und erfolgreiche soziale Integration in den Betrieb ab.

Begleitend zum betrieblichen Praktikum fertigen die Jugendlichen ausgehend von einer Tätigkeit, die sie im Betrieb schon eigenverantwortlich und regelmäßig durchführen, eine betriebliche Lernaufgabe an.[3] Nach dem Praktikum werden die Ergebnisse zu dieser Lernaufgabe einem Publikum präsentiert. Hier sind Sprachaneignungsprozesse an authentische Situationen gebunden. Soziale und emotionale Aspekte von Sprachgebrauch werden berücksichtigt.

2.4 Integrierte Sprachförderung in dualisierten Kontexten

Sprachhandlungen in den Betrieben werden bei den Besuchen der Mentorinnen und Mentoren am betrieblichen Lernort aufgegriffen. Sie werden zum Lernanlass. Die Fachstelle Berufsbezogenes Deutsch im IQ-Netzwerk (2012) spricht im Rahmen der Sprachbedarfsermittlung am Arbeitsplatz auch von Erkundungen, die durch Shadowing, Beobachtung von Arbeitsprozessen, Befragung betrieblicher Akteurinnen und Akteure, Sammeln authentischer Materialien, Wahrnehmung der Arbeitsbedingungen, Besichtigung des Gesamtbetriebes und Recherchen über den Betrieb erfolgen können. Gemeinsam mit den Jugendlichen und den betrieblichen Anleiterinnen und Anleitern werden die zur Bewältigung des Arbeitsalltags wichtigsten Sprachhandlungen identifiziert und zum Ausgangspunkt weiterer Sprachaneignungsprozesse. Hierbei ist es wichtig, die allgemeinen und

---

3   Vgl. http://www.hamburg.de/contentblob/2037630/data/bebela.pdf

kommunikativen Kompetenzressourcen der Jugendlichen zu nutzen. Der gemeinsame europäische Referenzrahmen (GER) unterscheidet in seinem Kompetenzmodell zwischen Strategien und Kompetenzen im Sinne von Kompetenzressourcen. Dabei greifen Strategien bei der Bewältigung der kommunikativen Aufgaben auf allgemeine und auf kommunikative Kompetenzressourcen zu.

Ausgehend von den individuellen Kompetenzressourcen werden Lernstrategien vermittelt, die den Jugendlichen helfen, sich die sprachlichen Anforderungen am eigenen Arbeitsplatz selbständig und systematisch zu erschließen. Dabei sind z.B. Redemittel wichtig, mit denen man z.B. sprachlich um Hilfe oder Erklärungen bitten oder bei Verständnisproblemen nachfragen kann.

Da zwei Jahre für den umfassenden Erwerb einer fremden Sprache sehr wenig sind, setzt AvM-Dual Schwerpunkte hinsichtlich einer Ausdifferenzierung von Sprache und des Aufbaus von Fachsprachkenntnissen in Bereichen, die für die Jugendlichen an der nächsten Schwelle im Übergang in die Ausbildung bedeutsam sind und die Chancen der Jugendlichen erhöhen, diese Schwelle erfolgreich zu bewältigen.

Dies erfordert ein Sprachförderkonzept, welches die individuell unterschiedlichen sprachlichen Lernprozesse berücksichtigt und die Inhalte aus dem Betrieb sowohl fachlich als auch sprachlich einbettet. Die Vermittlung der deutschen Sprache orientiert sich an Sprachbedarfen, die sich aus konkreten beruflichen Anforderungen und individuellen Erwartungen ergeben. Den Jugendlichen eröffnen sich durch die systematische Einbeziehung des Lernortes Betrieb vielfältige Lernkontexte, in denen informelle und formale Sprachaneignungsprozesse mit jeweils unterschiedlicher Gewichtung ermöglicht werden. Eine wichtige Rolle hinsichtlich der Verzahnung informeller und formaler Sprachaneignungsprozesse übernehmen hierbei die Mentorinnen und Mentoren, die die Jugendlichen im Betrieb begleiten und den Transfer von für den Einzelnen bedeutsamen Sprachhandlungen in den Lernkontext Schule sichern. In Abhängigkeit von den individuell unterschiedlich ausgeprägten Kompetenzressourcen der Jugendlichen können sie gemeinsam mit den Jugendlichen geeignete Lernstrategien entwickeln, die es ihnen ermöglichen, zunehmend selbst Verantwortung für den eigenen Lernprozess zu übernehmen und eigene möglichst effektive und auf Nachhaltigkeit zielende Lern- und Kommunikationsstrategien zu entwickeln.

3. Implementierung

3.1 Strukturelemente von AvM-Dual

Neben der Befähigung zur Alltagsbewältigung im Ankunftsland, ist es das Ziel von AvM-Dual, dass die Jugendlichen in Abhängigkeit von den individuellen Voraussetzungen nach zwei Jahren eine begründete Berufswahlentscheidung treffen und eine berufliche Ausbildung oder einen weiterqualifizierenden Bildungsgang aufnehmen können.

Ausgerichtet an ihren Interessen und Neigungen, können die Jugendlichen die Wirksamkeit ihrer formal und informell erworbenen Kompetenzen im betrieblichen Alltag erproben. Die Aneignung von Sprache, kulturellen Kompetenzen und Ausbildungsorientierung laufen parallel. Nach einer Phase des Ankommens und der Orientierung, die der ersten Vertrauensbildung und Vorbereitung auf den Lernort Betrieb dient, lernen die Jugendlichen in den folgenden drei Schulhalbjahren über längere Phasen an drei Tagen pro Woche in der Schule und zwei Tagen im Rahmen eines betrieblichen Praktikums im Betrieb.

1. Jahr AvM-Dual											
Monat											
1	2	3	4	5	6	7	8	9	10	11	12
Ankommensphase				Vorbereitungsphase „Lernort Betrieb"				1. dualisierte Phase: 2 Tage Betrieb 3 Tage Schule			Präsentation Lernaufgabe
2. Jahr AvM-Dual											
Monat											
1	2	3	4	5	6	7	8	9	10	11	12
Vorbereitung Lernort Betrieb	2. dualisierte Phase: 2 Tage Betrieb 3 Tage Schule			Nach- / Vorbereitung 1. und 2. Phase „Lernort Betrieb" Anschlussplanung				3. dualisierte Phase: 2 Tage Betrieb 3 Tage Schule			Präsentation Lernaufgabe
	Anschlussplanung in Kooperation mit der Jugendberufsagentur Hamburg										

Abbildung 1:   Jahresstrukturen in AvM-Dual

Das mit wöchentlich 36 Zeitstunden ganztägige Bildungsangebot setzt sich aus 30 Unterrichtsstunden und ergänzenden Ganztagsangeboten zusammen. Um den Ganztagesbetrieb sowie das Lernen im Betrieb sicherzustellen und mit dem Lernen in der Schule zu verzahnen, wird die Lehrer-Ressource mit einem Schlüssel von 1:30 durch betriebliche Integrationsbegleiterinnen und Integrationsbegleiter, die Beschäftigte bei Bildungsträgern sind, ergänzt.

3.2   Mentorinnen und Mentoren: eine verlässliche Begleitung

Berufsschullehrkräfte und betriebliche Integrationsbegleiterinnen und Integrationsbegleiter sind als Mentorinnen bzw. Mentoren verlässliche Ansprechpartnerinnen und Ansprechpartner, stehen in engem Austausch mit den Betreuerinnen und Betreuern, Vormündern sowie Anleiterinnen und Anleitern in den Betrieben und ermöglichen so eine Vernetzung von individueller Begleitung der Jugendlichen und zeitnaher Intervention in Krisensituationen. Zentrale Aufgaben der Mentorinnen und Mentoren sind die wöchentliche Begleitung am betrieblichen Lernort im Umfang von circa einer Stunde, die Beratung der betrieblichen Partnerinnen und Partner, die Auswertung und Reflexion der betrieblichen Erfahrun-

	Montag	Dienstag	Mittwoch	Donnerstag	Freitag
Lernort	*Schule*	*Betrieb*	*Betrieb*	*Schule*	*Schule*
08:00 Uhr	gemeinsame Tagesplanung			Reflexion Betriebstage	gemeinsame Tagesplanung
13:30 Uhr	berufs-bezogener und berufs-übergreifender Unterricht	Lernen im Betrieb		berufs-bezogener und berufs-übergreifender Unterricht	berufs-bezogener und berufs-übergreifender Unterricht
15:30 Uhr	Vorbereitung Betriebstage	Begleitung durch die Mentoren		Kurzer Unterrichtstag für Behördengänge	Wochen-abschluss
	< durchgängige Sprachförderung >				

Abbildung 2: Wochenstruktur in der dualen Phase

gen mit den Jugendlichen, sowie die systematische Verzahnung der informellen Sprachaneignungsprozesse am Lernort Betrieb mit formalen Sprachaneignungsprozessen am Lernort Schule. Vertrauensaufbau und tragfähige Beziehungen zwischen Lernenden und Pädagoginnen bzw. Pädagogen als Mentorinnen bzw. Mentoren sind das Fundament des pädagogischen Ansatzes in der dualisierten Ausbildungsvorbereitung (Raschke, 2014).

In der Mentorenrunde, die wöchentlich mit mindestens einer Unterrichtsstunde im Stundenplan fest verankert ist, greifen die Mentorinnen und Mentoren betriebliche Erfahrungen der Jugendlichen auf und machen diese zum Gegenstand von Reflexionsprozessen. Die regelmäßige Reflexion der individuellen betrieblichen Erfahrungen in der Schule ermöglicht eine persönliche Auseinandersetzung mit interkulturellen Themen und den eigenen beruflichen Zielen. Es werden systematisch Gelegenheiten angeboten, in denen Redemittel geübt werden, die Gespräche untereinander und die gemeinsame Reflexion betrieblicher Erfahrungen immer differenzierter ermöglichen. Das Selbstbewusstsein sowie die Lern- und Leistungsmotivation der Jugendlichen kann gesteigert werden, was sich wiederum positiv auf die Sprachaneignung auswirkt. Kontinuierlich können die Jugendlichen klären, welche Kompetenzen sie hinsichtlich eines Zieles, das sie sich gesetzt haben, bereits erworben haben und in welchem Kontext sie diese im Ankunftsland anwenden und weiterentwickeln können. Die Arbeit der Mentorinnen und Mentoren ist sehr vielfältig. Der folgende Erfahrungsbericht eines Mentors soll sie exemplarisch veranschaulichen.[4]

„S. begann motiviert ihr erstes Schulpraktikum in einer Zahnarztpraxis mit einer fünftägigen Kompaktwoche. Ich erhielt einen Anruf von S.'s Anleiterin. Da S. keine Anweisungen befolgte, sollte das Praktikum beendet werden. Ich konnte mir das

---

4 Autor des Praxisbeispiels: René Onkelbach; Diplom-Berufspädagoge.

nicht erklären, denn in der Schule war die Schülerin stets zuverlässig und verhielt sich vorbildlich. Dies erklärte ich auch der Anleiterin und wir einigten uns darauf, erstmal abzuwarten. Ich vereinbarte meinen ersten Besuch im Betrieb und versicherte, mit S. ein Gespräch zu führen. In der darauffolgenden Mentorenrunde berichteten die Jugendlichen über ihre erste Woche im Praktikum. S. beklagte, dass sie die Spülmaschine im Praktikum einräumen sollte. Das habe sie aber nicht gemacht und immer gesagt: „Das ist nicht meine Aufgabe". Sie ergänzte: „Ich habe nur meine Meinung gesagt". Alle in der Gruppe applaudierten und mir wurde klar, was passiert war.

Im ersten Schulhalbjahr hatten wir wöchentlich Feedbackrunden in der Klassengemeinschaft durchgeführt und geübt, die eigene Meinung zu äußern. Die Schüler konnten die vergangene Schulwoche loben, kritisieren und Veränderungsvorschläge machen. Das war der Grund, warum die zu Beginn des Schuljahres noch sehr schüchterne und zurückhaltende S. jetzt so mutig war, die Spülmaschine nicht einzuräumen und dies auch zu verbalisieren. In S.'s Informationsquellen zum Ausbildungsberuf „Zahnmedizinische Fachangestellte" stand nichts vom Einräumen der Spülmaschine mit Kaffee- und Frühstücksgeschirr. Auch im Unterricht hatten wir nicht über allgemeine Aufgaben gesprochen. Nun berichteten andere Praktikanten ebenfalls von allgemeinen Aufgaben und wir konnten klären, dass auch diese zum Praktikum und dem späteren Berufsalltag gehören. In der darauffolgenden betrieblichen Begleitung besprach ich den Vorfall mit S. und der Anleiterin. S. erhielt nach drei Monaten eine sehr gute Beurteilung und wurde ermutigt, sich für einen Ausbildungsplatz zu bewerben."

3.3 Sprachaneignungsprozesse verknüpfen

In der Schule berichten die Jugendlichen anhand von Fotos, die während der betrieblichen Begleitung aufgenommen wurden, von ihren Erfahrungen und Tätigkeiten im Betrieb. Dabei eignen sie sich den entsprechenden Wortschatz und die notwendige Grammatik an, um einfache Sätze zu bilden. Die Jugendlichen verbinden mit dem Ausführen einzelner Tätigkeiten sehr schnell angenehme oder unangenehme Gefühle, sind stolz, fühlen sich kompetent oder unterfordert. Dies kann zunächst über die Zuordnung zu verschiedenen Gesichtsausdrücken, die Stimmungen und Gefühle symbolisieren, ausgedrückt werden. Die Einführung von Modalverben ermöglicht den Schülerinnen und Schülern dann das Verbalisieren im Rahmen der Mentorenrunde. Eine Sammlung von Aufgaben und Tätigkeiten, die folgenden Satzanfängen zugeordnet werden, bietet vielfältige Anknüpfungspunkte für die weitere Vertiefung und Reflexion betrieblicher Erfahrungen, z.B. Ich darf/ Ich muss/ Ich kann früher gehen, … Reifen wechseln, … Termine machen, … Kaffee kochen usw. Betriebliche Erfahrungen bilden den für die Jugendlichen bedeutsamen Kontext, um die Verwendung einer grammatikalischen Form zu üben.

In der betrieblichen Lernaufgabe zu jedem Praktikum bearbeiten die Jugendlichen ein selbst gewähltes Thema aus der Praxis und werden zu Akteurinnen bzw. Akteuren ihres eigenen Lernprozesses. Ausgehend von einer Tätigkeit im Betrieb erfolgt eine inhaltliche Vertiefung und schriftliche Ausarbeitung. Der Prozess des Schreibens führt zur Wahrnehmung von strukturellen Merkmalen, aber auch zur tieferen Verarbeitung von Inhalten, die mit dem Betrieb, dem Praktikum und dem Beruf verbunden sind. Dabei begleiten sie ihren Wissenserwerb sprachlich und trainieren ihre schriftliche Kompetenz. Die betriebliche Lernaufgabe bildet im letzten Schulhalbjahr die Grundlage für eine praktische Prüfung im Betrieb, die fester Bestandteil der Abschlussprüfungen ist.

3.4 Betriebliche Prüfungen

Der Bildungsgang AvM-Dual ermöglicht den Erwerb von Schulabschlüssen, die in ihren Berechtigungen denen des ersten allgemeinbildenden Schulabschlusses (ESA) oder des Mittleren Schulabschlusses (MSA) entsprechen. In AvM-Dual gestalten die Jugendlichen im dritten Praktikum ausgehend von einer Lernaufgabe die praktische Prüfung mit. Der Prüfungsausschuss kommt in den Betrieb. Die Jugendlichen bereiten am Tag der Prüfung die Prüfungssituation vor und besprechen mit ihren Anleiterinnen bzw. Anleitern im Betrieb den Ablauf. Auch dies soll anhand eines Beispiels veranschaulicht werden.

„M. macht sein Praktikum in einem Blumenfachgeschäft. Er sucht sich das Binden eines Blumenstraußes als Prüfungsaufgabe aus. Mit seinem Anleiter bespricht er die genaue Durchführung und arrangiert Materialien und Werkzeuge für den Prüfungszeitpunkt. M. ist in der Gastgeberrolle und lernt, wie er durch detaillierte Vorbereitung und Gliederung der Arbeitsabläufe die Situation lenken kann. In der Vorbereitung kann M. den Bestellzettel hinzuziehen, auf dem die Namen der Blumen und die Länge des Blumenstraußes festgehalten sind, sowie andere Dokumente, die ihm bei der Durchführung helfen. Im Nachgespräch setzt er die gezeigten Tätigkeiten in Beziehung zum betrieblichen Gesamtkontext und reflektiert die Bedeutung des Praktikums in Bezug auf seine eigene berufliche Orientierung.“

Die praktischen Prüfungen in den Betrieben stellen einen erhöhten organisatorischen Aufwand für das Prüfungsteam dar, der aber gering erscheint, wenn man erlebt, wie die jungen selbstbewussten Menschen mit Stolz und Sicherheit in ihrem Aufgabengebiet als Gastgeberinnen und Gastgeber das Geschehen der Prüfung lenken und Selbstwirksamkeit erleben.

4. Erfahrungen und Ergebnisse aus der Pilotphase 2014–2016

Die quantitativen Auswertungen in diesem Kapitel basieren auf schülerbezogenen Datenerhebungen durch die Mentorinnen und Mentoren. Auf dieser Basis werden Aussagen zur Versorgung der Jugendlichen mit Praktikumsplätzen, erworbenen Schulabschlüssen oder erreichten Sprachniveaus gemacht. Qualitative Aussagen sind Ergebnisse eines Evaluations-Workshops, an dem alle Lehrkräfte und betrieblichen Integrationsbegleiterinnen und Integrationsbegleiter am Ende des ersten Durchgangs teilgenommen und zu folgenden Themen ihre Arbeit reflektiert haben:

- Dualisierung der Lernorte (Einblicke in die Arbeitswelt und Perspektiven)
- Verlässliche Begleitung der Jugendlichen in Schule und Betrieb (durch Mentorinnen und Mentoren)
- Sprachaneignungsprozesse am Lernort Betrieb und Verzahnung betrieblichen und schulischen Spracherwerbs
- Organisation der Übergänge und Anschlüsse im vierten Schulhalbjahr in Kooperation mit der Jugendberufsagentur

4.1 Akquise von Praktikumsplätzen

Es wurde deutlich, dass sich kein bestimmtes Sprachniveau als Voraussetzung für die erfolgreiche Akquise eines Praktikumsplatzes und den erfolgreichen Einstieg in die erste dualisierte Phase festlegen ließ. Ob Jugendliche den Anforderungen am betrieblichen Lernort (auch sprachlich!) gewachsen waren, hing vielmehr von den jeweiligen Gegebenheiten im Betrieb und den Erwartungen der Anleiterinnen und Anleiter sowie von der psychischen und physischen Belastbarkeit der Jugendlichen ab. Bis auf einzelne Jugendliche, die aus persönlichen oder gesundheitlichen Gründen phasenweise kein Praktikum aufnehmen konnten, haben alle Teilnehmerinnen und Teilnehmer aus AvM-Dual durch die Unterstützung der Mentorinnen und Mentoren und durch individuelles Matching einen betrieblichen Lernort gefunden. Bei der überwiegenden Zahl der Betriebe ist die systematische Dualisierung gut angekommen und eine enge Zusammenarbeit mit den Betrieben möglich gewesen. Durch die betriebliche Praxis wurde den Jugendlichen deutlich, dass die Arbeitsprozesse und Anforderungen an Tätigkeiten sich häufig deutlich von denen in ihrem Heimatland unterscheiden und eng verbunden sind mit sprachlichen Anforderungen. Diese Einblicke in die Arbeitswelt bildeten die Grundlage für realistische berufliche Orientierungen.

4.2 Betriebliche Integrationsbegleitung

Mit der personellen Ausstattung in AvM-Dual wird eine verlässliche individuelle Begleitung der Jugendlichen an den Lernorten Betrieb und Schule umgesetzt. Durch die Vernetzung von individueller Begleitung der Jugendlichen und zeitnaher Intervention in Krisensituationen konnten Praktikumsabbrüche häufig verhindert oder ein Wechsel in einen geeigneteren Praktikumsbetrieb einvernehmlich vollzogen werden. Damit Mentorinnen und Mentoren wöchentlich mit den eigenen Mentees betriebliche Erfahrungen reflektieren können, ist die Mentorenrunde fest im Stundenplan verankert. Auch für sehr heterogene Lerngruppen ist eine gemeinsame Kernunterrichtszeit erforderlich, in der die betrieblichen Integrationsbegleiterinnen und Integrationsbegleiter ihre Mentees im Unterricht begleiten können. Alle Pilotschulen haben Lösungen zur Organisation ihrer Lerngruppen gefunden, die unter Einbeziehung von Phasen äußerer Differenzierung eine möglichst hohe Kontinuität in der Lerngruppe gewährleisten. Unter den Schülerinnen und Schülern kann so eine vertrauensvolle Atmosphäre entstehen, die gleichermaßen Stress nimmt und zu erfolgreichen Lernprozessen führt. Für eine kontinuierliche Begleitung der Jugendlichen an den Lernorten Betrieb und Schule durch Lehrkräfte müssen diese mit einem hohen Stellenanteil in einer Lerngruppe eingesetzt sein.

4.3 Teamarbeit

Die verschiedenen Anforderungen, bedingt durch die individualisierte Begleitung, erfordern den Aufbau von festen Teamstrukturen. Unterrichtsinhalte wurden unter Einbeziehung der individuellen Lernprozesse der Jugendlichen im Stundenplan fest verankert, gemeinsam aufeinander abgestimmt und es wurden kollegiale Fallberatungen durchgeführt, die in herausfordernden Fällen neue Lösungsstrategien ermöglichten. Praktikumsakquise und Reflexion der eigenen Erfahrungen in der neuen Rolle als Mentorin bzw. Mentor wurden ein zentrales Thema. Qualifizierungsangebote konnten innerschulisch zielgenau platziert werden. Teamarbeit hat sich im Pilotprojekt als einer der entscheidenden Erfolgsfaktoren im Schulentwicklungsprozess erwiesen!

4.4 Sprachaneignungsprozesse

Durch die systematische betriebliche Einbindung entstand bei den Jugendlichen eine hohe Motivation zum Sprachlernen. Ihr Selbstbewusstsein und das Selbstvertrauen, Deutsch zu sprechen, sind durch die Praktika erheblich gestiegen. Während des Pilot-Projektes sind erste Instrumente und Methoden erprobt worden, um Sprachhandlungen im Betrieb zu sichern und daran im Unterricht formale Lernprozesse anzuknüpfen. Fühlen sich Jugendliche im Betrieb überfordert oder sozial nicht angenommen, sind die Voraussetzungen für einen erfolgreichen Spracherwerb eingeschränkt. Praktika sollten dann im Einzelfall auch abgebrochen werden, um durch eine erneute Akquise ein besseres Matching zu erreichen. Als Herausforderung bleibt, in Betrieben mit anspruchsvolleren Tätigkeiten ein geeignetes Setting für Praktika zu schaffen, um auch leistungsstärkeren Jugendlichen mit (noch) wenig Sprachkompetenz eine berufliche Orientierung auf Basis betrieblicher Erfahrungen zu ermöglichen. Es sind auch geeignete Methoden entwickelt worden, um den Jugendlichen auf einem geringen Sprachniveau die Reflexion betrieblicher Erfahrungen im Rahmen der Mentorenrunde und die Anfertigung einer schriftlichen betrieblichen Lernaufgabe zu ermöglichen. Systematisch wurden Redemittel eingeübt, die Gespräche untereinander und die gemeinsame Reflexion betrieblicher Erfahrungen immer differenzierter ermöglichten.

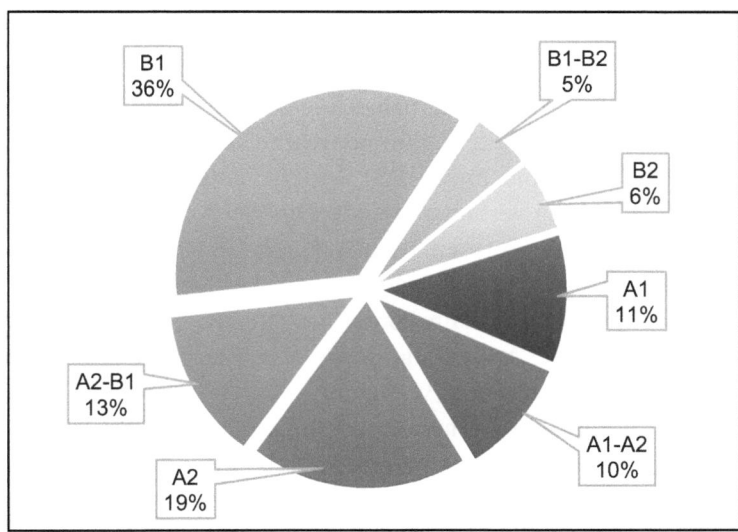

Abbildung 3: Sprachniveaus nach zwei Jahren AvM-Dual

Die in Abbildung 3 dargestellten erreichten Sprachniveaus der Jugendlichen nach eineinhalb Jahren basieren auf individuellen Einschätzungen der Lehrkräfte. Ab Schuljahr 2017/18 wird den Schülerinnen und Schülern an ausgewählten Schulen die Teilnahme an Prüfungen zum Deutschen Sprachdiplom I Pro der Kultusministerkonferenz zur Zertifizierung der Sprachniveaus A2 und B1 ermöglicht. Nach einer Evaluation sollen diese Prüfungen im folgenden Schuljahr allen Schülerinnen und Schülern offenstehen.

4.5   Abschlussprüfungen

Die praktischen Prüfungen im Rahmen der Abschlussprüfungen zum ersten allgemeinen oder mittleren Schulabschluss wurden in AvM-Dual mit Unterstützung der betrieblichen Anleiterinnen und Anleiter in den Betrieben als Einzelprüfung durchgeführt.[5] Sie ergänzen die drei schriftlichen Prüfungen in den berufsübergreifenden Fächern Sprache und Kommunikation, Mathematik und Fachenglisch. Trotz des hohen organisatorischen Aufwands wurden diese Prüfungen von den Mentorinnen und Mentoren als besonders positiv erlebt, unter anderem auch, weil sie eine besondere Vielfalt und individuelle Ausprägung der Prüfungsthemen ermöglichen.

Von den 141 Abgängerinnen und Abgängern aus dem ersten Durchgang (2014–2016) haben 27 Prozent den mittleren, 37 Prozent den ersten allgemeinbildenden Abschluss, 33 Prozent den Abschluss der Berufsvorbereitungsschule erworben und 3 % bleiben ohne Abschluss.

4.6   Übergangsmanagement

Zur Sicherstellung individueller Anschlüsse haben die Mentorinnen und Mentoren eng mit der Jugendberufsagentur zusammengearbeitet. 49 Schülerinnen und Schüler, die mindestens das Sprachniveau B1 erreicht hatten und über eine realistische berufliche Orientierung verfügten, wurden im April durch besonders geschulte Berufsberaterinnen direkt an den Berufsschulen beraten. Aus aufenthaltsrechtlichen Gründen war es nicht immer leicht, für alle Jugendlichen geeignete Anschlussmaßnahmen zu finden, denn Förderinstrumente, wie Ausbildung begleitende Hilfen und assistierte Ausbildung sowie Berufsausbildungsbeihilfe und Ausbildungsgeld stehen nicht allen zur Verfügung.

Viele neu Zugewanderte mit einer Gestattung kommen mittlerweile aus sogenannten sicheren Drittstaaten oder haben eine unsichere Bleibeperspektive, würden aber eine Ausbildung ohne unterstützende Maßnahmen nicht schaffen. Das Gleiche gilt für EU-Bürgerinnen und -Bürger, die mit ihrer Familie weniger als fünf Jahre in Deutschland waren. Obwohl diese Jugendlichen gut in den Betrieben angekommen waren und eine realistische berufliche Orientierung entwickelt hatten, konnten sie nicht den direkten Schritt in eine duale Ausbildung gehen,

---

5   In Hamburg erfolgt laut Ausbildungs- und Prüfungsordnung bei erfolgreich abgelegter Prüfung im Zeugnis der Berufsvorbereitungsschule ein Gleichwertigkeitsvermerk.

sondern müssen sich im Rahmen von sich ausschließenden Berufsvorbereitungsmaßnahmen vor allem noch schriftsprachlich weiter qualifizieren.

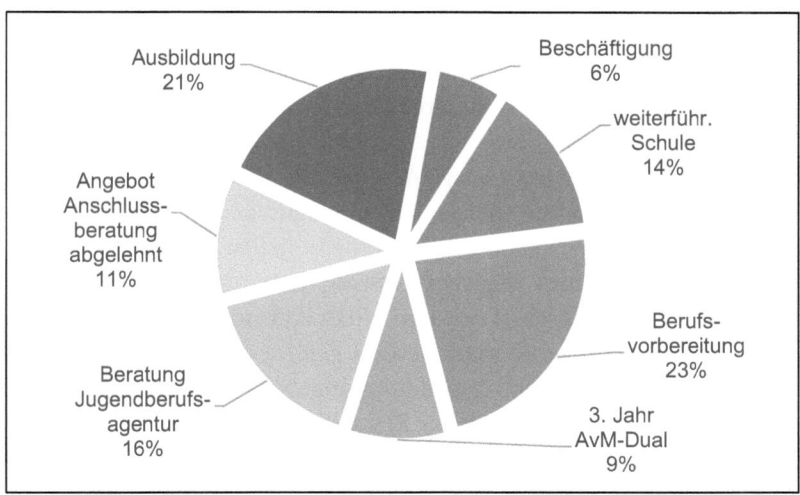

Abbildung 4:   Anschlüsse nach zwei Jahren AvM-Dual

Ein Großteil dieser Jugendlichen fand einen Anschluss in einer Berufsvorbereitungsmaßnahme oder einem Sprachkurs (unter „Beratung – JBA/sonstiges"). Nur elf Prozent konnten nicht mit einem gesicherten Anschluss versorgt werden. Diese Jugendlichen werden jedoch weiter aktiv von der Jugendberufsagentur angesprochen.

4.7   Qualifizierung der Pädagoginnen und Pädagogen

Die individuell ausgerichtete Sprachförderung im Betrieb als Ausgangspunkt für die Verzahnung mit dem Unterricht stellte große Anforderungen an die Qualifikationen der Kolleginnen und Kollegen, um vor Ort im Betrieb Sprachhandlungen identifizieren und systematisch für die Sprachaneignung nutzen zu können. Erforderlich ist ein Grundlagenwissen über Sprachaneignungsprozesse, welches ein flexibles Eingehen auf die sprachlichen Anforderungen im Betrieb ermöglicht. Fachtage und begleitendes Coaching stellten sich als unerlässlich heraus.

5.   Ausblick: Offene Fragen

Die ersten Erfolge in der Pilotphase ermutigen. Es ist jedoch klar, dass alle diese jungen Menschen nach der Ausbildungsvorbereitung weiter im berufsbildenden System gefördert werden müssen, sei es in dualen oder vollzeitqualifizierenden Ausbildungen oder weiteren berufsvorbereitenden Angeboten. Nach Abschluss der Pilotphase und zu Beginn der Implementierung der Regelstruktur stellen sich in Hamburg und dem Hamburger Institut für Berufliche Bildung daher folgende Zukunftsfragen:

- Wie kann das Konzept der integrierten Sprachförderung als Grundprinzip in den berufsbildenden Schulen in allen Bildungsgängen etabliert werden?
- Wie lässt sich multiprofessionelle Teamarbeit regelhaft in den berufsbildenden Schulen nachhaltig verankern?
- Wie ist ein geeignetes Übergangsmanagement für die Zielgruppe der neu Zugewanderten in Zusammenarbeit mit der Jugendberufsagentur aufzubauen?
- Welche besonderen Anforderungen an das System stellen sich durch die Inklusion, da zur Zielgruppe auch Menschen mit Behinderungen gehören?
- Wie lässt sich die Zusammenarbeit mit der Wirtschaft und den Betrieben intensivieren, sodass passgenau und marktgerecht gefördert wird?
- Ist ein Ausbau überbetrieblicher Ausbildungsangebote notwendig, um der großen Anzahl neu zugewanderter junger Erwachsener den Einstieg in Arbeit und Beruf zu ermöglichen und so Teilhabe und gesellschaftliche Integration zu sichern?

Literatur

Casper-Kroll, Thomas (2011). *Berufsvorbereitung aus entwicklungspsychologischer Perspektive*. Wiesbaden: VS Verlag für Sozialwissenschaften.

Dreher, Eva (2010). ‚Jugendalter' verstehen – eine entwicklungspsychologische Skizze. *jugend inside, 1/10*, 3–5.

Dreher, Eva & Dreher, Michael (2008). Kognitive Entwicklung im Jugendalter. In Marcus Hasselhorn & Rainer K. Silbereisen (Hrsg.), *Enzyklopädie Psychologie, Serie V (Entwicklung), II Grundlegende Veränderungen während des Jugendalters* (S. 55–107). Göttingen: Hogrefe.

Ellis, Nick C. & Wulff, Stefanie (2015). Usage-based approaches to SLA. In Bill VanPatten & Jessica Williams (Hrsg.), *Theories in Second Language Acquisition* (S. 75–93). New York: Routledge.

Fachstelle Berufsbezogenes Deutsch im IQ-Netzwerk (2012). *Sprachbedarfsermittlung im berufsbezogenen Unterricht Deutsch als Zweitsprache*. Verfügbar unter: http://www.netzwerk-iq.de/fileadmin/Redaktion/Downloads/IQ_Publikationen/Thema_Sprachbildung/Broschuere_Sprachbedarfsermittlung_2012.pdf [19.10.2016].

Havighurst, Robert James (1972, 1974). *Developmental tasks and education*. New York: David McKay Company.

Hurrelmann, Klaus (2010). *Lebensphase Jugend* (10. Auflage). Weinheim: Juventa.

Hurrelmann, Klaus (2014). Wir müssen Jugendlichen ein breites Spektrum an beruflichen Entwicklungsmöglichkeiten bieten. *Berufsbildung in Wissenschaft und Praxis 1/2014*, 8–11.

Kracke, Bärbel (2014). Der Berufsorientierungsprozess aus entwicklungspsychologischer Sicht. *Berufsbildung in Wissenschaft und Praxis 1/2014*, 16–19.

Macadonia, Manuela (2013). Three good reasons why foreign language instructors need neuroscience. *Journal of Studies in Education, 3* (4). DOI.org/10.5296/jse.v3i4.4168.

McDonald's Ausbildungsstudie (2013). *Pragmatisch glücklich: Azubis zwischen Couch und Karriere.* Verfügbar unter: http://mcdw.ilcdn.net/MDNPROG9/mcd/files/pdf/090913_ Publikationsstudie_McDonalds_Ausbildungsstudie.pdf [19.10.2016].

Ryan, Richard M. & Deci, Edward L. (2001). On happiness and human potentials: A review of research on hedonic and eudaimonic well-being. In Susan Fiske (Ed.), *Annual review of psychology* (Vol 52, pp. 141-166). Palo Alto, CA: Annual Reviews, Inc.

Raschke, Marion (2014). Mentorenrunden. In Hartmut Sturm, Hartmut Schulze, Karina Glüsing-Alsleben, Anette Großberger, Levke Thomsen, Gisela Wald & Tilman Zschiesche (Hrsg.), *Die Zukunft sichern: Jugend, Ausbildung, Teilhabe* (S. 290–296). Hamburg: Hamburger Institut für berufliche Bildung.

Sturm, Hartmut; Schulze, Hartmut u.a. (Hrsg.). (2014). *Die Zukunft sichern: Jugend, Ausbildung, Teilhabe.* Hamburg: HIBB.

Barbara Baumann

Über die Deutschlernerfahrungen einer jungen Geflüchteten

1. Zielsetzung des Beitrags

In den folgenden Ausführungen stehen vier Ausschnitte aus einem insgesamt 42-minütigen Interview im Mittelpunkt. Die Zielsetzung des Interviews war, die Zweitsprachbiografie[1] einer Schülerin als subjektive Schilderung in Erfahrung zu bringen.[2] Die junge Frau befand sich zum damaligen Zeitpunkt in einer bayerischen Berufsintegrationsklasse für neu zugewanderte junge Menschen.[3] Zusammen mit ihrem Partner lebte sie in einer Asylunterkunft. Ihr Asylverfahren war noch nicht abgeschlossen, sie verfügte deshalb über eine Aufenthaltsgestattung.

Die Analyse der Interviewpassagen erfolgt in diesem Beitrag aus soziokultureller Perspektive. Es lässt sich zeigen, dass dieser theoretische Ansatz dem Verständnis von Sprachbiografien dienlich ist und perspektivisch daraus interessante Impulse für die Arbeit an Berufsschulen im Kontext Fluchtmigration entstehen können.

2. Die soziokulturelle Theorie als eine Möglichkeit, auf Sprachlernprozesse zu blicken

Die Definition dessen, was Sprache ist, die Vorstellungen über den Erwerb einer zweiten Sprache sowie die Grundannahmen über die lernende Person unterscheiden sich je nach theoretischem Ansatz. Stark vereinfacht lassen sich (psycho-)linguistische Blickrichtungen mit Fokus auf universelle, innere kognitive Prozesse und sozialpsychologische Herangehensweisen, die im Gegensatz dazu Lernen als

---

1   Mit Zweitsprache ist hier Deutsch gemeint.
2   Das Interview fand im Rahmen eines größeren Forschungsprojekts statt, gefördert durch die Nachwuchsakademie Sprachliche Bildung des Mercator-Instituts für Sprachförderung und Deutsch als Zweitsprache. Weder auf dessen spezifische Fragestellungen noch das methodische Vorgehen kann an dieser Stelle näher eingegangen werden. Bzgl. Literatur zu Sprachbiografien sei exemplarisch auf folgende Promotions- bzw. Habilitationsschriften verwiesen: Brizić (2007), Ohm (2008) und Graßmann (2011). Auch Sammelbände und Zeitschriften widmen sich dem Thema, beispielsweise Adamzik und Roos (2002), Franceschini (2001, 2004) sowie das Heft 160 der Zeitschrift für Literaturwissenschaft und Linguistik aus dem Jahr 2010.
3   Mehr zur Beschulung von neu Zugewanderten an bayerischen Berufsschulen ist z.B. Baumann und Riedl (2016), Riedl und Simml (2016) sowie Terrasi-Haufe und Baumann (2016) zu entnehmen.

persönliches Ereignis ansehen und dem Lernenden individuelle Eigenschaften zusprechen, wie z.B. Lernstrategien und die eigene Motivationslage, unterscheiden. Als dritte Richtung betrachten Mitchell, Myles und Marsden (2013, S. 220ff.) soziokulturelle Ansätze, in denen der Lernende als soziales Wesen und Teil sozialer Gruppen gesehen wird.[4] Soziokulturelle Ansätze stehen in der Tradition Lev Vygotskijs (2002). Seine Überlegungen liefern zentrale Anregungen für die Zweitspracherwerbsforschung. Es lässt sich diskutieren, ob von einer soziokulturellen Perspektive immer nur dann die Rede sein soll, wenn dezidiert auf die Ideen Vygotskijs und deren Weiterentwicklungen fokussiert wird oder ob auch andere theoretische Ansätze darunter zu fassen sind, sobald sie sowohl institutionellen (dem Sozialen) als auch gruppenspezifischen Praktiken (dem Kulturellen) in Lernprozessen Bedeutung beimessen (Norton, 2006, S. 25). Norton (2006) findet beispielsweise auch bei Autoren wie Bourdieu (1983) oder Wenger (1998) soziokulturelle Standpunkte. In diesem Beitrag wird dieser weiteren Auffassung einer soziokulturellen Perspektive gefolgt, vergleichbar mit Ohm (2007, S. 26), der festhält: „Unter der soziokulturellen Perspektive subsumiere ich hier alle jene Ansätze, die den sozialen und kulturellen Kontext als konstitutiv für den ZSE [Zweitspracherwerb; Anmerkung der Autorin] erachten".

3. „die chefin sagt du musst mit de kunden sprechen du musst" – Sprache als soziales Phänomen

Zweitspracherwerbsforschung, die einem soziokulturellen Paradigma folgt, geht davon aus, dass Sprache in erster Linie kein regelgeleitetes, grammatisches System ist, das zunächst erlernt werden muss, bevor Kommunikation stattfindet. Vielmehr stellt sie eine kommunikative Ressource dar, die sich durch kommunikative und kognitive Aktivität bildet und verändert. Diese Ansicht deckt sich mit den Grundideen der *emergent grammar*, wonach „[l]earning a language is not a question of acquiring grammatical structure but of *expanding a repertoire of communicative contexts*" (Hopper, 1998, S. 171; Herv. i. O.). Die grundsätzliche Annahme dort ist, Sprache sei temporär, fluid und niemals vollständig: „The term emergent refers to the essential incompleteness of a language, and sees lability between form and meaning as a constant and as a natural situation" (Hopper, 1998, S. 157). Nicht nur Bedeutungen oder – um es mit Vygotskij (2002) zu sagen – Sinngebungen sind situationsabhängig und müssen ausgehandelt werden, auch für das Sprachsystem wird diese Annahme getroffen. Hopper (1998, S. 165) versteht Grammatik als Routinisierung bestimmter Formen, wenn sich diese als

---

4   In der Forschungspraxis werden die drei genannten Ansätze meist nicht als hermetisch abgeschlossene, unvereinbare Theorieansätze betrachtet, sondern gegenseitig aufeinander bezogen. Für die kognitive Linguistik und die soziokulturelle Theorie siehe aktuell z.B. Masuda, Arnett und Labarca (2015).

hilfreich erwiesen haben. Lantolf und Thorne (2006, S. 9) sprechen davon, dass Grammatik in dialogischen Aktivitäten entstehe. Grammatik ist kurz gesagt ein soziales Phänomen.

Sprache insgesamt als soziales – und nicht individuelles – Phänomen zu betrachten, bedeutet: „In other words, language is a situated practice" (Valentine, Sporton & Nielsen, 2009, S. 203). Indem Sprache nicht isoliert, sondern immer in Zusammenhang mit ihrer Anwendung zu sehen ist, spiegelt Sprache soziale Umstände nicht nur wider (z.B. durch die Verwendung eines situationsadäquaten sprachlichen Registers), sondern ist selbst Teil des Sozialen. Mit Sprache werden z.B. Machtverhältnisse (re)produziert oder auch aufgehoben (Pavlenko, 2002). Die Aneignung einer Sprache bedeutet in der Regel eine Ausdehnung der eigenen Macht. Sprache kann auch als symbolisches Kapital gesehen werden, das sich in ökonomisches und soziales Kapital verwandeln lässt (Bourdieu, 1983; zur Übertragung auf die soziokulturelle Theorie z.B. Pavlenko, 2002), vorausgesetzt, das soziokulturelle Umfeld zeigt Interesse und Bedarf an der jeweiligen Sprachbeherrschung.[5] Die Aneignung der deutschen Sprache kann für neu Zugewanderte beispielsweise erweiterte Möglichkeiten bieten, ein Arbeitsverhältnis einzugehen, und ihr ökonomisches Kapital, d.h. in erster Linie die Lohnzahlung, zu mehren. Soziales Kapital in Form von sozialen Kontakten, seien es Begegnungen mit dem Kollegium oder tiefer gehende Freundschaften, entsteht ebenfalls über das symbolische Kapital der Sprache.

Diese starke Verwobenheit mit dem Sozialen macht verständlich, weshalb soziokulturell orientierte Zweitspracherwerbsansätze davon ausgehen, dass Sprache auch der Ort von Identitätskonstruktionen ist: Identität wird dabei einerseits als etwas betrachtet, das über Sprache ausgehandelt wird. *Die Interessierte* oder *der Kompetente* sind Identitätsaspekte, die nicht aus dem Nichts entstehen, sondern mithilfe von Sprache und sozialem Kontext konstruiert und von diesem auch ermöglicht werden müssen, d.h. „*Identities* are seen as constructed by and in discourses" (Pavlenko, 2002, S. 284; Herv. i. O.). Des Weiteren besteht die Ansicht, dass Identitäten nichts Eindimensionales, sondern ein Konglomerat verschiedener Teilaspekte sind. Das heißt, sie sind multipel. Niemand ist nur *die Schüchterne*, sondern vielleicht auch *die Kompetente* etc. Darüber hinaus ist die Identität eines Menschen nicht fix, sondern wandelt sich einerseits im Laufe der Zeit und kann andererseits bei diachroner Betrachtung auch widersprüchliche Facetten zeigen. So war jemand vielleicht lange als *die Schüchterne* bekannt, ist es in verändertem Umfeld, z.B. nach der Migration, plötzlich nicht mehr. Oder eine Person ist in ein und demselben Kontext, z.B. dem Arbeitsumfeld, sowohl schüchtern als

---

5   Hinzu kommt die Voraussetzung, dass neu Zugewanderte die eigenen sprachlichen und ggf. interkulturellen Kompetenzen (beruflich) auch tatsächlich nutzen möchten. Settelmeyer (2011) bringt entsprechende Überlegungen ein und merkt darüber hinaus an, dass die Voraussetzung für eine Nutzung des eigenen Potentials die Reflexion darüber, die Bewusstmachung und auch Artikulation ist.

auch extrovertiert, je nachdem ob es sich beim Gegenüber um den Vorgesetzten oder einen Kollegen handelt. Auch die Tagesform mag Einfluss auf das haben, wer man ist usw. Pavlenko (2002, S. 284) weist darauf hin, dass multilinguale Kontexte besonders prädestiniert für den Konflikt sind, dass das Individuum für sich selbst andere Identitätsfacetten annimmt, als ihm von der Umgebung ermöglicht werden. Für die interviewte Jugendliche kann in diesem Sinne in jedem Fall von einer doppelten Hürde hinsichtlich der eigenen Identitätskonstruktion ausgegangen werden: Zum einen besteht die Notwendigkeit, die eigene Identität in der Zweitsprache Deutsch und in neuem kulturellen Umfeld auszuhandeln. So sind „Zweitsprachenlerner beim Aushandeln von Identität häufig von vornherein im Nachteil […]. Denn gerade eines der wichtigsten Medien der Identitätsaushandlung, die Sprache, beherrschen sie in der zielsprachlichen Umgebung nur eingeschränkt" (Ohm, 2008, S. 231). Zum anderen ist ihre Situation geprägt durch das Asylverfahren, welches rechtliche und soziale Umstände mit sich bringt, bei denen in sprachlichen Aushandlungen leicht Identitätsaspekte wie *der Hilflose* oder *die Unwissende* konstruiert werden. Als Beispiel lässt sich die Asylgesetzgebung benennen, die wahrscheinlich den meisten Flüchtenden vor Einreise nach Deutschland nicht bekannt ist. Die Betroffenen können sich die Gesetzestexte in deutscher Fachsprache nicht ohne Weiteres erschließen, es sind in der Regel Hilfssysteme notwendig wie Dolmetscher für die Übersetzung von juristischen Bestimmungen, Bescheiden, von Einspruchsmöglichkeiten, der Rücksprache mit Anwälten usw.

Die eben skizzierten Aspekte der soziokulturellen Theorie können dabei helfen, sich das eingangs vorgestellte Interview zu erschließen. Abbildung 1 zeigt, wie die Schülerin ihren Interviewbeitrag beginnt, nachdem sie aufgefordert wurde, ihre Geschichte mit der deutschen Sprache zu erzählen.[6]

S: oke ich bin [Name der Schülerin] ähm ich komme aus [Heimatland] und äh äh aber ich habe äh in [Hauptstadt des Nachbarlandes] geboren und ich kann schon auch [Sprache 1] sprechen äh=ja und meine muttersprache ist [Sprache 2] und ich kann schon auch andere sprache äh das heißt [Sprache 3] kann ich schon sprechen un:d diese sprache ich hab in die schule gelehrt und ich kann äh [Sprache 4] auch schon sprechen ä:h aber ich äh ich habe in ich bin äh seit einem jahr und zwei monaten in deutschland äh wenn ich wenn in deutschland es war ganz neu die sprache und die äh äh (.) die ähm der die das die artikel es war sehr sehr schwierig […]

Abbildung 1: Interviewausschnitt 1[7] (S: Schülerin)

---

6 Auf das Verhältnis und die Unterschiede von erlebter, erinnerter und erzählter Lebensgeschichte kann hier nicht näher eingegangen werden. Exemplarisch sei hierzu auf Rosenthal (2010) verwiesen.

7 Bei den Transkriptionsregeln handelt es sich um eine Anpassung des Transkriptionssystems von Selting et al., (1998).

Die Schülerin stellt sich kurz vor und berichtet dann von ihrer Mehrsprachigkeit. Sie beherrscht nach eigener Auskunft vier Sprachen, die sie als Muttersprache, in der Schule oder anderweitig gelernt hat. Erst nach diesem Prolog kommt sie auf die deutsche Sprache zu sprechen, die sie zu Beginn als sehr schwer empfand, insbesondere die Grammatik. Als Beispiel führt sie die deutsche Genuszuweisung an. Mit der Migration nach Deutschland erlebt die junge Frau sich nicht mehr als multilinguale Person, sondern vielmehr als sprachliche Amateurin, was sie später im Zusammenhang mit einer Praktikumsschilderung beim Friseur weiter verdeutlicht (Abbildung 2):

S: […] ja (.) und it's gut ich habe viel spaß <<lachend> aber in die friseur du musst sprechen mit de kunden> und oh und ich habe ein bisschen angst weil ich kann nicht so gut deutsch sprechen ich kann zuhören aber für sprechen ist meine meine grammatik auch nicht gut a:h und ich bin nicht so gut mit de leute sprechen und manchmal auch die leute auch nich nett manchmal (.) ä:h und ich habe ein bisschen ä:h <<fragend> wie heißt das schein> (2.0) ähm (.) ich kann nicht mit de leute sprechen ich kann nicht aber wenn sies nett und wenn sie fängt mit mir sprechen und ich wieder (.) ich wieder sprechen ich bin frei (.) aber wenn sies nicht nett ich kann nicht ich bin immer leise #(.) [B: #mhm] und die chefin sagt du musst mit de kunden sprechen du musst […]

Abbildung 2: Interviewausschnitt 2 (S: Schülerin; B: Barbara Baumann)

Die Identitätsfacette *kompetente Mehrsprachige* wird nach Ankunft in Deutschland ersetzt oder zumindest temporär erweitert um Aspekte wie *die Ängstliche* („ich habe ein bisschen angst"), *die Zuhörerin* („ich kann zuhören"), *die Inkompetente* („für sprechen ist meine meine grammatik auch nicht gut") oder *die Stumme* („die chefin sagt du musst mit de kunden sprechen du musst"). Es zeigt sich an dieser Stelle demnach, dass ihre (sprachliche) Identität mehrere Dimensionen umfasst und in Bewegung ist.

Abbildung 1 und Abbildung 2 verdeutlichen auch, dass sie ihre mangelnde Sprachkompetenz insbesondere an der Beherrschung der Grammatik festmacht. „der die das die artikel" fielen ihr sehr schwer, „für sprechen ist meine meine grammatik auch nicht gut", was sie am Ende des Interviews noch einmal wiederholt und in Zusammenhang damit bringt, dass sie bisher keine deutsche Freundin gefunden habe (Abbildung 3).

> B: das heißt du möchtest bairisch lernen #(.) [S: #ja] und du möchtest auch sehr gut in hochdeutsch #(.) [S: #ja] werden in <<fragend> was brauchst du damit das funktioniert (.) was wünschst du dir #(.) [S: #mhm] damit du das lernen kannst>
>
> S: ähm ich muss mit deutsch leute communicate communicate machen ja ich muss (.) ich glaube das wieder helft mir #(.) [B: #mhm] ja aber noch nicht habe ich kein äh deutsche freundin nicht #(.) [B: #mhm] (.) ja wenn du hast deutsche freundin ist viel besser ja weil du immer sprichst bai bai=äh deutsche sprache und it's is praktisch <<fragend> oder> ja (2.0) jetzt meine deutsch grammatik is nicht gut noch nicht ((lacht)) ja ich habe schon gelernt aber manchmal ich vergess […]

Abbildung 3:   Interviewausschnitt 3 (S: Schülerin; B: Barbara Baumann)

Ihre Chefin hingegen scheint die deutsche Sprache als kommunikative und auch ökonomische Ressource zu betrachten. Sie fordert ihre Praktikantin auf, sich mit der Kundschaft zu unterhalten und stuft die sprachlichen Kompetenzen der jungen Frau hierfür offensichtlich als ausreichend ein. Offenbar versteht sie unter Sprache weniger eine Ansammlung grammatischer Regeln, die es zu beherrschen gilt, als vielmehr eine kommunikative Ressource, die genutzt werden muss. Die Leiterin des Friseursalons ist sich offensichtlich darüber im Klaren, dass Sprache in Form von symbolischem Kapital in soziales Kapital (eine Kundenunterhaltung) umgewandelt werden muss, wenn der Betrieb erfolgreich sein will. Am Ende steht somit die Mehrung von ökonomischem Kapital, d.h. gesteigerte Einnahmen aufgrund zufriedener Kundinnen und Kunden und stark nachgefragter Termine.

An den ausgewählten Interviewausschnitten lässt sich auch zeigen, in welchem Zusammenhang Sprache und Macht zu sehen sind. In diesem Fall reproduzieren die eingeschränkten Deutschkenntnisse der Praktikantin die bestehende Überlegenheit der Salonbesitzerin. Diese ist nicht nur die vertraglich Vorgesetzte und fachlich Kompetentere, sondern auch diejenige, die der Praktikantin vorgibt, wie sie sich sprachlich zu verhalten hat, wenn sie vor ihr bestehen möchte, indem sie von ihr fordert, kommunikativer zu sein.

Die vorgenommene Verschränkung theoretischer soziokultureller Annahmen und konkreter Interviewausschnitte hatte das Ziel, die Vorstellung von „language as a social phenomenon" (Pavlenko, 2002, S. 286) deutlich zu machen. Der folgende Abschnitt wendet sich dem Lernenden als sozial konstruiertes Wesen zu.

4.   „ich habe VIEL gelernt in die schule" – der Lernende als soziales Wesen

„Lerner werden in soziokulturellen Ansätzen als Personen, als sozial und historisch-biografisch situierte Handelnde verstanden, die für ihr eigenes Lernen verantwortlich sind" (Ohm, 2007, S. 28). Lernen findet dabei in sogenannten „communities of practice" statt (Wenger, 1998; Wenger, McDermott & Snyder,

2002). Als derartige communities können beispielsweise die Bewohnerinnen und Bewohner einer Asylunterkunft gelten, die Mitglieder eines Fitnessclubs oder aber die Schülerinnen und Schüler einer Klasse. Bei communities of practice handelt es sich um „people who share a concern, a set of problems, or a passion about a topic, and who deepen their knowledge and expertise in this area by interacting on an ongoing basis" (Wenger et al., 2002, S. 4). Die Gruppenmitglieder treffen sich bzw. interagieren regelmäßig miteinander, um z.B. Informationen auszutauschen, gemeinsam Probleme zu lösen, zu diskutieren, sich gegenseitig zu beraten oder um zusammen zu lernen. Dabei können sich persönliche Beziehungen entwickeln bzw. festigen und ein Gefühl der Gruppenzugehörigkeit entstehen. Wenger et al. (2002, S. 4) weisen darauf hin, dass jeder Mensch Mitglied verschiedener derartiger communities ist, dabei in manchen eine zentrale Rolle spielt, in anderen weniger. Einige communities können namentlich benannt werden, andere nicht. Für Lernende des Deutschen als Zweitsprache stellt sich die zentrale Frage, zu welchen communities of practice sie Zugang erhalten und zu welchen nicht unter der vorausgesetzten Annahme: „Language learners desire to become members of other communities" (Toohey & Norton, 2010, S. 184). Abgesehen davon, dass Personenkreise, in denen man sich aufhält, sprachlichen Input zur Verfügung stellen und man Sprache erproben kann, prägen soziale Räume und die dort herrschenden Regeln die kommunikative Praxis und eigene Identität (vgl. z.B. Valentine et al., 2009, S. 204). Zu geschilderten Vorstellungen passt die Idee, den Lernenden als Teilnehmenden und Kämpfenden zu sehen und weniger – wie in älteren Zweitspracherwerbstheorien vorherrschend – als Informationsverarbeiter, Maschine oder Wissensbehälter (z.B. Ohm, 2007, 2008; Pavlenko & Lantolf, 2000). Der Lernende ringt einerseits mit sich selbst, indem er beispielsweise wie weiter oben geschildert kontinuierlich und oft unter großem Einsatz von Mühen an seinen Identitätsfacetten arbeitet und somit das eigene Selbst stetig umstrukturiert (Pavlenko & Lantolf, 2000, S. 174). Andererseits kämpft er mit seiner Umwelt: „Lerner ringen mit anderen – vor allem mit Muttersprachlern – um ihr Recht zu sprechen und Gehör zu finden und suchen nach Wegen, die untergeordnete Position zu vermeiden, die ihnen von Muttersprachlern in Kommunikationssituationen häufig zugewiesen wird" (Ohm, 2007, S. 29). Lernende kämpfen auch um Zugangsmöglichkeiten zu communities und innerhalb derer um eine adäquate Position. Hier sei auf Forschungsergebnisse hingewiesen, die darauf aufmerksam machen, dass das Eintauchen in eine zielsprachige Umgebung weniger selbstverständlich ist, als oft angenommen wird (vgl. die Synthese in Pavlenko, 2002, S. 287ff.). Das heißt, der Aufenthalt in Deutschland bedeutet für einen Deutschlernenden nicht automatisch, dass sich Immersionssituationen ergeben: „the actual exposure to the target language is often far less than might be expected because there are a number of variables that together conspire to limit both the quantity and quality of input" (Block, 2003, S. 55). Sowohl der Umfang als auch die Güte von zielsprachlichem Input und Handlungssituationen können für Migrantinnen und Migranten eingeschränkt sein.

Die soziokulturell ausgerichtete Forschung hält von daher das sozialpsychologische Konstrukt der Motivation für wenig geeignet, um Lernprozesse und -ergebnisse zu beschreiben. Norton Peirce (1995) hat alternativ die Idee des „investments" eingeführt. Motivation sei – zumindest noch in der Literatur der 1990er – zu stark auf den einzelnen Lernenden ausgerichtet und suggeriere, (nicht) motiviert zu sein, sei eine individuelle Entscheidung oder festes Wesensmerkmal. Zudem vermittle das Konzept der Motivation fälschlicherweise den Eindruck, dass Lernende die Bedingungen, unter denen sie agieren und lernen, frei wählen. Stattdessen sei es angemessener zu berücksichtigen, dass Lernermerkmale sozial konstruiert, von Machtverhältnissen abhängig, zeitlich und räumlich veränderbar und in ihrer Koexistenz teilweise widersprüchlich seien (Norton Peirce, 1995). Norton Peirces Idee des investments geht deshalb davon aus, dass Menschen immer wieder aufs Neue und auf verschiedene, situationsabhängige Art und Weise in Lernprozesse investieren. Sie treffen dabei auf ein Umfeld, das diese Investitionen entweder honoriert, vielleicht verstärkt oder aber ablehnt. „Lernverläufe werden daher weniger von zeitlosen und überindividuellen Faktoren als vielmehr von Motiven und Emotionen beeinflusst, die in bestimmten Lebensphasen, Milieus und Handlungskontexten wirksam sind" (Ohm, 2008, S. 245). In Bezug auf Sprachaneignung im Klassenzimmer resümieren Costa und Norton (2016, S. 587) wie folgt: „In addition to asking 'Are students motivated to learn a language?' Norton suggests the following: 'Are students and teachers invested in the language and literacy practices of a given classroom or community?'". Lernende sind folglich als Investoren zu verstehen, deren Engagement sich in einen Kontext fügt, der Lernen erleichtert oder eben erschwert. Die Idee des investments verfolgt damit einen multiperspektivischen Erklärungsansatz für erfolgreiche oder weniger erfolgreiche Lernprozesse und beschreibt diese nicht ausschließlich mit Blick auf vermeintlich motivierte oder unmotivierte Lernende.

Investiert ein Mensch in den eigenen Lernprozess, so verfügt er über eine gewisse Handlungsinitiative (Ohm, 2007). In der englischsprachigen Literatur findet sich hier der Begriff der *agency* (Norton Peirce, 1995; Pavlenko, 2002; Pavlenko & Lantolf, 2000). Wesentliches Ziel muss es nach Pavlenko und Lantolf (2000, S. 169) sein, *agency* bei den Lernenden aufzubauen bzw. zu erhalten. Diese sei weniger eine persönliche Entscheidung, sondern werde von einem Gegenüber immer ermöglicht, ko-konstruiert oder verhindert. Agency wird in diesem Sinne von der Umwelt mitgeformt (Pavlenko, 2002), was zuvor auch schon für andere Aspekte der soziokulturellen Theorie, darunter Identität oder investment, ausgeführt wurde. Dies soll durch den folgenden Interviewausschnitt veranschaulicht werden.

> S: [...] äh ich bin in die (sozial)amt gegangen und ich frage ich brauche andere schule
> ich möchte die sprache lernen weil (es ist wichtig) und dann äh sie zeigt mir an ein
> mann ist rotkr=red=rotcross er heißt [Name] #(.) [B: #mhm] und äh er hat (von) diese
> schule geholfen und ich bin in hier in die schule gekommen in die berufsschule in
> [Schulort] (.) äh und dann ich habe VIEL gelernt in die schule (.) ich war gar nicht spra-
> che jetzt ich VIEL gelernt weil ich habe f' ich habe kein freundin ähm ich habe nicht nix
> kontakt mit deutsche leute NUR die frau die frau [Name] sie kommt immer zu hause
> sie he sie helft uns äh mit mein (   ) mit mein partner [...] ja ja=und die frau die frau
> [Name] sie kommt IMmer zu hause und sie holfen manchmal wir gehen zusammen in
> die [See in der Region] oder manchmal wir eis essen auch sie ist sehr nett frau sie ist
> sehr gut und sie hat ein sohn auch (   ) er er auch unser freund manchmal wir spiel auch
> tenis tischtennis ja und äh äh diesen schule die lehrerin sind sehr nett und sie sie hat
> viel ähm für mich geholfen ja ich habe schon viele sachen gelernt in die (berufs)schule
> ja ich bin jetzt ich kann schon verstehen mit diesch mit deutsch leute ja [...]

Abbildung 4: Interviewausschnitt 4 (S: Schülerin; B: Barbara Baumann)

In hier nicht dargestellten Gesprächspassagen hat die Schülerin zuvor berichtet, dass sie zwei Monate auf einer Schule war, ohne näher auszuführen, ob es sich dabei um eine Regelschule, ein Sprachkursangebot oder ein anderweitiges Bildungsangebot handelte. Stattdessen kommt sie, wie in Abbildung 4 zu sehen ist, schnell darauf zu sprechen, dass sie die Schule wechseln wollte und welche Bemühungen sie hierfür unternommen hat. Zunächst sucht sie eine Behörde auf, wo sie ihr Anliegen vorbringt: „ich frage ich brauche andere schule ich möchte die sprache lernen weil (es ist wichtig)". Von dort wird sie ans Rote Kreuz verwiesen, wo man ihrem Wunsch entspricht, indem man sie an die Berufsschule vermittelt. Die Umsetzung der in Bayern geltenden Schulpflicht hat sie sich demnach erkämpft. Sie demonstriert Handlungsinitiative, die auf Seiten einer Behörde und eines Wohlfahrtsverbandes honoriert wird, indem man ihr den Weg in eine Berufsschulklasse aufzeigt. Das investment auf beiden Seiten hat sich aus ihrer Sicht gelohnt: „ich habe VIEL gelernt in die schule".

Anhand des kurzen Interviewausschnitts in Abbildung 4 lässt sich darüber hinaus exemplarisch aufzeigen, in welchen communities sich die Lernende (nicht) bewegt. Zum einen kann ihre Berufsschulklasse als community angesehen werden. Zu den Anliegen, welche die Schülerinnen und Schüler teilen, gehören vermutlich der Wunsch, die deutsche Sprache zu erlernen, Einblicke in die hiesige Ausbildungs- und Arbeitswelt zu erhalten, vielleicht auch Ansprechpartnerinnen und -partner für persönliche Anliegen zu finden. Dazu interagieren sie regelmäßig über zwei Jahre in Berufsintegrationsklassen mit Lehrkräften, Sozialpädagoginnen und Sozialpädagogen sowie Mitlernenden. Zum anderen ist die Schülerin Mitglied in einer weiteren Lerngruppe, allerdings in sehr viel kleinerer Konstellation: Zusammen mit ihrem Partner, der mit ihr zusammen nach Deutschland migriert ist, kann sie zu Hause in der Asylunterkunft ein – vermutlich ehrenamtliches – Angebot einer einzelnen Dame in Anspruch nehmen. Bei ihren Treffen steht neben der Sprachaneignung auch die Freizeitgestaltung im Mittelpunkt. Sie unternehmen gemeinsam mit der Helferin Ausflüge, zu denen sich ab und an auch deren Sohn gesellt. Diesen bezeichnet die Schülerin als Freund („er auch unser freund"), was in gewisser Weise im Widerspruch zur wenige Sätze zuvor getätigten Äußerung „ich habe kein freundin ähm ich habe nicht nix kontakt mit deutsche leute" steht. Auch in Abbildung 3 kam sie bereits auf die nicht vorhandene Freundin zu sprechen. Sie unterscheidet offensichtlich einerseits zwischen Freund und Freundin und wünscht sich eine weibliche Bezugsperson. Andererseits lässt sich vermuten, dass sie nicht das Gefühl hat, mit der Helferin und ihrem Sohn einer gemeinsamen community anzugehören, in der gemeinsame Herausforderungen, Fragen, Ziele usw. vorliegen. Vielmehr besteht ein hierarchisches Verhältnis insofern, als dass die interviewte junge Frau und ihr Partner über weniger symbolisches Kapital, z.B. in Form der deutschen Sprache, oder soziales Kapital, z.B. in Form eines ausgebauten privaten Netzwerkes, verfügen und die Helferin und ihr Sohn sich bemühen, den beiden Geflüchteten eine diesbezügliche Kapitalmehrung zu ermöglichen. So lässt sich interpretieren, dass diese die Hilfe sehr zu schätzen wissen und sich als Mensch angenommen genug fühlen, um die Konstellation als freundschaftliches Verhältnis zu bezeichnen. Dennoch vermisst die Schülerin augenscheinlich weibliche Vertraute, mit der sie persönliche Angelegenheiten, Probleme und Begeisterungen teilen kann, d.h. Personen, mit denen sie sich zu einer community auf Augenhöhe zusammenschließen könnte.

Nachdem ausgeführt wurde, wie Sprache und Lernende aus soziokultureller Sicht betrachtet werden, folgt nun ein Abschnitt zur Frage, in welche Spracherwerbsauffassung eine derartige Perspektive mündet. Zuvor geschilderte Annahmen, wie die des Lerners als soziales Wesen, sind dabei konsequenterweise wieder aufzugreifen.

5. „ich muss mit deutsch leute communicate machen" – Spracherwerb als soziales Ereignis

Spracherwerb lässt sich aus soziokultureller Perspektive als einen Transformationsprozess und einen Prozess der Aneignung verstehen, was bedeutet: „Etwas, das zu anderem gehört, wird zu etwas Eigenem gemacht und vom Lerner in Zukunft dazu genutzt, wirkungsvoller an ähnlichen oder verwandten sozialen Aktivitäten zu partizipieren" (Ohm, 2007, S. 27). Die Komponenten Lernen und Gebrauch stehen hier in unmittelbarem Zusammenhang und lassen sich nicht trennen. Dieser Auffassung nach nimmt ein Mensch an gesellschaftlichen Ereignissen teil, um u.a. zu lernen und lernt, um sich weitere Partizipationsmöglichkeiten zu erschließen. Es lassen sich Umstände benennen, unter den Lernen wahrscheinlich und gefördert wird. Eine Garantie dafür, dass Lernen passiert, kann aber nicht gegeben werden (Lantolf, 2005, S. 346). Wenn „[s]oziokulturelle Ansätze […] den

Erwerb einer Zweitsprache als Sozialisationsprozess oder als fortschreitende Partizipation an der zielsprachlichen Gemeinschaft" (Ohm, 2007, S. 29f.) begreifen, dann argumentiert die zitierte Schülerin analog zur Wissenschaft, indem sie sagt:

> „ich muss mit deutsch leute communicate communicate machen ja ich muss (.) ich glaube das wieder helft mir […] ja aber noch nicht habe ich kein äh deutsche freundin nicht […] ja wenn du hast deutsche freundin ist viel besser ja weil du immer sprichst bai bai=äh deutsche sprache und it's is praktisch" (aus Abbildung 3).

Kommunikation und zwischenmenschliche Kontakte, z.B. in Form einer Freundschaft, begreift sie genauso wie die zitierten Wissenschaftlerinnen und Wissenschaftler als Grundvoraussetzung, um lernen zu können. Dass ihr und vielen weiteren Geflüchteten diese Grundvoraussetzung verwehrt bleibt bzw. Investitionen bisher nur bedingt fruchtbar waren, zeigt eine Studie der Robert Bosch Stiftung: „Nur insgesamt 5 Prozent der Bevölkerung haben engen privaten Kontakt zu Asylbewerbern, sei es, dass sie mit ihnen befreundet sind, ihnen in der Freizeit helfen oder dass die eigenen Kinder engen Kontakt zu Kindern von Asylbewerbern haben. Berufliche Kontakte und nachbarschaftliche Kontakte sind zwar jeweils etwa doppelt so häufig, aber rund die Hälfte der Bevölkerung hat gar keine Berührungspunkte mit Asylbewerbern, nicht einmal, dass sie ihnen z.B. auf der Straße oder beim Einkaufen begegnen" (Bosch, 2015, S. 8). Wenn die Aneignung einer Sprache ein in erster Linie gesellschaftliches und nicht individuelles Ereignis ist, aber keine gesellschaftliche Partizipation durch die Lernenden stattfindet, ist Spracherwerb zum Scheitern verurteilt. Lernen als kollaborative Aufgabe kann nicht wahrgenommen werden, Sprache wird dann eben nicht gemeinsam durch soziale Interaktion konstruiert. Umso bedeutender scheinen geschützte soziale Räume, wie beispielsweise eine Berufsschule, in denen Brücken in offenere gesellschaftliche Räume, wie dem einer Praktikumsstelle, aufgebaut und erprobt werden. Dort kann Sprache ausprobiert, erweitert und umstrukturiert werden, spontan zum Einsatz kommen, Angst machen, für Erfolgserlebnisse sorgen, die eigene Identität in Frage stellen oder bestätigen und als Mittler dienen. Das heißt, es wird erfahrbar, dass sich mit Sprache auf sich selbst oder auf andere einwirken lässt. Sprache kommt als eine Form von Mediation zum Einsatz, einem der zentralen Konzepte der soziokulturellen Theorie (vgl. Lantolf & Thorne, 2006, S. 59ff.). Die grundlegende Idee dabei ist, dass zwischen einem Menschen und der Welt keine direkte Beziehung besteht, sondern eine vermittelte (Lantolf & Thorne, 2006, S. 59ff.). So lässt sich Sprache als symbolisches Werkzeug nutzen, um Einfluss auf ein Gegenüber auszuüben, z.B. in Form von Gefühlsreaktionen oder konkreten Handlungen. Mit Sprache lassen sich darüber hinaus auch das eigene Denken sowie generell alle mentalen Aktivitäten bzw. psychischen Funktionen beeinflussen. Auch in diesen Fällen fungiert Sprache als ein symbolisches Werkzeug (Kölbl, 2006, S. 46; Lantolf, 2000, S. 80; Mitchell et al., 2013, S. 222). Darüber hinaus existieren soziale Formen der Mediation. Z.B. vermittelt die Interaktion mit anderen Peers zwischen einem Lernenden und dem Lerngegenstand, genauso wie die Face-to-face-Interaktion mit einer Lehrkraft (Lantolf, 2000). Lantolf und Thorne (2006, S. 79) resümieren: „Mediation is the process through which humans deploy culturally constructed artifacts, concepts, and activities to regulate (i.e. gain voluntary control over and transform) the material world or their own and each other's social and mental activity".

Die interviewte Schülerin gibt uns in den Gesprächsausschnitten Einblicke, inwiefern ihr die deutsche Sprache im Sinne einer Reflexion bei der Verbesserung ihrer Deutschkenntnisse hilft, die eventuell auf eine mentale Mediation hindeutet. Sie berichtet (Abbildung 2), dass ihr das Zuhören, vermutlich im Sinne von Hörverstehen, sehr leicht fällt, wobei zu vermuten ist, dass sie diese rezeptiven Fähigkeiten dafür nutzen kann, ihr Deutsch weiter auszubauen. Sprache, genauer gesagt das Zuhören, dient demnach als Werkzeug, mit dem die eigene Sprachaneignung fortschreiten kann. Mündlich aktiv ist sie im Praktikum am ehesten dann, wenn sie freundliche Kundinnen und Kunden vor sich hat: „ich kann nicht mit de leute sprechen ich kann nicht aber wenn sies nett und wenn sie fängt mit mir sprechen und ich wieder (.) ich wieder sprechen ich bin frei (.) aber wenn sies nicht nett ich kann nicht ich bin immer leise." Der Annahme folgend, dass sprachliches Handeln zu verbesserten Deutschkenntnissen führt, kann sie Mündlichkeit immer dann für ihr Lernen nutzen, wenn sie auf ein ihr gegenüber positiv gestimmtes Umfeld trifft, für die Schülerin eine Voraussetzung für erfolgreiche soziale Mediation.

Soziale Mediation, welche zwischen der jungen Frau und dem Lerngegenstand der deutschen Sprache vermittelt, begegnet ihr darüber hinaus in Form von sozialen Aktivitäten mit der ehrenamtlichen Helferin und deren Sohn, u.U. bei den Kommunikationsaufforderungen ihrer Chefin und sicherlich an der Berufsschule, z.B. – wie bereits angesprochen – als Interaktion mit anderen deutschsprachigen Peers oder die authentische Face-to-face-Interaktion mit einer Lehrkraft. Ähnlich wie im Falle der Kundenkontakte beurteilt sie *nett sein* als wesentliche Hilfestellung für Kommunikation bzw. das Lernen: „die lehrerin sind sehr nett und sie sie hat viel ähm für mich geholfen ja ich habe schon viele sachen gelernt in die (berufs)schule". Die bisher noch nicht gefundene deutsche Freundin (Abbildung 3) lässt sich u.a. als Wunsch nach Zugang zu sozialer Mediation für die Aneignung des Deutschen auffassen, der sich bisher für sie noch nicht realisieren ließ.

Die vorangegangenen Ausführungen haben immer wieder verdeutlicht, dass die Aneignung einer Sprache nur über intensive gesellschaftliche Partizipationsmöglichkeiten und daraus entstehenden Formen der sozialen Mediation gelingen kann. Demzufolge spielt der Kontext, in dem Lernen stattfindet, eine zentrale Rolle, indem er Möglichkeiten zur Teilhabe und Hilfsmittel zur Verfügung stellt oder nicht. Unter Kontext ist dabei nicht nur der Erwerbskontext im engeren Sinne zu verstehen, d.h. eine konkrete Möglichkeit zum sprachlichen Handeln. Stattdessen gilt es, jegliche Beziehungen, Abhängigkeiten, Umstände etc. als Einflussvariablen für Lernen in Betracht zu ziehen (vgl. z.B. Pavlenko, 2007, S. 175).

Für die Gruppe der Geflüchteten liegt auf der Hand, dass der gesetzliche Rahmen, in dem sie sich bewegen, die persönliche Wohnsituation oder Zuschreibungen durch das Umfeld, beispielsweise durch jene des ‚Wirtschaftsflüchtlings‘, den Kontext entscheidend prägen. Bis zu einem gewissen Grad ist dieser verhandelbar, dynamisch und damit vom einzelnen Lernenden mitzubestimmen (Watson-Gegeo, 2004). So ist die Lernsituation der interviewten jungen Frau dadurch bestimmt, dass die bayerische Gesetzgebung für sie eine Schulpflicht vorsieht, der Kontext ihr den Zugang zu Lerngelegenheiten folglich erleichtert. Jedoch sind Investitionen von verschiedenen Beteiligten nötig, um aus dem Gesetz Realität werden zu lassen.

6. Zusammenfassung und Ausblick

Der schulrechtliche Kontext, in dem sich die Schülerin aufgrund ihrer Unterbringung in Bayern bewegt, definiert für sie die Pflicht zu einem Besuch der Berufsschule. Dass der Kontext dabei dennoch keine starre Größe ist, sondern in Anspruch genommen, ausgestaltet und u.U. verhandelt werden muss, zeigt ihr Bemühen um einen Schulplatz: Sie wird nicht zum Besuch der Schule aufgefordert, sondern bringt ihren Lernwunsch aktiv bei einer Behörde und dem Roten Kreuz vor, zeigt Handlungsinitiative, die zugelassen wird, indem man sie an eine Berufsschule vermittelt. Es kommt also zu Investitionen sowohl auf Seiten der Lernenden als auch auf Seiten der deutschen Behörde und des Wohlfahrtverbandes, sodass der Zugang zu schulischer Bildung gelingen kann. Dort investieren dann sowohl die Schülerin als auch ihr Umfeld, vermutlich vor allem die Lehrkräfte sowie Sozialarbeiterinnen und Sozialarbeiter, in ihren Lernerfolg mit dem Ergebnis „ja ich habe schon viele sachen gelernt in die (berufs)schule ja ich bin jetzt ich kann schon verstehen mit diesch mit deutsch leute ja".

An der Berufsschule und im Praktikum gelingt es, auf verschiedene Arten zwischen ihr als Lernender und dem Lerngegenstand der deutschen Sprache zu vermitteln. Die Funktion einer Mediation nehmen verschiedene Lernkonstellationen, menschliche Verhaltensweisen, aber auch die Sprache selbst ein: Interaktionen mit Lehrkräften stehen als Mittler zur Verfügung. Ein Praktikum in einem Friseursalon bringt sie mit realem beruflichen Sprachhandeln in Berührung, wo die Sprache der Kundinnen und Kunden sowie ihrer Chefin nicht nur Herausforderung, sondern auch Mittler zwischen der Lernenden und deren Aneignung des Deutschen ist. Ein freundliches Umfeld erleichtert es ihr dabei, auf Sprache als Mittel zum Spracherwerb zurückzugreifen, indem sie beispielsweise weniger gehemmt ist, ihre Sprachkenntnisse in Unterhaltungen auszuprobieren und zu erweitern.

Der geschützte Raum Berufsschule baut ganz offensichtlich Brücken in offenere soziale Räume, wie einem Friseurbetrieb, wo Sprachsozialisation und sprachliche Partizipation eng mit beruflichem Handeln verschränkt sind. Reale Kommunikation beurteilt die junge Frau dabei einerseits als eine bisher zu wenig vorhandene Möglichkeit (mangelnde Freundschaft), andererseits in Form von Kundengesprächen als heraus- oder gar überfordernd mit entsprechenden Auswirkungen auf ihre Identitätsbildung. Anstatt beispielsweise ihr mehrsprachiges Potential sichtbar zu machen, von dem sie im Interview eingangs berichtet, ist sie aufgrund aus eigener Sicht mangelhafter grammatischer Kenntnisse sprachlich introvertiert und die Interaktion mit Kundinnen und Kunden baut Identitätsfacetten wie *die Ängstliche, die Stumme* oder *die Zuhörerin* auf oder aus. Zudem erlebt sie, wie Sprachkenntnisse Machtverhältnisse reproduzieren und ihre eigene Position als diejenige mit noch unzureichenden (Sprach-)Kompetenzen verfestigen: Ihre Chefin ist Vorgesetzte, fachlich kompetenter und auch sprachlich versierter als ihre Praktikantin. Die Salonbesitzerin fühlt sich aufgrund dieser Überlegenheit berechtigt, ihrer Praktikantin nicht nur fachliche Hinweise zu geben, sondern sie auch zu aktiverem Kommunikationsverhalten aufzufordern. Dahinter verbirgt sich ganz offensichtlich ein Bewusstsein dafür, dass Sprache als symbolisches Kapital in ihrem Beruf elementar für die Erzeugung von ökonomischem Kapital in Form von Dienstleistungsentlohnungen ist. So sind Kundengespräche einerseits von Bedeutung, um Kundenaufträge zu erfragen, Alternativvorschläge zu machen etc., andererseits aber auch, um allgemeinere kommunikative Bedürfnisse der Kundinnen und Kunden befriedigen zu können.

Die vier in diesem Beitrag dargestellten Interviewausschnitte sind ein kleiner Teil eines längeren Gesprächs. Für eine umfassende Beantwortung der Frage, welche Rolle nun die Berufsschule und erste berufliche Betätigungsmöglichkeiten in Form von Praktika für den zweitsprachlichen Sozialisationsprozess von Schülerinnen und Schülern spielen – im Sinne einer Typenbildung – wäre es von Bedeutung, das Interview in seiner gesamten Länge zu analysieren und sich mehrere Biografien anzusehen. Wollte man konkrete Anhaltspunkte für die Weiterentwicklung der schulischen Konzepte und der Lehrerbildung gewinnen, wäre es zudem sinnvoll, die Interviews mit weiteren Daten zu triangulieren. Um eine solch umfangreiche Studie konnte es in diesem Beitrag nicht gehen. Vielmehr sollten Passagen aus der Zweitsprachbiografie einer einzelnen jungen Frau im Mittelpunkt stehen und daran deutlich werden, welche Chancen das soziokulturelle Paradigma für das Verständnis von Sprachlernerfahrungen junger Geflüchteter eröffnet.

Literatur

Adamzik, Kirsten & Roos, Eva (Hrsg.) (2002). *Biografie linguistiche – Biographies langagières – Biografias linguisticas – Sprachbiografien* (Bulletin suisse de linguistique appliquée, Bd. 76). Neuchâtel: Institut de linguistique de l'Université Neuchâtel.

Baumann, Barbara & Riedl, Alfred (2016). *Neu zugewanderte Jugendliche und junge Erwachsene an Berufsschulen. Ergebnisse einer Befragung zu Sprach- und Bildungsbiografien* (Beiträge zur Arbeits-, Berufs- und Wirtschaftspädagogik, Bd. 34). Frankfurt am Main: Peter Lang.

Block, David (2003). *The social turn in second language acquisition*. Washington, D.C.: Georgetown University Press.

Bosch [Robert Bosch Stiftung GmbH] (2015). *Asyl und Asylbewerber: Wahrnehmungen und Haltungen der Bevölkerung 2014. Ergebnisse einer repräsentativen Umfrage*. Stuttgart: Robert Bosch Stiftung GmbH.

Bourdieu, Pierre (1983). Ökonomisches Kapital, kulturelles Kapital, soziales Kapital. In Reinhard Kreckel (Hrsg.), *Soziale Ungleichheiten* (Soziale Welt, Sonderband 2, S. 183–198). Göttingen: Otto Schwartz & Co.

Brizić, Katharina (2007). *Das geheime Leben der Sprachen. Gesprochene und verschwiegene Sprachen und ihr Einfluss auf den Spracherwerb in der Migration*. Münster: Waxmann.

Costa, Peter de & Norton, Bonny (2016). Identity in language learning and teaching: Research agendas for the future. In S. Preece (Hrsg.), *The Routledge Handbook of Language and Identity* (Routledge Handbooks in Applied Linguistics, S. 586–601). London: Routledge.

Franceschini, Rita (Hrsg.) (2001). *Biographie und Interkulturalität. Diskurs und Lebenspraxis: eingeleitet durch ein Interview mit Jacques Le Goff*. Tübingen: Stauffenburg Verlag.

Franceschini, Rita (Hrsg.) (2004). *Leben mit mehreren Sprachen. Sprachbiographien, biographies langagières*. Bern: Lang.

Graßmann, Regina (2011). *Zwei- und Mehrsprachigkeit bei Integrationskursteilnehmern. Eine sprachbiografische Analyse*. Frankfurt am Main: Peter Lang.

Hopper, Paul J. (1998). Emergent Grammar. In Michael Tomasello (Hrsg.), *The new psychology of language. Cognitive and functional approaches to language structure* (S. 155–175). Mahwah, N.J.: L. Erlbaum.

Kölbl, Carlos (2006). *Die Psychologie der kulturhistorischen Schule. Vygotskij, Lurija, Leont'ev* (Psychologische Diskurse). Göttingen: Vandenhoeck & Ruprecht.

Lantolf, James P. (2000). Second language learning as a mediated process. *Language Teaching, 33* (2), 79-96.

Lantolf, James P. (2005). Sociocultural and Second Language Learning Research: An Exegesis. In E. Hinkel (Hrsg.), *Handbook of Research in Second Language Teaching and Learning* (S. 335–353). Mahwah, NJ: L. Erlbaum Associates.

Lantolf, James P. & Thorne, Steven L. (2006). *Sociocultural theory and the genesis of second language*. Oxford: Oxford University Press.

Masuda, Kyoko; Arnett, Carlee & Labarca, Angela (Hrsg.) (2015). *Cognitive linguistics and sociocultural theory. Applications for second and foreign language teaching* (Studies in Second and Foreign language education, volume 8). Berlin: De Gruyter Mouton.

Mitchell, Rosamond; Myles, Florence & Marsden, Emma (2013). *Second language learning theories* (Third edition). London: Routledge.

Norton, Bonny (2006). Identity as a sociocultural construct in second language research. *TESOL in Context. Special Edition, 1,* 22–33.

Norton Peirce, Bonny (1995). Social Identity, Investment, and Language Learning. *TESOL Quarterly, 29* (1), 9-31.

Ohm, Udo (2007). Informationsverarbeitung vs. Partizipation: Zweitsprachenerwerb aus kognitiv-interaktionistischer und soziokultureller Perspektive. In Ruth Esser & Hans-

Jürgen Krumm (Hrsg.), *Bausteine für Babylon. Sprache, Kultur, Unterricht: Festschrift zum 60. Geburtstag von Hans Barkowski* (S. 24–33). München: Iudicium.

Ohm, Udo (2008). *Zweitsprachenerwerb als Erfahrung. Eine qualitativ-explorative Untersuchung auf der Basis narrativer Interviews.* Jena: Friedrich-Schiller-Universität, Habil.

Pavlenko, Aneta (2002). Poststructuralist Approaches to the Study of Social Factors in Second Language Learning and Use. In V. Cook (Hrsg.), *Portraits of the L2 User* (Second language acquisition, vol. 1, S. 277–302). Clevedon: Multilingual Matters.

Pavlenko, Aneta (2007). Autobiographic Narratives as Data in Applied Linguistics. *Applied Linguistics, 28* (2), 163-188.

Pavlenko, Aneta & Lantolf, James P. (2000). Second language learning as participation and the (re)construction of selves. In J. P. Lantolf (Hrsg.), *Sociocultural theory and second language learning* (Oxford applied linguistics, S. 155–177). Oxford: Oxford University Press.

Riedl, Alfred & Simml, Maria (2016). *Modellprojekt Perspektive Beruf für Asylbewerber und Flüchtlinge. Qualitative Evaluation der wissenschaftlichen Begleitung. Zwischenbericht 2016.* München: Stiftung Bildungspakt Bayern.

Rosenthal, Gabriele (2010). Die erlebte und erzählte Lebensgeschichte. Zur Wechselwirkung zwischen Erleben, Erinnern und Erzählen. In Birgit Griese (Hrsg.), *Subjekt – Identität – Person? Reflexionen zur Biographieforschung* (S. 197–218). Wiesbaden: VS Verlag für Sozialwissenschaften.

Selting, Margret; Auer, Peter; Barden, Birgit; Bergmann, Jörg; Couper-Kuhlen, Elizabeth & Uhmann, Susanne (1998). Gesprächsanalytisches Transkriptionssystem (GAT). *Linguistische Berichte* (173), 91-122.

Settelmeyer, Anke (2011). Haben Personen mit Migrationshintergrund interkulturelle Kompetenz? In Mona Granato, Dieter Münk & Reinhold Weiß (Hrsg.), *Migration als Chance. Ein Beitrag der beruflichen Bildung* (Bd. 9, S. 143–160). Bielefeld: Bertelsmann.

Terrasi-Haufe, Elisabetta & Baumann, Barbara (2016). „Ich will Ausbildung lernen damit im zukunft arbeiten kann" – Sprachvermittlung und Ausbildungsvorbereitung für Flüchtlinge an Berufsschulen. *ÖDaF, 32* (1), 45-62.

Toohey, Kelleen & Norton, Bonny (2010). Language Learner Identities and Sociocultural Worlds. In R. B. Kaplan (Hrsg.), *The Oxford handbook of applied linguistics* (2. Aufl., S. 178–188). Oxford: Oxford University Press.

Valentine, Gill; Sporton, Deborah & Nielsen, Katrine Bang (2009). The spaces of language: the everyday practices of young Somali refugees and asylum seekers. In J. P. Collins, S. Slembrouck & M. Baynham (Hrsg.), *Globalization and Language in Contact. Scale, Migration and Communicative Practices* (Advances in sociolinguistics, S. 189–206). London: Continuum.

Vygotskij, Lev S. (2002). *Denken und Sprechen. Psychologische Untersuchungen.* Weinheim: Beltz.

Watson-Gegeo, Karen (2004). Mind, Language, and Epistemology: Toward a Language Socialization Paradigm for SLA. *The Modern Language Journal, 88* (3), 331-350.

Wenger, Etienne (1998). *Communities of practice. Learning, meaning, and identity* (Learning in doing). Cambridge: Cambridge University Press.

Wenger, Etienne; McDermott, Richard A. & Snyder, William (2002). *Cultivating communities of practice. A guide to managing knowledge.* Boston: Harvard Business School Press.

Zeitschrift für Literaturwissenschaft und Linguistik (LiLi) (2010), *40* (160).

Elisabetta Terrasi-Haufe

Rote Schorle oder roter Dativ? Sprachaneignung und Unterrichtsinteraktion

1. Einleitung

Die Sensibilisierung für sprachliches Handeln im Unterricht macht einen Aspekt der Sprachbildung – in diesem Fall der Lehrkräfte – aus, den es im Handlungsfeld Sprachbildung zu berücksichtigen gilt. Besonders relevant ist er in Interaktionen mit Lernenden, die auf sprachliches Handeln im Unterricht angewiesen sind, um sich erfolgreich eine neue Sprache und Kultur anzueignen. Ausgehend von einer Bezugnahme in den verschiedenen Disziplinen werden in den Kapiteln 2 und 3 zentrale Erkenntnisse aus der Forschung zum Erst- und Zweitsprachenerwerb und zur Unterrichtsinteraktion dargestellt. Im Anschluss daran werden sie zur rekonstruktiven Analyse von jeweils einer Interaktion aus Berufsintegrations- klassen eingesetzt (s. Terrasi-Haufe & Baumann in diesem Band). Ziel ist eine Veranschaulichung der Potenziale und Einschränkungen von Interaktionsabläu- fen an unterschiedlichen Lernorten, die der Gestaltung von Unterricht mit neu zugewanderten Schülerinnen und Schülern mit geringen Deutschkenntnissen innewohnen. Durch Methoden der ethnomethodologischen Konversationsanalyse (s. Bergmann, 1981) und der funktionalen Pragmatik (s. Ehlich & Rehbein, 1986) sollen Diskurspraktiken rekonstruiert werden. Zur Erfassung der Multimodalität von authentischen Interaktionsereignissen, die ja nicht nur aus verbalen, sondern auch aus non- und paraverbalen Elementen sowie Proxemik bestehen, wurde eine Transkriptdarstellung nach HIAT gewählt.

Da es sich um zwei kurze Gesprächsausschnitte handelt, wird auf eine Ana- lyse der Makrostruktur verzichtet, die Ausschnitte werden aber im Vorfeld der Analysen durch Hintergrundinformationen verortet. Die Analyse berücksichtigt Sprecherwechsel, Gesprächsorganisation und Musterrealisierung mit einem Fo- kus auf Aushandlungsprozesse als Lernmomente. Sie erhebt keinen Anspruch auf Vollständigkeit. Wichtig ist hier noch festzuhalten, dass die zwei Situationen der Veranschaulichung zweier unterschiedlicher Interaktionsmodi dienen und nicht zur Bewertung gegenübergestellt werden.

Abschließend werden Schlussfolgerungen für die Lehrkräftebildung präsen- tiert. Der Beitrag lädt zum Überdenken von Routinen und Überzeugungen sowie den Wechselwirkungen zwischen der Gestaltung von Unterrichtsinteraktion und (Sprach-)Lernerfahrungen ein.

2.   Zum Verhältnis von Sprachaneignung und Unterrichtsinteraktion

Sprache ist für das Lehren und Lernen in allen schulischen Fächern konstitutiv (Becker-Mrotzek, Schramm, Thürmann & Vollmer, 2013, S. 7). Dies kommt im Unterricht mit neu zugewanderten Schülerinnen und Schülern mit geringen Deutschkenntnissen besonders zum Tragen. Sprache ist dort zugleich Kommunikationsmedium und Lerngegenstand (Quasthoff, 2009, S. 84) und letzteres sowohl in ihrer prozeduralen als auch deklarativen Dimension. Interaktion im Unterricht wurde bislang von unterschiedlichen Forschungsrichtungen betrachtet, deren Erkenntnisse wiederum bislang gesondert in die Lehrkräftebildung geflossen sind: die Sprachlehr- und -lernforschung und die Forschung zur Unterrichtsinteraktion. Erstere hat sich auf Aspekte der Entwicklung kommunikativer Kompetenz, letztere auf solche der Wissensvermittlung in Institutionen konzentriert.

Sprachliches Lernen ist ein sozial konstituierender und interaktiver Prozess (Richert, 2005, S. 401 f.), der aus kognitiver Sicht auf der Verarbeitung von sprachlicher Eingabe (*Input*) und auf individuellen Erfahrungen der Sprachrezeption und -produktion (*Output*) fundiert (Long, 1983). Grundlage dafür bilden Prozesse der Interaktion, wie sie jeder Form von menschlichem Handeln und Lernen zugrunde liegen.[1] Aus psychologischer und pädagogischer Sicht wird Interaktion als Prozess der sozialen Beziehungsbildung betrachtet, bei dem zwei oder mehr Menschen wechselseitig aufeinander einwirken (Königs, 2000, S. 126). Aus pragmalinguistischer Sicht wird sprachliches Handeln dort von Gesprächsteilnehmerinnen und -teilnehmern eingesetzt, um für sie relevante Ziele zu erreichen. Neben Verbalem kann auf Nonverbales und Suprasegmentales zurückgegriffen, und die Gesprächspartnerin bzw. der Gesprächspartner zur Unterstützung eingespannt werden (Ochs, 1998). Kommunikation als Versprachlichung dieses Miteinanders ist ein Aspekt von Interaktion (Königs, 2000, S. 126), der von der Sprachlehr- und -lernforschung in den Vordergrund gerückt wird: Interaktion schafft die Bedingungen für Kommunikation und ist somit für das Erreichen des übergreifenden Lernziels „kommunikative Kompetenz" als Befähigung zum sprachlichen Handeln unerlässlich (ebd.). Die Forschung zur Unterrichtsinteraktion untersucht dagegen die Rahmenbedingungen innerhalb derer in der Institution Schule Wissen durch sprachliches Handeln entsteht. Der Fokus liegt dort allerdings nicht auf der Entwicklung der kommunikativen Kompetenz von Schülerinnen und Schülern, denn die wurde bislang von dieser Forschungsrichtung meist vorausgesetzt.

---

1   „The procedural infrastructure of interaction and intersubjectivity, and the demonstrations of understanding that participants provide for each other from moment to moment, are a condition for all human activities, language learning included." (Kasper, 2009, S. 15)

3. Zweitsprachenerwerb und Interaktion

3.1 Lernen durch Interaktion

Ausgehend von der zentralen Erkenntnis der Erstspracherwerbsforschung, dass sich Sprachenerwerb in zielgerichteten Interaktionen mit sprachlich adaptiv und kommunikativ unterstützend handelnden Bezugspersonen vollzieht (Ellis, 2015, S. 166),[2] hat die Zweitsprachenerwerbsforschung in den vergangenen 20 Jahren empirisch überprüft, wie sich die Eingabe (*Input*) in Interaktionen auf das Lernen einer L2 auswirkt (Ellis, 2015, S. 143 ff.). Von zentraler Bedeutung ist hier die Annahme, dass sprachliche Eingabe nicht gleichzusetzen ist mit Aufnahme (*Intake*), sondern, um kognitiv verarbeitet zu werden, individuell angepasst werden muss (*comprehensible Input*).

Diese Anpassung kann im Vorfeld zur Interaktion erfolgen (*pre-modified Input*), und zwar durch eine adaptive inhaltliche und strukturelle Vereinfachung, wie sie in kindgerichteter Sprache, Lehrersprache (vgl. Kleinschmidt, 2015) oder Xenolekten zu beobachten ist, oder durch eine Anreicherung und Hervorhebung spezifischer sprachlicher Merkmale (*enhanced Input*) bzw. durch Strukturierungen, d.h. Umschreibungen, Rückfragen und Erklärungen. Während Strukturierungen die Gefahr einer Zunahme an sprachlicher Komplexität bergen, konnte eine lernförderliche Wirkung für *enhanced Input* empirisch zurückgewiesen werden (Ellis, 2015, S. 151). Für den Kontakt zu vereinfachtem Input konnte dies dagegen bestätigt werden (Ellis, 2015, S. 148). Simplifizierte Register reichen zwar allein nicht aus, um den Zweitsprachenerwerb zu unterstützen, wie ursprünglich im Rahmen von Krashens Input-Hypothese angenommen (ebd.). Sie versetzen aber Lernende in die Lage, aus verbalen, nonverbalen und paraverbalen Informationen sowie dem Kontext, Sinn zu konstruieren und an Interaktionen teilzunehmen, so dass sie bei Kommunikationszusammenbrüchen aktiv in die Aushandlung von Bedeutung eingreifen können (Long, 1983). Kontext wird aus konversationsanalytischer Sicht als dynamische Größe erfasst, die in der Interaktion selbst entsteht. Prägend dafür ist das Konzept von Rahmen (*frames*), die nach Goffmann (1974) als Deutungsmuster zu betrachten sind, die den Beteiligten als Ressource für die angemessene Interpretation einer sich im Gange befindlichen Situation dienen (Morek, 2012, S. 57). Es handelt sich um soziokognitive Wissensbestände, auf die mit sprachlichen und nichtsprachlichen Mitteln in Form von Kontextualisierungshinweisen (Gumperz, 1992) Bezug genommen wird und die die Koordination von Interaktion erlauben. Kontext wird in Gesprächen somit nicht als statische, sondern als dynamische Größe verstanden, die im Gespräch vollzogen wird. Prägend dafür sind nach van Dijk (2008, S. 56) individuelle mentale Kontextmodelle (*context models*), die im episodischen Gedächtnis der

---

2 Für eine kompakte Darstellung des Forschungsstands vgl. Kleinschmidt, 2015, S. 204–205.

Interaktanden abgespeichert sind und sich aus ihrem persönlichem und professionellem Selbstverständnis, soziokulturellem Wissen und gesellschaftlich geteilten Überzeugungen speisen. Nehmen Interaktanden Rahmungsdifferenzen wahr, können sie durch Aushandlungssequenzen die zugrundeliegenden Wissensbestände erweitern oder anpassen.

Zu beachten ist dabei, dass Zweitsprachenerwerb in der Interaktion inzidentell stattfindet, d.h. Lernmomente ergeben sich abhängig davon, worauf Lernende ihre Aufmerksamkeit richten. Dies wiederum hängt von ihrer Wahrnehmung, ihrem Vorwissen und ihrer (interaktiven) Zielsetzung ab. Nach Longs Interaktionshypothese (1996) erfüllen Aushandlungssequenzen für das Zweitsprachenlernen drei Funktionen: Sie bieten Lernenden zielsprachliche Muster (*positive evidence*), direkte oder indirekte Rückmeldung zu zielsprachlich nicht korrektem Sprachgebrauch (*negative evidence*) und Gelegenheiten eigene Äußerungen zu verändern (*modified output*). Nach Pica (1992) (zitiert in Ellis, 2015, S. 155) bietet das Aushandeln von Bedeutung für Lernende zusätzlich dazu die Gelegenheit, die Aufgliederung von Äußerungen (Sprache und Konzepten) direkt zu erleben, indem Gesprächspartnerinnen oder Gesprächspartner sie für sie vereinfachen, paraphrasieren oder erklären. Die interaktionale Veränderung der Eingabe (*interactionally modified Input*) in Aushandlungssequenzen wirkt sich nach dem in Ellis (2015) dargestellten Forschungsstand besonders positiv auf Sprachverarbeitung und Zweitsprachenerwerb aus. Die Wortschatzentwicklung und die Aussprache sind davon viel stärker betroffen als die Lernersprachengrammatik. Dies wird einerseits darauf zurückgeführt, dass die meisten Lernenden ihre Aufmerksamkeit eher auf Bedeutung als auf Form richten, andererseits darauf, dass die lernersprachliche Progression im Bereich der Grammatik nach eigenen Gesetzmäßigkeiten verläuft (Ellis, 2015, S. 168), die die Abstraktion produktiv verwendbarer Konstruktionsschemata voraussetzen.

Die Erforschung von Gesprächen zwischen Sprachlehrenden und -lernenden, L1- und L2-Sprechern sowie L2-Sprechern hat den Strategien, die im Rahmen von Aushandlungssequenzen eingesetzt werden, besondere Aufmerksamkeit geschenkt. Als lernförderlich in gesteuerten Unterrichtssituationen haben sich insbesondere solche herausgestellt, die Lernende implizit mit zusätzlichem Sprachinput versorgen, wie z.B. Reformulierungen (*recasts*), solche, die sie explizit zu zusätzlichem Sprachoutput motivieren, wie z.B. Elizitierungen (*elicitations*), durch die Lehrende Lernende zur Ergänzung oder Korrektur eigener Äußerungen motivieren wollen sowie metasprachliche Kommentare zur Korrektheit ihrer Äußerungen (*metalinguistic feedback*).

Während sich die Interaktionshypothese nach Long (1996) auf die positiven Effekte von Interaktion für das Lernen beschränkt, ohne deren Notwendigkeit vorauszusetzen, gehen sozialinteraktionistische Ansätze davon aus, dass Interaktion für die Konstruktion von Wissen eine fundamentale konstitutive Rolle spielt (Mondada & Pekarek-Doehler, 2004, S. 502). Daraus folgend bietet Interaktion nicht nur die Grundlage für Lernmomente, sondern ist eine soziale Praxis zur kontextuell eingebetteten, kooperativen individuellen (Neu-)Erschaffung von Wissen.

Ausgehend von der Grundannahme soziokultureller Theorien (Lantolf & Pavlenko, 1995, S. 109), dass mentale Aktivitäten eng mit soziokulturellen verbunden sind,[3] wird Kognition als verknüpft mit Tätigkeit betrachtet, und Lernen nicht als Akkumulation von Wissen, sondern als zunehmend erfolgreiche Bewältigung relevanter Situationen (Mondada & Pekarek-Doehler, 2004, S. 501). Mit in den Fokus geraten somit neben dem Lernenden der Lehrende, der Lernkontext und dessen *community of practice* (vgl. auch das Konzept von situiertem Lernen nach Lave & Wenger, 1991). Das führt eine Überwindung der Trennung zwischen der individuellen und gesellschaftlichen Dimension von Lernen (Mondada & Pekarek-Doehler, 2004, S. 504) bzw. eine Betrachtung von Lernprozessen als eng verbunden mit den betroffenen Akteurinnen und Akteuren, Aufgaben und dem verfügbaren soziokulturellen Kapital mit sich. Aus dieser Perspektive eröffnen sich in Bezug auf den Zweitsprachenerwerb durch Interaktion neue Analysedimensionen. Sie betreffen u.a. die Aspekte der Teilhabe an und Rollenverteilung in Interaktionen,[4] die Ausgestaltung von Unterrichtskonzepten und die prozessorientierte Betrachtung von Aufgaben sowie Fragen der Messung von Sprachkompetenz, die entsprechend als situationsgebunden betrachtet werden müsste.[5]

3.2 Beispiel 1: Die rote Schorle

Die erste Aufnahme ist im Supermarkt eines Berufsbildungswerks, der öffentlich zugänglich ist, entstanden. Die Verfasserin hatte dort zusammen mit Studierenden Unterricht mit einer Berufsintegrationsklasse durchgeführt und videografiert. Als dies abgeschlossen war, wollte sie die Rückreise antreten und dafür noch ein Getränk besorgen. Sie wird im Transkript als „Kundin" bezeichnet. Im Transkript interagiert sie mit einem der Schüler (Aufenthaltsdauer in Deutschland damals sechs Monate), der zu dem Zeitpunkt im Rahmen der Beschulung in der Berufsintegrationsklasse seit ca. einer Woche ein Praktikum im genannten Supermarkt absolvierte. Er wird im Transkript als „Verkäufer" angeführt. Er hatte an der videografierten Unterrichtseinheit nicht teilgenommen, sondern befand sich zu dem Zeitpunkt als Verkäufer im Dienst im Supermarkt. Das Gespräch fand an einem sehr heißen Tag in der Mittagszeit statt.

---

3 Und im Sinne des Mediationskonzepts von Vygotsky symbolisch vermittelt werden (ebd.).

4 Mit der Veränderung der in der Interaktion eingenommenen Rolle geht die soziale Identitätsentwicklung der Lernenden einher.

5 Werden Interaktionen aus dieser Perspektive als die Grundlage für Lernerfahrungen betrachtet, kann Sprachkompetenz nicht als eine individuell mental angesiedelte Eigenschaft gemessen werden, sondern als Vielfalt von Fertigkeiten, die kontextabhängig beim Ausüben bestimmter Aktivitäten beobachtet werden können (Mondada & Pekarek-Doehler, 2004, S. 502).

[1]

	0 [00:00.0]		1 [00:04.9]	2 [00:06.8] 3 [00:07.8*]
Kundin [v]	Entschuldigung, wo finde ich eine Ade::lholze::ner Johannisbeerschorle?			Ja. Ja
Verkäufer [v]			Johannisbeér? beér.	
Verkäufer [v]			*(Lächelt und nickt)*	*[Geht mit*

[2]

	4 [00:29.3*]
Kundin [v]	Nein, das ist kein Bier. Eine
Kundin [v]	*(Lacht)*
Verkäufer [v]	*Kundin durch das Geschäft, führt sie zu einem Bereich, in dem sich Bierkästen stapeln und zeigt auf eine Biersorte (Guckt fragend)*

[3]

	5 [00:29.4*]	6 [00:29.4*]
Kundin [v]	Johannis*beer*-Schorle. Eine rote Schorle. Ich kann jetzt kein Bier trinken. Eine rote Schorle, habt ihr so
Kundin [v]	*(Skandierend)*	
Verkäufer [v]		*(Guckt nachdenklich)* *(lLacht)*

[4]

	7 [00:29.5]	8 [00:40.9]
Kundin [v]	was?	Das ist Saft.
Verkäufer [v]	*[Geht mit Kundin durch das Geschäft zu einem Wandregal mit Sirup- und Saftflaschen, zeigt auf die unterste Produktreihe im Regal.]*	

[5]

	9 [00:58.1]
Kundin [v]	Nein, eine Schorle. Das ist Saft mit Wasser. Ein Getränk. Von Adelholzener. Wo habt ihr Getränke?
Verkäufer [v]	Wir? Wir

[6]

	10 [00:59.7] 11 [01:01.7]	12 [01:03.5]
Kundin [v]	Ja.	Getränke.
Verkäufer [v]	[?] Getränke. Getränke	
Verkäufer [v]	*[Sie laufen gemeinsam zurück zu den Bierkästen]* *[Verkäufer zeigt auf Regal gegenüber auf dem verschiedene alkoholfreie Getränke*

[7]

	13 [01:07.3*]	14 [01:18.9]	15 [01:20.5]
Kundin [v]	Ok, keine Johannisbeerschorle.		Ah, schade, ich hab so ein' Durst. Ok. So kleine
Verkäufer [v]		Hier gibt es nicht.	
Verkäufer [v]	*stehen]*	*(Lächelt)*	

[8]

	16 [01:28.2]	17 [01:29.9]	18 [01:31.3]	19 [01:32.8]
Kundin [v]	Flaschen mit Schorle gibt es nicht.		Okay, gut.	Nein, Bier --
Kundin [v]				*[Kamera dreht mit*
Verkäufer [v]		Hier gibt es nicht.	Es gibt Johannesbier und	
Verkäufer [v]			*[Zeigt mit der Hand auf die Bierkästen und lacht]*	

[9]

	20 [01:36.8*]	21 [01:36.9*]
Kundin [v]	doch, doch, das. Das hier. Das ist es.	Nich' Johannisbeer, Apfel-Traube, aber das ist besser als
Kundin [v]	*Kundin zum gegenüberliegenden Regal]*	
Verkäufer [v]		Johanisbeer?

[10]

	22 [01:45.0]	23 [01:48.7]
Kundin [v]	nichts. Ok, ich nehme die. Was kostet die?	Ein Euro neunundzwanzig.
Verkäufer [v]		Es kostet ein Euro neunundzwanzig.
Verkäufer [v]		*[Tippt auf Preisbeschilderung]*

[11]

	24 [01:50.1] 25 [01:50.4]	26 [01:52.7]	27 [01:54.7] 28 [01:58.5]	29 [01:59.8] 30 [02:00.8]
Kundin [v]	Gut und wo kann ich bezahlen?		Hier?	Ja.
Verkäufer [v]	Ja.	ah, beim... beim Kasse	Hier geradeaus.	dann links.
Verkäufer [v]			*[Zeigbewegung mit Arm]*	*[Zeigbewegung mit Arm]*

[12]

	31 [02:02.3]	32 [02:04.3]
Kundin [v]	Ok, danke schön.		

Abbildung 1:   Transkript 1

Die Sequenz wird mit dem Wort „Entschuldigung" eröffnet und beginnt mit einer genuinen Ergänzungsfrage: Die Kundin möchte wissen, wo sie ein bestimmtes Getränk (Johannisbeerschorle des Herstellers Adelholzener) finden kann [1]. Es handelt sich um eine „echte" Frage, die dem Wissenstransfer dienen soll (vgl. Ehlich & Rehbein, 1986, S. 14 f.). Die Kundin tritt damit in Interaktion mit dem Verkäufer, um mit dessen Unterstützung diese Wissenslücke zu schließen. Das Ziel, das sie damit verfolgt, ist es, das gewünschte Produkt schnell zu finden, um es zu kaufen und sich auf den Rückweg zu machen.

Der Verkäufer wiederholt das Bestimmungswort „Johannisbeer" mit steigender Intonation als klärende Nachfrage, die die Kundin bestätigt. Er wiederholt dann nochmals das (von ihm vermutlich als Grundwort identifizierte) „beer", und führt sie zu dem Bereich, in dem verschiedene Biersorten in Kästen zum Verkauf angeboten werden. Das heißt, er zieht es vor, seinen Beitrag im Frage-Antwort-Muster (Ehlich & Rehbein, 1986) nicht verbal, sondern proxemisch zu realisieren. Er bietet der Kundin eine Flasche Johannesbier an. Die Kundin erkennt eine Rahmungsdifferenz auf der Gegenstandsebene, die sie auf eine Aktivierung des Konzepts „Bier" durch eine Interferenz aus dem Englischen und auf die Unkenntnis des Wortes „Johannisbeere" zurückführt. Sie weist das angebotene Produkt durch eine negative Kundgabe („nein, das ist kein Bier") zurück und beginnt eine Reparatursequenz, indem sie das Wort „Johannisbeerschorle" skandierend wiederholt und es zweimal mit „eine rote Schorle" [3] umschreibt. Dazwischen platziert sie einen Kontextualisierungshinweis („ich kann jetzt kein Bier trinken"), der in [8] vom Verkäufer durch Zeigegeste und Lachen wieder aufgenommen wird). Daran schließt sie eine weitere Frage, diesmal eine Entscheidungsfrage, „Habt ihr sowas?" an. Diese Frage dient als Aufforderung zur Suche nach dem neukonstituierten „roten" Gegenstand. Der Verkäufer bearbeitet die Frage wieder nonverbal, indem er die Kundin zu einem anderen Regal führt, in dem sich verschiedene Natursäfte und Sirupflaschen befinden. Wieder beendet die Kundin das Muster mit einer negativen Kundgabe („Das ist Saft. Nein"). Sie stellt eine neue Rahmungsdifferenz fest: Der Verkäufer setzt Schorle mit Saft gleich. Sie umschreibt nun Schorle als „Saft mit Wasser". Daran schließt sie den Oberbegriff „Getränk" und nennt den Hersteller nochmals. Damit schlägt sie einen neuen Lösungsweg vor: Gesucht wird nun die Stelle, an der die Getränke des Herstellers Adelholzener stehen. Sie laufen zurück zu den Bierkästen, der Verkäufer stellt fest, dass dieses Produkt nicht vorhanden ist („Hier gibt es nicht." [7]). Die Kundin bedauert dies und versucht es mit einer neuen Beschreibung („so kleine Flaschen mit Schorle"). Als der Verkäufer grinsend auf das ursprüngliche Missverständnis („es gibt Johannesbier") Bezug nimmt, lacht sie mit ihm darüber. Sie dreht sich um und entdeckt im Regal gegenüber ein ähnliches Produkt (Apfel-Trauben-Schorle von Adelholzener), zeigt es dem Verkäufer, fragt nach dem Preis und nach dem Weg zur Kasse. Beides wird ihr genannt. Sie bedankt sich und hier endet die Aufnahme. Als sie sich schon an der Kasse befindet, nähert sich der

Verkäufer mit einer dreimal so großen Flasche eines mit Johannisbeere aromatisierten Wassers und weist die Kundin darauf hin, dass dieses Getränk erheblich günstiger wäre. Daraus kann abgeleitet werden, dass die vorausgegangene Interaktion eine Nachwirkung hatte und er sich nach Beendigung des Verkaufsgesprächs Gedanken dazu gemacht und nach Produktalternativen gesucht hat. Die Kundin bedankt sich für den Hinweis, lehnt aber das neue Produkt mit dem Hinweis ab, es sei ihr zu künstlich.

Das Transkript zeigt, wie in kurzer Zeit (ca. zwei Minuten) trotz eingeschränkter verbaler Mittel alle konstitutiven Schritte eines Verkaufsgesprächs (Weber, 2011, S. 1f.) durchlaufen werden: Eröffnen/Beenden, Anliegen klären, Ware anbieten/Ware annehmen und auch einige der fakultativen: Beschreiben, Erklären, Befürworten, Instruieren, Einwand behandeln, Preis besprechen, Kaufentschluss herbeiführen. Allerdings geschieht das in starker Kooperation mit der Kundin, die die meisten sprachlichen Anteile beiträgt und neben Reformulierungen, Elizitierungen und Rückmeldungen (zwar auf inhaltlicher, nicht auf sprachstruktureller Ebene) liefert. Der Lernende kombiniert einfache sprachliche Mittel mit nonverbalen Hinweisen. Die Tatsache, dass die Kommunikationssituation empraktisch ist, d.h. in einem praktischen Tätigkeitszusammenhang eingebettet ist, zu dem der Lernende offensichtlich bereits Kontextmodelle entwickeln konnte, erlaubt ihm aber eine erfolgreiche Bearbeitung seines Parts in der Interaktion. Dies zeigt sich in dem erfolgreichen Abschluss des Verkaufsgeschäfts. Die Ko-Konstruktion umfasst eine Aushandlung der Bedeutung des Wortes Johannisbeerschorle, die für die gemeinsame Zielerreichung unabdingbar ist: Sie erfolgt durch dessen Zergliederung, Paraphrasierung und Kategorisierung bzw. durch den Vergleich mit anderen Getränkearten. Durch Kontextualisierung werden allerdings noch viele andere Wissensbestände, die für die berufliche Handlungskompetenz von Relevanz sind, wie z.B. die Warenkunde (Hersteller) und die Kundenorientierung (nicht jeder trinkt mittags Bier, nicht jeder orientiert sich bei der Produktwahl nach dem besten Preis-Leistung-Verhältnis) aktiviert. Der Antrieb für die Interaktion wird durch die gemeinsame Zielsetzung, bzw. durch den Fokus auf Handlung und das Rollenverständnis der Interaktanden geliefert: Die Kundin möchte ein Getränk kaufen, der Verkäufer die Kundin zufriedenstellen. Hier lassen sich die Merkmale des situierten Lernens finden.

4. Interaktion in der Schule

4.1 Interaktion im Unterricht

Mit der Betrachtung von Wechselwirkungen zwischen Interaktion und Lernen aus einer anderen Perspektive beschäftigt sich die kritisch-kommunikative Didaktik. Unterricht wird danach als komplexes Zusammenspiel von kommunikativen, sozialen, emotional-affektiven und kognitiven Prozessen betrachtet, wobei dem kommunikativen Geschehen eine Schlüsselrolle zugesprochen wird (Becker-Mrotzek & Vogt, 2009, S. 4). Die soziale Wirklichkeit des Unterrichtsgeschehens (Eröffnung, Abschluss, Phasierung, Strukturierungen) wird wesentlich mittels Kommunikation hergestellt. Sprachliche Äußerungen (z.B. Aufgabestellungen, Nachfragen, Paraphrasen, Erklärungen, usw.) stoßen Lernprozesse aus und lassen diese (durch Schülerreaktionen) sichtbar werden. Genauso können Äußerungen (Kritik, Lob, Ermahnen, usw.) im Unterricht Emotionen auslösen.

Interaktion im Unterricht wird zusätzlich davon beeinflusst, dass Unterricht ein institutionelles Ereignis ist. Die Teilnahme daran wird gesetzlich geregelt, die Rollen der Interaktanden und damit ihre Handlungsmöglichkeiten sind festgelegt, die Ziele (curriculare Vorgaben, Selektion) vorbestimmt.

Unterrichtskommunikation wird daneben durch deren Öffentlichkeit beeinflusst. Den Beteiligten wird die Ausrichtung der Aufmerksamkeit auf einen einheitlichen kognitiven und sozialen Prozess abverlangt. Der Lehrkraft obliegt es, für eine möglichst erfolgreiche, die Aufmerksamkeit aller Schülerinnen und Schüler einbindende Gestaltung des Unterrichts zu sorgen. Die Schülerinnen und Schüler können ihn aktiv mitgestalten, kommentieren, in Partnergesprächen begleiten. Daneben können sie Nebendiskurse betreiben oder einfach abschalten (Becker-Mrotzek & Vogt, 2009, S. 7).

Die Struktur von Unterrichtsinteraktion als Lehr- und Lernprozess unterliegt laut Becker-Mrotzek & Vogt (2009, S. 152) einer kommunikativen und einer thematischen Ordnung. Die kommunikative Ordnung sichert den öffentlichen Charakter der Situation, die thematische dagegen den fachlichen Bezug (Becker-Mrotzek & Vogt, 2009, S. 7). Instruktionistischen Ansätzen zufolge hat nach Morek (2012, S. 21) die Lehrkraft Sorge dafür zu tragen, sowohl die thematische als auch die kommunikative Ordnung aufrecht zu erhalten, indem sie beispielsweise rederechtzuteilende, gesprächsphasierende und themensteuernde Aktivitäten übernimmt. Dabei konnte immer wieder festgestellt werden, wie begrenzt im lehrerzentrierten Unterricht die Sprechzeiten und Handlungsmöglichkeiten von Lernenden sind und wie stark sich unterrichtlich geforderte Verhaltensformen von den Diskurspraktiken lebensweltlicher *communities* unterscheiden (Morek, 2012, S. 20). Besondere Aufmerksamkeit wurde in diesem Zusammenhang der Lehrerfrage gewidmet. Während diese in der Alltagskommunikation der Behebung eines Wissensdefizits dient, wird sie in der Unterrichtssituation zur Anregung mentaler Prozesse auf Schülerseite funktionalisiert. Zur thematischen Steuerung eingesetzt, hilft sie Lehrkräften den geplanten Verlauf des Unterrichtsgeschehens durchzusetzen (Morek, 2012, S. 23). Die Bedingungen der Unterrichtsinteraktion beeinflussen auch die Realisierung von anderen Diskurspraktiken, wie z.B. dem Erzählen (Ehlich & Rehbein, 1986) und dem Erklären (Morek, 2012). Morek weist durch einen interaktionsanalytischen Zugriff nach, dass auch innerhalb des Unterrichtskontexts unterschiedliche Erklärpraktiken zu beobachten sind, die sie auf die unterschiedlichen Kontextmodelle von Lehrkräften zurückführt. Diese umfassen u.a. auch Vorstellungen darüber, was Unterricht ist und leisten kann und welche Mechanismen sprachlichem Lernen zugrunde liegen (Morek, 2012, S. 275).

Um Unterricht als konstruktivistischen themenzentrierten Aushandlungsprozess zu rekonstruieren, greift auch Bräuer (2015, S. 173) auf die Rahmenanalyse nach Goffmann (1974) zurück. Stimmen die Rahmungen von Interaktanden nicht überein, kommt es zu Rahmungsdifferenzen, die durch Aushandlung (Bräuer, 2015, S. 174) überwunden werden können. Rahmungsdifferenzen können unterschiedliche Ebenen der Unterrichtsinteraktion betreffen: die institutionelle, die interaktive und die gegenständliche (Bräuer, 2015, S. 173). Werden Rahmungsdifferenzen auf der Ebene des Gegenstands erkannt, wird dies als „kognitiv aktivierend" betrachtet und zieht „aktives Lernen" als eine aktive Konstruktionsleistung der Lernenden nach sich (Renkl, 2011, zitiert in Bräuer, 2015, S. 174). Rahmungsdifferenzen können mit Unterstützung der Lehrkraft durch Neurahmungen geschlossen werden. Für Lehrkräfte sind dies Momente des didaktischen Entscheidens, die nach Adaptivität und Rationalität verlangen: Sie müssen dann vor dem Hintergrund individueller Lernervoraussetzungen zielführende Unterstützungsangebote bereitstellen, sich ihrer eigenen Zielsetzungen bewusst sein und sie für die Lernenden transparent und nachvollziehbar machen (vgl. auch Hattie, 2013, S. 150 ff.).

4.2 Beispiel 2: Der rote Dativ

Die zweite Aufnahme ist im Unterricht eines traditionellen Lernsettings an einem anderen Standort mit anderen Interaktanden entstanden. Sie zeigt einen Ausschnitt aus dem DaZ-Unterricht mit neu zugewanderten Schülerinnen und Schülern am Ende des zweiten Beschulungsjahres vor dem Übergang in die Berufsausbildung. Thema der Stunde ist die Realisierung von Dativobjekten. Als Unterrichtsmaterialien dienen eine Kasusdeklinationstabelle und das folgende Arbeitsblatt.

Die Schülerinnen und Schüler haben zu Beginn der Stunde die Aufgabe erhalten, die Vignetten in Einzelarbeit zu beschreiben, indem Sätze mit den vorgegebenen Verben „gratulieren", „schenken", „schmecken", „gefallen" gebildet werden, danach sollen die Subjekte grün und die Dativobjekte rot unterstrichen werden. Nach Abschluss der Einzelarbeitsphase wird die Übung im Lehrervortrag mit verteilten Rollen korrigiert. Das Blatt liegt auf einem Overheadprojektor und wird an die Wand projiziert. Nachdem zu jeder Vignette ein Verb zugeordnet wurde, sagen die Schülerinnen und Schüler die gebildeten Sätze auf und nennen Subjekt und Dativobjekt. Die Sprecherwahl erfolgt frei und lehrkraftinitiiert. Die Lehrkraft übermalt die Figuren mit Buntstiften. Das Transkript beginnt zu dem Zeitpunkt, zu dem die ersten drei Vignetten bereits bearbeitet wurden, die dritte aber noch nicht bemalt.

Abbildung 2:   Arbeitsblatt aus dem Lehrwerk *Grammatik sehen* (Brinitzer & Damm, 2014, S. 19)

Die Lehrkraft leitet die neue Phase mit „also" ein, weist durch „nochmal" retrospektiv darauf hin, dass die Lösung zu Vignette drei wiederaufgenommen wird und ruft den Schüler XXX auf, ohne dass sich dieser gemeldet hatte [1]. Die kommunikative Ordnung ist lehrerzentriert und -iniitiert: durch Aufrufen wird der Schüler „zur Übernahme des Rederechts verpflichtet" (Becker-Mrotzek & Vogt, 2009, S. 181). Dann werden mehrere Ergänzungsfragen nacheinander gestellt: „Was machst du rot, was machst du grün? Was ist bei dir? Was glaubst du? Was ist Dativ, was ist Nominativ?" [1 und 2]. Es handelt sich dabei um Lehrerfragen zum Einstieg in das Aufgabe-Stellen/Aufgabe-Lösen-Muster. Die von der Lehrkraft erwartete Lösung ist, dass für den Beispielsatz „Der Kuchen schmeckt dem Mädchen" „der Kuchen" als Subjekt erkannt und grün markiert wird und „dem Mädchen" als Dativobjekt rot. Mit den Fragen fordert sie den Schüler auf, zu diesem Zweck mit ihr öffentlich in das Aufgabe-Stellen/Aufgabe-Lösen-Muster einzutreten. Der Schüler antwortet: „das Mädchen". Die Korrektheit dieser Lösung kann erstmal nicht bewertet werden, da aufgrund der zahlreichen Fragen, nicht klar ist, ob sie sich auf das Satzglied im Dativ oder im Nominativ bezieht.

[1]

0 [00:00.0]

Lehrerin [v] Also, jetzt stell ich noch mal die Frage. XXX, was machst du rot, was machst du grün? Was ist bei dir,
Lehrerin [v] *(Zeigt zwei Buntstifte hoch)*

[2]

1 [00:09.6]   2 [00:16.2] 3 [00:17.7]

Lehrerin [v] was glaubst du, was ist Dativ, was ist Nominativ?   Ja.
Lehrerin [v]
Schüler [v]   Ähm, das Mädchen. Diese Farbe, oder?   Ok,
Schüler [v]   *(zeigt auf eins der Buntstifte)*

[3]

4 [00:23.9] 5 [00:24.7]   6 [00:29.4]   7 [00:31.4]

Lehrerin [v]   Ja.   aha, warum?
Schüler [v] machen wir äh das Mädchen grün.   un äh die Mutter äh em rot.   Weil hier mm die

[4]

8 [00:40.0]   9 [00:41.4]   10 [00:45.3]

Lehrerin [v]   Schau mal das Verb ist schmecken.   Was heißt denn
Schüler [v] Mutter, sie hat was geschenkt   Ja, mmm schmecken
Schüler [v]   *(führt die Hand zum Mund)*

[5]

11 [00:47.0]   12 [00:51.9]   13 [01:01.9]

Lehrerin [v] schmecken?   Genau. Also, wenn du sagst, wir machen die Mutter
Schüler [v]   Was ähm ja, lecker.   Die Mutter grün,

[6]

14 [01:08.4]   15 [01:14.9]   16 [01:16.5]

Lehrerin [v]   Aha, was kann denn schmecken?   Zum Beispiel ein
Lehrerin [v]   *(wackelt hin und her, verlagert das Gewicht von einem Bein zum anderen)*
Schüler [v]   und das Mädchen rot.   Kuchen
Andere Schüler [v]   Kuchen, Kuchen

[7]

17 [01:19.2]   18 [01:21.3]   19 [01:22.4]   20 [01:24.4]

Lehrerin [v]   Kuchen. Was kann noch schmecken? Ja.   Ein Bombom..   Genau, so. Sag, sag
Andere Schüler [v]   [unhörbar] Bonbon   [unhörbar]

[8]

Lehrerin [v] mir mal einen Beispielsatz. Mach mal einen eigenen Satz. Geh mal weg vom Bild, mit schmecken.

[9]

21 [01:32.1]   22 [01:36.9] 23 [01:37.5] 24 [01:37.7] 25 [01:38.4]   26 [01:38.8]   27 [01:40.8]

Lehrerin [v]   Das da?   Kuchen   Kuchen, ja.
Schüler [v] Ähm, ah, wie heißt diese, diese geschenkt?   Ja.   ah, Kuchen   mmm.
Schüler [v] *(zeigt auf Bild an der Wand)*

[10]

28 [01:48.6]   29 [01:49.3]   30 [01:52.9]

Lehrerin [v]   Der Kuchen   Ok, der Kuchen schmeckt gut. Ähm, wem schmeckt
Schüler [v] [unhörbar]   Der Kuchen... schmeckt gut.

[11]

31 [01:59.9]   32 [02:05.6]   33 [02:06.6]   34 [02:07.3] 35 [02:07.7]   36 [02:12.9]

Lehrerin [v] der Kuchen gut?   Der Kuchen   Ja.   Ja, wem
Schüler [v]   Die Kuchen, oder?   Ja, der Kuchen   schmeckt, schmeckt gut.

[12]

37 [02:20.8]

Lehrerin [v] schmeckt der Kuchen gut? 'Wem' ist die Frage nach einer Person. Du isst den Kuchen. Ja.
Schüler [v]   Die Mutter, ah,

[13]

38 [02:22.8]   39 [02:26.5]   40 [02:28.0]

Lehrerin [v]   Genau. Was ist denn das da?   Genau, das is 'n Messer. Ja. Das Kind hat das
Schüler [v]   die Mutter
Andere Schüler [v]   Messer, ein Messer

[14]

	41 [02:35.7] 42 [02:36.7]	
Lehrerin [v]	Messer, ja, und wird essen. Und das Kind sagt außerdem	Lecker. Äh das heißt gut. So, jetzt hast du
Andere Schüler [v]		Lecker

[15]

	43 [02:42.9] 44 [02:43.7]	45 [02:44.8]	46 [02:45.8]
Lehrerin [v]	gesagt "die Mutter", aber die Mutter isst nicht.	Ja, genau.	Wir bleiben mal hier. Ja.
Schüler [v]	Ja.		
Andere Schüler [v]		[Zwischenreden]	

[16]

Lehrerin [v] Also du hast Kuchen und das Mädchen. Die beiden musst du jetzt irgendwie zu einem Satz machen.

[17]

	47 [02:58.9]	48 [03:00.2]
Lehrerin [v]	Genau, und du hast gesagt, der Kuchen schmeckt gut. Der Kuchen schmeckt _____
Schüler [v] Mit Dativ, oder?		

[18]

	49 [03:09.0]	50 [03:12.1]
Lehrerin [v]	das Mädchen. Und jetzt brauchen wir noch den Dativ. Und guck mal auf deine
Schüler [v] das mm das, das Mädchen		

[19]

	51 [03:29.2*] 52 [03:29.2*]
Lehrerin [v] Tabelle. Was ist der Dativ von 'das'? Schau mal, hier vorne, das Kind - Dativ - dem	Also der
Schüler [v]	dem Kind

[20]

	53 [03:33.0]	54 [03:34.0]	55 [03:35.3]
Lehrerin [v]	Kuchen schmeckt _____		dem Mädchen oder dem Kind. Genau, und
Schüler [v]		dem Mädchen	
Andere Schüler [v]		dem, dem Mädchen	

[21]

	56 [03:49.0] 57 [03:51.9]
Lehrerin [v] jetzt überleg noch mal, XXX, was machst du rot, und was machst du grün?	Was steht am Anfang
Schüler [v]	Ähm.

[22]

	58 [03:54.0]	59 [04:01.0]	60 [04:11.9]
Lehrerin [v] von deinem Satz?		Aha, gut. Und was machst du grün?	Äh, die
Schüler [v]	Ähm, das Mädchen machen wir mm rot.		

[23]

	61 [04:17.4]
Lehrerin [v]	Kind. Kuchen, genau. Und warum machst du
Schüler [v] Mutter. Äh, oder das Kind, das Kind. Wie heißt das? Kind?	

[24]

	62 [04:22.0]	63 [04:26.4]
Lehrerin [v] die Mutter nicht grün?		Genau, die Mutter macht ja gar nix. Die steht da nur, ne. Die kann auch
Schüler [v]	[unhörbar]	

[25]

Lehrerin [v] weg. Okay, also der Kuchen ist grün und das Mädchen ist rot. Nächstes Bild. Nächstes Bild ist ein

[26]

	64 [04:47.0]
Lehrerin [v] bisschen einfacher, weil wir nur zwei Sachen haben.	

Abbildung 3: Transkript 2

Der Schüler zeigt auf die Buntstifte, die die Lehrkraft in der Hand hält und fragt: „diese Farbe, oder?". Die Lehrkraft fordert ihn durch die Rückmeldung „ja" zum Weitersprechen auf. Er entscheidet sich dafür, dass sie das Mädchen grün, die Mutter rot „machen" [3]. Die Lehrkraft nimmt das zu Kenntnis („aha" [3]) und bittet um eine Begründung („warum"). Als der Schüler diese liefert („weil hier die Mutter, sie hat was geschenkt"), erkennt die Lehrkraft eine Rahmungsdifferenz auf der Gegenstandsebene: der Schüler beschäftigt sich noch mit einer der bereits abgearbeiteten zweiten Vignette. Sie lenkt seine Aufmerksamkeit auf das einzusetzende Verb „schmecken". Der Schüler bestätigt und wiederholt das Verb. Die Lehrkraft entscheidet sich nun zu überprüfen, ob der Schüler die Bedeutung von schmecken kennt [4-5]. Der Schüler signalisiert durch eine expressive Prozedur („mmm"), Gestik und das Ablesen von „lecker" aus der Vignette, dass er die Bedeutung von „schmecken" kennt. Die Lehrkraft versucht nun, die Aufmerksamkeit des Schülers auf die semantischen Rollen in der Wertigkeit des Verbs zu lenken, das in der Subjektposition nach etwas Ess- oder Trinkbarem verlangt. Dafür greift sie die in [3] erfolgte Farbgebung wieder auf: „also, wenn du sagst, wir machen die Mutter". Der Schüler deutet dies als Aufforderung zur Korrektur und tauscht die Farben in seinem Lösungsvorschlag gegeneinander aus: „Die Mutter grün, und das Mädchen rot". Wieder entscheidet sich die Lehrkraft für ein Signal der Kenntnisnahme und gegen eine negative Bewertung trotz falscher Lösung. Die Lehrkraft unternimmt nun einen Versuch, die Rahmungsdifferenz aufzulösen, indem sie den Fokus von metasprachlichen Aspekten auf semantische lenkt und fragt: „Was kann denn schmecken?". Die anderen Schülerinnen und Schüler greifen nun in die Rederechtorganisation ein und rufen Antworten rein, die der Schüler übernimmt. Die Lehrkraft lässt sich nicht beirren und fragt weiter [7]. Sie versucht nun die Sprachkompetenz des Schülers zu aktivieren und stellt eine neue Aufgabe: „Mach mal einen eigenen Satz. Geh mal weg vom Bild". Darauf lässt sich der Schüler allerdings nicht ein, offensichtlich möchte er zügig die Aufgabe richtig lösen. Damit steht auch klar, dass er die Situation korrekt kontextualisiert. Es geht darum die gewünschte Lösung zu liefern. Für das, was ihm persönlich schmecken würde, interessiert sich keiner und u. U. möchte er das auch nicht preisgeben. Er holt sich Unterstützung („Wie heißt diese, diese geschenkt") und bildet dann den Satz „Der Kuchen schmeckt gut". Offensichtlich ist ihm die Konstruktion mit einem Adjektiv in attributiv-prädikativer Funktion geläufig, die mit einer Dativergänzung nicht. Also greift die Lehrkraft auf ein beliebtes Mittel zur Produktion von Dativobjekten zurück und fragt: „Wem schmeckt der Kuchen gut?" ([11-12]). Der Schüler versteht die Frage offensichtlich nicht. Er vergewissert sich, ob er nicht vielleicht einen Genusfehler gemacht hat [11]. Die Lehrkraft wiederholt die Wem-Frage und expliziert, dass dieses Argument mit einem Lebewesen gefüllt werden muss. Der Schüler schlägt als Lösung die Mutter vor. Die Lehrkraft gibt ihm zwar eine positive, bestätigende Rückmeldung („genau" [13]) versucht aber seine Aufmerksamkeit auf die Informationen zu lenken, die die Vignette veranschaulicht („Was ist denn das da?"). Dort hat die kleinere Figur ein Messer (oder Tortenheber) in der Hand. Es folgt eine explizite Strukturierung: Aus dem Bild ließe sich schließen, dass das Kind was vom Kuchen gegessen habe und es ihm geschmeckt habe [13-14]. Dies zieht die Lehrkraft als Beweisführung dafür heran, dass die Lösung des Schülers in [13], dass der Mutter der Kuchen schmeckt, falsch ist. Denn die Mutter habe den Kuchen gar nicht gegessen. Mit einem „ja" signalisiert der Schüler, dies zur Kenntnis genommen zu haben. Wieder fokussiert die Lehrkraft die Aufmerksamkeit auf die Vignette und den zu bildenden Satz: „Wir bleiben mal hier". Nun wird die Anweisung zur Aufgabenlösung als Instruktion neu formuliert: „Du hast Kuchen und das Mädchen. Die beiden musst du jetzt irgendwie zu einem Satz machen". Der Schüler versteht, dass sich das „irgendwie" auf den Einsatz einer Dativform bezieht und vergewissert sich darüber („mit Dativ, oder?"). Die Lehrkraft bestätigt das, ruft den bereits von ihm korrekt gebildeten Satz „Der Kuchen schmeckt gut" und bietet ihm „der Kuchen schmeckt" als Vorlage für eine Inferenz an. Der Schüler ergänzt: „das Mädchen". Die Lehrkraft wiederholt dies, weist ihn aber darauf hin, dass das noch keine Dativform sei („und jetzt brauchen wir noch den Dativ") und instruiert ihn im Umgang mit der Deklinationstabelle. Wieder bietet sie ihm die Vorlage an [20] und er ergänzt sie mit „dem Mädchen". Die Mitschüler wiederholen das. Nun [21] greift die Lehrkraft zur Kontrolle wieder die ursprüngliche Aufgabestellung aus [1] auf: „Was machst du rot und was machst du grün?". Der Schüler zögert. Die Lehrkraft bietet eine neue Hilfestellung an („Was steht am Anfang von deinem Satz?"). Es handelt sich hier um eine Strukturierung, die bereits zur Lösung der ersten und zweiten Vignette im Plenum eingesetzt wurde. Sie basiert auf der Annahme, dass Subjekte meist zu Beginn des Satzes stehen und damit schnell als solche identifiziert werden können. Da Subjekte im Nominativ stehen, soll daraus geschlossen werden, dass der Kuchen grün markiert werden soll. Die Hilfestellung wird von dem Schüler nicht wahrgenommen, er liefert allerdings den ersten Teil der richtigen Lösung: „das Mädchen, das Mädchen machen wir rot". Die Lehrkraft nimmt anhand von „gut" eine positive Bewertung vor, die allerdings durch das vorangehende „aha" eher wie eine Kenntnisnahme als ein Lob wirkt. Sie verlangt nun nach dem zweiten Teil der Lösung: „und was machst du grün?" Die Antwort des Schülers („die Mutter oder das Kind") zeigt an, dass der Schüler an der Aufgabe gescheitert ist. Die Lehrkraft artikuliert nun selbst die richtige Lösung („Kuchen, genau"). Trotzdem fragt sie vergewissernd nach, warum die Lösung für das grün zu markierende Satzglied nicht „die Mutter" lauten kann [24-25]. Sie wiederholt die korrekte Lösung nochmals selbst („Der Kuchen ist grün und das Mädchen ist rot") und geht zum nächsten Bild über [25].

Auch diese Interaktanden kooperieren interaktiv, allerdings ohne das gemeinsame Ziel (die erfolgreiche Lösung der gestellten Aufgabe) zu erreichen. Die Lehrkraft gibt als Lösungsweg zur Aufhebung gegenständlicher Rahmungsdifferenzen das Anwenden von metasprachlichem Wissen vor. Die Auswahl des Unterrichtsmaterials deutet darauf hin, dass sie davon ausgeht, dass dies sich positiv auf den Spracherwerb des Schülers auswirkt. Dessen spracherwerbstheoretische Relevanz ist nicht belegt (Luchtenberg, 2010, S. 109; Rösch, 2014). Relevant ist, dass der Schüler dem von ihr im direktiven Modus vorgegebenen Lösungsweg nicht folgen kann. Die Komplexität der Kategorie Kasus kann durch die Gleichsetzung mit Farben auch nicht gemindert werden. Der Rückgriff der Lehrkraft auf grammatische Kategorien erhöht die Wissensasymmetrie zwischen ihr und dem Schüler. Der häufige Einsatz des Verbs „machen" ([1],[5],[8],[16],[22],[23]) durch die Lehrkraft weist auf ein Konzept von Aktivität im Unterricht hin, dass sich auf ein strukturalistisches Operieren mit Sprache bezieht. Irgendwann werden ihre Äußerungen absurd („warum machst du die Mutter nicht grün? Genau, die Mutter macht ja gar nix. Die steht da nur, ne? Die kann auch weg") bzw. als Input für den Schüler vermutlich überhaupt nicht mehr prozessierbar. Die Rückmeldungen an den Schüler sind nicht eindeutig, bzw. weisen darauf hin, dass dessen Beiträge nicht wahrgenommen werden. Bestätigungspartikel werden auch bei falschen Lösungen geäußert. Daneben setzt die Lehrkraft verschiedene Verfahren der Fremddarstellung (Morek, 2012, S. 19) ein, die den Schüler als hilfsbedürftig („schau mal", „mach mal", „guck mal", „überleg nochmal") und inkompetent (wie bei „denn" in: „Was heißt denn schmecken?", „Was ist denn das da?") erscheinen lassen. Die Interaktion bleibt in den von Bild und Lehrkraft vorgegebenen Rahmungen gefangen, so ist z.B. anzunehmen, dass die Abbildung der Mutter in der dritten Vignette dazu beiträgt, dass die Aufmerksamkeit nur schwer auf den Kuchen gelenkt werden kann. Zwar kann der Schüler durch die Unterstützung durch die Lehrkraft und die Aktivierung bekannter Strukturen zwei korrekte Sätze bilden, dafür muss er aber fast fünf Minuten „Drannehmen" über sich ergehen lassen, um am Ende zu scheitern. In der verbleibenden Zeit beteiligt er sich überhaupt nicht mehr am Unterricht. Eine nachhaltige Wirkung der Unterrichtsinteraktion bleibt dahingestellt.

5. Schlussfolgerungen für die Lehrkräftebildung

Die zwei Ausschnitte stehen für zwei Formen von Interaktion, die unterschiedlicher nicht sein könnten. Der erste Ausschnitt gibt eine Situation informellen Lernens wieder, die durch eine Interaktion gekennzeichnet ist, für die sich durch das Vorhandensein eines allen Teilnehmenden gemeinsamen Ziels die Steuerung von Aufmerksamkeit erübrigen und die Verarbeitung von Sprache ganzheitlich erfolgen kann. Handlungsorientierte Sprachvermittlungsansätze streben das Erzeugen solcher Interaktionen im Unterricht an (Roche in diesem Band). Werden Interaktion und aktive Beteiligung der Lernenden als Bedingung für Sprachenlernen angenommen (Henrici, 1995), setzt dies für die Gestaltung von sprachförderndem Unterricht eine Veränderung der Rolle der Lehrkraft vom Instruktor zum

Lernberater (Riemer, 2002, S. 82) bzw. zum Moderator voraus. Lernenden soll im Unterricht mehr Raum gewährt werden, um in unterschiedlichen Konstellationen sprachlich zielgerichtet handeln zu lernen. Für das konkrete Verhalten von Lehrkräften in der Unterrichtsinteraktion beinhaltet dies wiederum eine Abwendung vom direktiven zum ko-konstruktiven Modus (Bredel & Pieper, 2015, S. 132). Die Ausgestaltung von Unterricht nach letzterem fällt allerdings vielen Lehrkräften schwer (Wuttke, 2009, S. 673). Dies hat einerseits damit zu tun, dass der Druck, den Unterrichtsstoff durchzubringen, sie in Routinen des lehrerzentrierten Unterrichts verfallen lässt (Helsper, 2003, S. 147). Andererseits ist anzunehmen, dass die Überzeugungen (*beliefs*) der Lehrkräfte für ihr Verhalten handlungsleitende Funktionen erfüllen (Hammer, Fischer & Koch-Prieve, 2016, S. 149). Diese werden wiederum durch die eigenen Schulerfahrungen und Einstellungen geprägt (ebd., S. 150 und Wuttke, 2009, S. 671). Die persönlichen Erfahrungen im Rahmen des eigenen Bildungswegs von Lehrkräften, die Deutsch für neu Zugewanderte in berufsschulvorbereitenden Maßnahmen unterrichten, unterscheiden sich allerdings meist sehr stark von jenen ihrer Lernenden. Erstere weisen meist keine eigenen Mehrsprachigkeits- oder Migrationserfahrungen vor und mussten sich nie unter immensem Zeitdruck eine L2 aneignen.

Der zweite Unterrichtsausschnitt bietet sich an, um eine Reflexion über didaktische Entscheidungen (Auswahl von Sozialformen und Unterrichtsmaterialien sowie Berücksichtigung individueller Faktoren) und deren Hintergründe einzuleiten. Nach Bräuer (2015) sollen Lehrkräfte für die Wahrnehmung von Rahmungsdifferenzen sensibilisiert werden, denn sie müssen in der Lage sein, Unterricht genau zu beobachten, um im Unterricht zielführende Entscheidungssituationen suchen oder schaffen zu können. Didaktische Entscheidungen verlangen wiederum nach der Fähigkeit fachlich fundierte und realistische Zielsetzungen, die aus der Logik des Lernprozesses heraus getroffen werden, zu formulieren und die Konsequenzen didaktischer Entscheidungen aus Schülerseite einschätzen zu können (ebd., S. 194). In einer empirischen Untersuchung konnte Bräuer allerdings feststellen (ebd., S. 191), dass Lehrkräften die Rekonstruktion von „Unterrichtskrisen" auf der Ebene der fachlichen und fachdidaktischen Gegenstandskonstitution schwerfällt. Für die professionelle Handlungskompetenz von Lehrkräften setzt man die Kombination von pädagogischem Wissen, Fachwissen und fachdidaktischem Wissen voraus (vgl. Künsting, Billich & Lipowsky, 2009). Die Steuerung von ko-konstruktiven Lehr-Lern-Umgebungen und -Prozessen fällt nach Wuttke (2009, S. 669) in den Bereich des allgemeinen pädagogischen Konzeptions- und Planungswissen. Transkript 2 ist ein Beispiel dafür, wie der von der Didaktik eingeläutete Paradigmenwechsel von traditionellen zu konstruktivistischen Ansätzen (Wuttke, 2009, S. 669) im DaF/DaZ-Unterricht noch nicht überall angekommen ist. Äußerungen über das fachliche und fachdidaktische Wissen der Lehrkraft in Transkript 2 wären hier müßig, denn dazu wurden keine Daten erhoben. Die (institutionell nicht vorgegebene) Wahl der Materialien und Aufgabenstellung sowie der videografierte Ausschnitt weisen allerdings darauf hin, dass hier ein strukturalistisch geprägtes Konzept von Sprache vertreten und der Entwicklung von metasprachlichem Wissen für den Sprachenerwerb eine wichtige Rolle zugesprochen wird. Hier gelte es nach Neuweg (1999, S. 371) relevante Theorieanteile an aktuellem, sprachenerwerbsbezogenem Wissen unter Berücksichtigung der unterschiedlichen Erfahrungen und Expertiseniveaus in den verschiedenen Phasen der Lehrkäftebildung einfließen zu lassen, so dass diese durch Reflexion und Rückübersetzung in berufspraktisches Handeln neu verstanden werden können.

Der Einsatz von Unterrichtsmitschnitten in der Professionalisierung von Lehrkräften kann so neben der (Re-)Aktivierung fachdidaktischer Wissensbestände auch dem Aufzeigen von Alternativen für das Lehrerhandeln dienen. Stellt man die zwei Situationen gegenüber, lassen sich für den Unterrichtsauschnitt aus Transkript 2 Handlungsalternativen skizzieren: Durch eine relevantere Aufgabenstellung, bei der die Lernenden z.B. dazu aufgefordert werden, zielgerichtet herauszufinden, was Anderen schmeckt oder nicht schmeckt und darüber zu berichten (um z.B. eine gemeinsame Mahlzeit zu organisieren), hätten alle Schülerinnen und Schüler Gelegenheit bekommen, intensiv die unterschiedlichen Konstruktionen mit diesem Verb zu benutzen.[6]

6.   Zusammenfassung und Fazit

Anhand der Analyse zweier Beispiele wurde auf Interaktionen eingegangen, die das Lernumfeld von Neuzugewanderten in Berufsintegrationsklassen mitbestimmen. Während Lernen in authentischen Interaktionen durch Authentizität und Multimodalität begünstigt zu werden scheint, wirken sich Diskrepanzen zwischen Lehrzielen und vorhandener Sprachkompetenz, asymmetrische Interaktionskonstellationen sowie die Vorgabe von diskrepanten Lernwegen erschwerend darauf aus und erzeugen Frustration statt Erfolgserlebnisse.

Die Reflexion von professionellem Handeln bildet ein grundlegendes Element im Qualitätsmanagement von Unterricht. Die Analyse von Unterrichtsinteraktion bietet Lehrkräften die Möglichkeiten, die Wirkung von Steuerungsverfahren multiperspektivisch wahrzunehmen und dessen Wirksamkeit zu überdenken sowie die Verzahnung von Praxis und Theorie zu erleichtern. Eine Veränderung von professionellem Handeln im Sinne adaptiver Lehrkompetenz kann nach Bräuer

---

6   Dazu müssten unterschiedliche authentisch-kommunikative Anlässe angeboten werden. Von dem gemeinsamen Zubereiten und Verzehren von Speisen, über die Gestaltung einer Umfrage zu einem neuen Produkt der Lebensmittelindustrie bis hin zur Verarbeitung von textuellen oder audiovisuellen Beiträgen von Lehrwerksfiguren zu diesem Thema. Eine stark handlungsorientierte Ausrichtung, wie die ersten zwei Vorschläge beinhalten, wird bedauerlicherweise durch die institutionellen Rahmenbedingungen des Unterrichts erschwert. Dies führt mit sich, dass über deren Veränderung nachgedacht werden sollte.

(2015, S. 167) durch die Sensibilisierung für didaktische Entscheidungsmomente erfolgen. Diese wiederum gilt es ganzheitlich zu erfassen und zu reflektieren, um sie situativ zu bewältigen und daraus zu lernen. Ein erster Schritt in diese Richtung wäre die Sensibilisierung von Lehrkräften für sprachliches Handeln, zum Beispiel durch den Einsatz von Unterrichtsmitschnitten. Durch ihre Dauerhaftigkeit und Iterierbarkeit ermöglichen diese eine multiperspektivische und vertiefte Analyse von Unterrichtsprozessen, die realitätsnah ist, ohne unmittelbaren Handlungsdruck zu erzeugen (Krammer, Schnetzler, Pauli, Reusser, Ratzka, Lipowsky, & Klieme, 2010, S. 228 f.).

In den vergangenen fünf Jahren sind eine ganze Reihe von Fallarchiven, Studien- und Arbeitsbüchern über den Einsatz von Unterrichtsvideografie zur Optimierung von Unterrichtskommunikation erschienen; so z.B. Schelle, Rabenstein & Reh (2010) mit einer authentischen Fallsammlung zu zentralen Aspekten von interaktiven Geschehen im Unterricht, Trautmann & Sacher (2010), die aufzeigen, wie Videoaufnahmen als Mittel zur Professionalisierung von Lehrkräften bzw. zur Unterrichtsentwicklung eingesetzt werden können, oder Mühlhausen (2011) mit Vorschlägen zur Didaktisierung von Unterrichtsvideografie. Zahlreiche Projekte zum Einsatz von Videos in der Lehrerbildung sind im Rahmen der gemeinsamen Qualitätsoffensive Lehrerbildung von Bund und Ländern aus Mitteln des Bundesministeriums für Bildung und Forschung seit 2016 gefördert worden. Zwar sind Beispiele aus dem DaF/DaZ-Unterricht immer noch rar und bedauerlicherweise fehlt meistens ein konkreter Bezug zur Spracherwerbsperspektive, trotzdem bilden solche Unterrichtsmitschnitte eine umfassende Ressource, um in den verschiedenen Phasen der Lehrkräftebildung eine Reflexion und einen Austausch über Denk- und Handlungsalternativen zu initiieren.

Literatur

Becker-Mrotzek, Michael; Schramm, Karen; Thürmann, Eike & Vollmer, Johannes Helmut (2013). Sprache im Fach. Einleitung. In Michael Becker-Mrotzek, Karen Schramm, Eike Thürmann & Johannes Helmut Vollmer (Hrsg.), *Sprache im Fach. Sprachlichkeit und fachliches Lernen* (S. 7–13). Münster: Waxman.

Becker-Mrotzek, Michael & Vogt, Rüdiger (2009). *Unterrichtskommunikation. Linguistische Analysemethoden und Forschungsergebnisse.* Tübingen: Niemeyer.

Bergmann, Jörg R. (1981). Ethnomethodologische Konversationsanalyse. In Peter Schröder & Hugo Steger (Hrsg.), *Dialogforschung* (S. 9-51). Jahrbuch des Instituts für Deutsche Sprache 1980. Düsseldorf: Schwann.

Bräuer, Christoph (2015). An der Schnittstelle professioneller Kompetenz – (Re)konstruktionen von Rationalität und Adaptivität im Didaktischen Entscheiden. In Christoph Bräuer & Dorothee Wieser (Hrsg.), *Lehrende im Blick. Empirische Lehrerforschung in der Deutschdidaktik* (S. 159–199). Wiesbaden: VS Verlag für Sozialwissenschaften.

Bredel, Ursula & Pieper, Irene (2015). *Integrative Deutschdidaktik.* Paderborn: UTB.

Brinitzer, Michaela & Damm, Verena (2014). *Grammatik sehen. Arbeitsbuch für Deutsch als Fremdsprache*. Ismaning: Hueber.

Ehlich, Konrad & Rehbein, Jochen (1986). *Muster und Institution. Untersuchungen zur schulischen Kommunikation*. Tübingen: Narr.

Ellis, Rod (2015). *Understanding Second Language Acquisition*. (2. Aufl.). Oxford: Oxford University Press.

Goffmann, Erving (1974). *Frame Analysis. An Essay on the Organization of Experience*. New York: Harper & Row.

Gumperz, John (1992). Contextualization and understanding. In Alessandro Duranti & Charles Goodwin (Hrsg.), *Rethinking context: Language as an interactive phenomenon* (S. 229–252). Cambridge: Cambridge University Press.

Hammer, Svenja; Fischer, Nele & Koch-Prieve, Barbara (2016). Überzeugungen von Lehramtsstudierenden zu Mehrsprachigkeit in der Schule. *DDS – Die Deutsche Schule Beiheft, 13*, 147–171.

Hattie, John (2013). *Lernen sichtbar machen*. Baltmannsweiler: Schneider Verlag Hohengehren.

Helsper, Werner (2003). Ungewissheit im Lehrerhandeln als Aufgabe der Lehrerbildung. In Werner Helsper, Reinhard Hörster & Jochen Kade (Hrsg.), *Ungewissheit. Pädagogische Felder im Modernisierungsprozess* (S. 142–161). Weilerswist-Metternich: Velbrück Wissenschaft.

Henrici, Gert (1995). *Spracherwerb durch Interaktion? Eine Einführung in die fremdsprachenerwerbspezifische Diskursanalyse*. Baltmannsweiler: Schneider Verlag Hohengehren.

Kasper, Gabriele (2009). Locating cognition in second language interaction and learning: inside the skull or in public view? *IRAL, 47* (1), 11–37.

Kleinschmidt, Katrin (2015). Die an die Schüler/-innen gerichtete Sprache. Erste Ergebnisse einer Studie zur Adaptivität sprachlichen Handelns von Lehrer/-innen. In Christoph Bräuer & Dorothee Wieser (Hrsg.), *Lehrende im Blick: empirische Lehrerforschung in der Deutschdidaktik* (S. 199–226). Wiesbaden: VS Verlag für Sozialwissenschaften.

Königs, Frank G. (2000). Reaktionen auf ‚Interaktion‘. Gedanken zur Erforschung eines (inzwischen) zentralen fremdsprachenunterrichtlichen Begriffs. In Karl-Richard Bausch, Herbert Christ, Frank G. Königs & Hans-Jürgen Krumm (Hrsg.), *Interaktion im Kontext des Lehrens und Lernens fremder Sprachen: Arbeitspapiere der 20. Frühjahrskonferenz zur Erforschung des Fremdsprachenunterrichts* (S. 126–131). Tübingen, Narr.

Krammer, Kathrin; Schnetzler, Claudia Lena; Pauli, Christine; Reusser, Kurt; Ratzka, Nadja; Lipowsky, Frank & Klieme, Eckhard (2010). Unterrichtsvideos in der Lehrerfortbildung. Überblick über Konzeption und Ergebnisse einer einjährigen netzgestützten Fortbildungsveranstaltung. In F. Müller, A. Eichenberger, M. Lüders & J. Mayr (Hrsg.), *Lehrerinnen und Lehrer lernen* (S. 227–243). Münster: Waxmann.

Künsting, Josef; Billich, Melanie & Lipowsky, Frank (2009). Der Einfluss von Lehrerkompetenzen und Lehrerhandeln auf den Schulerfolg von Lernenden. In O. Zlatkin-Troitschanskaia, K. Beck, R. Nickolaus, D. Sembill & R. Mulder (Hrsg.), *Professionalität von Lehrenden. Zum Stand der Forschung* (S. 656–668). Weinheim: Beltz.

Lantolf, J. P. & Pavlenko, A. (1995). Sociocultural theory and second language acquisition. *Annual Review of Applied Linguistics, 15*, 108–124.

Lave, Jack & Wenger, Etienne (1991). *Situated Learning: Legitimate Peripheral Participation.* Cambridge: Cambridge University Press.

Long, Michael (1983). Native Speaker/Non-Native Speaker Conversation and the Negotiation of Comprehensible Input. *Applied Linguistics, 4*, 126–141.

Long, Michael (1996). The Role of Linguistic Environment in Second Language Acquisition. In W.C. Ritchie & T.K. Bhatie (Hrsg.), *Handbook of Second Language Acquisition* (S. 413–468). San Diego: Academic Press.

Luchtenberg, Sigrid (2010). Language Awareness. In Bernt Ahrenholz & Ingelore Oomen-Welke (Hrsg.), *Deutsch als Zweitsprache* (S. 107–117). Baltmannsweiler: Schneider Verlag Hohengehren.

Mondada, Lorenza & Pekarek-Doehler, Simona (2004). Second language acquisition as situated practice: Task accomplishment in the French second language classroom. *Modern Language Journal, 88* (4), 501–518.

Morek, Miriam (2012) *Kinder erklären – Interaktionen in Familie und Unterricht im Vergleich.* Tübingen: Stauffenburg.

Mühlhausen, Ulf (2011). *Über Unterrichtsqualität ins Gespräch kommen. Szenarien für eine Virtuelle Hospitation mit multimedialen Unterrichtsdokumenten und Eigenvideos.* Baltmannsweiler: Schneider Verlag Hohengehren.

Neuweg, Hans Georg (1999). Erfahrungslernen in der LehrerInnenbildung. Potenziale und Grenzen im Lichte des Dreyfus-Models. *Erziehung und Unterricht, 149* (5–6), 363–372.

Ochs, Elinor (1998). Linguistic resources for socializing humanity. In John J. Gumperz & Steven C. Levinson (Hrsg.), *Rethinking Linguistic Relativity* (S. 407–437). Cambridge: Cambridge University Press.

Pica, Teresa (1992). The textual outcomes of native speaker-non-native speaker negotiation. What do they reveal about second language learning? In Claire Kramsch & Susan McConnell-Ginet (Hrsg.), *Text and Context. Cross-disciplinary Perspectives on Language Study* (S. 198–237). Lexington, MA: Heath.

Quasthoff, Uta M. (2009). Entwicklung der mündlichen Kommunikationskompetenz. In Michael Becker-Mrotzek (Hrsg.), *Unterrichtskommunikation und Gesprächsdidaktik* (S. 84–100). Teilband Mündlichkeit in der Handbuchreihe Deutschunterricht in Theorie und Praxis. Baltmannsweiler: Schneider Verlag Hohengehren.

Renkl, Alexander (2011). Aktives Lernen: Von sinnvollen und weniger sinnvollen theoretischen Perspektiven zu einem schillernden Konstrukt. *Unterrichtswissenschaft, 39* (3), 197–212.

Richert, Peggy (2005). *Typische Sprachmuster der Lehrer-Schüler-Interaktion. Empirische Untersuchung zur Feedbackkomponente in der unterrichtlichen Interaktion.* Bad Heilbrunn: Klinkhardt.

Riemer, Claudia (2002). Wie lernt man Sprachen?. In Jürgen Quetz & Gerhard von der Handt (Hrsg.), *Neue Sprachen lehren und lernen. Fremdsprachenunterricht in der Weiterbildung* (S. 49–83). Bielefeld: wbv-Verlag.

Roche, Jörg (2017). Herleitung von Grundlagen der handlungsorientierten Sprachvermittlung an beruflichen Schulen. In Elisabetta Terrasi-Haufe & Anke Börsel (Hrsg.), Sprache und Sprachbildung in der beruflichen Bildung (S. 177–186). Münster: Waxmann.

Rösch, Heidi (2014). BeFo und die Folgen für die DaZ-Didaktik. In Beate Lütke & Inger Petersen (Hrsg.), *Deutsch als Zweitsprache: erwerben, lernen und lehren* (S. 195-208). Beiträge aus dem 9. Workshop „Kinder mit Migrationshintergrund". Stuttgart: Fillibach bei Klett.

Schelle, Carla; Rabenstein, Kerstin & Reh, Sabine (2010). *Unterricht als Interaktion. Ein Fallbuch* für die Lehrerbildung. Bad Heilbrunn: Klinkhardt.

Terrasi-Haufe, Elisabetta & Baumann, Barbara (2017). *Sprachliche und kulturelle Heterogenität an den Berufsschulen Bayerns – Reaktionen in der Lehrkräftebildung.* In Elisabetta Terrasi-Haufe & Anke Börsel (Hrsg.), Sprache und Sprachbildung in der beruflichen Bildung (S. 57–76). Münster: Waxmann.

Trautmann, Matthias & Sacher, Julia (2010). *Unterrichtsentwicklung durch Videofeedback.* Göttingen: Vandenhoek & Ruprecht.

Van Dijk, Teun A. (2008). *Discourse and Context. A sociocognitive Approach.* Cambridge: Cambridge University Press.

Weber, Peter (2011). Verkaufsgespräche führen in der Schule. Aspekte einer linguistischen Untersuchung. *bwp@ Spezial, 5*, 1–19. Verfügbar unter: http://www.bwpat.de/ht2011/ft18/weber_ft18-ht2011.pdf [26-09-2011].

Wuttke, Eveline (2009). Zum Einfluss der professionellen Lehrerkompetenz auf die Konstruktion und Steuerung von Lehr-Lern-Umgebungen und -prozessen. In O. Zlatkin-Troitschanskaia, K. Beck, R. Nickolaus, D. Sembill & R. Mulder (Hrsg.), *Professionalität von Lehrenden. Zum Stand der Forschung* (S. 669–678). Weinheim: Beltz.

Jörg Roche & Wassilios Baros

Der Capability-Ansatz in der Praxis – Skizze eines Modellprojekts zur talentfördernden, rapiden und berufsqualifizierenden Integration von unbegleiteten minderjährigen Flüchtlingen (TRIUMF)

1.   Einleitung

Ausgehend von einer Darstellung der bildungstheoretischen und bildungspolitischen Grundlagen des Capability-Ansatzes wird seine Anwendbarkeit auf die berufliche Integration junger Flüchtlinge anhand des Modellprojektes zur talentfördernden, rapiden und berufsqualifizierenden Integration von unbegleiteten minderjährigen Flüchtlingen (TRIUMF) skizziert. Die Konzeption ist 2016 als Reaktion auf fehlende passgenaue Angebote für diese Zielgruppe entwickelt worden. Während der Capability-Ansatz die Verwirklichungschancen der Menschen in den Fokus nimmt, und damit entsprechende Verwirklichungsmöglichkeiten von Politik, Bildung und Wirtschaft fordert, stehen im Mittelpunkt der derzeitigen Integrationsdebatte allzu oft Aspekte der Ausbildungsreife und der Bildungsvoraussetzungen, bzw. des Mangels an beidem. Man könnte also meinen, dass sich bei dieser Thematik zwei eigentlich unvereinbare Gegensätze begegnen: auf der einen Seite ein idealisiertes Bild von Bildung, Gesellschaft und Individuum, auf der anderen ein zweckrationales Bild von beruflicher Leistungsfähigkeit. Tatsächlich aber versucht der hier skizzierte Ansatz, einen operationalisierbaren Mittelweg zwischen idealisierten Bildungsvorstellungen und einer einseitigen betriebswirtschaftlichen Perspektive zu beschreiten. Der Ansatz geht davon aus, dass die nach Mitteleuropa kommenden jungen Flüchtlinge bestimmte Motive haben, die oft nicht unmittelbar von den hier geltenden Normen von Bildung und Ausbildung erfüllt werden können. Diese Normen liegen aber sehr oft viel zu hoch und erscheinen zu weit entfernt, als dass sie erreichbar wären. Durch die vielfältigen Optionen eines aktiven Kennenlernens und Ausprobierens verschiedener beruflicher Orientierungen, vielleicht auch in Bezug auf die Erfüllung lang gehegter Träume, verbunden mit einem interessegeleiteten, relevanten Spracherwerb sollen Grundlagen der Identifikation möglicher Lebensentwürfe und -karrieren gebildet werden. Selbstverständlich kann ein solches Vorhaben nur dann gelingen, wenn es verschiedene Angebote der Firmen, der Bildungsinstitutionen und der Gesellschaft gibt und wenn die Sprachvermittlung auf gesellschaftliche Teilhabe, also handlungsorientiert, ausgerichtet ist. Das heißt, berufliche Ausbildungsangebote müssen mit der entsprechenden Sprachvermittlung kombinierbar sein und gezielt an den Ressourcen und Kompetenzen der Subjekte ansetzen. Dafür bedarf es nicht nur geeigneter Lehrmaterialien, sondern auch eines entsprechenden Sprachunterrichts und mentoraler Begleitung durch gleichaltrige Jugendliche.

2. Pädagogische Grundlagen: Capability Approach

Bis in die späten 1980er Jahre wurde unter dem programmatischen Titel der „Ausländerpädagogik" (vgl. Czock, 1993; Nieke, 2010) aus eher objektwissenschaftlicher Perspektive schwerpunktmäßig der Frage nachgegangen, wie Bildungseinrichtungen und -prozesse zu einer unproblematischeren gesellschaftlichen Integration von „Gastarbeiterkindern" (Birkenfeld, 1982) beitragen können. Ähnliche methodologisch-methodische Prämissen lassen sich mitunter noch in aktuellen Beiträgen der empirischen Bildungsforschung nachvollziehen, die in ihrem Verständnis von Bildungsgerechtigkeit davon ausgehen, es sei vordergründig die Entwicklung bestimmter Kompetenzen, die den Individuen gesellschaftliche Teilhabe ermöglichen (vgl. OECD, 2014). Untersuchungen dieser Art konnten in den letzten Jahrzehnten aufschlussreiche Erkenntnisse über die Bedingungen des Kompetenzerwerbs bestimmter sozialer Gruppen gewinnen. Dennoch lassen sich dahingehend Verkürzungen des Gegenstandsbereichs konstatieren, dass die Situation von Migrantinnen und Migranten stets aus einer Außenperspektive beschrieben wird, während ihre Lebensnotwendigkeiten, subjektiven Lebensinteressen und Befindlichkeiten, Handlungsmotivationen und Wertvorstellungen vernachlässigt bleiben. Plakativ formuliert gilt es, die implizite Fragestellung, wie „Migrationsandere" (Mecheril, 2004, S. 221) ein von der Aufnahmegesellschaft definiertes Lebensziel erreichen bzw. wie pädagogische Interventionen sie dabei unterstützen können, grundlegend zu überdenken. Vor diesem Hintergrund scheint ein Forschungszugang ertragreich, der Menschen die Fähigkeit zuspricht, sich ihre Ziele selbst zu stecken und ihre Handlungen danach auszurichten („human agency", Alkire, 2005). Eine gerechtigkeitstheoretische Fundierung für dieses Unterfangen liefert der Capability Approach in seiner ursprünglichen Konzeption nach Amartya Sen (vgl. Sen, 1980, 1995, 1999, 2000) und seiner Erweiterung durch Martha Nussbaum (vgl. Nussbaum, 1999, 2000).

Dieser Ansatz sieht soziale Gerechtigkeit nicht allein durch die freie Zugänglichkeit und faire Verteilung von Kapitalien hinreichend verwirklicht – wie es beispielsweise typisch für rawlsianische Gerechtigkeitskonzeptionen ist (Rawls, 1979) –, sondern schließt die individuellen Handlungsziele und Befähigungen mit ein (vgl. Brighouse & Unterhalter, 2010): Nicht von der Aufnahmegesellschaft vorgegebene Werte, sondern die „größere Freiheit zu haben, um die Dinge zu tun, die zu schätzen man Gründe hat" (Sen, 2000, S. 30) ist von entscheidender Bedeutung für ein erfüllendes Leben. Innerhalb des hier zitierten Halbsatzes finden sich zwei wichtige Elemente des Denkens Sens, die im Folgenden ausführlicher dargestellt werden.

Zunächst ist auf das hier vorliegende Verständnis von *größere[r] Freiheit* (ebd.) einzugehen. Diese eröffnet sich nicht allein aus bestimmten Kompetenzen, die Individuen vermeintlich situations- und kontextunabhängig erwerben und abrufen können, sondern konstituiert sich „als Vermögen im Sinne von kombinierten Fähigkeiten (combined capabilities)" (Baros & Otto, 2010, S. 256) und kann als Passungsverhältnis zwischen individuellen Dispositionen (i-Capabilities) und externalen Bedingungen (e-Capabilities) verstanden werden. Capabilities lassen sich somit als „Wahlmöglichkeiten bzw. Wahlfreiheiten" (Gold, 2012, S. 255) definieren, deren Verwirklichung sich nicht ausschließlich voraussagen lässt, Ob beispielsweise ein (als solches deklariertes) Bildungsangebot wahrgenommen wird, kann weder allein durch internale noch durch externale Faktoren bestimmt werden. Zentral bleibt die Frage, unter welchen „personalen und sozialen Bedingungen" (Baros, 2014, S. 333) die Aneignung von Gütern gelingt oder misslingt („Capability-Deprivation", ebd.). Dies kann auf vier Analyseebenen untersucht werden (vgl. ebd., S. 333–335):

(1) *Knowledge/Awareness*: Für die Partizipation ist Informiertheit von ausschlaggebender Bedeutung. Im Feld der migrationsgesellschaftlichen Bildungsarbeit impliziert dies beispielsweise, dass Bildungsmaßnahmen adäquat kommuniziert und wahrgenommen werden. Weiterhin ist zu fragen, inwieweit mögliche Adressatinnen und Adressaten jenseits ihres Wissens über die Verfügbarkeit der Maßnahme diese auch mit ihren persönlichen Wünschen und Zielen identifizieren.

(2) *Means*: Aus Perspektive des Befähigungsansatzes sind auf dieser Ebene sowohl personale Ressourcen, auch im Sinne von Fähigkeiten, als auch extrapersonale Verwirklichungsbedingungen wie beispielsweise die Verfügung über benötigte finanzielle Mittel relevant. Gold (2012) weist in diesem Kontext darauf hin, dass die Bedingungen für das tatsächliche Ergreifen von Möglichkeiten (engl.: *functionings*: „all das, was eine Person sich entscheidet zu tun" (Sen, 2000, S. 75)) sich keinesfalls in den materiellen Gütern, über die eine Person verfügt, erschöpfen (vgl. Gold, 2012, S. 255–259).

(3) *External Factors*: Hier sind Faktoren in den Blick zu nehmen, die unabhängig von der konkreten Einzelperson bestehen, aber „die Verwirklichungschancen von Individuen maßgeblich beeinflussen können" (Baros, 2014, S. 334). Beispielhaft ist in diesem Zusammenhang auf das (oftmals unbemerkte) Wirken von Mechanismen institutioneller Diskriminierung und Alltagsrassismen hinzuweisen.

(4) *Personal Aims*: Weder sind alle Menschen hinsichtlich ihrer Lebensziele identisch, noch lassen sich Ziele bzw. Strategien zur Verfolgung dieser Ziele monokausal aus der Zugehörigkeit zu einer bestimmten sozialen oder kulturellen Gruppe ableiten. Beobachtet man die Handlungen einer Person, ist keineswegs immer davon auszugehen, dass diese im Sinne einer klassischen Rational-Choice-Theorie auf die Verwirklichung ihrer Ziele ausgerichtet sein müssen. Beispielsweise ist denkbar, dass eine Jugendliche oder ein Jugendlicher zwar Interesse an einer

Hochschulkarriere äußert, aber dennoch (aus zunächst unersichtlichen Beweggründen) von Bewerbungen absieht. Daher kommt folgender Frage eine zentrale Bedeutung zu: *Inwieweit handelt es sich bei subjektiven Entscheidungsprozessen um das Ausschlagen einer Wahlmöglichkeit als Ausdruck der Freiheit dieser Person, ihre Lebensweise selbst wählen zu können?*.

Mit einer Fokussierung auf diese Fragen liefert der Capability Approach einen geeigneten Referenzrahmen zur Erfassung von Verwirklichungschancen im Rahmen der wissenschaftlichen Begleitung und Evaluation verschiedenster pädagogischer Maßnahmen und Projekte.

Gleichzeitig wird deutlich, dass der Erwerb der nötigen sprachlichen Kompetenzen erforderlich ist, wenn gesellschaftliche Verwirklichungschancen wahrgenommen werden sollen. Das betrifft nicht nur die zielsprachlichen Kompetenzen, sondern schließt Aspekte der Mehrsprachigkeit mit ein, vor allem, wenn man davon ausgeht, dass Mehrsprachigkeit das Aktionspotential erhöhen kann. Eine traditionelle Sprachförderung, die im Wesentlichen auf die Vermittlung struktureller Elemente der Zielsprache ausgerichtet ist, kann den genannten Zielsetzungen nie gerecht werden. Im günstigsten Fall schafft sie Grundlagen für einen handlungsorientierten Spracherwerb, aber allzu oft baut sie Hürden auf, die gerade einen solchen Erwerb verhindern, nicht zuletzt wegen zu hoher und zu unrealistischer Normen, wegen mangelnder Rücksichtnahme auf Erwerbsprinzipien und wegen hoher sozialer Segregation. Gefordert ist also ein konsequenter handlungsorientierter Ansatz der Vermittlung sprachlicher und kommunikativer Kompetenzen, wie er sich im Prinzip der vollständigen Handlung manifestiert (Roche, 2013a, 2013b, 2016, in diesem Band; Schelten, 2009).

3. Ziele und Grundlagen von TRIUMF

Zu den Zielen des Projektes gehört, dass
1. die beteiligten Jugendlichen in ihren Wahlmöglichkeiten gut gefördert auf eine Ausbildung eigener Wahl vorbereitet werden
2. ein auch in der Breite funktionierendes praktikables Konzept entwickelt werden kann
3. eine noch bestehende, neuralgische Lücke geschlossen wird und
4. durch die wissenschaftliche Begleitung Erkenntnisse gewonnen werden können, die sich für den Transfer in andere Lern- und Ausbildungskonzepte eignen.

Der hier verfolgte Ansatz ist dem Ansatz der Jugendwerkstätten und dem Joblinge-Konzept (https://joblinge.de) verwandt. Er wird vom Bayerischen Staatsministerium für Bildung und Kultus, Wissenschaft und Kunst unterstützt und begleitet, wodurch am besten die Passung zum Regelbetrieb der Schulen, die

Weiterbildung und damit die Nachhaltigkeit gewährleistet werden kann. Das hier skizzierte Modellprojekt füllt im Gesamtkonzept des „bayerischen Modells" der Förderung von Jugendlichen mit Fluchterfahrung[1] im Übergang zwischen berufsschulvorbereitenden Maßnahmen und dualer Ausbildung noch eine Lücke, weil es besonders die Jugendlichen anspricht, die noch relativ jung sind und über zu geringe Sprachkenntnisse verfügen, die für eine schulische Ausbildung nötig sind. Es passt sich ein in die handlungsorientierten Lehrpläne für Berufsschulen und die berufsvorbereitenden Lehrangebote (BIK – Berufsintegrationsklassen, Terrasi-Haufe, Roche & Sogl, in Druck).

15–20 jugendliche Teilnehmerinnen und Teilnehmer im Alter von 15–17 Jahren sollen durch vier verschiedene, aufeinander abgestimmte, Lehr-/Lernmethoden eine sprachliche, soziale und bildungsreife Vorbereitung auf eine erfolgreiche Ausbildung im deutschsprachigen Dualen System erhalten. Der erste Durchgang hat im Frühjahr 2017 begonnen. Zwar ist diese Kohorte vor allem in der Fertigungsmechanik und Mechatronik angesiedelt und soll in diesem Bereich unterschiedliche Aufgaben und Berufsprofile kennenlernen, aber die Schülerinnen und Schüler können sich im Laufe des Projektes auch für andere Berufe entscheiden. Das Projekt basiert auf dem bewährten lerntheoretischen, linguistischen und sprachdidaktischen Konzept der Handlungsorientierung und dem Konzept des ‚Capability Ansatzes', deren Ziele sich nicht allein auf den Spracherwerb und den Erwerb beruflicher Fertigkeiten, sondern auf die Erhöhung der Verwirklichungschancen der Subjekte in der Migrationsgesellschaft bezieht. Es handelt sich um einen ganzheitlichen Ansatz, bei dem das Lernsubjekt mit seinen subjektiven Lerninteressen Berücksichtigung findet.

4. Sprachdidaktische und pädagogische Förderung

4.1 Sprachunterricht

Deutschkenntnisse der Jugendlichen werden zu Beginn des Projekts festgestellt. Danach erfolgt an drei Tagen wöchentlich über neun Monate jeweils drei Stunden (vier Unterrichtseinheiten) Präsenzunterricht. Der handlungsorientierte Unterricht behandelt vor allem Themen, die für den Alltag der Jugendlichen und die beruflichen Kontexte relevant sind (vgl. Roche, 2016). Er stützt sich dabei teilweise auf die entsprechenden Module der Deutsch-Uni Online (www.deutsch-uni.com) und wird von einem Lehrwerk begleitet (Schritte plus). Zusätzlich sind zwei Abende pro Woche á zwei Stunden computergestützte Übungsaufgaben der Deutsch Uni Online in einem Computerraum geplant. Die Jugendlichen erhalten so die Möglichkeit, Gelerntes in für Alltag und spätere Berufe relevanten Übungs-

---

1   Dabei handelt es sich um eine Gruppe, die in ihrem Wohlbefinden besonders gefährdet ist.

aufgaben anzuwenden und von ihrem Wissen in Forumsbeiträgen Gebrauch zu machen. Ebenso können hier Themen aus dem Unterricht selbstständig wiederholt werden. Die Übungsaufgaben und Forumsbeiträge werden von ausgebildeten DUO-Onlinetutorinnen und DUO-Onlinetutoren korrigiert und kommentiert. Um unterschiedliche Betriebsabläufe und Berufsprofile kennenzulernen, sollen die Jugendlichen zudem an unterschiedlichen betrieblichen Praktika, Hospitationen, Werkstatt-Führungen und offenen Veranstaltungen teilnehmen, soweit die versicherungsrechtlichen Bedingungen das zulassen. Der berufssprachliche Unterricht orientiert sich dabei am Prinzip ‚Berufssprache Deutsch', das die Handlungsorientierung in berufssprachlichen Umgebungen betrifft. Es werden kommunikative Kompetenzen vermittelt, die für die Bewältigung des beruflichen Alltags (hier in verschiedenen beruflichen Ausrichtungen) notwendig sind, unter anderem die Kommunikation im Betrieb, mit Kolleginnen und Kollegen, mit Kundinnen und Kunden, die Informationsbeschaffung, die Präsentation von Arbeitsergebnissen, die Vorbereitung auf Prüfungen. Dabei dienen die sechs Phasen des Prinzips der vollständigen Handlung als Organisationsprinzip für die Arbeit mit beruflichen Szenarien.

Die Szenarien sind jeweils eingebunden in relevante und nachvollziehbare Ausgangshandlungssituationen mit beruflich relevanten Inhalten und Aufgaben (wie im fallbasierten Lernen). Sender, Gegenstand/Zweck und Adressat sind authentisch, wenn auch in Rollenspielen realisiert. Aber die Lernenden sind mit ihrer Person Teil des Szenarios, auch wenn sie dabei verschiedene Rollen übernehmen. So kann auch das interkulturelle Potenzial und die Differenz genutzt werden, die durch die Biographien der Schülerinnen und Schüler in den Unterricht und die Ausbildung miteinfließt. Verwendet wird motivierende, authentische Sprache, keine Lehrersprache. Ebenso entsprechen die Materialien, ihre Visualisierung und der Rahmen den Anforderungen der Situation und des Ausbildungsberufes.

4.2 Capabilities: Screening und Förderung

Beim Screening geht es darum, interkulturelle Kompetenzen und mitgebrachte Ressourcen der Jugendlichen systematisch zu berücksichtigen und in den Lernprozess einzubinden. Mit Hilfe eines szenarienbasierten Instrumentariums können Begabungen oder Talente der Jugendlichen kontextuell betrachtet und als erworbene Ressourcen identifiziert werden. Insbesondere geraten dabei subjektive Mechanismen beim individuellen Einsatz dieser Ressourcen in den Fokus. Durch Ermittlung der unterschiedlichen Manifestationen und Ausdrucksformen der produktiven Aktivitäten der Jugendlichen – als Erscheinungsmodi eines „Habitus der Überlebenskunst" (Seukwa, 2006), als eine in widrigen Bedingungen erworbene Kompetenz – können die Voraussetzungen und Verwirklichungsbedingungen eines möglichen Kompetenztransfers, d.h. der Anwendung dieser Kompetenzen im neuen Kontext, eruiert werden. Angesetzt wird an diesen erworbenen Fähigkeiten, sich mit entfremdenden Strukturen kreativ auseinanderzusetzen und Handlungsfähigkeit zu erlangen. Diese Kompetenzen sind stets als relationales Vermögen aufzufassen, welches sich bei diesen Jugendlichen als Ausdrucksform ihres Widerstandes konstituiert, mit widrigen strukturellen Bedingungen im Fluchtkontext zurechtzufinden.

Konkrete Arbeitsschritte zur Aktivierung von Kompetenzen bei den Jugendlichen werden nach Ermittlung des Passungsverhältnisses zwischen den in den Herkunftsländern erworbenen und im Kontext der Migrationsgesellschaft aktivierten Kompetenzen ermittelt. Handlungsszenarien bieten eine Optimierung der Bildungsumgebung und stellen stimulierende Lernaktivitäten bereit, die die Aktivierung und Nutzbarmachung dieser Kompetenzen ermöglichen.

4.3 Begleitung durch Buddys

Vorgesehen ist ferner, dass alle Jugendlichen aus dem beruflichen Umfeld und/ oder aus der Gruppe der Studentinnen und Studenten des Instituts für Deutsch als Fremdsprache „Buddys" (Paten) erhalten, die sie bei den eher informellen Lebensfragen begleiten und beraten. Das „Buddy-Programm" stellt eine begleitende Maßnahme zur Entwicklung einer geeigneten Beziehungs- und Lernkultur im Rahmen des TRIUMF-Projekts dar. Die etwa gleichaltrigen Buddys können bei wöchentlichen Treffen von zwei bis drei Stunden Fragen zu unklaren Aufgaben und Problemen beantworten und generell dabei helfen, den Teilnehmerinnen und Teilnehmern einen Einblick in die Stadtkultur zu verschaffen. Dabei gehört an Eventtagen der gemeinsame Besuch von Museen und Ausstellungen genauso zum Programm, wie ein gemeinsames Picknick oder ein Kochabend. In Kommunikationen auf gleicher Augenhöhe können die erlernten Sprachfähigkeiten erprobt und ausgeweitet werden. Der persönliche Kontakt zu den Buddys hilft den Teilnehmerinnen und Teilnehmern, eine eigene Beziehung zur Migrationsgesellschaft und dem vor ihnen liegenden Berufsleben zu entwickeln. Das Buddy-Programm ist dadurch eine gute Ergänzung zum Sprachunterricht im Blended Learning. Der Arbeitsaufwand für die Buddys beträgt wöchentlich ca. zwei bis drei Stunden, die in Abhängigkeit der Angebote zeitlich flexibel eingeteilt werden können. Darüber hinaus sind durchschnittlich zwei Stunden pro Woche für ein soziales Rahmenprogramm vorgesehen, in dem die Jugendlichen gemeinsam mit den Buddys das alltägliche Leben im Stadtteil besser kennenlernen können.

5.   Ergebnispotenziale

Das Projekt produziert unterschiedliche Ergebnisse, die in verschiedener Form überprüft werden können: Erstens lässt sich der Spracherwerb aufgrund einschlägiger Erfahrungen prognostizieren und durch ein entsprechendes Design gestalten. Zweitens ist der tatsächliche Fortschritt des Spracherwerbs durch vorhandene Instrumente (z.B. den OnDaF online Test) auf Basis des Gemeinsamen Europäischen Referenzrahmens für Sprachen (GER) valide messbar. Drittens können an Hand verschiedener quantitativer und qualitativer Indikatoren die Verwirklichungschancen von Jugendlichen erfasst werden, als Möglichkeiten und Fähigkeiten, für die je eigene Konzeption eines guten Lebens wertvolle Handlungen und Daseinszustände (*doings and beings*) realisieren zu können. Viertens können kontextuell erworbene Kompetenzen als Fähigkeiten, entfremdende Strukturen individuell kreativ auszugestalten, empirisch identifiziert und prototypisch für Maßnahmen zur Steigerung der Handlungsfähigkeit genutzt werden. Fünftens lässt sich der Erfolg des Projektes an der Vermittelbarkeit der Jugendlichen in das Bildungs- und Ausbildungssystem feststellen und auch über das unmittelbare Projekt mittelfristig evaluieren und sechstens lässt sich die subjektive Erreichung der Ziele von den Jugendlichen gut ermitteln.

Literatur

Alkire, Sabina (2005). Subjective Quantitative Studies of Human Agency. *Social Indicators Research, 74* (1), 217–260.

Baros, Wassilios (2014). Gerechtigkeitstheoretische Überlegungen zu Migration und Bildung. *Bildung und Erziehung, 67* (3), 331–348.

Baros, Wassilios & Otto, Hans-Uwe (2010). Befähigungs- und Verwirklichungsgerechtigkeit als Aufgaben interkultureller Bildung. In Wassilios Baros, Franz Hamburger & Paul Mecheril (Hrsg.), *Zwischen Praxis, Politik und Wissenschaft. Die vielfältigen Referenzen interkultureller Bildung* (Migrationsforschung, Bd. 3, S. 250–267). Georg Auernheimer zum 70. Geburtstag gewidmet. Berlin: Regener.

Birkenfeld, Helmut (Hrsg.). (1982). *Gastarbeiterkinder aus der Türkei. Zwischen Eingliederung und Rückkehr* (Beck'sche schwarze Reihe, Bd. 262). München: Beck.

Brighouse, Harry & Unterhalter, Elaine (2010). Primary Goods versus Capabilities. Considering the Debate in Relation to Equalities in Education. In Hans-Uwe Otto & Holger Ziegler (Hrsg.), *Capabilities – Handlungsbefähigung und Verwirklichungschancen in der Erziehungswissenschaft* (2. Aufl., S. 69–81). Wiesbaden: VS Verl. für Sozialwiss.

Czock, Heidrun (1993). *Der Fall Ausländerpädagogik. Erziehungswissenschaftliche und bildungspolitische Codierungen der Arbeitsmigration* (Migration und Kultur). Frankfurt am Main: Cooperative-Verl.

Gold, Johanna (2012). Entscheidungsfindung nach dem Abitur. Die Capability-Perspektive. In Philipp Bornkessel & Jupp Asdonk (Hrsg.), *Der Übergang Schule – Hochschule. Zur Bedeutung sozialer, persönlicher und institutioneller Faktoren am Ende der Sekundar-*

stufe II (Schule und Gesellschaft, Bd. 54, 1. Aufl., S. 251–278). Wiesbaden: VS Verl. für Sozialwiss.

Mecheril, Paul (2004). *Einführung in die Migrationspädagogik* (Beltz Studium Erziehung und Bildung). Weinheim: Beltz Verlag.

Nieke, Wolfgang (2010). Von der Ausländerpädagogik zum Capability-Approach. Die Entwicklung des erziehungswissenschaftlichen Diskurses in Deutschland in Reaktion auf die gesellschaftliche Tatsache von Einwanderung und sozial ungleichen Bildungsmöglichkeiten. In Wassilios Baros, Franz Hamburger & Paul Mecheril (Hrsg.), *Zwischen Praxis, Politik und Wissenschaft. Die vielfältigen Referenzen interkultureller Bildung* (S. 211–218). Berlin: Regener.

Nussbaum, Martha C. (1999). *Gerechtigkeit oder Das gute Leben.* Frankfurt am Main: Suhrkamp.

Nussbaum, Martha C. (2000). *Women and human development. The capabilities approach* (The John Robert Seeley lectures). New York: Cambridge University Press.

OECD (2014). *Exzellenz durch Chancengerechtigkeit. Allen Schülerinnen und Schülern die Voraussetzungen zum Erfolg sichern* (PISA 2012 Ergebnisse, Bd. 2). Bielefeld: W. Bertelsmann Verlag Germany.

Rawls, John (1979). *Eine Theorie der Gerechtigkeit.* Frankfurt am Main: Suhrkamp.

Roche, Jörg (2013a). *Fremdsprachenerwerb – Fremdsprachendidaktik* (3. vollst. überarb. Aufl.). Tübingen: Francke; UTB.

Roche, Jörg (2013b). *Mehrsprachigkeitstheorie. Erwerb – Kognition – Transkulturation – Ökologie.* Tübingen: Narr.

Roche, Jörg (2016). *Deutschunterricht mit Flüchtlingen.* Tübingen: Narr.

Roche, Jörg (2017). Herleitung von Grundlagen der handlungsorientierten Sprachvermittlung an beruflichen Schulen. In Elisabetta Terrasi-Haufe & Anke Börsel (Hrsg.), Sprache und Sprachbildung in der beruflichen Bildung (S. 57–76). Münster: Waxmann.

Schelten, Andreas (2009). *Begriffe und Konzepte der berufspädagogischen Fachsprache. Eine Auswahl* (2. Aufl.). Stuttgart: Steiner.

Sen, Amartya K. (1980). Equality of What? In Sterling M. McMurrin (Hrsg.), *The Tanner Lecture on Human Values* (Bd. 1, S. 197–220). Oxford: Oxford University Press.

Sen, Amartya K. (1995). *Inequality reexamined.* Oxford: Oxford Univ. Press.

Sen, Amartya K. (1999). *Development as freedom.* New York: Knopf.

Sen, Amartya K. (2000). *Ökonomie für den Menschen. Wege zu Gerechtigkeit und Solidarität in der Marktwirtschaft.* München: Hanser.

Seukwa, Louis Henri (2006). *Der Habitus der Überlebenskunst. Zum Verhältnis von Kompetenz und Migration im Spiegel von Flüchtlingsbiographien.* Münster: Waxmann.

Terrasi-Haufe, Elisabetta; Roche, Jörg & Sogl, Petra (in Druck). Angebote für Geflüchtete an bayerischen Berufsschulen und Qualifizierung von Lehrkräften. Konzeptionelle und curriculare Aspekte. In FaDaF (Hrsg.), *Wie schaffen wir das?* (Materialien Deutsch als Fremdsprache). Göttingen: FaDaF.

Jörg Roche

Herleitung von Grundlagen der handlungsorientierten Sprachvermittlung an beruflichen Schulen

1. Einleitung

In diesem Beitrag sollen die Grundlagen neuer handlungsorientierter Verfahren und ihre Anwendungsmöglichkeiten im Deutschunterricht an beruflichen Schulen dargestellt werden. Dass sich ein Beitrag in einem Band Sprachbildung und berufliche Bildung im Jahr 2017 AD mit der Handlungsorientierung beschäftigt, mag für Berufspädagoginnen und -pädagogen, Lehrkräfte und Bildungsadministratorinnen und -administratoren wie ein Anachronismus erscheinen. Immerhin schreibt § 1 Absatz 3 des Berufsbildungsgesetzes die Vermittlung der beruflichen Handlungsfähigkeit als Ziel der Berufsausbildung vor. Dementsprechend beschäftigt sich die Berufsschulpädagogik seit mindestens 20 Jahren intensiv mit handlungsorientiertem Unterricht (Riedl, 2011, 2012), um das Spannungsverhältnis zwischen Berufsbildungssystem und Beschäftigungssystem zu „entkoppeln" (Schelten, 2009, S. 30). Der Tendenz zu einer Parallelität des dualen Systems im Sinne einer Trennung von Theorie in der Berufsschule und Praxis im Betrieb soll durch den handlungsorientierten Unterricht entgegengewirkt werden. Auch die Fremd- und Zweitsprachendidaktik kennt die Handlungsorientierung eigentlich schon lange. Sie behandelt sie aber primär unter unterrichtspraktischen Aspekten und weniger als lerntheoretisches und didaktisches Konzept oder systematisches Unterrichtskonzept (vgl. Hallet, 2006) und mit wenigen Ausnahmen nicht aus berufssprachlicher Perspektive (Kretzschmar, 2015, S. 88). Zu diesen Ausnahmen gehörte eine Publikation des Sprachverbandes Deutsch für ausländische Arbeitnehmer e.V. von 1996 mit dem Titel *Bildungsarbeit in der Zweitsprache Deutsch. Konzepte und Materialien.*

Allerdings ist die Relevanz der sprachdidaktischen Handlungsorientierung lange Zeit nicht auf die berufliche Ausbildung und die Vermittlung der Berufssprachen bezogen worden. In jüngerer Zeit erst zeigen sich vor allem im Kontext der Sprachausbildung und Beschulung von Flüchtlingen und Asylbewerberinnen und -bewerbern Bestrebungen, die lerntheoretischen und fachdidaktischen Prinzipien der sprachlichen Handlungsorientierung mit den ihr verwandten Prinzipien der Berufsschulpädagogik zusammenzuführen.

So entstanden zwischen 2009 und 2015 die Lehrwerke „Berufsdeutsch Einzelhandel", „Metallbau", „Hotel- und Gaststättengewerbe" und „Pflegeberufe" und seit 2014 Materialpakete am ISB unter dem Konzept der ‚Berufssprache Deutsch' (http://www.isb.bayern.de/schulartspezifisches/materialien/berufssprache-deutsch/unterrichtsmaterialien), die das curriculare Leitprinzip der ‚vollständigen Handlung' auszufüllen und umzusetzen helfen (Lehrpläne Bayern: http://www.isb.bayern.de/berufsschule/lehrplan/berufsschule/).

Unter Berücksichtigung von Erkenntnissen zur Wirksamkeit von Handlungsorientierung als sprachdidaktischer Grundsatz sowie des Ist-Stands des Deutschunterrichts an beruflichen Schulen und dessen Potenziale werden hier grundlegende Parameter für den fachübergreifenden, sprachsensiblen Unterricht präsentiert. Abschließend wird anhand von Unterrichtsmaterialien veranschaulicht, wie diese im Unterricht an beruflichen Schulen umgesetzt werden können.

2. Handlungsorientierung und Aufgabenbasiertheit als sprachdidaktischer Grundsatz

Das Konzept der Handlungsorientierung, wie es nach Hölscher, Piepho und Roche (2006) für die Szenariendidaktik ausformuliert wird, setzt voraus, dass im Unterricht solche kommunikativen Konstellationen erzeugt werden, die den jeweiligen Schülerinnen und Schülern bekannt sind – oder sein sollten – und ihnen etwas bedeuten, und zwar inhaltlich und in Bezug auf die kommunikative Aufgabe. Sensible Lernerinnen und Lerner werden immer dann sprachliche Mittel aufgreifen oder auch freiwillig recherchieren und erfragen, wenn sie sinnvoll und effektiv in einen kommunikativen Zweck eingebunden sind. Dieser spezifische Teil der Handlungsorientierung wird im Deutschen als Aufgabenbasiertheit und im Englischen als *problem based* bezeichnet. Die Einsicht in Gesetzmäßigkeiten und Strukturen der Sprache, gewonnen an tatsächlichem Sprachhandeln, fördert das Sprachwachstum nur, wenn die so reflektierten Mittel unmittelbar für erkennbare Zwecke kommunikativ eingesetzt werden können. Sprachliches Wachstum ist immer ein kreativer Prozess der einzelnen Lernenden, der durch Begleitung und Anregungen von außen gefördert werden kann.

In der Didaktik für Deutsch als Zweitsprache (DaZ) ist Handlungsorientierung als Prinzip der Unterrichtsgestaltung allerdings noch nicht flächendeckend „angekommen", weder in der Didaktik der allgemeinbildenden noch in der Didaktik der berufssprachlichen Fächer. Hier dominiert oft ein neo-behavioristisch motivierter Gegensatz der Inputhypothesen („Focus on Form/Forms" vs. „Focus on Content", siehe Long, 1991), die primär die Steuerung der Lernenden verfolgen. Die Lernerinnen und Lerner sollen im Wesentlichen auf die gesteuerte Quantität und Qualität eines oft lebensfremden Inputs reagieren, statt eigenständig, zielorientiert und kreativ mit Sprache handeln zu dürfen. Bei solchen Ansätzen wird daher die Formorientierung, die Eklektizität und die ungenügende Begründung der Auswahl von Inhalten und Aufgabenformaten sowie die mangelnde Authentizität des Sprachmaterials kritisiert (etwa Polotzek, Hofmann, Roos & Schöler, 2008 & Leist, 2006). Die Förderung sprachlicher Handlungskompetenzen, die auch im Lebensalltag, in der Ausbildung oder im Beruf tauglich wären, kommt in diesen Verfahren zu kurz (Apeltauer, 2007).

Diese im Grunde überraschende Erkenntnis wird durch diverse Studien vielfach gestützt. So gibt eine vergleichende Studie zur Effizienz von sprachlichen Fördermaßnahmen (Ricart Brede, Knapp, Gasteiger Klicpera & Kucharz, 2010, S. 25) über den Mangel an Handlungsorientierung dadurch Aufschluss, dass sie verschiedene, sehr verbreitete formorientierte Methoden des Deutsch-als-Zweitsprache-Unterrichts in den Blick nimmt. Sie kommt zu dem ernüchternden Ergebnis, dass durch diese Methoden keine signifikante Verringerung des Leistungsabstands von Kindern mit und ohne Förderbedarf erzielt wird, dass Lehrkräfte sehr unterschiedlich für die Aufgaben qualifiziert sind und dass im Unterricht oft eine wahllose Vermischung unterschiedlicher konzeptioneller Ansätze zu beobachten ist (Roos, Polotzek & Schöler, 2010). Ein ambivalentes Bild ergeben auch die Auswertungen anderer Untersuchungen. In der Jacobs-Sommer-Camps-Studie z.B. wurde über drei Wochen die Wirksamkeit von einem impliziten und einem gemischt implizit-expliziten Zugang überprüft. Ziel war es, zu untersuchen, wie Kinder mit Migrationshintergrund der dritten Jahrgangsstufe in ihrer sprachlichen Kompetenz gefördert werden können, sodass sie in ihren Schulleistungen nicht noch weiter hinter ihren Mitschülerinnen und Mitschülern mit Deutsch als Muttersprache zurückbleiben. Im impliziten Zugang lag der Fokus der Maßnahme auf der Erweiterung der sprachlichen Fertigkeiten der Kinder durch die Teilnahme an einem Theaterprojekt und somit auf der Anwendung von Sprache in bedeutsamen Kontexten. Im gemischt implizit-expliziten Zugang hingegen wurde die Vormittags-Sektion des Theaterprojekts durch expliziten DaZ-Unterricht ersetzt, in dem die Aufmerksamkeit der Kinder auf die Form von Sprache, also auf grammatische Strukturen, gelenkt wurde. Für den expliziten DaZ-Unterricht wurden solche Strukturen ausgewählt, die Lernenden des Deutschen häufig Schwierigkeiten bereiten. Die Strukturen wurden auf das Sommer-Camp-Thema „Reisen" gemünzt, das einen sinnvollen Kontext herstellen sollte. Dieses im Grunde auf Formvermittlung ausgerichtete Pilotprojekt zeigte, dass ein inhaltsbasiertes Verfahren ohne echte Handlungsorientierung und Aufgabenbasiertheit – egal ob es mit Kindern oder Erwachsenen durchgeführt wird – kaum in der Lage ist, gegenüber traditionellen Verfahren bessere und nachhaltige Ergebnisse zu erzielen. Rösch und Stanat (2011, S. 150) mussten, nach anfänglich ermutigenden Testergebnissen, ernüchtert feststellen, dass die positiven Wirkungen bei den Kindern, bis auf den Bereich der Lesefertigkeiten, nach drei Monaten verschwunden waren, also keine Langzeitwirkung feststellbar war (Prä-Post-Test-Design). Auch stärker auch auf berufliche Kontexte ausgerichtete Verfahren wie der „sprachbewusste und intensive Unterricht" (FörMig, 2009) können nur bedingt als Alternativen betrachtet werden, sofern auch dort ein „sprachbewusster" Ansatz die Merkmale der beschriebenen Formorientierung – oft in Kombination mit frontalen Lehrmethoden – aufweist.

Die grundlegende Wirksamkeit von handlungsorientiertem Unterricht nach den Prinzipien der Szenariendidaktik konnte dagegen durch die wissenschaftliche Untersuchung „Focus on Handlung" (Roche, Reher & Šimić, 2012) bestätigt werden. Während einer 10-tägigen Lernphase in unterschiedlichen Workshops (Film, Natur, Zirkusakrobatik, Kochen/Backen, Spiel, Theater etc.) im Rahmen einer Kinder-Akademie wurde das Verhalten von 50 Schülerinnen und Schülern (3. Klasse) von einem neunköpfigen Evaluatorinnenteam im Rahmen von teilnehmenden Beobachtungen protokolliert und ausgewertet, in Bezug auf die Häufigkeit und die Komplexität/Vielfalt der Äußerungen. Hierbei ging es vor allem um das soziale und sprachliche Verhalten der Kinder und den Zuwachs an Selbstvertrauen, etwa bei den täglichen Plenumsveranstaltungen, an denen auch auswärtige Gäste teilnahmen. Ein besonderes Augenmerk galt im Rahmen der Kinderakademie auch der Entwicklung von sprachlichen Strategien des Konflikt- oder Dissensmanagements und der Entwicklung demokratischer Kompetenzen. Daneben wurden vor und nach der Kinderakademie Lehrkräfte, Eltern und Schülerschaft zu den sprachlichen, sozialen und demokratischen Kompetenzen der Schülerinnen und Schüler befragt. Die Befunde der Studie weisen darauf hin, dass mit einer einzigen Ausnahme bei allen Schülerinnen und Schülern eine Verbesserung der kommunikativen und sozialen Kompetenzen sowie des Selbstvertrauens festgestellt werden konnte. Ebenso konnte eine zunehmende Integration von davor weniger gut integrierten Schülerinnen und Schülern im Klassenverbund beobachtet werden. Daneben konnte u.a. festgestellt werden, dass offene, aufgabenbasierte und handlungsorientierte Lernsituationen, wie sie etwa mit der Herstellung eines Filmes, der Zubereitung eines Essens, der Entwicklung einer Zirkusvorstellung etc. gegeben sind, Folgendes bewirken:

1. Sie intensivieren unter den Schülerinnen und Schülern die sprachliche Interaktion über Lerninhalte und Kommunikationsmanagement sowie das soziale und demokratische Management gemeinsamer Lernprozesse (etwa bei der Rollenverteilung in den Workshops, bei der Verhandlung unterschiedlicher Meinungen, bei der Organisation von Workshop-Abläufen und Teamaufgaben).

2. Sie motivieren Schülerinnen und Schüler dazu, ihre Strategien der Informationsbeschaffung zu erweitern und zu vertiefen, nicht zuletzt, weil die Ergebnisse der Handlungen in der Regel im öffentlichen Raum der Kinderakademie präsentiert werden (etwa in den täglichen Plenumssitzungen, an denen meist auch auswärtige Gäste, und auch die Presse, teilnahmen).

3. Sie steigern ihre Motivation für den Unterricht sowie ihr Interesse an formaler Akkuratheit, nicht zuletzt, weil die Kinder untereinander gut bestehen wollen und weil der Zusammenhalt in der Gruppe und die erprobten Managementverfahren (vor allem in Bezug auf die „schwierigen Kinder") gefestigt sind; es entstehen Transfereffekte in alle Schulfächer, die bis zum Ende des Schuljahres beobachtbar, also nachhaltig sind.

4. Sie ermöglichen allen das Einbringen ihres Vorwissens, ihrer Interessen und ihrer Stärken und Talente durch einen individuellen Zugang zu den Aufgaben.

Somit fordern die Handlungssituationen die Kinder, nehmen sie in die Verantwortung und öffnen Erprobungsräume, die jedem Kind vielfältige Erfolgserlebnisse vermitteln. Gleichzeitig werden sie der Heterogenität innerhalb der Schülergruppen gerecht. Sowohl Binnendifferenzierung als auch Erfolgserlebnisse scheinen zu den Selbstverständlichkeiten des Unterrichts zu gehören.

Wenn ein Pilotprojekt mit Kindern aus sogenannten Brennpunktschulen derart positive und ermutigende Ergebnisse zeigt, wieso sollte das zugrundeliegende Lernverfahren bei einer strikten Handlungsausrichtung nicht auch in anderen Kontexten mit anderen Lernergruppen funktionieren? Im Rahmen des Projekts „Bildungssprache Deutsch an beruflichen Schulen" (Terrasi-Haufe, Roche & Riehl, 2017) wird daher das gleiche Verfahren, mit anderen Inhalten und wesentlich umfangreicher, in beruflichen Schulen erprobt und erforscht. Das geschieht unter anderem im Bereich der Ausbildung von Kfz-Mechatronikerinnen und -Mechatronikern und von medizinischen Fachangestellten sowie in Bezug auf den Schriftspracherwerb im Bereich Einzelhandel.

3. Deutschunterricht an beruflichen Schulen

Was im Unterricht an Berufsschulen passiert, wird traditionell nicht nur von den curricularen Vorgaben, den Lehrkräften, ihrem Ausbildungshintergrund und den Schülerinnen und Schülern beeinflusst, sondern auch von der Nachfrage auf dem Arbeitsmarkt, den Anforderungen, die die Unternehmen an Auszubildende stellen und den Zertifizierungsvorgaben von Handelskammern, Innungen und Berufsverbänden. Seit einiger Zeit wird dort zumindest in einer Reihe von Fächern eine Abnahme der Bewerberzahlen für Ausbildungsstellen beobachtet, die auch durch die höhere Attraktivität jüngerer Fächer verursacht wird. Vor allem lässt sich eine Abnahme der Bewerberzahlen für gewerblich-technische Ausbildungsstellen feststellen. Die Ausbildungsberufe in Gastronomie und Service sowie Bau leiden ohnehin schon länger an Bewerberschwund. In anderen Bereichen, wie Gesundheit und Pflege, erhöht sich die Kluft nicht zuletzt durch den deutlich wachsenden Bedarf (Terrasi-Haufe et al., 2017, S. 7–9). Als Gründe für die Schwierigkeiten, Lehrstellen zu besetzen, werden sehr häufig die mangelnden sprachlichen Kompetenzen der Bewerbenden genannt (vgl. Beicht, 2016). Daneben sind aber auch die sprachlichen Anforderungen in der Ausbildung gestiegen. Verlangt wird dort ein höherer Anteil an selbstreguliertem Lernen sowie an fach- und berufssprachlichen Kompetenzen (ebd.). Neben komplexer werdenden Ausbildungsanforderungen und Berufsbildern werden in diesem Zusammenhang verstärkt auch neue Prüfungsformate dafür verantwortlich gemacht, mit denen umfassende Leseverstehens- und Schreibkompetenzen, mündliche Interaktionsfähigkeit und selbstbewusstes Sprechen verlangt werden.

Parallel werden bei Berufsschülerinnen und -schülern zunehmend Schwierigkeiten in der Entwicklung primärer Strategien sowie der Lern- und Arbeitstechniken beobachtet. Daneben sind Defizite im Bereich der Grammatik und der Orthographie und große Schwierigkeiten beim Lesen und Verstehen von Fachvokabular, bei der Interpretation von Diagrammen und der Unterscheidung zwischen Alltagssprache und Bildungssprache festzustellen (Terrasi-Haufe et al., 2017, S. 9). Aus dieser Mängelliste wird die Forderung nach einer verstärkten Sprachförderung in berufsschulvorbereitenden Maßnahmen sowie einer durchgängigen Sprachbildung in allen Fächern im Unterricht der Fachklassen abgeleitet.

Die Berufsschule steht zudem vor einer Reihe von Herausforderungen, die sich aus der besonders heterogenen Zusammensetzung der Schülerschaft ergeben. Das gilt zum Beispiel in Bezug auf die Fächer und fachlichen Anforderungen, aber auch in Bezug auf Ausrichtung, Alter, Ausbildungsstand, Migrationshintergrund und Talente der Schülerinnen und Schüler.

Für Sprachfördermaßnahmen könnten Berufsschülerinnen und -schüler, so fasst Efing (2013, S. 76) den aktuellen Forschungsstand zusammen, nur dann motiviert werden, wenn eine enge sprachlich-fachliche Verzahnung und lebensweltliche Anbindung an den Ausbildungskontext gewährleistet werde.

4. Folgen für den fachübergreifenden, sprachsensiblen Unterricht an beruflichen Schulen

Gefragt ist folglich ein integratives Konzept, das den oben geschilderten Veränderungen gerecht wird. Da der Bedarf genauso für sogenannte Muttersprachlerinnen und Muttersprachler sowie für Schülerinnen und Schüler mit Migrationshintergrund bzw. Seiteneinsteigerinnen und -einsteiger gegeben ist, gilt es an dieser Stelle, eine fundierte Sprachbildung in allen Unterrichtsfächern einzuführen. Dies scheint vor allem auch deshalb sinnvoll zu sein, weil der Unterricht an Berufsschulen oft durch stark spezialisierte und folglich kleine Fachklassen oder durch Blockunterricht für große Sprengel gekennzeichnet ist. Auch Schülerinnen und Schüler mit der Erstsprache Deutsch haben zudem oft den gleichen sprachlichen Qualifizierungsbedarf (Roche, 2008). Auch von daher scheint ein integrativer berufssprachlicher Unterricht ohne segregierende Förderklassen das Mittel der Wahl zu sein.

Entscheidend für den Erfolg sprachdidaktischer Ansätze für den fachübergreifenden, sprachsensiblen Unterricht an beruflichen Schulen sind unterschiedliche Parameter.

Aus *didaktischer* Perspektive ist die Einbindung in aufgabenbasierte Ausgangs-Handlungssituationen mit echten Inhalten und Aufgaben, die zur Erstellung eines relevanten sprachlichen Produkts führen, von zentraler Wichtigkeit. Schülerinnen und Schüler können in Rollenspielen, Szenarios, Fallstudien und Spielen unterschiedliche Rollen und im Sinne des Mottos „Lehren ist effizienter als Lernen" auch selbst Lehrrollen übernehmen (Riedl, 2011). Ein konsequent auf das Handlungsprinzip abgestimmter Unterricht verfügt über viele Möglichkeiten, den Herausforderungen des Arbeitsmarktes, aber auch den Anforderungen an moderne Ausbildungsstandards gerecht zu werden. Zum einen fördert er individuelle Talente und Kompetenzen durch relevante Inhalte und Aufgaben. Gleichzeitig fordert die Aufgabenorientierung Eigenverantwortung, Selbständigkeit und Planung ein und liefert mittels konkreter Produktionen und Präsentationen authentische Rückmeldung auf individuelles Lern- und Arbeitsverhalten. Der Unterricht muss so gestaltet sein, dass sich für die Schülerinnen und Schüler aus der zielgerichteten Arbeit an konkreten Produkten multiple Rückmeldungen ergeben, aus denen positive Effekte für die Persönlichkeitsentwicklung der Schülerinnen und Schüler resultieren. Im Endeffekt profitieren die Schülerinnen und Schüler von einem wesentlich erweiterten und besser fundierten Aktionspotenzial. Dass dieses der Gesellschaft zugutekommt und positive Auswirkungen auf einen Arbeitsmarkt haben muss, der oft die sinkende Ausbildungsreife der Jugendlichen moniert, versteht sich von selbst.

Aus *linguistischer* Perspektive ist eine pragmalinguistische Betrachtung des Lerngegenstands Fach- und Berufssprache geboten. Dies setzt ein pragmatisches Verständnis von Kommunikation voraus, wie es Bühler bereits 1934 in seinem Organon-Modell entwickelt hat. Für den beruflichen Kommunikationserfolg spielen das Wissen über Fachinhalte und die Versprachlichung von Sachverhalten sowie die Bewältigung von betrieblichen Abläufen zusammen mit der Einschätzung der hierarchischen Position und den Aufgabengebieten von Sender und Empfänger eine ganz zentrale Rolle. Die Möglichkeit, Erfahrungen in solchen Situationen zu sammeln, fördert wiederum das Wissen über Fachinhalte, Sachverhalte und betriebliche Abläufe und sensibilisiert für angemessenes sprachliches Handeln mit unterschiedlichen Gesprächspartnerinnen und Gesprächspartnern. Dabei ist zu berücksichtigen, dass sich die Fach- und Berufssprachen nicht nur horizontal in Bezug auf die fachliche Ausrichtung und Spezifizität (Rechtssprache, Ingenieursprache, Medizinsprache etc.) unterscheiden, sondern auch vertikal in Bezug auf die Adressatenorientierung (z.B. Arzt-Patienten-Kommunikation, Arzt-Arzt-Kommunikation, Arzt-Pfleger-Kommunikation im Bereich Medizin), medial in Bezug auf Mündlichkeit und Schriftlichkeit und Mischformen (wie z.B. Chats, SMS) und Zweck (z.B. Werkstattkommunikation, Verkaufsgespräch, Dokumentation). Linguistisch unterscheiden sich die vielen Varietäten jedoch nicht nur in Bezug auf das Vokabular und seine Fachlichkeit, sondern auch in Bezug auf die Art und Frequenz bestimmter struktureller (z.B. grammatischer) Mittel; so treten in vielen Fachsprachen z.B. Nominalisierungen und Passivformen oder auch bestimmte Präferenzen für Tempora und Funktionsverbgefüge gehäuft auf. Fachliche Experten- und Praktikergespräche kommen darüber hinaus oft mit erstaunlich wenigen, aber komprimierten sprachlichen Mitteln aus, zudem unterscheiden sich die Varietäten natürlich in Bezug auf den Aufbau der jeweiligen Textsorte/Varietät, den Grad der Sprecher- oder Adressatenorientierung, den Grad der Formalität/Informalität und vieles mehr. Nicht zuletzt gibt es in allen Berufs- und Fachsprachen auch didaktische Varietäten, wie z.B. Lehrbücher, Hand- und Wörterbücher, Nachschlagewerke): diese verlangen sowohl mündliche als auch schriftsprachliche Kompetenzen.

Aus *kognitionstheoretischer* Perspektive gilt es, kognitive Planungsprozesse vor allem bei der Aktivierung von Skripts, mentale Modelle, Bildschemata und dem mentalen Lexikon durch sprachliche Mittel (wie etwa Metaphern), gezielte Visualisierung und Medieneinsatz zu unterstützen und dadurch selbständiges problemlösendes und nachhaltiges Lernen zu fördern. Die Schülerinnen und Schüler werden in die Planung der Abläufe miteingebunden und zum Handeln in den verschiedenen Phasen (orientieren und informieren, planen und durchführen, präsentieren und dokumentieren, bewerten und reflektieren) angeleitet. Hierfür müssen ihnen reichhaltige binnendifferenzierte Ressourcen zur Verfügung gestellt werden, die im Endeffekt zur Entwicklung von Arbeits- und Lernstrategien beitragen sollen. Dies zeigt sich unter anderem im Einsatz kognitionsdidaktisch fundierter Grammatikdarstellungen (Animationen), die in die sprachlichen Handlungen integriert sind, im Einsatz von Strategien des Mental Mappings (Mind Maps) und in der Nutzung von konzeptuellen Kontrasten zur Ermittlung und Bewältigung der Transferdifferenz (s. auch „Konzeptuelle Kompetenz", konzeptuelle Textualität, konzeptuelle Schriftlichkeit, Roche, 2013).

Aus *pädagogischer* Perspektive soll der Umgang mit Fremdheit/Differenz als Katalysator des Lernens und als Herausforderung und Strategie des Lebens neu konzeptualisiert werden. Das Potenzial von Differenz, wie es in Berufsschulen in Bezug auf Fachrichtungen, Alter, Geschlecht, Ethnie und Vorbildung charakteristisch ist, kann hier in vollem Maße ausgeschöpft werden, weil durch die unterschiedlichen Konstellationen von Sprechern und Adressaten in unterschiedlichen Situationen und mit unterschiedlichen Kommunikationszwecken eine variantenreiche Auseinandersetzung entsteht; wenn eine bestimmte Aufgabe gegenüber dem Ausbilder, einem anderen Azubi (Auszubildenden), einer Kundin oder im Berichtsheft artikuliert werden muss, dann erfordert dies jedes Mal eine andere Realisierung, die ihrerseits unterschiedliche Rückmeldungen generiert und zu einer größeren Variationspalette und im Endeffekt zu größerer Sprachbewusstheit beiträgt. Mit Differenz werden in Anlehnung an Roche (2013) und (Anz, 2007) nicht nur ethno-kulturelle Unterschiede bezeichnet, sondern individuelle Wahrnehmungen und Wissenskonstruktionen sowie subjektiv unterscheidbare Einstellungen, Werte und Erwartungen bestimmt. Diese beziehen sich folglich nicht ausschließlich auf sprachliche oder kulturspezifische Unterschiede, sondern eher auf die Einzigartigkeit eines jeden Individuums in Bezug auf Vorerfahrungen,

Wissen, Stärken und Schwächen. So werden Selbständigkeit und Kreativität selbst bei Schülerinnen und Schülern, die im regulären Schulbetrieb nicht notwendigerweise Spitzenleistungen erbringen, gefördert.

5. Das Unterrichtsprinzip ‚Berufssprache Deutsch'

In dem Unterrichtsprinzip ‚Berufssprache Deutsch' finden sich die o.g. Parameter in systematischer Form wieder. Es bildet die Grundlage der neuen Lehrpläne für die Berufsintegrationsklassen und den Deutschunterricht an beruflichen Schulen[1] in Bayern. Das Prinzip umfasst eine Ausrichtung auf einen sprachsensiblen Fachunterricht und lässt sich über Lernfelder gut an die fachlichen Curricula der Ausbildungsfächer anschließen. So entsteht ein kohärentes, vernetztes, verbindliches und damit berechenbares System aus Fach- und Spracherwerb.

Im Mittelpunkt des handlungsorientierten berufssprachlichen Unterrichts, wie er im Konzept „Berufssprache Deutsch" konzeptualisiert wurde, steht die Auseinandersetzung mit authentischer Sprache in berufsrelevanten Situationen mit dem Ziel ihrer angemessenen Bewältigung.

Die Szenarien für „Berufssprache Deutsch" sind in Anlehnung an die Handlungsregulationstheorie (vgl. Schelten, 2002) nach dem Prinzip der vollständigen Handlung in folgenden Phasen realisiert:

Orientieren	Das Vorwissen der Schüler wird aktiviert. Was ist zu tun? Was wissen wir schon darüber? Wo finden wir zusätzliche Informationen?
Informieren	Die Schüler informieren sich anhand verschiedener Materialien bezüglich der zu bearbeitenden Aufgabe und Inhalte.
Planen und analysieren	Für ein Anliegen oder Problem gibt es immer verschiedene Lösungen und verschiedene Wege, die dahin führen. Was könnten wir machen? Wer hat so etwas schon mal gemacht? Wer kann das am besten? Aufgaben sind zu bestimmen und zu verteilen, Arbeitsabläufe zu planen. Hilfsmittel sind auszuwählen, relevante Vorlagen zu analysieren.
Durchführen und dokumentieren	Nun wird am Produkt gearbeitet, das umfasst mehrere Abstimmungs- und Arbeits- und Optimierungsdurchläufe. Daneben erfolgt die Dokumentation der geleisteten Arbeit.
Präsentieren	Der Phase der Erarbeitung folgt die Vorstellung des Arbeitsvorhabens. Davor wird alles nochmals sorgfältig überprüft und erprobt.
Bewerten	Anhand gemeinsam festgelegter Kriterien werden die erarbeiteten Produkte konstruktiv bewertet.
Reflektieren	Eine Phase der abschließenden Reflexion schließt das Szenario ab: Was ist gut gelungen? Was könnte man auch in anderen Situationen anwenden? Was würde man wann anders machen?

Abbildung 1:   Schritte der vollständigen Handlung (Roche & Terrasi-Haufe, 2016, S. 29)

---

1   https://www.isb.bayern.de/download/16565/unterrichtsprinzip_berufssprache_deutsch.pdf

Die Differenzierung erfolgt dabei auf zwei Ebenen: Erstens können die Schüler und Schülerinnen auf unterschiedliche sprachliche Produkte hinarbeiten und zweitens wird ihnen ein umfassendes Angebot an Hilfsmitteln dafür zur Verfügung gestellt. Die Bewertung erfolgt unter Berücksichtigung von Kriterien, die Schülerinnen, Schüler und Lehrkräfte gemeinsam bestimmen und operationalisieren. Die Vorgehensweise in der Praxis soll im Folgenden an einem Beispiel illustriert werden.

6. Umsetzung in Unterrichtsmaterialien

Das folgende Beispiel entstammt dem Kapitel „Eine Treppensanierung durchführen" des Lehrwerks Berufsdeutsch Metall.

Handlungssituation

Im Rahmen der Sanierung eines Schulgebäudes soll für den Eingangsbereich eine alte, verfallene Betontreppe durch eine moderne Treppe aus Metall ersetzt werden. Nach den Vorgaben des Architekturbüros *Schöner Wohnen* sollen Sie mehrere Alternativvorschläge erarbeiten, die den Anforderungen an eine Treppe für öffentliche Gebäude entsprechen. Um die Einbausituation genauer beschreiben zu können, liegen Ihnen neben den Abbildungen der bestehenden Treppe auch Skizzen und einige zusätzliche Maßangaben des Architekten vor. Am Ende Ihrer Ausarbeitungen sollen Sie Ihre Ergebnisse in Form einer anschaulichen und informativen Präsentationsmappe dem Architekten und einem Vertreter der Stadt vorstellen.

Abbildung 2: Lernsituation aus Berufsdeutsch Grundstufe Metall/Fachstufe Metallbau (Dirschedl, 2012b, S. 74)

Ausgehend von einer solchen Lernsituation wird eine weitgehend authentische Lernumgebung geschaffen. Lernen ist somit nicht mehr abstrakt. Da es dabei um relevante Inhalte für die Schülerinnen und Schüler geht, sind die besten Bedingungen für einen fächerübergreifenden Unterricht gegeben. Auf die in Abbildung 2 dargestellte Lernsituation (Dirschedl, 2012b, S. 75–87) folgt die Orientierungsphase, in der die Schüler und Schülerinnen durch ein Arbeitsblatt zur Erfassung der baulichen Gegebenheiten und Architektenvorgaben und Übungen zu unterschiedlichen Arbeitstechniken (Notizen verfassen, Inhalte exzerpieren und im Internet recherchieren) geleitet werden. Diese können nach Bedarf berücksichtigt werden. Sie stehen in einem separaten Basisband (Dirschedl, 2012a) zur Lehrwerksreihe zur Verfügung, der zusätzliche Übungen, auch zu Phänomenen der Rechtschreibung, Zeichensetzung und Grammatik bietet. In der Informationsphase werden Unterlagen zu Werkstoffen und Treppen- und Geländearten zusammen mit Lesestrategien (5-Schritte-Lesetechnik, Fachtexte untersuchen) bereitgestellt. Danach werden die Schülerinnen und Schüler in der Planungsphase zur Berechnung der Treppenmaße aufgefordert, im Anschluss sollen sie ein Steigungsverhältnisdiagramm erstellen. Daneben werden Skizzen erstellt, Normteile bezeichnet, ein Arbeitsplan verfasst und Arbeitsabläufe beschrieben. Die konkrete Auseinandersetzung mit Skizzen, Maßangaben und Materialien ermöglicht ein ganzheitliches, multisensorisches Erfahren der Wirklichkeit.

In der Durchführungsphase erfolgt zwar in diesem Fall nicht die eigentliche Treppenkonstruktion, dafür wird deren Dokumentation präsentiert. In der schriftlichen Überarbeitung der Ergebnisse, die ebenfalls situativ zu verankern ist, kann eine Reflexion erfolgen. Die Redaktion der schriftlichen Präsentation fördert so die Entwicklung sowohl mündlicher als auch schriftlicher Ausdrucksweisen der Schülerinnen und Schüler. Die stützende Funktion von Schriftsprache beim Vorbereiten mündlicher Vorträge und beim Entwickeln und Strukturieren der Gedanken selbst (und somit die Vernetzung sprachlicher Fertigkeiten) wird so ebenfalls ganz beiläufig deutlich. Die Schülerinnen und Schüler lernen dabei, produktiv mit dem Medium Schriftsprache umzugehen. Auch zum Halten von Vorträgen werden Hilfsmittel zur Verfügung gestellt. Die Präsentation für andere Akteurinnen und Akteure erlaubt das Erfahren der Wirkung eigenen Handelns. Dieses Handeln ist sowohl ein physisches, das sprachlich benannt und begleitet wird, als auch ein sprachliches Handeln, das sich im Dialog, durch direkte Aufforderungen und schließlich im Erzählen und Resümieren über das Erarbeitete darstellt. Abschließend wird die im Team geleistete Arbeit anhand eines Bogens gemeinsam bewertet.

7. Fazit

In der handlungsorientierten Didaktik sollen wie im ungesteuerten Sprachenlernen der kommunikative Zweck und die aufgabenbasierte Sprachanwendung im Mittelpunkt des Unterrichtsgeschehens stehen. Der Sprachzuwachs entwickelt sich in intensiver Erarbeitung von Wortschatz und Strukturen beim konkreten (Sprach-)Handeln mit dem spezifischen Kommunikationszweck. Das Behalten der vermittelten Strukturen wird so, in der Verzahnung von Handlungsbezug,

Vermittlung sprachlicher Mittel und aktiver Sprachanwendung und der daraus entstehenden Rückmeldung wesentlich erleichtert und optimiert. In der Szenariendidaktik wird dies durch Aufgaben realisiert, die die Schülerinnen und Schüler zur Lösung relevanter Arbeitsaufträge aktivieren, unterstützen und auf der Grundlage sachlicher Evaluationsprozesse zur Selbstreflexion anregen. Durch die oben illustrierten, gezielt eingesetzten Handlungszusammenhänge und Arbeitsaufträge können bei jeder Sprachaktivität in einem Lernszenario darüber hinaus auch besondere grammatische Strukturen integriert gefördert werden. Dabei kann die handlungsbegleitende Sprache effektiv für das Sprachenlernen genutzt werden. Es bedarf keiner aufwendigen Metasprache für grammatische Erklärungen. Idealerweise arbeiten Sprachlernerinnen und Sprachlerner dabei, wenn möglich, binnendifferenzierend gemeinsam mit Schülerinnen und Schülern, die sich schon gut verständigen können oder fortgeschritten sind. Dadurch haben sie die Möglichkeit, Sprachmuster von anderen zu erfahren und selbst Sprache auszuprobieren. Aufgrund seiner Nähe zum lernfeldzentrierten Unterricht an beruflichen Schulen eignet sich dieser Ansatz besonders gut für eine fachintegrierte Vermittlung von Sprachkompetenzen, die den beruflichen Anforderungen genügen (vgl. auch Hoffmann in diesem Band).

Literatur

Anz, Thomas (Hrsg.) (2007). *Handbuch Literaturwissenschaft. Gegenstände und Grundbegriffe*. Band 1. Stuttgart: Metzler.

Apeltauer, Ernst (2007). Sprachliche Frühförderung von Kindern mit Mirgrationshintergrund. *Info DaF, 34* (1), 3-36.

Beicht, Ursula (2016). Berufliche Orientierung junger Menschen mit Migrationshintergrund und ihre Erfolgschancen beim Übergang in betriebliche Berufsausbildung. Überblick über Ergebnisse quantitativer Forschung der letzten zehn Jahre in Deutschland sowie vergleichende Analysen auf Basis der BIBB-Übergangsstudien und der BA/BIBB-Bewerberbefragungen. *Wissenschaftliche Diskussionspapiere, 163.*

Bühler, Karl (1934). *Sprachtheorie. Die Darstellungsfunktion der Sprache.* Jena: Fischer.

Dirschedl, Carlo (2012a). *Berufsdeutsch.* Berlin: Cornelsen.

Dirschedl, Carlo (2012b). *Berufsdeutsch: Handlungssituationen Grundstufe Metall/Fachstufe Metallbau.* Berlin: Cornelsen.

Efing, Christian (2013). Sprachförderung in der Sekundarstufe II. In Mercator Institut für Sprachförderung und Deutsch als Zweitsprache (Hrsg.), *Wirksamkeit von Sprachförderung* (S. 75–81). Zürich: Bildungsdirektion des Kantons Zürich.

FörMig (2009). *Wege zur durchgängigen Sprachbildung. Ein Orientierungsrahmen für Schulen.* Verfügbar unter www.foermig-berlin.de/materialien/Wege_zur_durchgaengigen_Sprachbildung___.pdf [15.09.2016].

Hallet, Wolfgang (2006). *Didaktische Kompetenzen. Lehr- und Lernprozesse erfolgreich gestalten.* Stuttgart: Klett.

Hölscher, Petra; Piepho, Hans-Eberhard & Roche, Jörg (2006). *Handlungsorientierter Unterricht mit Lernszenarien. Kernfragen zum Spracherwerb.* Oberursel: Finken.

Kretzschmar, Anna (2015). *Leselehrer sein und werden. Eigene Lesesozialisation, Einstellungen zur Lesekompetenzförderung und die Entwicklung zum Leselehrer an beruflichen Schulen (Sekundarstufe II)*. Baltmannsweiler: Schneider Hohengehren.

Leist, Anja (2006). Sprachförderung im Elementarbereich. In Ursula Bredel, Hartmut Günther & Peter Klotz (Hrsg.), *Didaktik der deutschen Sprache. Ein Handbuch. Band 2. Ein Handbuch* (2. Aufl., S. 673–683). Stuttgart: UTB.

Long, Michael H. (1991). Focus on form: A design feature in language teaching methodology. In Kees de Bot, Ralph B. Ginsberg & Claire J. Kramsch (Hrsg.), *Foreign language research in cross-cultural perspective* (S. 39–52). Amsterdam/Philadelphia: J. Benjamins Pub. Co.

Polotzek, Silvana; Hofmann, Nicole; Roos, Jeanette & Schöler, Hermann (2008). *Sprachliche Förderung im Elementarbereich. Beschreibung dreier Sprachförderprogramme und ihre Beurteilung durch Anwenderinnen*. Verfügbar unter www.kindergartenpaedagogik. de/1726.html [26.12.2016].

Ricart Brede, Julia; Knapp, Werner; Gasteiger Klicpera, Barbara & Kucharz, Diemut (2010). Lernumgebung in der vorschulischen Sprachförderung. Eine videobasierte Analyse von Aktivitäten, Sozialformen und sprachlichen Förderbereichen. In Werner Knapp & Heidi Rösch (Hrsg.), *Lernumgebungen und Lernszenarien im Deutschunterricht* (S. 25–40). Freiburg im Breisgau: Fillibach.

Riedl, Alfred (2011). *Didaktik der beruflichen Bildung* (2. Aufl.). Stuttgart: Steiner.

Roche, Jörg (2008). *Fremdsprachenerwerb, Fremdsprachendidaktik* (2. Aufl.). Tübingen: Francke.

Roche, Jörg (2013). *Mehrsprachigkeitstheorie. Erwerb – Kognition – Transkulturation – Ökologie*. Tübingen: Narr.

Roche, Jörg; Reher, Janina & Šimić, Mirjana (2012). *Focus on Handlung. – Zum Konzept des handlungsorientierten Erwerbs sprachlicher, sozialer und demokratischer Kompetenzen im Rahmen einer Kinder-Akademie*. Münster: Lit.

Roche, Jörg & Terrasi-Haufe, Elisabetta (Hrsg.) (2016). *DaZ-Schüler im Regelunterricht fördern 1./2. Klasse*. Augsburg: Auer.

Roos, Jeanette; Polotzek, Silvana & Schöler, Hermann (2010). *EVAS Evaluationsstudie zur Sprachförderung von Vorschulkindern. Abschlussbericht der Wissenschaftlichen Begleitung der Sprachfördermaßnahmen im Programm „Sag' mal was – Sprachförderung für Vorschulkinder". Unmittelbare und längerfristige Wirkungen von Sprachförderungen in Mannheim und Heidelberg*, Pädagogische Hochschule Heidelberg.

Rösch, Heidi & Stanat, Petra (2011). Bedeutung und Form (BeFo): Formfokussierte und bedeutungsfokussierte Förderung in Deutsch als Zweitsprache. In Natalia Hahn & Thorsten Roelcke (Hrsg.), *Grenzen überwinden mit Deutsch. 37. Jahrestagung des Fachverbandes Deutsch als Fremdsprache an der Pädagogischen Hochschule Freiburg/Br. 2010* (S. 149–161). Göttingen: Univ.-Verl. Göttingen.

Schelten, Andreas (2002). Über den Nutzen der Handlungsregulationstheorie für die Berufs- und Arbeitspädagogik. *Pädagogische Rundschau, 6* (56), 621-630.

Schelten, Andreas (2009). *Begriffe und Konzepte der berufspädagogischen Fachsprache. Eine Auswahl* (2. Aufl.). Stuttgart: Steiner.

Sprachverband Deutsch e.V. (Hrsg.) (1996). *Bildungsarbeit in der Zweitsprache Deutsch. Konzepte und Materialien*. Baltmannsweiler: Schneider Hohengehren.

Terrasi-Haufe, Elisabetta; Roche, Jörg & Riehl, Claudia Maria (2017). Heterogenität an beruflichen Schulen. Ein integratives, handlungsorientiertes Modell für Curriculum, Unterricht und Lehramt: didaktische, bildungs- und fachpolitische Perspektiven. In Regina Freudenfeld, Ursula Gross-Dinter, Tobias Schickhaus & Florian Feuser (Hrsg.), *In Sprachwelten übersetzen. Beiträge zur Wirtschaftskommunikation, Kultur- und Sprachmittlung in DaF und DaZ. 42. Jahrestagung des Fachverbandes Deutsch als Fremd- und Zweitsprache in München 2015* (S. 157–182). Göttingen: Univ.-Verl. Göttingen.

Christina Keimes & Volker Rexing

Lesen im Betrieb?!
Zur Domänenspezifität von Leseanlässen im beruflichen Kontext und Implikationen für Förderkontexte

1.   Forschungsstand

Wie der aktuelle Forschungsstand offenlegt, ist bisher vergleichsweise wenig vor allem über sprachlich-kommunikative Anforderungen in gewerblich-technischen (Ausbildungs-)Berufen bekannt (vgl. z.B. Efing, 2013; Janich, 2007; Pätzold, 2009; Settelmeyer et al., 2014). Dies überrascht umso mehr, weil curriculare Vorgaben (z.B. die nationalen Bildungsstandards in Deutschland für die Hauptschule im Fach Deutsch; KMK, 2005) eine Förderung der für die Berufsausbildung notwendigen sprachlichen und methodischen Kompetenzen postulieren. Auch im Lehrplan des Faches Deutsch/Kommunikation für die Fachklassen des dualen Systems soll der berufliche Alltag Ausgangs- und Bezugspunkt für die zu entwickelnden sprachlichen Kompetenzen sein (vgl. MSW NRW, 2015).

Die bisher vorliegenden Studien untersuchen z.B. sprachlich-kommunikative Anforderungen (also jeweils rezeptive/produktive Schriftsprachlichkeit und Mündlichkeit) an erwachsene Erwerbstätigen im Betrieb und fokussieren dabei insbesondere zweit- und fremdsprachliches Handeln (vgl. z.B. DIE, 2010; im Überblick Efing, 2013). Weitere Untersuchungen zielen auf die Analyse sprachlich-kommunikativer Anforderungen in Fachbüchern/Fachtexten (vgl. Niederhaus, 2011; für Auszubildende mit besonderem Förderbedarf Eckardt-Hinz, Hanisch, Heisler & Mannhaupt, 2013) bzw. erfassen diese inhaltanalytisch in beruflichen Ordnungsmitteln (vgl. Efing, 2013; Grundmann, 2007; Kaiser, 2012).

Darüber hinaus liegen erste Studien zu sprachlich-kommunikativen Anforderungen im Kontext der beruflichen Erstausbildung vor. Diese dokumentieren zum Teil erhebliche Abweichungen zwischen den im schulischen Kontext geförderten Aspekten/Inhalten und den realen Anforderungen im beruflichen (Ausbildungs-) Kontext (vgl. Baumann & Siemon, 2013; Efing, 2010; Efing & Häußler, 2011; Knapp, Pfaff & Werner, 2008; Radspieler, 2014).

Insgesamt zeigt sich der Forschungsstand als sehr heterogen im Hinblick auf den Untersuchungsgegenstand (sprachlich-kommunikative Kompetenzen), die Zielgruppe und Domänen. Das diesem Beitrag zugrundeliegende Projekt fokussiert zugunsten einer wissenschaftlichen Systematik ausschließlich die Lesekompetenz (als eine Facette sprachlicher Kompetenzen) in ausgewählten beruflichen Domänen im Berufsfeld Bautechnik.

Die Fokussierung auf diese Zielgruppe resultiert im Wesentlichen aus folgenden Überlegungen (vgl. auch Keimes, 2014): Erstens handelt es sich hierbei um ein gewerblich-technisches Berufsfeld, in dem angesichts erheblicher Schwächen im Leseverstehen (vgl. Norwig, Petsch & Nickolaus, 2010) in besonderem Maß ein Förderbedarf bei den Auszubildenden anzunehmen ist. Zweitens sind viele Charakteristika des Berufsbildes Maurer/in bzw. Straßenbauer/in (z.B. Tätigkeiten, Arbeitsorganisation etc.) auch für andere Berufe dieses Berufsfeldes exemplarisch. Drittens liegen repräsentative Auszubildendenzahlen vor, insofern z.B. der Ausbildungsberuf des Maurers im Jahr 2012 zu den 25 am häufigsten von jungen Männern besetzten Berufen gehört (vgl. BMBF, 2013, S. 20).

2.   Ausgangslage

Lesekompetenz gilt als basale Kulturtechnik, die für die Partizipation an einer literalen Gesellschaft eine unverzichtbare Voraussetzung darstellt (vgl. BMBF, 2007, S. 5). In unserer modernen Gesellschaft sind ausgeprägte Lesefähigkeiten für eine „in beruflicher und gesellschaftlicher Hinsicht erfolgreiche Lebensführung unerlässlich" (Hurrelmann, 2007, S. 21). Unterstützt wird diese Annahme durch eine Reihe unterschiedlicher Argumentationslinien. Hier sei *erstens* die Berufsschule mit ihrem öffentlichen Bildungsauftrag genannt, die sich nicht nur der Entwicklung beruflicher Handlungskompetenz verpflichtet (vgl. z.B. Heid, 1977, 1999), sondern auch einen Beitrag dazu leisten soll, „berufliche Flexibilität zur Bewältigung der sich wandelnden Anforderungen in Arbeitswelt und Gesellschaft zu entwickeln" und „die Bereitschaft zur beruflichen Fort- und Weiterbildung zu wecken" (KMK, 1991, S. 2). Lesen stellt als Basiskompetenz hierbei zweifellos einen wesentlichen Bezugspunkt dar (vgl. Pätzold, 2009). *Zweitens* gewinnt Lesekompetenz aus berufspädagogischer Sicht dahingehend an Bedeutung, dass sich das Leseverständnis nachweislich auf den Erwerb berufsfachlicher Kompetenzen auswirkt (vgl. z.B. Nickolaus, Geißel & Gschwendtner, 2008, S. 59 f.). Demzufolge ist der Wissens- und Kompetenzaufbau u.a. davon abhängig, inwieweit es Auszubildenden gelingt, berufsfachliche Texte eigenständig und sinnerfassend zu lesen. *Drittens* wird der Zusammenhang zwischen Lesekompetenz und (Bildungs-)Erfolg durch Befunde verschiedener Studien zu Berufsbildungsverläufen unterstützt. So wurde z.B. in einer Schweizer Folgestudie von PISA, TREE (Transition from Education to Employment), festgestellt, dass Jugendliche mit gering ausgeprägten Lesefähigkeiten nach Ende der Schulpflichtzeit in Bildungsangebote mit intellektuell weniger anforderungsreichen Voraussetzungen einmünden (vgl. Stalder, 2011, S. 195, 199). Auch die kanadische Studie YITS (Youth in Transition Survey) belegt den Zusammenhang von Lesekompetenz und Bildungserfolg: den Ergebnissen folgend trägt „die im Alter von 15 Jahren gemessene Lesekompetenz signifikant zur Vorhersage des im Alter von 19 Jahren erzielten Bildungserfolgs" bei (Naumann, Artelt, Schneider & Stanat, 2010, S. 43). Darüber hinaus sind schwächere Leserinnen und Leser gemäß Befunden des IALS (International Adult Literacy Survey) öfter von Arbeitslosigkeit betroffen und verfügen über ein geringeres Einkommen als gute Leserinnen und Leser (vgl. ebd.).

Dass erheblicher Bedarf besteht, Lesekompetenz zu fördern, zeigen bekanntermaßen auch die PISA-Studien sehr eindrücklich. Nach PISA 2000 (Programme for International Student Assessment) zählten ca. zehn Prozent der Jugendlichen zur sog. potenziellen „Risikogruppe" (Artelt, Stanat, Schneider & Schiefele, 2001, S. 117), deren Berufs- und Bildungschancen als enorm gefährdet gelten. Auch über zehn Jahre nach der ersten Erhebung zeigen die Befunde der PISA-Studie 2012, dass trotz eines positiven Entwicklungstrends immer noch lediglich 14,5 Prozent der Fünfzehnjährigen Aufgaben der Kompetenzstufe Ia (und a fortiori darunter) bewältigen können (vgl. Prenzel, Sälzer, Klieme & Köller, 2013). Auf Basis der aktuellen Studie (von 2015) hat sich dieser positive Trend fortgesetzt und insbesondere im internationalen Vergleich zeigt sich, dass die Lesekompetenz der Jugendlichen in Deutschland signifikant höher ist als die durchschnittliche Lesekompetenz der Jugendlichen aller OECD-Staaten. Mit einem absoluten Anteil von nun 16 Prozent (auf Kompetenzstufe Ia) verbleibt aber immer noch eine große Gruppe auf den untersten Kompetenzstufen (vgl. Weis et al., 2016, S. 267).

Es ist wohl davon auszugehen, dass aus diesem Kreis der Leseschwachen ein Großteil der zukünftigen Auszubildenden hervorgehen dürfte. Im Hinblick auf die Ausbildungsfähigkeit Jugendlicher erweisen sich defizitär ausgeprägte Lesekompetenzen als durchaus bedenklich. So sieht Pätzold (2010) den hohen Anteil an Abbruch- und Durchfallquoten in der beruflichen Bildung nicht zuletzt darin begründet, „dass die Auszubildenden bereits bei der Rezeption des Fachwissens bzw. des Lern- und Prüfungsstoffes aus den Fachbüchern bzw. Lernmaterialien überfordert sind" (ebd., S. 163). Diese Annahme unterstützt, nebenbei bemerkt, noch einmal den oben genannten Befund von Nickolaus et al. (2008). Auch die Untersuchung zu Leistungen, Motivation und Einstellungen der Schülerinnen und Schüler in Abschlussklassen der Berufsschule (ULME III) verdeutlicht die Defizitproblematik: Danach waren nur 5,6 Prozent der untersuchten Jugendlichen fähig, detailreiche und komplex strukturierte Dokumente zu analysieren und ihnen gezielt Informationen zu entnehmen (vgl. Lehmann, Seeber & Hunger, 2006). Auch in den gegenwärtig üblichen Prüfungszuschnitten (generell in didaktischen und diagnostischen Verwertungskontexten) dürften die sprachlichen Anforderungen vor allem für Auszubildende mit sprachlichen Defiziten ein Problem darstellen (vgl. Nickolaus, 2016, S. 171). Nickolaus (2016, S. 176) verweist in diesem Zusammenhang z.B. darauf, dass in fachlichen Lehr-Lernprozessen die sprachlichen Anforderungen möglichst barrierefrei gestaltet werden können/sollten, dies aber in der gängigen Prüfungspraxis nur bedingt realisierbar ist, weil zur Ermittlung der (beruflichen) Fachkompetenz relativ hohe sprachliche Anforderungen üblich sind.

Zweifellos steht fest, dass unzureichende Lesefähigkeiten für eine Bildungs- und Berufskarriere eine ungünstige Voraussetzung sind. Für viele Schülerinnen und Schüler dürfte die berufliche Ausbildung die wohl letzte Möglichkeit darstellen, ihre Lesekompetenz in einem systematischen schulischen Kontext zu entwickeln und bestehende Defizite zu kompensieren (vgl. auch Katz, 1994, S. 116 ff.).

Zwar lassen sich zwischenzeitlich verstärkt Förderbemühungen auch im Rahmen beruflicher Bildung erkennen, doch liegen hier bislang nur wenige belastbare Befunde vor. Bestehende Förderkonzepte wurden entweder unzureichend evaluiert oder bewirkten keine nachhaltigen Effekte (im Überblick vgl. Keimes & Rexing, 2011). In den DFG-Studien zum Förderkonzept *Reciprocal Teaching* zeichneten sich sogar problematische motivationale Implikationen ab. Die Motivation der Auszubildenden stagnierte während des Lesekompetenztrainings bzw. entwickelte sich mitunter sogar ungünstig (vgl. z.B. Gschwendtner, 2012). In einer Ergänzungsstudie, die an einem Berufskolleg in NRW durchgeführt wurde, gab es darüber hinaus explizite Hinweise darauf, dass Lesen in der Wahrnehmung der Auszubildenden für die Bewältigung betrieblicher Anforderungssituationen offenkundig nicht relevant ist (vgl. Keimes, Rexing & Ziegler, 2011). Gerade die erkennbare Relevanz scheint aber ein zentrales Kriterium für das Gelingen entsprechender Fördermaßnahmen zu sein. Insgesamt deutet sich an, dass wohl nur speziell auf berufliche Anforderungen und konkrete berufliche Handlungssituationen abgestimmte Zugänge die Jugendlichen tatsächlich erreichen (vgl. z.B. Norwig, Ziegler, Kugler & Nickolaus, 2013; hierzu auch Ziegler, 2016).

Vor diesem Hintergrund erscheint eine Übernahme von Förderkonzepten, die im allgemeinbildenden Bereich als durchaus positiv evaluiert wurden, auf den spezifischen berufsbildenden Kontext bzw. die Berufsschule problematisch. Mehrere Ursachen sind hier anzunehmen bzw. stellen eine besondere Herausforderung dar: (1) die mitunter sehr heterogenen und häufig problematischen Lernvoraussetzungen der Auszubildenden (vgl. z.B. Grotlüschen & Riekmann, 2012; Norwig et al., 2010; Rexing, Keimes & Ziegler, 2015), (2) eine unzureichende Wahrnehmung der Relevanz des Lesens seitens der Akteurinnen und Akteure im berufsbildenden Kontext (vgl. z.B. Keimes et al., 2011; Keimes, 2014) sowie (3) konzeptionelle Defizite bestehender Förderkonzeptionen (vgl. z.B. Norwig et al., 2013).

Es bedarf offensichtlich Förderkonzepte, die zugleich die beruflichen Handlungskontexte, die spezifischen Lernvoraussetzungen sowie die strukturellen Rahmenbedingungen der Ausbildung systematisch berücksichtigen. Letzteres gilt vor allem für die im dualen System mit den Lernorten Betrieb (ggf. überbetriebliche Ausbildungsstätte) und Schule organisierten Ausbildungsberufen. So wäre z.B. mit Nickolaus (2013) zu klären, ob Förderbemühungen, die die beruflichen Handlungskontexte systematischer berücksichtigen, eher zu den gewünschten Effekten führen. Die dazu zunächst notwendige Untersuchung der betrieblichen (Ausbildungs-)Realität mit differenzierten Aussagen zu sprachlichen Anforderungen in einzelnen Berufsfeldern erscheint zum gegenwärtigen Zeitpunkt allerdings als ein zentrales Forschungsdesiderat (hierzu auch Ziegler & Gschwendtner, 2010; Keimes et al., 2011; Ziegler 2016).

Der vorliegende Beitrag hat zunächst den Forschungsstand zur Förderung von Lesekompetenz und das Untersuchungsdesign einer an der RWTH Aachen University durchgeführten empirisch-explorativen Studie skizziert. Im Hinblick auf den Fokus *Sprachsensibel Lehren und Lernen* (vgl. z.B. Schneider et al., 2013) wurden ausgewählte Ergebnisse der Untersuchung berichtet und im Sinne von Konsequenzen für eine sprachsensible Gestaltung von Unterricht in beruflichen Bildungsgängen diskutiert. Der Schwerpunkt sollte hier insbesondere auf didaktisch-methodischen Entscheidungen unter besonderer Berücksichtigung der kognitionstheoretischen Modellierung des Leseprozesses liegen.

3. Grundlagen zur Förderung von Lesekompetenz im Berufsfeld Bautechnik. Das Forschungsprojekt der RWTH Aachen University

3.1 Untersuchungsdesign einer empirisch-explorativen Studie

Vor dem Hintergrund des skizzierten Forschungsstandes bestand das leitende Erkenntnisinteresse im Projekt darin, einen Beitrag zur Klärung der folgenden Fragestellungen zu leisten:

1. Welche Bedeutung hat Lesen bei der Bewältigung beruflicher Anforderungssituationen in der betrieblichen (Ausbildungs-)Realität?
2. Welche leserelevanten Dokumente und betrieblichen Handlungssituationen können in den untersuchten Berufen identifiziert werden?
3. Welche motivationalen Haltungen liegen im Hinblick auf Leseanlässe bei den Berufsschülerinnen und Berufsschülern vor?
4. Welche Anforderungen an die Lesekompetenz können auf dieser Basis definiert werden?
5. Welche Konsequenzen lassen sich aus diesen Erkenntnissen für eine kontextspezifische Leseförderung ableiten?

Aufgrund des wenig beforschten Feldes und der Spezifität der Zielgruppen sowie des differenzierten und komplexen Erkenntnisinteresses wurde ein explorativer und methodologisch triangulativer Zugang gewählt (Tab. 1).

Tabelle 1:   Forschungsfragen und methodische Zugänge

Forschungsfrage	Methodischer Zugang
Relevanz von Lesekompetenz	*Dokumentenanalyse* (von Ordnungsmitteln) *Experteninterviews* (Ausbildende, Lehrkräfte) *Gruppeninterviews* (Auszubildende)
motivationale Voraussetzungen	*schriftliche Befragungen* (Auszubildende)
Anforderungen an die Lesekompetenz	*sprachwissenschaftliche Analyse* beruflich relevanter Texte (in Anlehnung an Niederhaus, 2011; Efing, 2010; Efing, 2012); *kognitionstheoretische Analyse* beruflich relevanter Texte/Handlungssituationen in Anlehnung an das Modell funktionaler Lesekompetenz (Ziegler, Balkenhol, Keimes & Rexing, 2012)
Konsequenzen für Förderung	Interpretation/systematische Ableitung

Im Zentrum der Untersuchung steht das Berufsfeld Bautechnik mit den Ausbildungsberufen *Maurerin bzw. Maurer* und *Straßenbauerin bzw. Straßenbauer*. Um Hinweise auf die berufsspezifische Bedeutung des Lesens zu gewinnen, wurden Experteninterviews mit Führungskräften der mittleren Ebene (Meisterinnen und Meister, Polierinnen und Poliere) und Gruppenbefragungen mit Auszubildenden der entsprechenden Ausbildungsberufe durchgeführt. Den Interviews lagen dabei differenzierte Erkenntnisabsichten zugrunde: Während die befragten Expertinnen und Experten praxisbasiertes Handlungs- und Erfahrungswissen, kurzum professionelles Wissen, berichten, stand bei den interviewten Auszubildenden eher deren subjektiv erlebte Relevanz von Lesen im Vordergrund. Ausgewertet wurden die Interviews mithilfe der qualitativen Inhaltsanalyse in Anlehnung an Mayring, genauer gesagt mit der Technik der inhaltlichen Strukturierung (vgl. Mayring, 2010).

Auf der Grundlage der Experteninterviews wurden zunächst leserelevante Dokumente identifiziert und textrezeptive Handlungsfelder rekonstruiert. Ausgehend von den leserelevanten Texten bzw. beruflichen Situationen wurden in einem nächsten Schritt die lesespezifischen Anforderungen in Anlehnung an das Modell *funktionale Lesekompetenz* konkretisiert. Mit dem Terminus funktionale Lesekompetenz (vgl. ausführlich Ziegler et al., 2012) soll die auf berufliche Anforderungssituationen bezogene Facette von Lesekompetenz konnotiert werden: Lesen erfolgt hier primär integriert in komplexe Handlungssituationen und verknüpft mit einer konkreten Handlungsabsicht (vgl. ebd.). Damit akzentuiert das Modell (sozusagen als spezifische Facette) das funktionale bzw. gesellschaftlich-pragmatische Verständnis von Lesekompetenz, das insbesondere auch den PISA-Studien zugrunde liegt (vgl. Baumert, Stanat & Demmrich, 2001, S. 22) und in besonderem Maße für den berufsbildenden Bereich als adäquat erscheint.

Die Ableitung von Konsequenzen für die Förderung erfolgte schließlich aus einer Interpretation der vorangegangenen Erkenntnisse.

Aufgrund des für den Beitrag zur Verfügung stehenden Umfangs und der thematischen Fokussierung liegt der Schwerpunkt im Folgenden auf ausbildungs-/berufsrelevante Texten und kognitive Anforderungen an die Lesekompetenz von Berufsschülerinnen und Berufsschülern (und implizit Facharbeiterinnen und Facharbeitern). Zur differenzierten Betrachtung der berufsspezifischen Relevanz des Lesens in der betrieblichen (Ausbildungs-)Realität sei insbesondere auf Keimes (2014) bzw. bezüglich entsprechender motivationaler Implikationen auf Rexing, Keimes und Ziegler (2016) verwiesen.

3.2 Ausbildungs- und berufsrelevante Texte und kognitive Anforderungen an die Lesekompetenz

Für die Gesamtheit der Akteurinnen und Akteure können reale berufsspezifische textrezeptive Handlungsfelder (Tab. 2) abgeleitet werden, die typische Anforderungen der betrieblichen (Ausbildungs-)Praxis an die Lesekompetenz abbilden (vgl. hierzu auch DIE, 2010, S. 27). Damit können entsprechende berufstypische Leseanforderungen an Personen im Baugewerbe, orientiert an den Strukturen der betrieblichen Arbeitsorganisation, systematisiert werden. Arbeitsplatzrelevante textrezeptive Anforderungen werden gemäß den innerbetrieblichen arbeitsorganisatorischen Prozessen beschrieben (vgl. hierzu ausführlich Keimes, 2014).

Exemplarisch die Beschreibung des Handlungsfelds 1 *Arbeitsplanung/-organisation* (ebd.): Im Kontext der Erstellung von Bauleistungen fallen planende und organisierende Tätigkeiten an. Diese beziehen sich sowohl auf Aufgaben im Vorfeld der Erstellung von Bauwerken als auch auf begleitende Aspekte von Arbeitsplanung/-organisation während der Bauausführung. Wenngleich die Arbeitsaufträge durch Vorgesetzte überwiegend mündlich vermittelt werden, beinhalten sie in den untersuchten Berufen in der Regel (Ausführungs-)Zeichnungen, die auch von Gesellinnen und Gesellen/Facharbeiterinnen und Facharbeitern und Auszubildenden gelesen werden müssen. Ausführungszeichnungen werden ferner als Basis für die Bauausführung herangezogen. Es handelt sich dabei um zeichnerische Darstellungen von Bauteilen/Bauwerken mit allen für die Ausführung notwendigen Einzelangaben wie z.B. endgültige und vollständige Ausführungs-, Detail- und Konstruktionszeichnungen. Alle Mitarbeiterinnen und Mitarbeiter müssen in der Regel auch (tabellarische) Personaleinsatzpläne lesen, um sich selbständig über Arbeitsplatz (Baustelle) und Arbeitszeiten zu informieren. In Bauzeitenplänen sind die Dauer jedes Arbeitsschrittes sowie die Reihenfolge der einzelnen Arbeitsschritte festgelegt und in der Regel als Balkendiagramm visualisiert. Dabei wird die voraussichtliche Dauer der Arbeiten durch farbige Balken gekennzeichnet. Zur Kontrolle kann zusätzlich die tatsächliche Dauer eingetragen werden.

Tabelle 2: Textrezeptive Handlungsfelder

Textrezeptive Handlungsfelder	Bezeichnung	Textmaterial
HF 1	Arbeitsplanung/-organisation	• (Ausführungs-) Zeichnungen • Personaleinsatzpläne • Bauzeitenpläne
HF 2	Materialbeschaffung und -annahme	• Lieferscheine • Materialzettel
HF 3	Ausführung/Erstellung von Bauteilen	• Leistungsverzeichnisse • Produkt-, Ausführungs- und Verarbeitungshinweise
HF 4	Arbeit mit Maschinen und Elektrogeräten	• Bedienungsanleitungen von Geräten
HF 5	Gewährleistung der Sicherheit	• Sicherheitshinweise/-vorschriften • gesetzliche Vorschriften
HF 6	Reaktion auf Bauablaufstörungen	• Bodengutachten • Statiken • Normen • Tabellenwerke
HF 7	Qualitätskontrolle und -sicherung	• Checklisten
HF 8	Kontrolle der Wirtschaftlichkeit	• Kalkulationen
HF 9	*Kommunikation mit internen Akteurinnen und Akteuren*	• *Arbeitsaufträge/-anweisungen*
HF 10	*Kommunikation mit externen Akteurinnen und Akteuren*	• *E-Mails/Schriftverkehr* • *Genehmigungen*
HF 11	*Lehr-/Lernprozesse im Kontext Aus- und Weiterbildung*	• *Tagesberichte* • *Fachzeitschriften*

Insbesondere aus einer Förderperspektive erscheint es nun sinnvoll, die berufsspezifischen Leseanforderungen innerhalb dieser Handlungsfelder bzw. der impliziten Textformate zu konkretisieren. Die Definition der Leseanforderungen wird hier in Anlehnung an das Modell der *funktionalen Lesekompetenz* (Ziegler et al., 2012) realisiert. Wie bereits oben angedeutet, akzentuiert der Begriff des funktionalen Lesens das Lesen in alltäglichen und beruflichen Handlungssituationen. Damit besteht die zentrale Funktion des Lesens in der Umsetzung von Informationen. In diesem Sinne wird das Lesen in beruflichen Handlungszusammenhängen pointiert, das sich durch eine klare Handlungsintention auszeichnet (vgl. ebd.). Das entsprechende Modell der funktionalen Lesekompetenz systematisiert die domänenspezifischen Leseanforderungen und reflektiert diese kognitionstheoretisch.

Dazu wird das berufsspezifische Material in Abhängigkeit von den identifizierten betrieblichen Handlungssituationen in eine von drei *Repräsentationsformaten* bzw. *Anforderungsklassen* des Modells funktionaler Lesekompetenz eingeordnet. Die Genese (insbesondere die kognitionstheoretische Verortung) der entsprechenden Kategorien soll hier nur kurz skizziert werden (vgl. ausführlich Ziegler et al. 2012; Balkenhol & Ziegler, 2014).

Trotz der unterschiedlichen Klassifikationskriterien zu Textformaten gibt es Gemeinsamkeiten. Kontinuierliche Textformate können gleichermaßen als deskriptionale Repräsentationen aufgefasst werden. Nicht-kontinuierliche Texte entsprechen zum Teil depiktionalen Repräsentationsformaten. Unklar bleibt lediglich die Zuordnung ausschließlich sprachlich verfasster Texte, die aufgrund ihrer explizit typographischen Struktur als nicht-kontinuierliche Texte gelten, wie z.B. Listen, Formulare und Stellenanzeigen, aber auch nicht als depiktional im eigentlichen Sinne eingestuft werden können. Betrachtet man die im Alltag oder im beruflichen Kontext gängigen Informationsträger, ist eher von Mischformen auszugehen. Im Modell funktionaler Lesekompetenz werden daher in Anlehnung an Schnotz & Bannert (2003) drei Gruppen von Repräsentationsformaten unterschieden: (1) *deskriptionale Repräsentationen* (z.B. Zeitschriftenartikel), die ein kontinuierliches Darstellungsformat aufweisen und daher auch als kontinuierliche Texte bezeichnet werden, (2) *depiktionale Repräsentationsformate*, die ausschließlich ikonische Repräsentationen enthalten (z.B. Grafiken) sowie (3) *gemischte Formate*, die aus ikonischen und/oder sprachlichen Symbolen bestehen (z.B. Formulare; als Beispiel siehe Abb. 1). „Texte" sind also alle im beruflichen Kontext relevanten Dokumente, die schriftsprachlich-linear (deskriptional) bis hin zu non-linear bzw. rein bildlich (depiktional) oder hybrider Art sein können (vgl. Ziegler, 2016, S. 9f.).

Bei den Anforderungsklassen erfolgte im Rahmen dieser Studie eine Unterscheidung in die Stufen *Identifizieren*, *Integrieren* und *Generieren* (in Anlehnung an Kirsch, 1999; Schnotz & Bannert, 2003; Ziegler et al., 2012). Diese zeigen Unterschiede in Bezug auf die zugrundeliegenden kognitiven Verarbeitungsprozesse, wobei die Anforderungen an die mentalen Kohärenzprozesse steigen. Der Anforderungsbereich *Identifizieren* erfordert vom Lesenden das Auffinden einer singulären Text- oder Bildinformation. Zur Bewältigung einer Leseaufgabe dieses Anforderungsniveaus ist es i.d.R. ausreichend, eine Oberflächenrepräsentation des gelesenen Textes oder Bildes zu konstruieren. Die Anforderungsklasse *Integrieren* erfordert demgegenüber mindestens die Bildung einer propositionalen Repräsentation kontinuierlicher Texte, d.h. die integrative Verarbeitung mehrerer Textinformationen bzw. die Entwicklung eines mentalen Modells bei diskontinuierlichen Texten. Integrieren kann aber auch die Verknüpfung von Bild- und Textinformationen, also eine Kombination beider Repräsentationsformate, bedeuten. Leseaufgaben des Anforderungsbereichs *Generieren* erfordern die Konstruktion eines mentalen Modells, mit dem stets ein Moduswechsel einhergeht. Das heißt, deskriptionale Repräsentationen müssen in externe Visualisierungen überführt

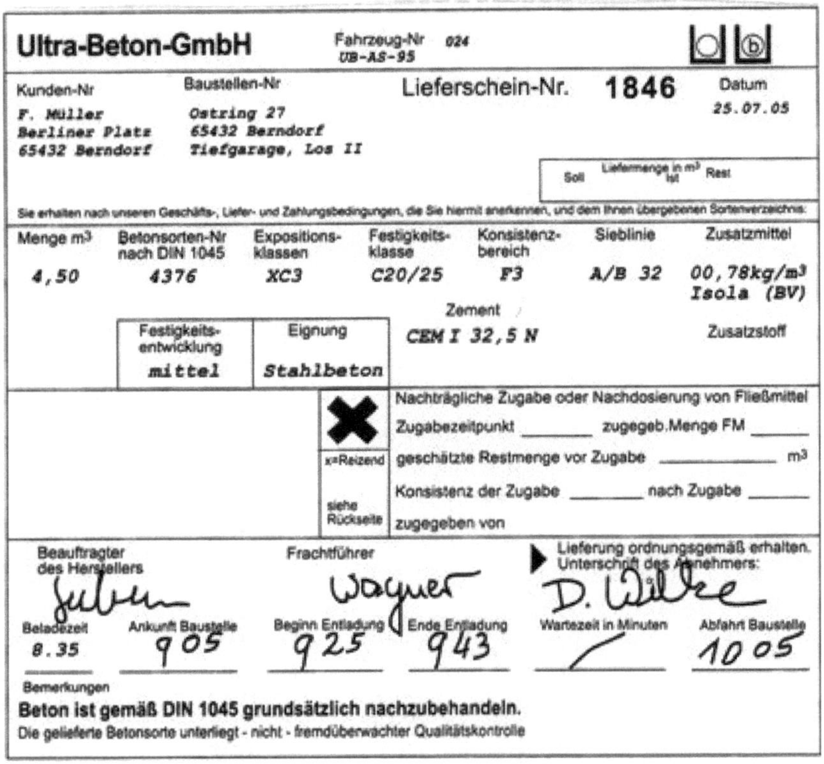
Ultra-Beton-GmbH
Fahrzeug-Nr 024
UB-AS-95
Kunden-Nr
Baustellen-Nr
Lieferschein-Nr. 1846
Datum
25.07.05
F. Müller
Berliner Platz
65432 Berndorf
Ostring 27
65432 Berndorf
Tiefgarage, Los II
Liefermenge in m³
Soll Ist Rest
Sie erhalten nach unseren Geschäfts-, Liefer- und Zahlungsbedingungen, die Sie hiermit anerkennen, und dem Ihnen übergebenen Sortenverzeichnis:

Menge m³	Betonsorten-Nr nach DIN 1045	Expositions-klassen	Festigkeits-klasse	Konsistenz-bereich	Sieblinie	Zusatzmittel
4,50	4376	XC3	C20/25	F3	A/B 32	00,78kg/m³ Isola (BV)

Festigkeits-entwicklung: mittel
Eignung: Stahlbeton
Zement: CEM I 32,5 N
Zusatzstoff
x=Reizend
siehe Rückseite
Nachträgliche Zugabe oder Nachdosierung von Fließmittel
Zugabezeitpunkt ______ zugegeb.Menge FM ______
geschätzte Restmenge vor Zugabe ______ m³
Konsistenz der Zugabe ______ nach Zugabe ______
zugegeben von
Beauftragter des Herstellers
Frachtführer
Wagner
Lieferung ordnungsgemäß erhalten. Unterschrift des Abnehmers:
D. Wilke

Beladezeit	Ankunft Baustelle	Beginn Entladung	Ende Entladung	Wartezeit in Minuten	Abfahrt Baustelle
8.35	905	925	943	/	1005

Bemerkungen
Beton ist gemäß DIN 1045 grundsätzlich nachzubehandeln.
Die gelieferte Betonsorte unterliegt - nicht - fremdüberwachter Qualitätskontrolle

Abbildung 1: Lieferschein (Frey et al., 2005, S. 292)

werden. Depiktionale Repräsentationen müssen demgegenüber verbalisiert werden (zur weiteren Erläuterung vgl. Ziegler et al., 2012; Balkenhol & Ziegler, 2014).

Um diese Transformationsprozesse zu illustrieren, soll exemplarisch ein Lieferschein (Abb. 1) näher analysiert werden. Die Charakterisierung als hybrides Format (s.o.) ergibt sich aus der typischen Struktur dieser Textart: Es handelt sich um ein standardisiertes Formular, das aus Symbolzeichen besteht, jedoch keine kohärente Textstruktur aufweist. Die Zuordnung in die Anforderungsklasse „Generieren“ wird deutlich, wenn man sich die konkrete Anforderungssituation vergegenwärtigt, in der ein Lieferschein gelesen wird.

In der hier rekonstruierten Anforderungssituation wird ein Lieferschein im Kontext einer Betonlieferung auf die Baustelle genutzt. Hierzu müssen einzelne Informationen des Lieferscheins wie beispielsweise die gelieferte Menge, die Betonsorte und Expositionsklasse miteinander in Beziehung gesetzt und z.B. mit dem Bestellschein verglichen werden, der dieser Lieferung zugrunde liegt. Für den Abgleich der verbal-symbolischen Informationen auf dem Lieferschein ist folglich zunächst zumindest die Bildung einer propositionalen Repräsentation erforderlich, was der Anforderungsstufe des *Integrierens* entspricht. Für die korrekte Augenscheinprüfung, die per Norm vorgeschrieben ist, muss darüber hinaus allerdings nicht nur die begriffliche Bedeutung des Konsistenzbereichs F3 bekannt sein, sondern auch eine bildliche Vorstellung davon vorhanden sein, wie ein Beton dieser Konsistenz aussieht, d.h., ein mentales Modell muss generiert werden. In Anlehnung an das Modell *funktionaler Lesekompetenz* entspricht die hier dargestellte Leseanforderung folglich der Anforderungsklasse *Generieren*.

Bei dem in den untersuchten Berufen generierten Textmaterial handelt es sich im Übrigen im Hinblick auf die zugrundeliegenden Informationsverarbeitungsprozesse bei der Mehrzahl der Texte um hybride Formate, die verknüpft sind mit primär integrierenden bzw. generierenden Leistungen (Tab. 3). Die Bewältigung textrezeptiver Fähigkeiten setzt in diesen Fällen also die Konstruktion eines mentalen Modells voraus.

Tabelle 3: Textmaterial und Verortung im Modell funktionaler Lesekompetenz

Repräsentationsformate Anforderungsklassen	deskriptional	depiktional	gemischte Formate
Identifizieren	E-Mails/ Schriftverkehr Genehmigungen		• Personaleinsatzpläne • Arbeitsaufträge/-anweisungen • Checklisten • Tagesberichte
Integrieren	gesetzliche Vorschriften	Sicherheitshinweise/ -vorschriften	• Materialzettel • Kalkulationen • Fachzeitschriften
Generieren		Zeichnungen	• Lieferscheine • Bedienungsanleitungen von Geräten • Produkt-, Ausführungs- und Verarbeitungs-hinweise • Leistungsverzeichnisse • Normen • Tabellenwerke • Bodengutachten • Statiken

3.3 Lesemotivation

An dieser Stelle sollen insbesondere kognitive Implikationen in den jeweiligen Förderkontexten fokussiert werden. Die textrezeptiven Handlungsfelder können hier zunächst einmal als Grundlage und Orientierung dienen, um didaktisch reflektierte Handlungssituationen zu gestalten, in denen *funktionale Lesekompetenz* gefördert wird. Aus motivationaler Perspektive ist eine solche Integration von Lesesituationen in einen beruflichen Handlungskontext (vgl. Artelt & Moschner,

2005; Norwig et al., 2010; Ziegler & Gschwendtner, 2010) ebenso notwendig wie die Verwendung beruflich relevanten Textmaterials. Die skizzierten Ergebnisse stützen die sich auch an anderer Stelle (zur Relevanz von Lesekompetenz in Berufen des Berufsfelds Bautechnik vgl. Keimes, 2014; zu motivationalen Implikationen bei Berufsschülerinnen und Berufsschülern vgl. Rexing et al., 2016) abzeichnende Notwendigkeit, dass für die Entwicklung von Lesekompetenz im Rahmen beruflicher Bildungsprozesse der Adressaten- und Domänenspezifität sowie der Lesemotivation stärker denn bisher Rechnung getragen werden muss (vgl. hierzu auch Rexing & Keimes, 2013; Rexing et al., 2016). Ein ganz eigenständiges Forschungsdesiderat stellt die weiterführende Frage nach dem Einfluss der Lesemotivation als komplexes und dynamisches System bei der Ausbildung einer berufsfeldtypischen Lesekompetenz dar.

4. Implikationen für einen sprachsensiblen Unterricht in (dualen) Bildungsgängen der Berufsschule

4.1 Theoriebasierte Fragestellungen

In diesem Zusammenhang sei erwähnt, dass sich das theoretische Modell der funktionalen Lesekompetenz empirisch bislang nur begrenzt bestätigen ließ. Keine Anforderungsunterschiede zeigten sich hinsichtlich der drei Dokumentklassen, womit nach aktuellem Erkenntnisstand auch eine sich ggf. bei der Häufung in diesem Bereich aufdrängende weitere Differenzierung in Subklassen/-dimensionen wenig zielführend erscheint. Die Annahmen zu den kognitiven Anforderungsklassen bestätigten sich nur zum Teil. Aufgaben der Anforderungsklasse „Identifizieren" sind signifikant einfacher zu bewältigen als Anforderungen auf der Klasse des „Integrierens" oder „Generierens" (vgl. Ziegler & Balkenhol, 2016; ausführlich auch Balkenhol, 2016). Grundsätzlich geht es hier aber vor allem um die Orientierung an und die Passung der spezifischen (eben funktionalen) Lesekompetenz zur Domäne. Inwieweit diese Facette von Lesekompetenz tatsächlich domänenspezifisch (oder eher berufsfeldweit bzw. für alle gewerblich-technischen Berufe) spezifiziert werden kann, ist allerdings weitergehend empirisch zu klären (vgl. z.B. Balkenhol & Ziegler, 2014). Diesem Zugang liegt darüber hinaus zumindest latent die Hypothese zugrunde, dass über diesen spezifischen Förderaspekt langfristig auch eine positive Entwicklung der auf weitere Lebenskontexte bezogenen „allgemeinen" (nicht *funktionalen*) Lesekompetenz (vgl. Baumert et al., 2001) möglich erscheint bzw. sich zumindest negative motivationale Haltungen der Berufsschülerinnen und Berufsschüler kompensieren lassen. Konkret ist hier eine positive Beeinflussung der *habituellen* (vgl. z.B. Pekrun, 1993) und insbesondere der *aktuellen* (vgl. BMBF, 2007, S. 19) *Lesemotivation* intendiert.

4.2 Förderkontexte in der beruflichen Bildung

Darüber hinaus muss sich *Adressatenspezifität* auch in der Berücksichtigung der heterogenen kognitiven (und kulturellen) Voraussetzungen (z.B. Norwig et. al., 2013; Grotlüschen & Riekmann, 2012) der Berufsschülerinnen und Berufsschüler zeigen. Für das untersuchte Berufsfeld dürfte dabei im besonderen Maße auch eine Integration von Hinweisen aus der Benachteiligtenförderung (u.a. individuelle Diagnostik, individueller Förderplan) (z.B. Matthes, 2009) relevant sein, weil gerade die auf Lesekompetenz bezogenen Lernvoraussetzungen eine Herausforderung für die individuelle Förderung darstellen (vgl. Grotlüschen & Riekmann, 2012; Eckhardt-Hinz et al., 2013). Zur präzisen Erfassung von Lernvoraussetzungen ist eine differenzierte Leistungsdiagnostik notwendig. Bei den hierfür erforderlichen Instrumenten zeigt sich derzeit allerdings noch Entwicklungsbedarf (vgl. z.B. Jordan, 2011; Ziegler et al., 2012).

Tabelle 4: Klassifikation kognitiver Lernstrategien (in Anlehnung an Leopold, 2009)

Oberflächen-orientierte Strategien	Wiederholungsstrategien	
	• Einprägen von Schlüsselbe-griffen • Lernen von Vokabeln	• Einprägen von Bildern und visuellen Informationen
Tiefenorientierte Strategien	Organisationsstrategien	
	• Markieren zentraler Text-stellen • Zusammenfassen • Concept Mapping	• Bildliches Vorstellen
	Elaborationsstrategien	
	• Fragen Stellen • Mind Mapping	• Bilden von Analogien • Suchen von Anwendungs- und Alltagsbeispielen

Aufgrund der Bedeutung kognitiven und metakognitiven Strategiewissens bei der Förderung von Lesekompetenz (z.B. Artelt & Moschner, 2005) muss dem Zusammenhang von Strategieauswahl (Tab. 4), berufsspezifischen Leseanforderungen sowie kognitiven Dispositionen der Lernenden eine besondere Bedeutung zugewiesen werden.

Bezüglich der Strategien sollen diese in erster Linie das Textverstehen fördern, was gerade im hier gegebenen Kontext beruflicher Bildungsprozesse als prioritäres Ziel erscheint. Damit Leseprozesse gelingen können und zum Aufbau eines mentalen Modells führen, sollten Bemühungen zur Förderung des Textverstehens durch die Wahl geeigneter Lernstrategien die Konstruktion global kohärenter Repräsentationen anregen und unterstützen (vgl. Leopold, 2009, S. 169). Dabei ist insbesondere aus der Perspektive der Textverstehensforschung anzunehmen, dass Wechselwirkungen zwischen verbalen und analogen Prozessen der Kohärenzbildung für die Förderung von Textverstehen möglicherweise besonders geeignet sind. Insofern erscheint eine Kombination beider Repräsentationsformen in Förderkontexten empfehlenswert (vgl. Leopold, 2009). So scheinen z.B. gerade auch bestimmte analoge Lesestrategien (wie das Visualisieren) für die relevante Klientel geeigneter als die im allgemeinbildenden Rahmen häufig geförderten verbal-symbolischen Strategien (z.B. das Zusammenfassen) (vgl. hierzu auch Leopold, 2009; Ziegler & Gschwendtner, 2010). Darüber hinaus dürfte dies auch vor dem Hintergrund der primären Leseintention im beruflichen Kontext (Lesen als Teil/Voraussetzung einer Handlung und integriert in eine berufliche Handlungssituation) passender sein (vgl. ausführlich Keimes, 2014).

Allerdings könnte dazu ggf. generell ein erweitertes Verständnis von Lesestrategien erforderlich werden, weil dieses bisher primär auf Lesen im Lernkontext ausgerichtet ist (vgl. z.B. Artelt et al., 2001). Für die im untersuchten Berufsfeld charakteristischen hybriden Formate (Diagramme, Tabellen, Formulare) (vgl. Ziegler et al., 2012; Balkenhol, 2016) muss hier allerdings aus kognitionstheoretischer Perspektive von einem Desiderat gesprochen werden. So sind Möglichkeiten von Strategietrainings für ein integriertes Bild- und Diagrammverstehen (depiktionale und hybride Repräsentationsformate) bisher weitgehend ungeklärt (vgl. Schnotz & Dutke, 2004). Generell sollte der Fokus gerade in gewerblich-technischen Berufen verstärkt auch auf das Lesen und Verstehen depiktionaler Formate gelegt werden (vgl. hierzu auch Niegemann, Domagk, Hessel, Hein, Hupfer & Zobel, 2008). Die für das Berufsfeld Bautechnik besonders charakteristischen (Bau-)Zeichnungen sind in diesem Kontext ggfs. gesondert zu betrachten. Die Einordnung in depiktionale Repräsentationsformate (siehe Tab. 3) ist daher zunächst eine eher pragmatische Entscheidung. Tatsächlich enthalten diese neben den visuell-schematischen Darstellungen häufig einen erläuternden Text, weshalb prinzipiell eine Erweiterung des Modells (im Hinblick auf die Repräsentationsformate) notwendig wäre bzw. die Zuordnung einer weitergehenden theoretischen Reflexion bedarf (vgl. hierzu auch Ullrich, Schnotz, Horz, McElvany, Schroeder & Baumert, 2012).

Abschließend soll noch einem Missverständnis vorgebeugt werden: Im Kern fokussiert dieser Beitrag und der immanente Forschungsansatz die Anforderungen in der beruflichen und betrieblichen Realität. Entsprechend wird auch aus einer Förderperspektive die funktionale Lesekompetenz in besonderem Maße pointiert. Allerdings steht auch aus berufsbildungstheoretischer Sicht selbstredend außer Frage, dass eine Reintegration der funktionalen Perspektive im Kontext des Leitziels *berufliche Handlungskompetenz* (vgl. Heid, 1977; Heid, 1999; KMK, 1991) zumindest latentes Ziel aller Bemühungen ist. An anderer Stelle des Beitrags wurde daher bereits angedeutet, dass aufgrund der komplexen und spezifischen Bedingungen im berufsbildenden Kontext die Anknüpfung an domänenspezifische authentische Anforderungssituationen am ehesten brauchbar erscheint, um gerade auch problematische motivationale Implikationen zu kompensieren und die Zugänglichkeit für Auszubildende zu unterstützen.

5. Zusammenfassung und Ausblick

Zur Wirksamkeit von Lesekompetenzförderung im berufsbildenden Kontext liegen bisher nur wenige belastbare Befunde vor. Eine Übertragung von Förderkonzepten aus der allgemeinen Bildung auf den spezifischen berufsbildenden Kontext scheint aber durchaus problematisch. Vielmehr zeigt sich die Notwendigkeit, berufliche Handlungskontexte, spezifische Lernvoraussetzungen sowie strukturelle Aspekte von Ausbildung deutlicher zu berücksichtigen. Im Rahmen einer explorativen Studie in ausgewählten Berufen des Berufsfelds Bautechnik wurden zunächst reale Leseanforderungen der betrieblichen Ausbildung generiert und im Sinne textrezeptiver Handlungsfelder systematisiert. Über eine weitergehende Analyse dieses Materials in Anlehnung an das Modell funktionaler Lesekompetenz können domänenspezifische kognitive Anforderungen an die Lesekompetenz der Berufsschülerinnen und Berufsschüler konkretisiert werden. Auf dieser Basis werden Hinweise abgeleitet, wie Lesekompetenzförderung didaktisch-methodisch bzw. insbesondere aus kognitionstheoretischer Perspektive möglichst sprachsensibel konzipiert werden sollte, um (auch) im berufsbildenden Kontext Lesekompetenz nachhaltig fördern zu können.

Literatur

Artelt, Cordula & Moschner, Barbara (Hrsg.). (2005). *Lernstrategien und Metakognition. Implikationen für Forschung und Praxis.* Münster: Waxmann.

Artelt, Cordula; Stanat, Petra; Schneider; Wolfgang & Schiefele; Ulrich (2001). Lesekompetenz: Testkonzeption und Ergebnisse. In Jürgen Baumert, Eckhard Klieme, Michael Neubrand, Manfred Prenzel, Ulrich Schiefele, Wolfgang Schneider, Petra Stanat, Klaus-Jürgen Tillmann & Manfred Weiß (Deutsches PISA-Konsortium) (Hrsg.), *PISA 2000. Basiskompetenzen von Schülerinnen und Schülern im internationalen Vergleich* (S. 69–140). Opladen: Leske + Budrich.

Balkenhol, Aileen (2016). *Lesen in beruflichen Handlungskontexten – Anforderungen, Prozesse und Diagnostik.* Dissertation, Technische Universität Darmstadt.

Balkenhol, Aileen & Ziegler, Birgit (2014). Lesekompetenz in der beruflichen Ausbildung und im Berufsalltag. *Berufsbildung, 146,* 20–22.

Baumann, Katharina & Siemon, Jens (2013). Wie viel schriftsprachliche Fähigkeit ist für eine erfolgreiche Berufsausbildung erforderlich? *Die berufsbildende Schule, 65* (10), 285–288.

Baumert, Jürgen; Stanat, Petra & Demmrich, Anke (2001). PISA 2000: Untersuchungsgegenstand, theoretische Grundlagen und Durchführung der Studie. In Jürgen Baumert, Eckhard Klieme, Michael Neubrand, Manfred Prenzel, Ulrich Schiefele, Wolfgang Schneider, Petra Stanat, Klaus-Jürgen Tillmann & Manfred Weiß (Deutsches PISA-Konsortium) (Hrsg.), *PISA 2000. Basiskompetenzen von Schülerinnen und Schülern im internationalen Vergleich* (S. 15–68). Opladen: Leske + Budrich.

Bundesministerium für Bildung und Forschung (BMBF) (Hrsg.). (2007). *Expertise – Förderung von Lesekompetenz* (Bildungsforschung Band 17). Bonn: BMBF.

Bundesministerium für Bildung und Forschung (BMBF) (Hrsg.). (2013). *Berufsbildungsbericht 2013*. Bonn: BMBF.

DIE (Deutsches Institut für Erwachsenenbildung) (2010). *Expertise. Sprachlicher Bedarf von Personen mit Deutsch als Zweitsprache in Betrieben.* Verfügbar unter: http://www.bamf.de/SharedDocs/Anlagen/DE/Publikationen/Expertisen/expertise-sprachlicher-bedarf.pdf?__blob=publicationFile [25.04.2017].

Eckardt-Hinz, Birgit; Hanisch, Henriette; Heisler, Dietmar & Mannhaupt, Gerd (2013). Funktionaler Analphabetismus als Herausforderung für eine Fachdidaktik Deutsch in der Berufsbildenden Schule. Zur Gestaltung von Fachbüchern für individualisierte, adressatenbezogene Lehr-Lernprozesse. *bwp@ Berufs- und Wirtschaftspädagogik – online* [Online-Fachjournal], *24*, 1–14. Verfügbar unter: http://www.bwpat.de/ausgabe/24/eckardt-hinz_etal [30.05.2016].

Efing, Christian (2010). Kommunikative Anforderungen an Auszubildende in der Industrie. *Fachsprache, 1-2*, 2–17.

Efing, Christian (2012). Sprachliche oder kommunikative Fähigkeiten – was ist der Unterschied und was wird in der Ausbildung verlangt? *BWP – Berufsbildung in Wissenschaft und Praxis, 2*, 6–9.

Efing, Christian (2013). Sprachförderung in der Sekundarstufe II. In Hansjakob Schneider, Michael Becker-Mrotzek, Afra Sturm, Simone Jambor-Fahlen, Uwe Neugebauer, Christian Efing & Nora Kernen (Hrsg.), *Expertise – Wirksamkeit von Sprachförderung* (S. 75–81). Verfügbar unter: http://www.mercator-institut-sprachfoerderung.de/fileadmin/user_upload/Expertise_Sprachfoerderung_Web_final_03.pdf [18.04.2017].

Efing, Christian & Häußler, Marleen (2011). Was soll der Deutschunterricht an Haupt- und Realschulen vermitteln? – Empirisch basierte Vorschläge für eine Ausbildungsvorbereitung zwischen zweckfreier und zweckgerichteter Bildung (bwp@ Spezial 5 – HT 2011). Verfügbar unter: http://www.bwpat.de/ht2011/ft18/efing_haeussler_ft18-ht2011.pdf [18.04.2017].

Frey, Hansjörg/Hermann, August/Krausewitz, Günter/Kuhn, Volker/Lillich, Joachim/Nestle, Hans/Nutsch, Wolfgang/Schulz, Peter/Traub, Martin/Waibel, Helmut/Werner, Horst (2005). *Bautechnik. Fachkunde Bau.* 11. überarbeitete Auflage. Europa-Nr. 40222, Haan-Gruiten: Europa-Lehrmittel.

Grotlüschen, Anke & Riekmann, Wibke (Hrsg.). (2012). *Funktionaler Analphabetismus in Deutschland. Ergebnisse der ersten leo.-Level-One Studie.* Münster: Waxmann.

Grundmann, Hilmar (2007). *Sprachfähigkeit und Ausbildungsfähigkeit.* Baltmannsweiler: Schneider Hohengehren.

Gschwendtner, Tobias (2012). Förderung des Leseverständnisses in Benachteiligtenklassen der beruflichen Bildung: Studien zur Implementation und Wirksamkeit von Reciprocal Teaching. In Reinhold Nickolaus (Hrsg.), *Stuttgarter Beiträge zur Berufs- und Wirtschaftspädagogik.* Aachen: Shaker.

Heid, Helmut (1977). Können die „Anforderungen der Arbeitswelt" Ableitungsvoraussetzungen für Maßgaben der Berufserziehung sein? *Zeitschrift für Berufs- und Wirtschaftspädagogik, 73* (11), 833–839.

Heid, Helmut (1999). Über die Vereinbarkeit individueller Bildungsbedürfnisse und betrieblicher Qualifikationsanforderungen. *Zeitschrift für Pädagogik, 45* (2), 231–244.

Hurrelmann, Bettina (2007). Modelle und Merkmale der Lesekompetenz. In Andrea Bertschi-Kaufmann (Hrsg.), *Lesekompetenz, Leseleistung, Leseförderung. Grundlagen, Modelle und Materialien* (S. 18–28). Seelze-Velber: Klett und Balmer Verlag.

Janich, Nina (2007). Kommunikationsprofile in der Unternehmenskommunikation. Eine interdisziplinäre Forschungsaufgabe. In Sandra Reimann & Katja Kessel (Hrsg.), *Wissenschaften im Kontakt. Kooperationsfelder der Deutschen Sprachwissenschaft* (S. 317–330). Tübingen: Narr.

Jordan, Roland (2011*). Entwicklung und Validierung eines Testverfahrens zur Ermittlung der Lesekompetenz und des mathematischen Textverständnisses mit empirischer Untersuchung an allgemeinbildenden und berufsbildenden Schulen.* Münster: WTM-Verlag.

Kaiser, Franz (2012). Sprache – Handwerkszeug kaufmännischer Berufe. *Berufsbildung in Wissenschaft und Praxis, 41* (2), 14–17.

Katz, Dieter (1994). *Leseverhalten von Berufsschülern. Beiträge zur Arbeits-, Berufs- und Wirtschaftspädagogik.* Frankfurt am Main: Lang.

Keimes, Christina (2014). *Lesen. Lesekompetenz in gewerblich-technischen Ausbildungsberufen.* Marburg: Tectum.

Keimes, Christina & Rexing, Volker (2011). Förderung der Lesekompetenz von Berufsschülerinnen und Berufsschülern – Bilanz von Fördermaßnahmen. *Zeitschrift für Berufs- und Wirtschaftspädagogik, 107* (1), 77–92.

Keimes, Christina; Rexing, Volker & Ziegler, Brigit (2011). Leseanforderungen im Kontext beruflicher Arbeit als Ausgangspunkt für die Entwicklung adressatenspezifischer integrierter Konzepte zur Förderung von Lesestrategien. In Uwe Fasshauer, Josef Aff, Bärbel Fürstenau & Eveline Wuttke (Hrsg.), *Lehr-Lernforschung und Professionalisierung. Perspektiven der Berufsbildungsforschung* (S. 37–50). Leverkusen: Budrich.

Kirsch, Irwin (1999). Lesekompetenz auf drei Skalen: Definition und Ergebnisse. In Philipp Notter, Eva-Marie Bonerad & Francois Stoll (Hrsg.), *Lesen – eine Selbstverständlichkeit? Schweizer Bericht zum International Adult Literacy Survey* (S. 191–234). Chur, Zürich: Rüegger.

KMK (Kultusministerkonferenz) (1991). *Rahmenvereinbarung über die Berufsschule.* Verfügbar unter: https://www.kmk.org/fileadmin/Dateien/pdf/PresseUndAktuelles/Beschluesse_Veroeffentlichungen/rvbs91-03-15.pdf [18.04.2017].

KMK (Kultusministerkonferenz) (2005). *Beschlüsse der Kultusministerkonferenz. Bildungsstandards im Fach Deutsch für den Hauptschulabschluss (Jahrgangstufe 9).* Verfügbar unter: https://www.kmk.org/fileadmin/Dateien/veroeffentlichungen_beschluesse/2004/2004_10_15-Bildungsstandards-Deutsch-Haupt.pdf [25.04.2017].

Knapp, Werner; Pfaff, Harald & Werner, Sybille (2008). Kompetenzen im Lesen und Schreiben von Hauptschülerinnen und Hauptschülern für die Ausbildung – eine Befragung von Handwerksmeistern. In Elisabeth Schlemmer & Herbert Gerstberger (Hrsg.), *Ausbildungsfähigkeit im Spannungsfeld zwischen Wissenschaft, Politik und Praxis* (S. 191–206). Wiesbaden: VS Verlag für Sozialwissenschaften.

Lehmann, Rainer; Seeber, Susan & Hunger, Susanne (2006). *ULME III. Untersuchung von Leistungen, Motivation und Einstellungen der Schülerinnen und Schüler in den Abschlussklassen der teilqualifizierenden Berufsfachschulen.* Berlin: Polyprint.

Leopold, Claudia (2009). *Lernstrategien und Textverstehen. Spontaner Einsatz und Förderung von Lernstrategien.* Münster: Waxmann.

Matthes, Gerald (2009). *Individuelle Lernförderung bei Lernstörungen. Verknüpfung von Diagnostik, Förderplanung und Unterstützung des Lernens.* Stuttgart: Kohlhammer.

Mayring, Philipp (2010). *Qualitative Inhaltsanalyse. Grundlagen und Techniken.* Weinheim und Basel: Beltz.

MSW NRW (Ministerium für Schule und Weiterbildung des Landes Nordrhein-Westfalen) (Hrsg.). (2015). *Bildungsplan zur Erprobung. Fachklassen des dualen Systems der Berufsausbildung, die zum Berufsschulabschluss und zur Fachoberschulreife führen. Fachbereich: Technik/Naturwissenschaften. Deutsch/Kommunikation.* Verfügbar unter: http://www.berufsbildung.nrw.de/cms/upload/_lehrplaene/a_faecher_technik-nw/ bp_fachklassen_tun_deutsch-kommunikation_for.pdf [25.04.2017].

Naumann, Johannes; Artelt, Cordula; Schneider, Wolfgang & Stanat, Petra (2010). Lesekompetenz von PISA 2000 bis PISA 2009. In Eckhard Klieme, Cordula Artelt, Johannes Hartig, Nina Jude, Olaf Koller, Manfred Prenzel, Wolfgang Schneider & Petra Stanat (Hrsg.), *PISA 2009. Bilanz nach einem Jahrzehnt* (S. 23–72). Münster: Waxmann.

Nickolaus, Reinhold (2013). Wissen, Kompetenzen, Handeln. *Zeitschrift für Berufs- und Wirtschaftspädagogik, 109* (1), 3–17.

Nickolaus, Reinhold (2016). Barrieren bei der Bewältigung berufsfachlicher Aufgaben. Ausgewählte Ergebnisse aus qualitativen und quantitativen Analysen und ihr didaktisches Potenzial. *Zeitschrift für Berufs- und Wirtschaftspädagogik, 112* (2), 167-183.

Nickolaus, Reinhold; Geissel, Bernd & Gschwendtner, Tobias (2008). Entwicklung und Modellierung beruflicher Fachkompetenz in der gewerblich-technischen Grundbildung. *Zeitschrift für Berufs- und Wirtschaftspädagogik, 104* (1), 48–73.

Niederhaus, Constanze (2011). *Fachsprachlichkeit in Lehrbüchern. Korpuslinguistische Analysen von Fachtexten der beruflichen Bildung.* Münster: Waxmann.

Niegemann, Helmut; Domagk, Steffi; Hessel, Silvia; Hein, Alexandra; Hupfer, Matthias & Zobel, Annett (2008). *Kompendium multimediales Lernen.* Berlin: Springer.

Norwig, Kerstin; Petsch, Cordula & Nickolaus, Reinhold (2010). Förderung lernschwacher Auszubildender. Effekte des berufsbezogenen Strategietrainings (BEST) auf die Entwicklung der bautechnischen Fachkompetenz. *Zeitschrift für Berufs- und Wirtschaftspädagogik, 104* (2), 220–239.

Norwig, Kerstin; Ziegler, Birgit; Kugler, Gabriela & Nickolaus, Reinhold (2013). Förderung der Lesekompetenz mittels Reciprocal Teaching – auch in der beruflichen Bildung ein Erfolg? *Zeitschrift für Berufs- und Wirtschaftspädagogik, 109* (1), 67–93.

Pätzold, Günter (2009). Kommunikative Kompetenz im Beruf. Formen des Sprachgebrauchs und Berufstätigkeit. *Berufsbildung, 63,* 5–7.

Pätzold, Günter (2010). Sprache – das kulturelle Kapital für eine Bildungs- und Berufskarriere. *Zeitschrift für Berufs- und Wirtschaftspädagogik, 106* (2), 161–172.

Pekrun, Reinhard (1993). Facets of adolescents' academic motivation: A longitudinal expectancy-value approach. In Martin L. Maehr & Paul R. Pintrich (Hrsg.), *Advances in motivation and achievement* (S. 139–189). Greenwich, CT: Jai Press.

Radspieler, Andrea (2014). Ermittlung relevanter berufssprachliche Kompetenzen aus der Subjektperspektive über Critical Incidents. *bwp@Berufs- und Wirtschaftspädagogik* [Online], *26,* 1–18. Verfügbar unter: http://www.bwpat.de/ausgabe26/radspieler_bwpat26.pdf [20-06-2014].

Rexing, Volker & Keimes, Christina (2013). Förderung von Lesestrategien in der beruflichen Bildung – Analyse von Förderkonzeptionen. *Die berufsbildende Schule, 65* (2), 50–55.

Rexing, Volker; Keimes, Christina & Ziegler, Birgit (2013). Lesekompetenz von BerufsschülerInnen. In Christian Efing (Hrsg.), *Ausbildungsvorbereitung im Deutschunterricht der Sekundarstufe I. Die sprachlich-kommunikativen Facetten von „Ausbildungsfähigkeit"* (S. 41–63). Frankfurt a. M.: Peter Lang.

Rexing, Volker; Keimes, Christina & Ziegler, Birgit (2015). The Recipient and Domain Specificity of the Promotion of Reading Skills in Industrial and Technical Occupations – Empirical Observations in the Professional Field of Construction Engineering. *Journal of Technical Education (JOTED), 3* (1), 56–74.

Rexing, Volker; Keimes, Christina & Ziegler, Birgit (2016). Motivationale Haltungen zum Lesen und Relevanzzuschreibungen bei Auszubildenden im Berufsfeld Bautechnik. Zeitschrift für Berufs- und Wirtschaftspädagogik, *Beiheft Beruf und Sprache*, 147–164.

Schneider, Hansjakob; Becker-Mrotzek, Michael; Sturm, Afra; Jambor-Fahlen, Simone; Neugebauer, Uwe; Efing, Christian & Kernen, Nora (2013). *Expertise – Wirksamkeit von Sprachförderung*. Verfügbar unter: http://www.mercator-institut-sprachfoerderung. de/fileadmin/user_upload/Expertise_Sprachfoerderung_Web_final_03.pdf [18.04.2017].

Schnotz, Wolfgang & Bannert, Maria (2003). Construction and Interference in Learning from Multiple Representation. *Learning & Instruction, 13*, 141–156.

Schnotz, Wolfgang & Dutke, Stefan (2004). Kognitionspsychologische Grundlagen der Lesekompetenz: Mehrebenenverarbeitung anhand multipler Informationsquellen. In Ulrich Schiefele, Cordula Artelt, Wolfgang Schneider & Petra Stanat (Hrsg.), *Struktur, Entwicklung und Förderung von Lesekompetenz. Vertiefende Analysen im Rahmen von PISA 2000* (S. 61–99). Wiesbaden: Springer.

Settelmeyer, Anke; Tschöpe, Tanja; Widera, Christina; Schneider, Kerstin; Schmitz, Santina; Witz, Eva & Sommer, Marcel (2014). Zwischenbericht, Forschungsprojekt [Online]. Verfügbar unter: https://www2.bibb.de/bibbtools/tools/dapro/data/documents/pdf/ zw_22304.pdf [15.06.2016].

Stalder, Barbara E. (2011). PISA-Lesekompetenzen: Ergebnisse der Schweizer PISA-Folgestudie TREE. In Matthias Becker, Martin Fischer & Georg Spöttl (Hrsg.), *Kompetenzdiagnostik in der beruflichen Bildung – Probleme und Perspektiven.* (S. 195–199). Frankfurt a. M.: Lang.

Ullrich, Mark; Schnotz, Wolfgang; Horz, Holger; McElvany, Nele; Schroeder, Sascha & Baumert, Jürgen (2012). Kognitionspsychologische Aspekte eines Kompetenzmodells zur Bild-Text-Integration. *Psychologische Rundschau, 63* (1), 11–17.

Weis, Mirjam; Zehner, Fabian; Sälzer, Christine; Strohmaier, Anselm; Artelt, Cordula & Pfost, Maximilian (2016). Lesekompetenz in PISA 2015: Ergebnisse, Veränderungen und Perspektiven. In Kristina Reiss, Christine Sälzer, Anja Schiepe-Tiska, Eckhard Klieme & Olaf Köller (Hrsg.), *PISA 2015: Eine Studie zwischen Kontinuität und Innovation* (S. 249–284). Münster: Waxmann.

Ziegler, Birgit & Gschwendtner, Tobias (2010). Leseverstehen als Basiskompetenz: Entwicklung und Förderung im Kontext beruflicher Bildung. *Zeitschrift für Berufs- und Wirtschaftspädagogik, 106* (4), 534–555.

Ziegler, Birgit; Balkenhol, Aileen; Keimes, Christina & Rexing, Volker (2012). Diagnostik „funktionaler Lesekompetenz". bwp@ – Berufs- und Wirtschaftspädagogik [Online], 22, 1–19. Verfügbar unter: www.bwpat.de/ausgabe22/ziegler_ e-tal_bwpat22.pdf [26.06.2012].

Ziegler, Birgit & Balkenhol, Aileen (2016). Lesekompetenzdiagnostik – Anforderungen und Ansätze in der beruflichen Bildung. *Die berufsbildende Schule, 68* (7/8), 255–261.

Ziegler, Birgit (2016). Sprachliche Anforderungen im Beruf – Ein Ansatz zur Systematisierung. *Berufsbildung in Wissenschaft und Praxis, 45* (6), 9–13.

Claudia Maria Riehl

Schriftsprachliche Kompetenzen in der beruflichen Ausbildung

1. Einleitung

Nicht nur in schriftorientierten Ausbildungsberufen wie in den kaufmännischen Branchen, sondern auch in zahlreichen anderen Berufssparten sind schriftsprachliche Kompetenzen unerlässlich. Darunter ist neben dem Beherrschen orthographischer Regeln und schriftsprachlicher Ausdrucksformen die Fähigkeit zu verstehen, einen kohärenten und leserorientierten Text verfassen zu können. Wie zahlreiche Studien (u.a. Augst & Faigel, 1986; Feilke, 1993; Harsch, Neumann, Lehmann & Schröder, 2007) zeigen, ist diese Fähigkeit mit dem Abschluss der Regelschulzeit noch keinesfalls voll entwickelt, daher ist es erforderlich, diese Kompetenz auch im Rahmen des Unterrichts in den beruflichen Schulen durchgängig auszubauen, sowohl im Deutschunterricht durch die Vermittlung von Textkompetenz im weiteren Sinne als auch im Fachunterricht durch die Berücksichtigung der sprachlich-kommunikativen Anforderungen und Aufgaben in den einzelnen Ausbildungsberufen.

In diesem Beitrag soll zunächst erläutert werden, was unter schriftsprachlichen Kompetenzen im weiteren Sinne zu verstehen ist. Dabei wird vor allem auf die Stil-, Textgestaltungs- sowie Textmuster- und Textorganisationskompetenz eingegangen. Danach werden bisherige Studien zu Schreibkompetenzen in der beruflichen Ausbildung referiert und anhand zweier Studien, die im Kontext des Mercator-Projektes „Bildungssprache Deutsch an beruflichen Schulen" durchgeführt wurden, wird gezeigt, welche Kompetenzen Schülerinnen und Schüler an beruflichen Schulen im Bereich der Schriftlichkeit aufweisen. Ausgehend davon werden Desiderata für den Deutschunterricht diskutiert und Vorschläge zur Entwicklung eines Konzeptes zur Schreibförderung in der Ausbildung abgeleitet.

2. Schriftsprachliche Kompetenzen in der beruflichen Ausbildung

2.1 Was sind schriftsprachliche Kompetenzen?

In unterschiedlichen Ansätzen der Pädagogik und Bildungsforschung – etwa von Cummins (2000) hinsichtlich der Unterscheidung zwischen *Basic interpersonal communication skills,* d.h. mündlich-kommunikative Fertigkeiten (BICS) oder *Cognitive academic language proficiency,* d.h. schriftsprachlich-elaborierte Fertigkeiten (CALP) – und der Linguistik – konzeptionelle Mündlichkeit und

Schriftlichkeit (vgl. Koch & Oesterreicher, 1994, 2007) bzw. orate und literate Strukturen (vgl. Maas, 2008) – wurde immer wieder darauf hingewiesen, dass große Unterschiede zwischen der gesprochenen und der geschriebenen Sprache auf der sprachsystematischen Ebene bestehen. Die in der Schriftlichkeit verwendeten Sprachformen können in der Regel nur institutionell erlernt werden. Über die grammatischen und lexikalischen Besonderheiten hinaus spielen beim Schreiben von Texten auch bestimmte textmusterspezifische Konventionen eine Rolle (s.u. 2.1.1).

Kompetenzen im Bereich der Schriftlichkeit gehen aber über die rein sprachlichen Kompetenzen hinaus und umfassen weitere Fertigkeiten, die in der Regel unter dem Begriff „Textkompetenz" bzw. „literale (Handlungs-)Kompetenz" gefasst werden (vgl. dazu Portmann-Tselikas, 2003; Schmölzer-Eibinger, 2008 ff.; Becker-Mrotzek & Böttcher, 2011; Feilke, 2015). Darunter werden eine Reihe von Fertigkeiten subsumiert, die notwendig sind, um einen angemessenen Text zu produzieren (s. u.a. Portmann-Tselikas, 2003 ff.; Becker-Mrotzek & Schindler, 2007; Schmölzer-Eibinger, 2008 ff.). Becker-Mrotzek & Schindler (2007) berufen sich in ihrer Definition auf ein allgemeineres Modell von Kompetenzen (Ossner, 2006), das die folgenden Kategorien enthält: Deklaratives Wissen, Problemlösewissen, prozedurales Wissen (Routinen und Prozeduren für automatisiertes Prozessieren) sowie metakognitives Wissen (die Fähigkeit, über die eigenen Handlungen und Gedanken zu reflektieren).

Schmölzer-Eibinger (2011, S. 51 ff.) fasst den Begriff noch weiter und führt eine Reihe von Kompetenzen auf, die sie wiederum in globale Kompetenzen (Kohärenzkompetenz, Kontextualisierungskompetenz, Kommunikationskompetenz, Textoptimierungskompetenz, strategische Kompetenz) und spezifischere auf das Schreiben von Texten ausgerichtete Kompetenzen (Formulierungskompetenz, Textgestaltungskompetenz, Textmusterkompetenz und Stilkompetenz) unterteilt.[1] In diesem Zusammenhang spielen auch die sog. ‚Textprozeduren' (Feilke, 2011; Schmölzer-Eibinger & Dorner, 2012; Schmölzer-Eibinger & Rotter, 2015) eine wichtige Rolle. Darunter versteht Feilke (2015, S. 62) „die sprachlich routinehaften Komponenten des Textaufbaus", die „textliche Handlungsschemata semiotisch mit einem konventionell begrenzten Spektrum von Prozedurausdrücken" koppeln. Textprozeduren sind als komplexe Zeichen zu verstehen, bei denen das Handlungsschema die Inhaltsseite und der Prozedurausdruck die Ausdrucksseite beschreibt (ebd., S. 63). Textprozeduren sind domänen- und textsortengeprägt und

---

1 Fähigkeiten zur Textproduktion werden auch von Berman und Kollegen in ihren sprachübergreifenden Studien zu narrativen und expositorischen Texten thematisiert (z.B. Berman & Verhoeven, 2002; Berman & Nir-Sagiv, 2007; Berman & Katzenberger, 2004). Bei der Analyse fokussieren Berman et al. zum einen auf die „local linguistic expression" (lexikalische und semantische Komplexität, sprachliches Register, syntaktische Komplexität, vgl. Berman & Nir-Sagiv, 2007, S. 85 ff.) und die „global-level discourse structure", die textsortenspezifische Muster und eine effektive Textperformanz umfassen (ebd., S. 91).

können sowohl auf der lexikalischen Ebene in Form von Kollokationen als auch syntaktisch als textspezifische grammatische Konstruktionen und im Bereich der Textstruktur als Makroroutinen auftreten (vgl. Feilke, 2012, S. 11). Wiederkehrende sprachliche Elemente und Konstruktionen, die auf Handlungsschemata verweisen, werden auch als „Routineausdrücke" bezeichnet. Routineausdrücke fungieren auf der Seite der Textproduktion als Handlungskonstituenten, auf der Seite der Rezeption als Handlungsindikatoren (Schmölzer-Eibinger & Dorner, 2012, S. 67). So verweist etwa die Verwendung von *zwar – aber* auf das Handlungsschema einer Konzession als Subschema der literalen Handlung des Argumentierens (ebd.).

Ich werde im Folgenden auf die von Schmölzer-Eibinger genannten spezifischeren Kompetenzen der Textkompetenz sowie auf die Textprozeduren eingehen: Dabei gehe ich davon aus, dass die Formulierungs- und Stilkompetenzen in einem textsortenspezifischen Register zum Ausdruck kommen, das auf Mustern konzeptioneller Schriftlichkeit beruht und Routineausdrücke miteinschließt (2.1.1). Ein weiterer Parameter, der die Textgestaltungskompetenz betrifft, ist die Distanz vom Text bzw. Involvierung in den Text (2.1.2). Die Textorganisations- und Textmusterkompetenz schlagen sich dagegen in den entsprechenden Makrostrukturen eines Textes nieder und beinhalten ebenfalls routinisierte Textprozeduren (2.1.3).

2.1.1 Formulierungs- und Stilkompetenzen: Konzeptionelle Mündlichkeit und Schriftlichkeit

Die Begriffe ‚konzeptionelle Mündlichkeit' und ‚konzeptionelle Schriftlichkeit' gehen auf die Arbeiten von Koch und Oesterreicher (1985, 1994 u.v.m.) zurück. Koch & Oesterreicher (ebd.) grenzen diese von der medialen Mündlichkeit und medialen Schriftlichkeit ab. Die mediale Dimension bezieht sich auf die Realisationsform der Äußerungen (phonisch vs. graphisch), die konzeptionelle dagegen auf den Duktus, das heißt auf die Ausdrucksweise, die für die jeweilige Äußerung gewählt wird. Während mediale Mündlichkeit und Schriftlichkeit dichotomisch angelegt ist (also entweder gesprochen oder geschrieben), ist die konzeptionelle Mündlichkeit und Schriftlichkeit als ein Kontinuum aufzufassen, das sich zwischen einem Pol extremer Schriftlichkeit und einem Pol extremer Mündlichkeit erstreckt. Auf diesem Kontinuum lassen sich verschiedene Äußerungsformen und Textsorten relativ zueinander anordnen. Diese Anordnung ergibt sich nach Koch und Oesterreicher (ebd.) durch das Zusammenwirken mehrerer Parameter, wie etwa die raumzeitliche Nähe, die Vertrautheit der Kommunikationspartner, Privatheit vs. Öffentlichkeit etc.

Wie bereits in verschiedenen Beiträgen beschrieben (Riehl, 2013, 2014) schlagen sich diese unterschiedlichen kommunikativen Voraussetzungen auch in unterschiedlichen sprachlichen Strukturen nieder, die einmal sprechsprachliche Muster und einmal schriftsprachliche Muster umfassen (Maas, 2008, verwendet dafür die Kunstwörter „orat" und „literat"). Da in der gesprochenen Sprache die Verarbeitung der Äußerung *on-line* erfolgen muss, werden komplexere Einheiten in kleinere Einheiten zerlegt, d.h. die jeweiligen Segmente (Propositionen) werden aneinander gereiht (sog. ‚Aggregation', vgl. Raible, 1992). Im Geschriebenen ist dagegen eine komplexere Strukturierung möglich, die Segmente werden hier ineinander geschachtelt (durch syntaktische Unterordnung, Nominalisierung, Infinitivkonstruktionen etc.). Dies bezeichnet man als ‚Integration' (vgl. ebd.). Unterschiede zwischen gesprochener und geschriebener Sprache zeigen sich aber nicht nur auf der Ebene der Informationsstrukturierung, sondern auch im Wortschatz und in der Art der Verknüpfung der Elemente (z.B. in einer Erzählung mit reihendem *und dann* in der konzeptionellen Mündlichkeit gegenüber komplexen Gliederungssignalen wie *eines schönen Tages* in der konzeptionellen Schriftlichkeit; vgl. Riehl, 2001). Siehe dazu die folgende Überblickstabelle zu Merkmalen gesprochener und geschriebener Sprache in argumentativen Texten (Übersichtstabelle zu Merkmalen bei narrativen Texten s. Riehl, 2013, S. 262):

Tabelle 1:   Merkmale konzeptioneller Mündlichkeit und Schriftlichkeit am Beispiel Argumentation

Merkmale gesprochener Sprache Argumentation	Merkmale geschriebener Sprache Argumentation
Wortschatz: Basiswortschatz bzw. Umgangssprache niedrige Type-Token-Relation Passe-partout-Wörter („Allerweltswörter" wie zum Beispiel *Ding, machen, tun*)	**Wortschatz:** Elaborierter, fachsprachlicher Wortschatz Hohe Type-Token-Relation
Syntax: Aggregative Muster Elliptische Konstruktionen Agensorientierung (Aktivsätze)	**Syntax:** Integrative Muster Objektivierungsstrategien (Verwendung von Passiv, Modalpassiv, *man*-Konstruktionen, Nominalisierungen u.Ä.)
Satzverknüpfung: Lineare Organisation, semantisch wenig spezifiziert (*und, daher, aber*)	**Satzverknüpfung:** Elaborierte Textverknüpfungsmuster, semantisch spezifiziert, Routineausdrücke wie z.B. *in Anbetracht der Tatsache, dass*

Das hier vorgeführte Inventar von Merkmalen konzeptioneller Schriftlichkeit entspricht dem, was in der Bildungsforschung als sog. ‚Bildungssprache' (Gogolin, 2008) bezeichnet wird und ebenfalls ein formelles, fachsprachlich orientiertes Sprachregister umschreibt. Bildungssprachliche Kompetenz spielt im schulischen Kontext eine wichtige Rolle, nicht nur in Bezug auf das Schreiben von Texten, sondern auch auf das Verstehen fachsprachlicher Texte in Lehrbüchern oder von Aufgabenstellungen. Deshalb ist die Beherrschung dieses Registers von besonderer Bedeutung für die Bildungskarriere. Möglicherweise ist die Überforderung in der Berufsschule, die als ein Faktor für den Abbruch einer Ausbildung genannt wird, auch mit dem Fehlen an bildungssprachlicher Kompetenz in Verbindung zu bringen (vgl. Biedebach, 2007).

Schülerinnen und Schüler, die die entsprechenden Muster der konzeptionellen Schriftlichkeit noch nicht vollständig erworben haben, weichen auf die Muster konzeptioneller Mündlichkeit aus. Dies wird im Folgenden am Beispiel eines Textes einer Realschülerin im 10. Schuljahr demonstriert, da diese kurz vor der Mittleren Reife steht und das der höchste Abschluss ist, der von den Auszubildenden in den nachfolgend besprochenen Berufssparten erzielt wurde. Das Beispiel entstammt einer Studie zum Schreiben in zwei Sprachen, in der Texte von 206 bilingualen Schülerinnen und Schülern von Gymnasien und Realschulen im Alter von 15 bis 17 Jahren (9. und 10. Schuljahr) untersucht wurden (vgl. http://www.mehrschriftlichkeit.daf.uni-muenchen.de/). In dieser Studie schrieben 56 Prozent der Schülerinnen und Schüler Texte im Deutschen im konzeptionell mündlichen Modus (vgl. Riehl, Barberio, Tasiopoulou & Yilmaz Woerfel, i.E.).[2] Im Rahmen dieser Studie sollten die Schülerinnen und Schüler eine Stellungnahme dazu verfassen, ob in der Schule ein generelles Handyverbot eingeführt werden sollte oder nicht:

1 (1) *Sehr geehrte Frau K.,*

2 *Ihre Idee für das Handyverbot auf dem gesamten Schulgelende finde ich*

3 *nicht so gut. Vorallem wir aus der Oberstufe könnten meiner Meinung nach*

4 *selbst entscheiden, da wir alt genug sind. Handys sollten im Schulhaus ver-*

5 *boten werden, jedoch sollte das Nutzen auf dem Pausenhof genemigt sein.*

6 *Desweiteren fände ich es nicht gut wenn ich mein Handy nichtmal in einer*

7 *Freistunde nutzen darf.*

8 *Ich wäre sehr dankbar wenn sie das Handyverbot nicht durchsetzen wür-*

9 *den.*

10 *Mit freundlichen Grüßen*

11 *Anastasia*

Dieser Text enthält nun – wie oben beschrieben – Elemente konzeptioneller Mündlichkeit (wie *finde ich nicht so gut* (Z. 2, 5), *wir aus der Oberstufe* (Z. 3), *Schulhaus* (Z. 4), *nichtmal* (Z. 5)). Daneben beherrscht die Schreiberin zwar einige Routineausdrücke der Schriftlichkeit im Bereich der Textverknüpfung, setzt sie aber dennoch nicht im Sinne einer stringenten Argumentation ein (*jedoch* (Z. 4), *desweiteren* (Z. 5)). Der Text vermittelt so insgesamt den Duktus der Mündlich-

2 Dieser Durchschnittswert dürfte zwar etwas sinken, wenn auch monolinguale Schülerinnen und Schüler miteinbezogen werden und nur das 10. Schuljahr berücksichtigt wird. Demgegenüber ist aber zu bedenken, dass das Sample auch Gymnasiasten enthält, die in der Regel höhere Werte in der Schriftlichkeit erzielen (zur Diskussion s. Riehl et al., i.E.).

keit.[3] Über die konzeptionell mündlichen Strukturen im Bereich des Lexikons und der Syntax hinaus (s.o. Tabelle 1), fällt bei diesem Text die starke Involvierung der Schreiberin auf, die ebenfalls der Textsorte nicht angemessen ist. Dieser Aspekt, den ich im Anschluss an Sieber (1998) als „Kommunikative Grundhaltung" bezeichne, wird im folgenden Absatz erläutert.

2.1.2 Textgestaltungskompetenz: Kommunikative Grundhaltung

Unter ‚kommunikativer Grundhaltung' wird die Involvierung der Schreibenden oder Lesenden in den Text bzw. seine Distanzierung vom Text verstanden (vgl. Heinrich & Riehl, 2011; Yilmaz Woerfel & Riehl, 2016). Involvierung ist zwar häufig mit konzeptioneller Mündlichkeit verbunden (wie in obigem Beispiel 1), aber nicht zwangsläufig. Ein wesentliches Merkmal der Involvierungsstrategie ist das Herstellen einer unmittelbaren Sprecher-Hörer-Deixis durch die Präsenz von Schreibenden oder Lesenden im Textraum. Der Terminus ‚Involvierung' hat dabei eine doppelseitige Bedeutung: das Sich-Einbringen der Schreibenden selbst in den Text (sprecherseitige Involvierung) und das Verwickeln der Lesenden in den Text (hörerseitige Involvierung).

Die Involvierung in narrativen Texten, für die Boueke, Schülein, Büscher, Terhorst & Wolf (1995) den Begriff ‚Affektstruktur' einführten, ist in dieser Textsorte ein typisches Merkmal, da sich der Lesende in die Textwelt der Erzählenden hineinversetzen soll (dazu ausführlicher Yilmaz Woerfel & Riehl, 2016). Der Schreibende kann allerdings auch Involvierungsstrategien in argumentativen Texten vornehmen. Neben der Herstellung der unmittelbaren Hörer-Leser-Deixis können beispielsweise Evaluationen vorgenommen werden. Die für die Involvierung wichtige unmittelbare Sprecher-Hörer-Deixis kann durch zwei verschiedene Verfahren erzeugt werden: einmal durch Selbstreferenz, d.h. der Sprechende verwendet die erste Person (z.B. *ich meine, ich glaube, ich befürworte* etc.), und zum anderen durch die unmittelbare Anrede des Lesenden (z.B. *Sie werden wohl jetzt denken, dass…*). Evaluationen werden durch evaluierende Adjektive (überflüssig, schlimm) sowie Modalpartikeln (*doch, wohl*) gekennzeichnet. Im Gegensatz zu narrativen Texten wird im Deutschen in schriftlichen argumentativen Texten in der Regel die Grundhaltung der Distanzierung gefordert.[4] Distanzierungsstrategien beinhalten demgegenüber Strukturen, die eine objektive Gestaltung zu erreichen suchen. Ein wesentliches Element ist dabei die Vermeidung von Sprecher-

---

3   Eine Reihe von Studien belegen ebenfalls, dass die schriftsprachliche Kompetenz von Schulabgängerinnen und Schulabgängern noch keinesfalls ausgereift ist (vgl. Feilke, 1993; Harsch et al., 2007; Becker-Mrotzek, 2014 u.a.m.).

4   Hier gibt es allerdings – wie Feilke (2015, S. 63) – richtig verweist, Unterschiede in journalistischen und wissenschaftlichen Texten. Erstere können wesentlich stärkere Involvierungsstrategien aufweisen.

und Hörer-Referenz, z.B. durch die Verwendung von Passiv und verwandten Konstruktionen, *man*, Nominalisierungen (vgl. Heinrich & Riehl, 2011, S. 29 f.).

Die kommunikative Grundhaltung ‚Involvierung' vs. ‚Distanzierung' in argumentativen Texten drückt sich demnach in den beiden Kategorien „Hörer-Leser-Deixis" und „Evaluation" (= Affektmarkierung ja – nein) aus (vgl. Tab. 2):

Tabelle 2: Markierung der Involvierung und Distanzierung für argumentative Texte

Kategorien	Involvierung	Distanz
Sprecher-Hörer-Deixis	– Selbst-Referenz – Adressierung des Lesers	– Keine Selbst-Referenz (oder nur in den Rahmenteilen) – Fokussierung des Themas
Evaluation	– Gebrauch evaluierender Adjektive oder Modalpartikeln *„toll, idiotisch, sicherlich"*	– Objektive Formen zur Meinungsdarstellung

Die Involvierung der Schreiberin des obigen Textes (Bsp. 1) zeigt sich vor allem in der starken Selbstreferenz mit *ich* (*ich finde/fände nicht so gut* (Z. 2/5)) oder aber dem kollektiven *wir* (Z. 3). Involvierungs- und Distanzierungsstrategien sind ebenfalls textsortenspezifisch (in Briefen stärkere Involvierung als in Erörterungen) und auch kulturspezifisch verankert (vgl. Heinrich & Riehl, 2011; Riehl et al., i.E.).

2.1.3 Textmuster- und Textorganisationskompetenz: Makrostruktur und Kohärenz

Bei den textstrukturellen Aspekten geht es zum einen darum, dass Texte bestimmten Mustern im Aufbau folgen, was in der Regel als Makrostruktur bezeichnet wird. So ist etwa eine klassische Argumentation nach dem Muster *Pro – Contra – Conclusio* angelegt, wobei auch innerhalb dieser Teile bestimmte Anordnungsprinzipien herrschen. Hier müssen verschiedene literale Handlungsschemata wie *Positionieren, Begründen, Konzedieren* oder *Modalisieren* vollzogen und zueinander in Beziehung gesetzt werden. Ein generelles übergreifendes Merkmal, das die Qualität eines Textes ausmacht, ist dabei die Kohärenz, d.h. wie die einzelnen Textteile zusammengefügt und auseinander entwickelt werden. Hier fällt etwa in Beispiel 1 auf, dass weder auf das argumentative Muster Bezug genommen wird noch der Text mit einer entsprechenden Einleitung versehen wird, in der in die Problematik eingeführt wird. Die Schreiberin beginnt ohne jegliche einleitende Elemente: *Ihre Idee für das Handyverbot* […] *finde ich nicht so gut* (Z. 2). Damit zeigt sich ein Mangel an Dekontextualisierungsfähigkeit, d.h. die Fähigkeit den Text aus einem konkreten Bezugsrahmen zu lösen.

Im Folgenden sollen nun einige Studien referiert werden, die die Schreibkompetenzen von Schülerinnen und Schülern an beruflichen Schulen beleuchten.

2.2 Studien zu Schreibkompetenzen von Schülerinnen und Schülern an beruflichen Schulen

In den Studien zu Schreibkompetenzen von Schülerinnen und Schülern liegt der Fokus überwiegend auf Grundschule und Sekundarstufe I, die Kompetenzen an den beruflichen Schulen bleiben meist Außen vor (vgl. Schäfer, 2013). Dagegen wurde das Schreiben in beruflichen *Kontexten* durchaus in einigen Studien adressiert (Überblicke dazu bei Jakobs, 2008 und Schindler, 2013), allerdings sind diese aufgrund der Heterogenität der Ausbildungsberufe immer auf bestimmte Gruppen beschränkt. Schriftsprachliche Kompetenzen speziell bei Berufsschülerinnen und Berufsschülern in der Schweiz wurden etwa in der Studie von Wyss Kolb (1995) analysiert. Die Autorin kommt zum Ergebnis, dass neben orthographischen Fehlern v.a. auch Syntax und Textverknüpfung fehlerhaft sind. Eine weitere Studie (Baumann, 2014) untersucht die schriftsprachlichen Kompetenzen auf dem Übergang von Schule zu Beruf (d.h. die sog. „Ausbildungsreife"). Analysiert werden dabei die Lesbarkeit der Texte, Rechtschreibfähigkeiten sowie inhaltliche Verständlichkeit und thematische Kohärenz. Letztere wurden anhand des ‚Fast Catch Bumerang'- Tests erhoben, der im Projekt FörMig entwickelt wurde (vgl. Reich, Roth & Döll, 2009). Bei diesem Test schreiben die Schülerinnen und Schüler ein Bewerbungsschreiben und eine Bauanleitung für einen Bumerang anhand einer Bilderfolge. Das erfordert neben der Beherrschung fachsprachlicher Lexik auch sprachliche Mittel zur Herstellung von Textkohäsion und kausalen Bezügen. Bei der Analyse des Textes werden Kriterien auf einer mikrostrukturellen Ebene wie Angemessenheit bzw. Unangemessenheit der Lexik und Normnähe bzw. -ferne der Syntax sowie auf einer makrostrukturellen Ebene wie Textstrukturierungsmerkmale und Textgliederung erfasst.

Baumann (2014) kommt zu dem Ergebnis, dass die Schülerinnen und Schüler zwar über die basalen Schreibfähigkeiten (nach Dürscheid, Wagner & Brommer, 2010) verfügen, dass aber „Schwierigkeiten bei der formalen Schreibfähigkeit und bei der stilistischen Gestaltung" (Baumann, 2014, S. 271) bestehen. Dies betrifft v.a. fehlende Routinen konzeptioneller Schriftlichkeit und literaler Prozeduren. Sprachliche Kompetenzen, die in spezifischen beruflichen Zusammenhängen benötigt werden, standen auch im Mittelpunkt des Projekts *Vocational Literacy* (vgl. dazu Efing, 2008), allerdings lag hier der Schwerpunkt auf der Lesekompetenz. Daneben wurden auch schriftsprachliche Fähigkeiten in Form einer Textproduktion erhoben. Hier stellt Efing (2008, S. 24 ff.) neben den formalen Defiziten im Bereich Rechtschreibung und Interpunktion vor allem fehlende Textsorten- und Textmusterkenntnis fest sowie die mangelnde Fähigkeit, eine argumentative Struktur aufzubauen und einen kohärenten Text zu erzeugen. Auch orientierten sich die Texte an kommunikativen Mustern der Mündlichkeit. Allerdings ist nach Efing (2011, S. 39) eine genaue Einschätzung der zugrunde liegenden Kompetenz kaum möglich, da das Schreiben offensichtlich eine große Aversion bei den Berufsschülerinnen und Berufsschülern hervorruft und daher kaum zu unterscheiden ist, was durch Unfähigkeit und was durch Unlust und Unwillen erklärt werden kann. Ähnliches stellen auch Knapp, Pfaff und Werner (2008) bei ihrer Untersuchung von schriftlichen Produktionen in Ausbildungsbetrieben fest. Diese Frage stellt sich nach wie vor.

Grundsätzlich ist jedoch anzumerken, dass auch die Anforderungen an die Schreibkompetenz der Auszubildenden teilweise widersprüchlich formuliert werden (vgl. Lassen, 2016, S. 20): Obwohl Ausbildungsbetriebe häufig die mangelnden schriftsprachlichen Fähigkeiten von Auszubildenden (v.a. im Bereich Orthographie und Ausdrucksfähigkeit) beklagen, werden diese selten von den Auszubildenden gefordert (vgl. Efing, 2011, S. 56). Dies mag damit zusammenhängen, dass die meisten Schreibprodukte in der Berufsausbildung standardisierte Texte darstellen und sprachstrukturelle Mängel eher von geringer Relevanz sind (ebd., S. 59). Das lässt sich etwa daraus ablesen, welche Textsorten ausbildungsrelevant sind: Efing (2013, S. 129) listet hier aus vorangegangenen Studien die folgenden auf: Notizen, Berichte, Rechnungen, Bestellungen, Dokumentationen von Arbeitsvorgängen, Arbeitspläne, Formulare, Tabellen und Listen. Dies bestätigen auch die im Rahmen des Teilprojektes *Schriftsprachliche Kompetenzen* im Mercator-Projekt *Bildungssprache Deutsch an beruflichen Schulen* erhobenen Portfolios in Ausbildungsbetrieben im Bereich Einzelhandel. Die Auszubildenden sammelten hier Texte, die sie in ihrem Ausbildungsbetrieb geschrieben haben. Außer den bei Efing genannten Textsorten finden sich hier noch Stichwortsammlungen, Reklamations-, und Reparaturscheine, Vorzählbelege (zur Überprüfung des Warenbestandes), Warenauszeichnungen (Preisschilder etc.), Aushänge für das Geschäft (Hinweis auf Gewinnspiele etc.) sowie Postkarten an Kundinnen und Kunden (Dank für den Einkauf). Weiter dokumentierten die Auszubildenden auch WhatsApp-Konversationen (Gruppen-Chat mit der Ausbilderin, die der betriebsinternen Organisation dienten) (vgl. dazu den Beitrag von Steffan in diesem Band).

Diese Diskrepanz zwischen den Anforderungsbereichen im Beruf und den Anforderungen, die die fachlich-theoretische Ausbildung bringt, kann dazu führen, dass fehlende schriftsprachliche (im Sinne von bildungssprachlichen) Kompetenzen auch bedingen, dass die Auszubildenden ihre Ausbildung nicht erfolgreich absolvieren können (Biedebach, 2007). Daher ist es m.E. zwingend erforderlich, diese Kompetenzen auch im Unterricht an beruflichen Schulen adäquat zu fördern. Ziel sollte es sein, dass die Schülerinnen und Schüler in der Lage sind, die Herausforderungen am Arbeitsplatz und im Alltag erfolgreich (sprachlich) zu bewältigen.

Im Folgenden werden zwei Studien referiert, die allgemeine schriftsprachliche Fähigkeiten von Berufsschülerinnen und Berufsschülern beleuchten und im Kontext des Teil-Projektes „Schriftsprachliche Kompetenzen" im Mercator-Projekt „Bildungssprache Deutsch an beruflichen Schulen" erhoben wurden. Die erste Studie wurde in einer von mir betreuten Masterarbeit von Julia Lassen bei medizinischen Fachangestellten erhoben, die zweite Studie erfolgte im oben genannten Teilprojekt bei den Auszubildenden im Bereich Einzelhandel.

3. Ergebnisse der Projektstudien

3.1 Textkompetenzen Medizinischer Fachangestellter

In der im Rahmen des Projektes entstandenen Masterarbeit von Julia Lassen steht die Schreibkompetenz von Medizinischen Fachangestellten im Fokus. Lassen untersucht 27 Probandinnen einer 11. Klasse an der Berufsschule Fürstenfeldbruck bei München. Elf der Probandinnen haben die Haupt- bzw. Mittelschule besucht und einen Qualifizierenden Hauptschulabschluss. 16 Schülerinnen haben die Realschule absolviert und besitzen die Mittlere Reife. Als Aufgabenstellung dient eine (fiktive) Ausschreibung eines Radiosenders, der einen Preis für „Bayerns beste Arztpraxis" vergibt.[5] Obwohl es sich dabei nicht um eine klassische Argumentation mit Pro-Contra-Argumenten handelt, erfordert die Aufgabenstellung die Sprachhandlungen *Begründen* und *Argumentieren*, die in vielen zahlreichen Zusammenhängen im Bildungsprozess eine Rolle spielen (Schmölzer-Eibinger & Dorner, 2012; Lassen, 2016, S. 42).

Die Texte wurden nach folgenden Kriterien analysiert: Textaufbau und Textordnung, Kommunikative Grundhaltung (s.o.), Adressatenorientierung und Verwendung von Fachwortschatz. Dabei zeigte sich, dass die Medizinischen Fachangestellten größtenteils den Fachwortschatz beherrschen, korrekt einsetzen und differenziert verwenden. Wesentlich schwieriger stellen sich dagegen das Herstellen eines kohärenten Textes und der Aufbau einer strukturierten Argumentation dar. Insgesamt besteht eine große Bandbreite, die von einfach strukturierten Texttypen über gemischte Typen zu elaborierten führt. Diese Bandbreite wird im Folgenden in den Beispielen (2) und (3) illustriert. Hierbei schaffen besonders die Probandinnen mit Hauptschulabschluss kaum eine thematisch strukturierte Anordnung der Einzelelemente (vgl. Bsp. (2)):

---

5 Diese Angabe diente dazu, die Probandinnen zum Schreiben zu motivieren. Die Handlungsorientierung bezieht sich dabei nicht auf den Arbeitsablauf an sich, aber auf einen auf die reale Welt bezogenen Handlungskontext, der für die Probandinnen nachvollziehbar ist (vgl. Lassen, 2016, S. 43).

(2)

Wir sind die Beste Arztpraxis Bayerns, weil... / Wir im ~~Ihe~~ Team zusammen super gut arbeit-/ en können. Pat. zur Seite stehen, immer ein / Ohr für sie haben, wir hilfbereit gegenüber / Ihnen sind, Verständnis zeigen & ~~§§~~ mit / Geduld an die Sache gehen. Wir freundliche Kollegen / haben und ihre Freude ausstrahlen. / Patienten kommen gerne zu uns, den bei / uns herscht ebenso eine gute ~~Athmosp~~ Atmosphä-re. Sie fühlen sich in guten / Hände bei uns! Keine langen Warte- / zeiten bei uns herschen, da wir mit Sorgfalt, / sehr darauf achten, das jeder zu seinem / Termin dran kommt. Wir sehr viele Fach- / richtungen haben. Diabetologen, Kadiologie / Endoskopie, Internisten, Angeologe, und je / nach anliegen bei uns am richtigen Ort / sind, Patienten fühlen sich bei uns gut / aufgehoben. (MFA27)

Der Text besteht aus einer Reihung von Aufzählungen, die an die Textformen erinnern, die auch in der Ausbildung geschrieben werden, nämlich Listen. Außerdem sind die Texte dieser Gruppe weitgehend konzeptionell mündlich formuliert, bei drei Probandinnen sogar ausschließlich. Die Probandinnen mit Realschulabschluss zeigen in der Regel bessere Kompetenzen, aber auch hier schreiben sieben Schülerinnen vorwiegend konzeptionell mündlich orientiert und haben Schwierigkeiten bei der Argumentationsstruktur. Lediglich zwei der Schülerinnen schreiben sehr elaborierte Texte, die vorwiegend konzeptionell schriftliche Elemente aufweisen, wie im folgenden Beispiel (3):

(3)

Sehr geehrtes Radio Bayern Team,
heute morgen, auf dem Weg zur Arbeit habe ich auf <u>Ihrem Sender gehört, dass Sie die beste Arztpraxis</u> Bayerns suchen. Natürlich kam mir sofort die Idee Ihnen unsere Praxis vorzustellen.
Ich arbeite in einer gynäkologischen Praxis in der schönen Stadt Landsberg am Lech. Zusammen mit vier Arzthelferinnen, einer Hebamme und drei Ärztinnen, stehen wir unseren Patientinen in allen Lagen zur Seite.
Warum ist ausgerechnet unsere Praxis, die beste aus ganz Bayern?
Wir haben von allen gynäkologischen <Praxen> in Landsberg die längsten Sprechzeiten, so kann jede Patientin auch nach ihrer Arbeit noch zu uns kommen, denn dreimal pro Woche haben wir bis 20 Uhr geöffnet. Selbst wenn einer der Ärztinnen fertig mit ihrer Sprechstunde ist, wird kein Notfall abgewiesen. [weitere 3 strukturierte Argumente]
Für mich sind diese Faktoren besonders wichtig, und deshalb sehe ich unsere Praxis als beste Praxis Bayerns.
Ich hoffe ich konnte Sie überzeugen, gerne dürfen Sie sich auch selbst ein Bild von uns machen und uns besuchen!

Mit freundlichen Grüßen

Die Schreiberin spricht hier die Leserinnen und Leser direkt an und leitet das Thema ein. Sie gibt zunächst die nötigen Hintergrundinformationen, bevor sie ihre Argumentation mit einer rhetorischen Frage einleitet. Die vier begründenden Argumente werden auch thematisch strukturiert, dann am Ende noch einmal zusammenfassend darauf referiert und mit einem Schlusssatz abgerundet. Der Text zeugt von einer umfassenden Kenntnis des Textmusters und hat eine innere Kohärenz. Die Schreiberin verwendet komplexe Satzstrukturen, konzeptionell schriftliche Konnektoren (*dabei*) sowie fachsprachliches Vokabular.

Wie Beispiel (2) und (3) zeigen, ist die Bandbreite bei den erhobenen Texten sehr groß (Beispiel 2 am unteren Ende, Beispiel 3 am oberen). Insgesamt stellt Lassen (2016, S. 58) fest, dass nur zwei Schülerinnen einen konzeptionell schriftlichen Text verfassen (wie in Beispiel 3), alle übrigen Texte sind entweder vollständig konzeptionell mündlich formuliert (n=10) oder mischen konzeptionell mündliche und schriftliche Elemente (n=15). Ähnliches gilt für die Textordnung: hier strukturieren nur die Hälfte der Probandinnen die Texte nach Themen, eine strukturierte Verknüpfung durch Konnektoren kommt nur bei wenigen Schreiberinnen (n=5) vor (ebd., S. 55).

3.2 Schreibkompetenzen bei Auszubildenden im Einzelhandel

Im Rahmen des Teilprojektes „Schriftsprachliche Kompetenzen" (s.o.) wurde in zwei Klassen an einer Berufsschule in einer oberbayerischen Kleinstadt in der Klasse Einzelhandel eine Interventionsstudie durchgeführt. Dabei sollte herausgefunden werden, inwieweit ein handlungsorientierter Unterricht und das Einüben bestimmter Muster auf der makrostrukturellen Ebene und Ebene der Textprozeduren die Textkompetenz der Schülerinnen und Schüler verbessern kann. Insgesamt haben 21 Schülerinnen und Schüler an der Studie teilgenommen. Davon hatten 13 Schülerinnen und Schüler einen Mittelschulabschluss und vier die Mittlere Reife. Eine Schülerin stammt aus Ungarn und hat dort Abitur gemacht. Bei drei Schülern fehlen die Angaben.

Die Aufgabe bestand darin, dass die Schülerinnen und Schüler auf einen Beschwerdebrief reagieren sollten. In einem Pretest bekamen die Schülerinnen und Schüler einen fiktiven Beschwerdebrief von Silke Schlag, der mehrere Beschwerden umfasst (s. Anhang 1) und erhielten den Arbeitsauftrag, ein Antwortschreiben auf den Beschwerdebrief zu formulieren (Zeit: 30 Minuten).[6] Die Schülerinnen und Schüler verfassten dabei Texte von sehr unterschiedlicher Länge (vgl. Tabelle 3, Berechnung reiner Brieftext ohne Anschrift und Betreffzeile):

---

6   Klasse 2 stellte dabei mehr Fragen als Klasse 1, da letztere das Thema Briefeschreiben bereits im vorherigen Schuljahr ausführlicher behandelt hatte.

Tabelle 3: Übersicht über Satz- und Textlängen

Längster Text (Wörter)	165
Kürzester Text (Wörter)	28
Höchste Satzanzahl	9
Niedrigste Satzanzahl	2
Mittel (Wörter)	79,68
Mittel (Sätze)	5,1

Die Schülerinnen und Schüler erhielten jeweils Einzelkorrekturen auf die von ihnen verfassten Briefe. Dabei wurden formale (Rechtschreib- und Grammatikfehler) und stilistische Fehler auf getrennten Blättern kenntlich gemacht, um die Schülerinnen und Schüler v.a. auch auf die makrostrukturellen Probleme (fehlende Einleitung etc.) und Formulierungsmuster aufmerksam zu machen. In weiteren Lerneinheiten wurde in Bezugnahme auf die Handlungssituation 2 für das 2. Ausbildungsjahr aus dem Lehrwerk „Berufsdeutsch" (Dirschedl, 2012b, S. 58 ff.) die Handlung „Auf Beschwerden professionell reagieren" eingeübt. Diese Lehreinheit ist nach einem handlungsorientierten Modell konzipiert und übt an konkreten Fallbeispielen das Reagieren auf Beschwerden sowohl im Mündlichen als auch im Schriftlichen ein.[7] Daneben wurden auch Formulierungsalternativen zu den konzeptionell mündlichen Mustern besprochen. Schließlich wurden mit den Schülerinnen und Schülern die Schritte zur Erstellung eines Antwortschreibens auf einen Beschwerdebrief erarbeitet. Hierbei wurden den Schülerinnen und Schülern die jeweiligen Funktionen der einzelnen sprachlichen Teilhandlungen deutlich gemacht. Das mit den Schülerinnen und Schülern erarbeitete Schema war wie folgt:

1. Briefkopf
2. Betreff
3. Freundliche Begrüßungsformel
4. Einleitung: Bedanken für die Beschwerde
5. Verständnis für Verärgerung zeigen und entschuldigen
6. Problemlösung darstellen
7. Angemessene Entschädigung anbieten (z.B. Gutschein)
8. Verabschiedung
9. Grußformel und Unterschrift (ggf. Funktion im Betrieb)

---

7 Zudem wurde der Abschnitt „Geschäftsbriefe verfassen" aus dem Basisband Berufsdeutsch (Dirschedl, 2012a, S. 80 ff.) herangezogen.

Im Anschluss an die Unterrichtseinheiten schrieben die Schülerinnen und Schüler in einem Posttest ein weiteres Antwortschreiben auf einen Beschwerdebrief, der ebenso wie der erste mehrere Beschwerden enthält (s. Anhang 2).

Bei der Analyse der Texte wurden die folgenden sprachlichen Teilbereiche berücksichtigt:

- formaler Bereich: Rechtschreibung und Interpunktion
- Grammatik: Kasusmarkierung, Kongruenz
- Register (Elemente konzeptioneller Mündlichkeit und Schriftlichkeit) (in Anlehnung an ein im Projekt Mehrschriftlichkeit entwickeltes Raster; s. Riehl et al., i.E.)
- Textprozeduren (s. Feilke, 2015 und oben S. 224)
- Briefgestaltung und Makrostruktur (s.o. 2.1.3)

Im Folgenden sollen hier die Bereiche „Briefgestaltung und Makrostruktur" (3.2.1), „Register konzeptioneller Mündlichkeit und Schriftlichkeit" (3.2.2) und der Bereich „Textprozeduren" (3.2.4) genauer erläutert werden.

3.2.1 Briefgestaltung und Makrostruktur

In Bezug auf die formale Gestaltung zeigt sich, dass die Schülerinnen und Schüler den Briefkopf sowie die Begrüßungs- und Grußformeln richtig beherrschen. Lediglich in Klasse 2, die im Vorjahr den Brief noch nicht geübt hatte, fehlt bei zwei Briefen die Anschrift und bei einem ist sie unvollständig. Diese sind aber im Posttest bei allen Schülerinnen und Schülern vorhanden. Im Pretest hatte kein einziger der Schülerinnen und Schüler eine Betreffzeile, im Posttest wird sie von zwölf Schülern verwendet, allerdings geben fünf Schüler nur den Betreff *Entschuldigung* an, was davon zeugt, dass die Funktion der Betreffzeile offensichtlich noch nicht richtig erkannt wurde.

Bei der internen Gliederung des Briefes fällt auf, dass bei fast der Hälfte der Schülerinnen und Schüler (n=10) die Rahmung durch Einleitung und Schluss fehlt. Die meisten (n=13) beginnen mit der Entschuldigung, nur zwei Schüler beginnen die Einleitung mit dem Dank für das Schreiben (*hiermit bedankt sich das Kaufhaus ...*, S0901), ein Schüler mit einem textsortenspezifischen Formulierungsmuster (*zunächst bedanken wir uns für die Rückmeldung*, S0401). Zwei Schüler beginnen den Brief des Pretests völlig unvermittelt ohne einleitende Gedanken: *ich werde das weitergeben an den Chef* (S0101), *ich weiß selbst nicht, wie das passieren konnte* (S1001). Da in der Unterrichtseinheit explizit auf die Form der Einleitung hingewiesen wurde (s.o.), eröffnen im Posttest immerhin zwölf weitere Schülerinnen und Schüler den Brief mit einem Dank für das Schreiben, hier gerade auch diejenigen, die den Brief ganz ohne Einleitung begonnen hatten. Wie das Beispiel zeigt, konnten die Schülerinnen und Schüler im Bereich der Makrostruktur von der Unterrichtseinheit profitieren (mit Ausnahme von S0101).

Der Rest der Schülerinnen und Schüler bleibt allerdings bei der Entschuldigung als Einleitung. Auch einen Schlusssatz in Form einer Verabschiedung lassen eine Reihe von Schülerinnen und Schüler (neun) im Pretest vermissen. Vier Schüler verwenden auch im Posttest keine Schlussformel. Hier zeigt sich, dass im Gegensatz zur Einleitung weniger Schülerinnen und Schüler auf die vorgegebene Gliederung achteten.

Im Folgenden nun ein Beispiel von einer Schülerin (S0601), die im Bereich der makrostrukturellen Gestaltung von der Intervention profitiert hat:

(4)

1. Pretest	18. Posttest
2. [Briefkopf korrekt vorhanden]	19. [Briefkopf korrekt vorhanden]
3.	20. **Antwort auf Ihre Beschwerde**
4.	21.
5. *Sehr geehrte Frau Schlag,*	22. *Sehr geehrter Herr Unwohl,*
6.	23.
7. *im Namen unseres Unternehmens möchte ich*	24. *wir bedanken uns recht herzlich für Ihr*
8. *mich nochmals ausdrücklich für diesen Vorfall*	25. *Feedback. / Für die Umstände unseres*
9. *entschuldigen. Ich habe mitlerweile mit den*	26. *Geschäftes möchten wir uns als Filiale bei Ihnen*
10. *Mitarbeitern gesprochen um so etwas in*	27. *entschuldigen. / Ihr bei uns erworbenes Gerät*
11. *Zukunft zu vermeiden. Wir stehen Ihnen für*	28. *tauschen wir natürlich unverzüglich aus und sie*
12. *Ihren Umtausch voll und ganz zuverfügung.*	29. *bekommen das neue Gerät gleich mit*
13. *Ich hoffe sie bleiben uns trotzalledem weiter*	30. *nachhause. Zusätzlich dazu geben wir Ihnen*
14. *eine treue Kundin.*	31. *noch einen Gutschein. / Wir freuen uns auf*
15.	32. *Ihren nächsten besuch in unseren Geschäft.*
16.	33.
17. *Mit freundlichen Grüßen*	34. *Mit freundlichen Grüßen*

Das Beispiel zeigt, dass die Schülerin einige Punkte der Intervention gewinnbringend aufgenommen hat: Sie fügt eine Betreffzeile ein, die auch korrekt auf den Betreff Bezug nimmt (Z. 20). Weiter leitet sie richtig mit dem Dank für die Rückmeldung ein (Z. 24 f.). Die etwas unspezifische Aussage *Wir stehen Ihnen für Ihren Umtausch voll und ganz zuverfügung* im Pretest (Z. 11 f.) wird im Posttest mit einer spezifischen Referenz versehen *Ihr bei uns erworbenes Gerät tauschen wir natürlich unverzüglich aus* (Z. 27 f.). Auch fügt die Schülerin, wie in der in der Unterrichtseinheit erarbeiteten Gliederung, noch den Hinweis auf den Gutschein hinzu (Z. 30 f.).

3.2.3 Register der Mündlichkeit versus Schriftlichkeit

Auch in kleineren exemplarischen Studien wie diejenigen, die hier präsentiert werden, bestätigen sich die vorliegen Befunde zur Textkompetenz von Berufsschülerinnen und Berufsschülern. Als ein grundsätzliches Problem stellt auch hier – wie bereits in den Studien von Wyss Kolb (1995), Efing (2008 ff.), Baumann

(2014) u.a. – dar, dass nur wenige der Schreiberinnen und Schreiber die Muster der konzeptionellen Schriftlichkeit beherrschen. Dies äußert sich auf allen in 2.1.1 beschriebenen Ebenen, der Ebene der Lexik, der Syntax sowie im Bereich der Textverknüpfungsstrategien.

Auf der lexikalischen Ebene zeigen sich sehr viele sprechsprachliche Formulierungen wie *Gutschein mitgeben*, bzw. *kriegen, in den Laden kommen, einen anderen dazuholen, wieder herbringen, ich habe mitbekommen*. Etwa die Hälfte der Schülerinnen und Schüler (n=10) nehmen im Posttest die in der Unterrichtseinheit vorgegebenen Formulierungen auf: *Gutschein erhalten, in die Filiale kommen* etc.

In den Texten finden sich allerdings bereits im Pretest eine Reihe von schriftsprachlichen Formulierungsmustern, die in die Lebenswelt der Ausbildung und den Umgang mit Kundinnen und Kunden gehören (etwa *weiter die Treue halten, Kundentreue ist sehr wichtig, auf Kundenfragen eingehen, Einkaufserlebnis, Nachlass erhalten, im Sortiment haben, Recht auf Reklamation, sachgemäß einarbeiten, fachgerechte Beratung, Wunschprodukt*). Hier scheinen sich also die Auszubildenden bereits wichtige Formeln angeeignet zu haben. Weitere treten dann im Posttest auf und zeugen in der Tat davon, dass die Schülerinnen und Schüler von der Intervention auf dieser Ebene profitiert haben: *Umtausch anbieten, für Unannehmlichkeiten entschuldigen, Einkaufsgutschein erhalten, Gutschein aushändigen, Beschwerde zukommen lassen, Gerät ersetzen, Konsequenzen tragen*. Allerdings finden sich sowohl im Pre- als auch im Posttest eine Reihe von Prägungstypen, die als Blending zweier verschiedener Formulierungsmuster gesehen werden können. Diese Unsicherheiten haben bereits Augst und Faigel (1986) bei ihrer Untersuchung zur Ontogenese von Schreibfertigkeiten bemerkt (vgl. auch Feilke, 1993). Insgesamt sechs Schülerinnen und Schüler verwenden unabhängig voneinander den Ausdruck *herzlichst* bzw. *sehr herzlich entschuldigen*, ein Blending der beiden Formulierungsmuster *herzlich bedanken* und *vielmals entschuldigen*. Ein anderer Fall von Blending ist der Ausdruck *fachkompetent*, den zwei Schüler aus den Formulierungen *fachgerecht* und *kompetent* kreieren.

In neun der insgesamt 42 Texte (aus Pre- und Posttest) findet man auch falsche Kollokationen von Nomen und Verb: *Kauferlebnis erbringen, Reklamation durchführen, andere Sprachen anfügen, Beratung veranlassen, Garantie nehmen, Verständnis sehen, geschäftliche Tätigkeiten erledigen*. Einige textmusterspezifische Formulierungsmuster werden auch aus anderen Brieftextsorten übernommen und sind in diesem Texttyp inadäquat: *daher hoffe ich auf ein baldiges Wiedersehen* (S0801), *ich freue mich über ein baldiges Wiedersehen* (S1001). Diese Beispiele sind Ausdruck eines mangelnden Gebrauchs (sowohl rezeptiv als auch produktiv) von gebrauchsbasierten Konstruktionen, die zu unscharfen Konstruktionsschemata führen.

Ein Problem im Bereich der Syntax sind neben sehr kurzen Sätzen (etwa S0501) Fälle von Ausklammerung von Satzgliedern (n= 10):

(5)   a) Wir werden unsere Mitarbeiter besser informieren von unserem *Sortiment* (S0501)

b) … werden Sie fachgerecht beraten von unserem Mitarbeiter der *Elektrofachabteilung* (S0701)

c) Ihre Kaffeemaschine tauschen wir Ihnen natürlich aus *inklusive Vollausstattung* (S0202)

d) Zusätzlich erhalten Sie einen Einkaufsgutschein in Höhe von 100€ *für die Umstände die Sie hatten.* (S0502)

e) möchten wir uns bei Ihnen entschuldigen *wegen den Fehlkauf* (S0602)

Diese Formen von Ausklammerung kommen sowohl in den Texten des Pre- und Posttest vor, da in diesem Bereich auch keine explizite Intervention vorgenommen wurde. Besonders auffällig ist auch die sehr stark verbale Ausdrucksweise statt einer nominalen:

(6)   a) *wir nehmen das was sie gekauft haben* zurück (S0101) [statt: *Ihren Einkauf, das Produkt o.ä.*]

b) *beraten um mehr über das Fernsehgerät zu erfahren* (S0301) [statt *über die Funktion des Fernsehgeräts zu beraten*]

c) *entschuldigen wegen was passiert ist* (S0501) [statt *für den Vorfall entschuldigen*]

d) *Verhalten das unsere Mitarbeiterin hatte* (S0901) [statt *Verhalten unserer Mitarbeiterin*].

3.2.4   Textprozeduren

Zum lexikalischen Inventar für Texthandlungsschemata gehören besonders Satzverknüpfungsmittel, die einzelne Subschemata in Beziehung setzen oder miteinander verbinden (s.o.). Hier ist zu bemerken, dass die Auszubildenden kaum über die entsprechenden Inventare verfügen: Nur drei Schülerinnen und Schüler verwenden das Pronominaladverb *hiermit*, um die Sprachhandlung der Entschuldigung einzuführen. Die Bezugnahme auf die verschiedenen Positionen (unterschiedliche Beschwerden) wird meist mit *und* oder *da* eingeleitet bzw. es erfolgt eine asyndetische Reihung. Nur etwa die Hälfte der Probandinnen und Probanden (n=11) verwenden andere Konnektoren: fünf Schüler verwenden *desweiteren* oder *außerdem*, vier weitere *zusätzlich*. Begründendes *daher, dadurch, deshalb* oder *deswegen* sind ebenfalls nur bei fünf Schülern enthalten, bei zwei Schülern findet sich folgerndes *somit*. Im Gegensatz dazu kommen vier Schülerinnen und Schüler im Pre- oder Posttest ganz ohne Konnektoren aus.[8]

Insgesamt zeigt sich, dass v.a. diejenigen Schülerinnen und Schüler, die im Bereich des makrostrukturellen Textmusterwissens Probleme hatten, von der Intervention in diesem Bereich profitierten, so dass sie neben den Formalia immerhin die Rahmung mit Einleitung und Schluss schafften (s.o. n=12). Diejenigen Schülerinnen und Schüler, die schon über makrostrukturelles Wissen verfügten, konnten teilweise auch ihr Formulierungsmusterwissen verbessern (n=7).

4. Fazit und Desiderata an den Unterricht in beruflichen Schulen

4.1 Zusammenfassung: Einblicke in die Textkompetenz von Berufsschülerinnen und Berufsschülern

Die in Kapitel 3 aufgeführten exemplarischen Studien bei medizinischen Fachangestellten und Auszubildenden im Bereich Einzelhandel zeigen, dass – wie bereits in bisherigen Studien zur Schreibkompetenz angenommen –, die Auszubildenden noch Schwierigkeiten im Bereich der Textkompetenz aufweisen. Die Problematik ergibt sich daraus, wie im Beispiel (1) gezeigt wurde, dass die Auszubildenden mit Abschluss der Regelschulbildung diese Kompetenzen noch nicht erzielt haben (vgl. auch Efing, 2008, 2011). Dabei scheint die Beherrschung des für die jeweilige Berufsbranche relevanten Fachvokabulars nicht problematisch zu sein, da dieses offenbar sehr schnell gelernt und vor allem auch im beruflichen Umfeld häufig verwendet wird (vgl. Lassen, 2016 und oben 3.2.3). Vielmehr bilden die eigentlichen Schwierigkeiten übergreifende Kompetenzen wie Textgestaltungs- und Textmusterkompetenz sowie Formulierungs- und Stilkompetenz (vgl. Schmölzer-Eibinger, 2011). Bei vielen Schülerinnen und Schülern der beruflichen Schulen zeigt sich hier eine noch nicht erreichte Stufe der Literalität im Sinne von konzeptionell schriftsprachlichen Strukturen (Nominalisierungen, vollständige Satzklammer, komplexe Satzkonnektoren).

4.2 Desiderate an den Deutschunterricht an beruflichen Schulen in Bayern

Wie aus dem Lehrplan für berufliche Schulen in Bayern hervorgeht, ist die „Weiterentwicklung der schriftlichen und mündlichen Kommunikationsfähigkeit der Schülerinnen und Schüler in einer zentralen Phase ihrer Persönlichkeitsentwick-

---

8 Die unsichere oder inadäquate Verwendung von Kohäsionsmitteln wurde auch bereits von Wyss Kolb (1995) festgestellt.

lung" (ISB, 2009, S. 1).[9] Die Schülerinnen und Schüler sollen sich kritisch mit verschiedenen Themen und Medien auseinandersetzen und sollen den kreativen Gebrauch von Sprache lernen. Ziel ist es, dass die Schülerinnen und Schüler in der Lage sind, die Herausforderungen am Arbeitsplatz und im Alltag erfolgreich (sprachlich) zu bewältigen (vgl. Lassen, 2016, S. 29). Die unterschiedlichen Unterrichtssequenzen sollen dabei verschiedene Kompetenzbereiche miteinander verbinden. Dabei ist „Schreiben" als eigener Kompetenzbereich definiert und mit „reflektierend, kommunikativ und gestalterisch schreiben" beschrieben (ISB, 2009, S. 3). Als Ziele werden formuliert, „sie berücksichtigen im Gespräch und in der schriftlichen Textproduktion Rezipienten, Situation und Ziel. Die Schülerinnen und Schüler schreiben gut strukturiert in zentralen Schreibformen […]" (ISB, 2009, S. 15). Als zentrale Fertigkeiten werden genannt: Richtig schreiben – Texte planen und entwerfen – Texte schreiben – Texte überarbeiten.

Umso mehr verwundert es, dass dieser Kompetenzbereich im Deutschunterricht offenbar eine untergeordnete Rolle spielt (s. Efing, 2008, 2011) und auch in den übrigen Fächern wenig zum Tragen kommt.

Aus den bisherigen Studien lässt sich ableiten, dass in Bezug auf das Schreibenlernen in der Ausbildung der Fokus auf der Handlungsorientierung im Sinne von Texthandlungskompetenz liegen sollte. In diesem Sinne sind Handlungsschemata wie *Positionieren, Begründen, Konzedieren* oder *Modalisieren* zu verstehen, die wiederum Subschemata von Texthandlungstypen (in diesem Falle der Argumentation oder Argumentationen) sind (Feilke, 2015, S. 63 f.). Der Grad ausdrucksseitiger Markiertheit von Handlungsschemata kann dabei in Abhängigkeit von der Textsorte variieren. So sind etwa Positionierungsausdrücke in einem wissenschaftlichen Kontext anders geprägt als in einem journalistischen (s. ebd., S. 63 mit Verweis auf Steinhoff).

Daraus resultiert, was bereits von Efing (2008) gefordert wurde, nämlich dass ein verstärkter Fokus auf die Förderung des Wissens um Textmuster und Textsortenkonventionen gelegt werden muss und dass die Schreibroutine durch häufigeres Schreiben gestärkt werden sollte (ebd., S. 31). Der Deutschunterricht sollte dabei durchaus berufsbezogene, aber längere und zusammenhängende Schreibaufgaben mit einschließen, etwa auch in Form von Aufgaben wie die Bewerbung auf ein Preisausschreiben im Falle der Studie von Lassen (2016). Elemente wie korrekte Anrede des Lesers, formale Elemente des Briefes sowie Rezipientenadäquatheit auf der Ebene des Inhalts und der Stilistik lassen sich ebenfalls hier einüben. Die Schülerinnen und Schüler müssen dabei die relevanten Textprozeduren erwerben.

Ein weiteres Desiderat ist das Einüben eines kohärenten Textaufbaus. Hier spielt v.a. die thematische Strukturierung und die Verknüpfung der Argu-

---

9 Ein überarbeiteter Lehrplan, der im Wesentlichen die Handlungsorientierung berücksichtigt, ist seit dem Schuljahr 2016/17 in Berufsintegrationsklassen in Kraft und wird ab 2017/18 in Regelklassen im sprachsensiblen Fachunterricht eingesetzt (ISB, 2016).

mente durch Konnektoren eine wichtige Rolle. Die Schülerinnen und Schüler müssen ein Repertoire von konzeptionell schriftlichen Konnektoren und Formulierungsmustern (etwa *einerseits – andererseits*) und deren Funktion im Sinne von Routineausdrücken (Schmölzer-Eibinger & Dorner, 2012) erwerben. Wie beispielsweise Studien zur Textkompetenz bei DaF-Studierenden zeigen (vgl. Heinrich & Riehl, 2011) ist der Erwerb eines Formulierungsmusters noch lange nicht ein Beweis dafür, dass die Funktion auch durchschaut wird (vgl. *daraus folgt es, dass ich auf alle Fälle dafür bin…*). Wie Feilke (2015, S. 67) richtig bemerkt, ist es keineswegs ausreichend, den Schülerinnen und Schülern ein Set textprozeduraler Muster aufzuzeigen. „Handlungsmuster sind nicht immer ausdrucksseitig salient und funktional keineswegs selbstevident." Daher muss der Schreibunterricht „sprachliche Scaffolds" zur Verfügung stellen und Lernsituationen schaffen, in denen „eine geteilte Aufmerksamkeit" für die bildungssprachlich wichtigen Textprozeduren geschaffen wird (ebd.). Die Förderung der literalen Handlungskompetenz kann auch in den Fachunterricht sinnvoll integriert werden (vgl. Beispiele bei Schmölzer-Eibinger & Dorner, 2012 und Schmölzer-Eibinger & Rotter, 2015).

Grundsätzliche sprachliche Probleme (neben mangelnder formaler Korrektheit im Bereich Grammatik und Orthographie) wie konzeptionell mündliche syntaktische Konstruktionen und fehlerhafte Kollokationen lassen sich ebenfalls im Sinne des Scaffoldings mit Hilfe des Erwerbs von Routineausdrücken und Satzbausteinen angehen.[10]

4.3 Mögliche Auswirkungen auf das Curriculum

Wie oben gezeigt, ist im Lehrplan auch der Bereich „Texte überarbeiten" verankert. Hier sehe ich einen wichtigen Ansatzpunkt für den Unterricht. Texte schreiben als sprachliches Handeln sollte per se ein Handlungsziel sein: Dabei sollte die kommunikative Seite des Schreibens berücksichtigt werden: Texte sollten gemeinsam erstellt, diskutiert und überarbeitet werden. Für diesen Bereich bietet sich auch das sogenannte 3-Phasen-Modell der Förderung von Textkompetenz von Schmölzer-Eibinger (2008, 2011) an: Dieses Modell umfasst die Phasen Wissensaktivierung, Arbeit an Texten mit drei Stufen der Textarbeit (Textkonstruktion, Textrekonstruktion, Textfokussierung und Textexpansion) sowie eine dritte Phase Texttransformation. Dabei sollen Schülerinnen und Schüler Texte aus ihrem ursprünglichen Kontext herausgelöst in neue Kontexte transferieren. Die Schülerinnen und Schüler lernen somit, Textstrukturen und Bedeutungen von Texten zu rekonstruieren bzw. in anderen Kontexten neu aufzubauen. Die Lernenden sind

---

10 So schlagen etwa Schmölzer-Eibinger & Dorner (2012, S. 70) vor, Lehrkräften praktische „Werkzeuge" in Form von ausgearbeiteten Listen von Routineausdrücken an die Hand zu geben. Dazu ist aber noch korpuslinguistische Arbeit nötig, die Texte unterschiedlicher Textsorten und Domänen dekonstruiert und literale Handlungen und Routineausdrücke isoliert (ebd.).

in dieser Phase noch stärker als in den vorangegangenen Phasen gefordert, Lernprozesse autonom zu steuern und zu gestalten.

Literatur

Augst, Gerhard & Faigel, Peter (1986). *Von der Reihung zur Gestaltung. Untersuchungen zur Ontogenese der schriftsprachlichen Fähigkeiten von 13-23 Jahren.* Frankfurt am Main: Peter Lang.

Baumann, Katharina (2014). *„Man muss schon ein bisschen mit dem Schreiben zurechtkommen!" Eine Studie zu den Schreibfähigkeiten von Auszubildenden im unteren beruflichen Ausbildungssegment im Kontext von Ausbildungsreife.* Paderborn: Eusl Verlagsgesellschaft.

Becker-Mrotzek, Michael (2014). Schreibkompetenz. In Joachim Grabowski (Hrsg.), *Sinn und Unsinn von Kompetenzen. Fähigkeitskonzepte im Bereich von Sprache, Medien und Kultur* (S. 51–71). Opladen: Budrich.

Becker-Mrotzek, Michael & Böttcher, Ingrid (2011). *Schreibkompetenz entwickeln und beurteilen* (2. Aufl.). Berlin: Cornelsen Scriptor.

Becker-Mrotzek, Michael & Schindler, Kirsten (2007). Schreibkompetenz modellieren. In Michael Becker-Mrotzek & Kirsten Schindler (Hrsg.), *Texte schreiben (S. 7–26).* Kölner Beiträge zur Sprachdidaktik, 5. Köln: Gilles & Francke.

Berman, Ruth A. & Katzenberger, Irit (2004). Form and function in introducing narrative and expository texts: A developmental perspective. *Discourse Processes, 38,* 57–94.

Berman, Ruth A. & Nir-Sagiv, Bracha (2007). Comparing narratives and expository text construction across adolescence. A developmental paradox. *Discourse Processes: A Multidisciplinary Journal, 43* (2), 79–120.

Berman, R. A. & Verhoeven, L. (2002). Developing text production abilities. *Written Language and Literacy, 5,* 1–44.

Biedebach, Wyrola (2007). Der Modellversuch, Vocational Literacy (VOLI) – Methodische und sprachliche Kompetenzen in der beruflichen Bildung.' Konzeption – Erfahrungen – bisherige Ergebnisse. In Christian Efing & Nina Janich (Hrsg.), *Förderung der berufsbezogenen Sprachkompetenz. Befunde und Perspektiven* (S. 15–32). Paderborn: Eusl-Verlagsgesellschaft.

Boueke, Dietrich; Schülein, Frieder; Büscher, Hartmut; Terhorst, Evamaria & Wolf, Dagmar (1995). *Wie Kinder erzählen. Untersuchungen zur Erzähltheorie und zur Entwicklung narrativer Fähigkeiten.* München: Fink.

Cummins, Jim (2000). *Language, power, and pedagogy: Bilingual children in the crossfire.* Clevedon, England & Buffalo, N.Y.: Multilingual Matters.

Dirschedl, Carlo (2012a). *Berufsdeutsch.* Berlin: Cornelsen.

Dirschedl, Carlo (2012b). *Berufsdeutsch: Handlungssituationen Einzelhandel.* Berlin: Cornelsen.

Dürscheid, Christa; Wagner, Franc & Brommer, Sandra (2010). *Wie Jugendliche schreiben. Schreibkompetenz und neue Medien.* Berlin & New York: de Gruyter.

Efing, Christian (2008). „Aber was halt schon schwer war, war, wo wir es selber schreiben sollten." Defizite und Förderbedarf in der Schreibkompetenz hessischer Berufsschüler. In Eva-Maria Jakobs & Katrin Lehnen (Hrsg.), *Coaching und berufliches Schreiben* (S. 17–34). Frankfurt am Main: Peter Lang.

Efing, Christian (2011). Schreiben für den Beruf. In Hansjakob Schneider (Hrsg.), *Wenn Schriftaneignung (trotzdem) gelingt. Literale Sozialisation und Sinnerfahrung* (S. 38–62). Weinheim: Beltz Juventa.

Efing, Christian (2013). Sprachlich-kommunikative Anforderungen in der betrieblichen Ausbildung. In Christian Efing (Hrsg.), *Ausbildungsvorbereitung im Deutschunterricht der Sekundarstufe I. Die sprachlich-kommunikativen Facetten von „Ausbildungsfähigkeit"* (S. 124–125). Frankfurt am Main: Peter Lang.

Feilke, Helmuth (1993). Schreibentwicklungsforschung. Ein kurzer Überblick unter besonderer Berücksichtigung der Entwicklung prozeßorientierter Schreibfähigkeiten. *Diskussion Deutsch, 129,* 17–34.

Feilke, Helmuth (2011). *Literalität und literale Kompetenz: Kultur, Handlung, Struktur.* Verfügbar unter: http://www.leseforum.ch/myUploadData/files/2011_1_Feilke.pdf [08.12.2016].

Feilke, Helmuth (2012). Was sind Textroutinen? Zur Theorie und Methodik des Forschungsfeldes. In Helmuth Feilke & Kathrin Lehnen (Hrsg.), *Schreib- und Textroutinen. Theorie, Erwerb und didaktisch-mediale Modellierung* (S. 1–31). Forum Angewandte Linguistik Bd. 52. Frankfurt am Main: Peter Lang.

Feilke, Helmuth (2015). Text und Lernen – Perspektivenwechsel in der Schreibforschung. In Sabine Schmölzer-Eibinger & Eike Thürmann (Hrsg.), *Schreiben als Medium des Lernens. Kompetenzentwicklung durch Schreiben im Fachunterricht* (S. 47–72). Münster: Waxmann.

Gogolin, Ingrid (2008). *Der monolinguale Habitus der multilingualen Schule* (2., unveränd. Aufl.). Münster u.a.: Waxmann.

Harsch, Claudia; Neumann, Astrid; Lehmann, Rainer & Schröder, Konrad (2007). Schreibfähigkeit. In Eckhard Klieme & Bärbel Beck (Hrsg.), *Sprachliche Kompetenzen. Konzepte und Messung. DESI-Studie (Deutsch Englisch Schülerleistungen International)* (S. 42–62). Weinheim u.a.: Beltz.

Heinrich, Dietmar & Riehl, Claudia M. (2011). Kommunikative Grundhaltung. Ein interkulturelles Paradigma in geschriebenen Texten. In Csaba Földes (Hrsg.), *Interkulturelle Linguistik im Aufbruch. Das Verhältnis von Theorie, Empirie und Methode* (S. 25–43). Tübingen: Narr.

ISB [Staatsinstitut für Schulqualität und Bildungsforschung] (2009). *Lehrplan für die Berufsschule und Berufsfachschule. Unterrichtsfach: Deutsch, Jahrgangsstufen 10 bis 12, München.* Verfügbar unter: https://www.isb.bayern.de/download/8647/bs_bfs_deutsch_mit_glossar-12-2009.pdf [08.12.2016].

ISB [Staatsinstitut für Schulqualität und Bildungsforschung] (2016). *Lehrplan für die Berufsschule und Berufsfachschule. Unterrichtsfach: Deutsch, Jahrgangsstufen 10 bis 12/13, München.* Verfügbar unter: https://www.isb.bayern.de/download/18193/lehrplan_d_bs_genehmigt_07.2016.pdf [08.12.2016].

Jakobs, Eva-Maria (2008). Berufliches Schreiben: Ausbildung, Training, Coaching. Überblick zum Gegenstand. In Eva-Maria Jakobs & Katrin Lehnen (Hrsg.), *Coaching und berufliches Schreiben* (S. 1–14). Frankfurt am Main: Peter Lang.

Knapp, Werner; Pfaff, Harald & Werner, Sybille (2008). Kompetenzen im Lesen und Schreiben von Hauptschülerinnen und Hauptschülern für die Ausbildung – eine Befragung von Handwerksmeistern. In Elisabeth Schlemmer & Herbert Gerstberger

(Hrsg.), *Ausbildungsfähigkeit im Spannungsfeld zwischen Wissenschaft, Politik und Praxis* (S. 191–206). Wiesbaden: VS Verlag für Sozialwissenschaften.

Koch, Peter & Oesterreicher, Wulf (1985). Sprache der Nähe – Sprache der Distanz. Mündlichkeit und Schriftlichkeit im Spannungsfeld von Sprachtheorie und Sprachgeschichte. *Romanistisches Jahrbuch, 36,* 15–43.

Koch, Peter & Oesterreicher, Wulf (1994). Schriftlichkeit und Sprache. In Hartmut Günther & Otto Ludwig (Hrsg.), *Schrift und Schriftlichkeit. Ein interdisziplinäres Handbuch internationaler Forschung* (S. 587–604). Berlin & New York: de Gruyter.

Koch, Peter & Oesterreicher, Wulf (2007). Schriftlichkeit und kommunikative Distanz. In: *Zeitschrift für germanistische Linguistik, 35* (3), 346–375.

Lassen, Julia (2016). *Schriftsprachliche Kompetenzen von Medizinischen Fachangestellten in der Berufsschule.* M.A.-Arbeit, LMU München, Institut für Deutsch als Fremdsprache.

Maas, Utz (2008). *Sprache und Sprachen in der Migrationsgesellschaft. Die schriftkulturelle Dimension.* Göttingen & Osnabrück: V & R unipress; Universitätsverlag Osnabrück.

Ossner, Jakob (2006). *Sprachdidaktik Deutsch.* Paderborn: Schöningh.

Portmann-Tselikas, Paul R. (2002). Textkompetenz und unterrichtlicher Spracherwerb. In Paul R. Portmann-Tselikas & Sabine Schmölzer-Eibinger (Hrsg.), *Textkompetenz. Neue Perspektiven für das Lernen und Lehren* (S. 13–44). Innsbruck: Studien-Verlag.

Raible, Wolfgang (1992). *Junktion. Eine Dimension der Sprache und ihre Realisierungsformen zwischen Aggregation und Integration.* Heidelberg: Winter.

Reich, Hans H.; Roth, Hans-Joachim & Döll, Marion (2009). Fast Catch Bumerang. Deutsche Sprachversion. Auswertungsbogen und Auswertungshinweise. In Dorit Lengyel, Hans H. Reich, Hans-Joachim Roth & Marion Döll (Hrsg.), *Von der Sprachdiagnose zur Sprachförderung* (S. 209–241). Münster: Waxmann.

Riehl, Claudia M. (2001). *Schreiben, Text und Mehrsprachigkeit. Zur Textproduktion in mehrsprachigen Gesellschaften am Beispiel der deutschsprachigen Minderheiten in Südtirol und Ostbelgien.* Tübingen: Stauffenburg.

Riehl, Claudia M. (2013). Mehrsprachigkeit und Sprachkontakt. In: Peter Auer (Hrsg.), *Sprachwissenschaft. Grammatik, Interaktion, Kognition* (S. 377–404). Stuttgart: Metzler.

Riehl, Claudia M. (2014). *Sprachkontaktforschung. Eine Einführung* (3., überarb. Aufl.). Tübingen: Narr.

Riehl, Claudia; Barberio, Teresa; Tasiopoulou, Eleni & Yilmaz Woerfel, Seda (i.E.). *Mehrschriftlichkeit. Wechselwirkungen zwischen L1 und L2 und außersprachlichen Faktoren.* Münster: Waxmann.

Schäfer, Joachim (2013). Schreibkompetenz von Haupt- und Realschulabsolventen. In Christian Efing (Hrsg.), *Ausbildungsvorbereitung im Deutschunterricht der Sekundarstufe I. Die sprachlich-kommunikativen Fähigkeiten von „Ausbildungsfähigkeit"* (S. 65–91). Frankfurt am Main: Peter Lang.

Schindler, Kirsten (2013). Schreiben im Beruf. In Christian Efing (Hrsg.), *Ausbildungsvorbereitung im Deutschunterricht der Sekundarstufe I. Die sprachlich-kommunikativen Facetten von „Ausbildungsfähigkeit"* (S. 173–190). Frankfurt am Main: Peter Lang.

Schmölzer-Eibinger, Sabine (2008). Ein 3-Phasen-Modell zur Förderung der Textkompetenz. *Fremdsprache Deutsch: Zeitschrift für die Praxis des Deutschunterrichts, 39,* 28–33.

Schmölzer-Eibinger, Sabine (2011). *Lernen in der Zweitsprache. Grundlagen und Verfahren der Förderung von Textkompetenz in mehrsprachigen Klassen* (2. Aufl.). Tübingen: Narr.

Schmölzer-Eibinger, Sabine & Dorner, Magdalena I. (2012). Literale Handlungskompetenz als Basis des Lernens in jedem Fach. In Manuela Paechter, Michaela Stock, Sabine

Schmölzer-Eibinger, Peter Slepcevic-Zach & Wolfgang Weirer (Hrsg.), *Handbuch Kompetenzorientierter Unterricht* (S. 60–71). Weinheim: Beltz.

Schmölzer-Eibinger, Sabine & Rotter, Daniela: (2015). Schreiben als Medium des Lernens in der Zweitsprache. Förderung literaler Kompetenz im Fachunterricht durch eine prozedurenorientierte Didaktik und Focus on Form. In Sabine Schmölzer-Eibinger & Eike Thürmann (Hrsg.), *Schreiben als Medium des Lernens. Kompetenzentwicklung durch Schreiben im Fachunterricht* (S. 73–97). Münster: Waxmann.

Sieber, Peter (1998). *Parlando in Texten. Zur Veränderung kommunikativer Grundmuster in der Schriftlichkeit.* Tübingen: Niemeyer.

Wyss Kolb, Monika (1995): *Was und wie Lehrlinge schreiben. Eine empirische Untersuchung zu den Schreibgewohnheiten und zu den schriftsprachlichen Leistungen an der Sekundarstufe II für Personen aus Schule und Sprachwissenschaft.* Aarau: Sauerländer.

Yilmaz-Woerfel, Seda & Riehl, Claudia M. (2016). Mehrschriftlichkeit: Wechselseitige Einflüsse von Textkompetenz, Sprachbewusstheit und außersprachlichen Faktoren. In Peter Rosenberg & Peter Schroeder (Hrsg.), *Mehrsprachigkeit als Ressource in der Schriftlichkeit* (S. 305–336). Berlin: de Gruyter.

Anhang 1: Pretest

Silke Schlag · Feldwegstraße 12 · 84453 Mühldorf

An Das Kaufhaus
Einkaufsallee 24
84453 Mühldorf

Mühldorf, 8. Oktober 2016

Sehr geehrte Damen und Herren,

ich bin eine treue Kundin Ihres Unternehmens und kaufe häufig in Ihrem Geschäft in der Einkaufsallee ein. Vor kurzem gab es jedoch eine Situation, die mich sehr verärgert hat.

Letzte Woche wollte ich mir eine neue Espressomaschine kaufen. Die große Auswahl hat mich etwas überfordert. Also bat ich einen Mitarbeiter, mir zu helfen. Der Mitarbeiter deutete jedoch nur auf ein Schild und sagte: „Steht doch alles auf dem Aushang". Verärgert entschied ich mich schließlich für das preisgünstigste Modell.

Zu Hause stellte ich leider fest, dass die Verpackung bereits geöffnet wurde und mehrere Teile nicht enthalten waren. Unter anderem gab es nur eine Bedienungsleitung auf Chinesisch. Als ich die Maschine um dreiviertel sechs zur Reklamation in ihr Geschäft zurückbrachte, war die Kasse bereits geschlossen – 15 Minuten vor Ladenschluss!

Ich war bisher eine sehr zufriedene Kundin und bin diese Zustände in Ihrem Haus nicht gewohnt. Ein gelungenes Einkaufserlebnis stelle ich mir anders vor! Ich bin mir sicher, dass Sie an den Missständen in Ihrem Unternehmen interessiert sind.

Mit freundlichen Grüßen

Silke Schlag

Anhang 2: Posttest

Rainer Unwohl · Buchenweg 24 · 84524 Neuötting

An MEGAMARKT

Hauptstraße 12
84524 Neuötting

Neuötting, 16. Oktober 2016

Sehr geehrte Damen und Herren,

seit vielen Jahren kaufe ich in Ihrem Geschäft ein und würde mich als treuen Kunden bezeichnen. Mein letzter Einkauf war jedoch eine ziemliche Katastrophe!

Vorgestern wollte ich in Ihrem Laden ein Fernsehgerät kaufen. Da ich mich mit der modernen Technik nicht auskenne, bat ich einen Ihrer Mitarbeiter um Beratung. Leider war dieser sehr unfreundlich und hatte noch weniger Ahnung als ich selbst. Deshalb brach ich das Gespräch ab und kaufte eines der billigeren Modelle.

Zu Hause stellte ich fest, dass in der Verpackung das falsche Kabel enthalten war. Also brachte ich das Gerät umgehend in Ihren Laden zur Reklamation zurück. Die zuständige Mitarbeiterin hatte jedoch bereits Feierabend und ich sollte am nächsten Tag nochmals kommen. So musste ich das schwere Fernsehgerät erneut nach Hause tragen.

Ich kaufe immer gerne bei Ihnen ein und bin diese Behandlung in Ihrem Laden nicht gewohnt. Ich hoffe, Sie unternehmen etwas gegen diese Zustände – Ich wünsche mir, dass dies in Zukunft nicht noch einmal vorkommt!

Mit freundlichen Grüßen

Rainer Unwohl

Christian Efing

Zur Funktion und Rolle von Sprache in der beruflichen Bildung: Empirische Befunde

1. Einleitung

Forscher und Didaktiker verschiedenster Disziplinen sind sich seit langem einig, dass die berufliche Handlungskompetenz in zunehmendem Maße von den sprachlich-kommunikativen Kompetenzen abhängt. Nachdem sich die fachdidaktische und die Bildungsforschung dem Thema Sprache/Kommunikation und berufliche Bildung lange in Form von Kompetenzdiagnostik mit einem Fokus im rezeptiven Bereich auf Lesen gewidmet haben, rücken seit geraumer Zeit ergänzend auch andere Fertigkeiten (v.a. das Schreiben: vgl. Efing, 2011b; Hoefele, Konstantinidou, Kruse & Dieterich, 2015) und Aspekte wie Anforderungsermittlungen (vgl. Efing, 2014a) in den Vordergrund.

Die in den Bildungswissenschaften seit dem FörMig-Programm geführte Diskussion um eine durchgängige Sprachbildung und die Förderung des Registers der Bildungssprache hat die berufliche Bildung dabei bislang – trotz der Forderung nach Durchgängigkeit und der real bestehenden Förderbedarfe bei Berufsschülerinnen und Berufsschülern – nicht erreicht, und vermutlich ist die für eine Wissensvermittlung in kognitiv anspruchsvollen und stark dekontextualisierten Situationen relevante Bildungssprache angesichts der oft eher empraktisch, also kontextualisiert (im Betrieb oder schulisch in Lernfeldern) stattfindenden beruflichen Lehr-Lern-Konstellationen auch gar nicht so zentral. Aber auch im beruflichen Bildungsbereich wird neuerdings gefordert, die Sprachförderung vor allem registerbezogen – aber am Register der Berufssprache – auszurichten (Efing 2014c). Generell ist zu beobachten, dass auch im Bereich der beruflichen Bildung die Empirie maßgeblich an Stellenwert gewonnen hat, sodass nicht nur die Kompetenzen von Berufsschülerinnen und Berufsschülern empirisch diagnostiziert werden (Tests zur Lese-, Schreib- und Registerkompetenz), sondern auch die Anforderungen an sie empirisch im Rahmen von Sprachbedarfsermittlungen (durch Hospitationen, teilnehmende Beobachtungen, Interviews, Fragebögen und Inhaltsanalysen von Ordnungsmitteln) ermittelt, berufliche Curricula darauf aufbauend empirisch fundiert und die Wirksamkeit von Fördermaßnahmen (wenn auch noch zu wenig) empirisch abgesichert werden, um eine evidenzbasierte Förderung zu gewährleisten.

In diesem Beitrag werden die sprachlich-kommunikativen Anforderungen in der Ausbildung konkretisiert und das Verhältnis der Anforderungen in der Ausbildung zu denen im Alltag und in der Schule herausgearbeitet. Abschließend werden Förderansätze sowie deren Wirksamkeit diskutiert. Dies scheint insofern sinnvoll, als aktuelle Studien (vgl. etwa Efing, 2011b; Baumann, 2014) belegen, dass Jugendliche auch bei (aus schulischer und testtheoretischer Sicht) mangelnden sprachlich-kommunikativen Kompetenzen erfolgreich in einer Ausbildung oder im Beruf agieren können, da schulisch anvisierte Kompetenzen und reale Anforderungen der Arbeitswelt qualitativ wie quantitativ differieren und die real zu bewältigenden Anforderungen somit ein sinnvollerer Ausgangspunkt für Förderansätze sind als (nur reine) Kompetenztestergebnisse.

2. Ergebnisse der Anforderungsanalyse

Kommunikation ist das Tor zum Wissenserwerb: Wer keine Fachtexte lesen und verstehen kann, kann in unserer heutigen Gesellschaft kein Fachwissen erwerben; wer Fachwissen nicht schriftlich fixieren kann, behält es nicht; wer mündlichen Erklärungen nicht folgen kann, dem bleibt vieles unerschlossen. Sprache ist aber auch das Tor zur Arbeitswelt – und zwar jenseits der Frage nach einer rechtschreibfehlerfreien Bewerbung: Wer mit unterschiedlichen Gesprächspartnerinnen und Gesprächspartnern nicht adressatengerecht, funktional angemessen und effizient kommunizieren kann, wer Handlungen nicht protokollieren und dokumentieren kann, wer berufliche Bedarfe nicht artikulieren kann, der bleibt beruflich wie sozial ausgeschlossen. Sprache nimmt eine immer zentralere Rolle für die berufliche Handlungskompetenz ein. Dies kann einerseits an Aussagen von Ausbildern und Auszubildenden, also der Betroffenen selber, und andererseits an empirischen Ergebnissen verschiedener wissenschaftlicher Disziplinen abgelesen werden.

Der Zusammenhang von Sprache und beruflicher Handlungskompetenz gilt natürlich ebenfalls in starkem Ausmaß für die Berufsschule. Dabei sind hier wie im Betrieb alle Fertigkeiten gefragt: vom Sprechen und Zuhören über das Lesen bis hin zum Schreiben – und zwar in Wechselwirkung zueinander. Auf die Lektüre eines Textes folgt die mündliche Besprechung des Inhalts im Plenum, ehe das Thema dann weiter schriftlich bearbeitet wird (vgl. Efing, Grünhage-Monetti & Klein, 2014).

2.1 Anforderungen in der Berufsschule

In der Institution Berufsschule setzen sich zunächst einmal die aus den allgemeinbildenden Schulen bekannten Lehr-Lern-Formate mit ihren Implikationen in Hinblick auf sprachlich-kommunikative Anforderungen und relevante Textsorten und Diskursarten fort (Unterrichtsgespräch, Referat, Lehrbuchtext, Arbeitsblatt etc.). Neu in der Berufsschule ist aber die Ausgestaltung dieser Textsorten und Diskursarten, die nun keine weitgehend allgemein- bis bildungssprachlichen

Sachtexte mehr, sondern typische Fachtexte bzw. fachliche Lehrtexte und Fachdiskurse umfassen. Die Rolle der Fachsprache erhält einen hohen Stellenwert. Spezifische Fachsprachen eines Berufsfeldes sind ein gängiges Kommunikationsmittel im Unterricht. In der Berufsschule wird auch im mündlichen Bereich auf die Einhaltung der präzisen Terminologie geachtet. Die Auszubildenden werden in der schriftlichen Form der Fachbücher und Fachtexte auch mit allen anderen Spezifika von Fachsprache im Bereich der Textsorten, Textmuster und Grammatik konfrontiert.

Anforderungen im Bereich Mündlichkeit
Im Bereich der mündlichen Kommunikation werden in der Berufsschule einige der neuen kommunikativen Anforderungen explizit zum Unterrichtsgegenstand, etwa wenn das Führen von Kundengesprächen geübt wird. Ansonsten sind zentrale Anforderungen hier das Diskutieren, Argumentieren, Präsentieren, Erzählen/Berichten, (Nach-)Fragen, Besprechen/Koordinieren und die typisch schulische sozialform- und methodenbedingte Kommunikation bei der Arbeit in Kleingruppen, bei Rollenspielen usw. (Efing et al., 2014).

Sprachlich-kommunikative Anforderungen sind in der Berufsschule auch durch die typischen Unterrichtsphasen bedingt, wie etwa:
1. Fachlicher Inputvortrag der Lehrkraft,
2. Lektüre eines Textes (Fallbeispiel o.ä.),
3. Klärung von Wort- und Textverständnis,
4. mündliche Erklärung und schriftliche Bearbeitung (ggf. in Gruppenarbeit) von Aufgaben eines Arbeitsblattes (ggf. unter Hinzuziehung des Fachbuchs oder der Recherche von Material im Internet),
5. mündliche Diskussion oder schriftgestützte Präsentation dazu mit schriftlicher, zumeist stichwortartiger Ergebnissicherung (Heft, Laptop/Beamer, Tafel), zu der die Lehrkraft ggf. Material in Form von Visualisierungen oder diskontinuierlichen Texten nachreicht.

Anforderungen im Bereich Schrift(sprach)lichkeit
Wie oben dargestellt erfolgt die Wissensvermittlung in der Berufsschule vielfach textbasiert. Die Fähigkeit, Fachtexte zu verstehen, stellt eine zentrale Voraussetzung für das fachliche Lernen in der beruflichen Bildung dar (vgl. Ohm, Kuhn & Funk, 2007, S. 11). Als typische Textsorten für den Bereich Lesen in der Berufsschule nennen Becker-Mrotzek & Kusch (2007): a) informationsvermittelnde Texte: Beschreibungen von Lernsituationen, Unterrichtsprotokolle, Dokumentationen von Projekten und Projektergebnissen; b) Texte mit Anleitungscharakter: Arbeitsaufträge, Schulordnungen, Klassenarbeiten, Prüfungsaufgaben. Zu den Anforderungen, die diese berufsschulischen Textsorten stellen, hat Niederhaus (2011a, b) eine korpuslinguistische Analyse von Fachtexten verschiedener Berufs-

felder in der beruflichen Bildung durchgeführt. Auch wenn Niederhaus zu dem Fazit kommt, dass sich allgemeine Aussagen über die Fachtexte in der beruflichen Bildung nicht aufrechterhalten ließen (2011a, S. 115), kann sie nachweisen, dass die Fachsprachlichkeit von Lehrbuchtexten zwar stark vom Fach abhängt, dass die Differenzen aber weniger an unterschiedlichen sprachlich-kommunikativen Phänomenen (Anforderungsqualität), sondern stärker an der unterschiedlichen Frequenz (Quantität) ihres Auftretens festzumachen sind. Damit können die sprachlich-kommunikativen Anforderungen zumindest von der Art, wenn auch nicht vom Ausprägungsgrad her als fachübergreifend gelten. Hohe sprachlich-kommunikative Anforderungen stellen nach Niederhaus vor allem folgende Phänomene dar, die einen hohen Fachsprachlichkeitsgrad eines Textes konstituieren:

- semantisch unterspezifizierte und damit eigentlich dem Präzisionsanspruch von Fachsprachen widersprechende (Mehrfach-)Komposita, die der fachsprachlichen Funktion der *Sprachökonomie* bzw. *Textkompression* dienen, (2011a, S. 91, 98);
- *Textkompression* durch Nebensatz einsparende Partizipien im attributiven Gebrauch sowie nebensatzeinsparende präpositionale Wortgruppen (2011a, S. 97 f.); dabei dominiert die Textkompression sogar die Präzision (2011a, S. 108);
- *hohe semantische Dichte* der Texte durch spezifizierende Attribute, die häufig aus Substantiven bestehen; hiermit werden fachsprachliche Explizitheit und ein hoher Präzisionsgrad angestrebt (2011a, S. 101);
- *Anonymität* von Texten durch die Verwendung von Passivkonstruktionen und eine geringe Verwendung von Pronomen mit Referenz auf Autorin bzw. Autor oder Leserin bzw. Leser (2011a, S. 103);
- Verwendung von Bildern mit hohem Abstraktionsgrad (logische Bilder (Diagramme, Tabellen, Schemata), die die *Komplexität der Text-Bild-Interaktion* erhöhen (2011a, S. 111, 113).

Generell kann resümiert werden, dass die festgestellten Phänomene die Rezeptionsanforderungen deutlich erhöhen, denn lange Wörter, Wortkürzungen und lange Sätze gelten als schwierig zu verarbeiten und schwer verständlich (Niederhaus, 2011a, S. 116 f.).

Für den Bereich der Textproduktion fehlt es an Untersuchungen zu den berufsschulischen Anforderungen. Wyss Kolb kam hier 1995 in einer Umfrage zu dem Ergebnis, dass schulisches Schreiben in der Berufsschule oft ein gelenktes Schreiben (Abschreiben einer Lehrervorlage, Diktat) ohne eigene Formulierungsnotwendigkeit sei (1995, S. 271); lediglich zwei bis vier Mal pro Halbjahr würden selbstständig längere Texte (Aufsätze) verfasst; im Unterricht gebe es sonst nur wenig Gelegenheit zum Üben des eigenen Formulierens (1995, S. 57). Auch eine neuere Untersuchung (Efing et al., 2014) bestätigt, dass die Textproduktion der Schülerinnen und Schüler oft auf das stichwortartige Ausfüllen von Tabellen o.dgl. beschränkt bleibt und aus diskontinuierlichen Texten besteht.

2.2 Sprachliche Anforderungen in der betrieblichen Ausbildung

Das Bewusstsein von Ausbildenden und Auszubildenden für die sprachlich-kommunikativen Anteile an der Ausbildung wächst, und zwar auch in industriellen Ausbildungsberufen (Mechatronikerin bzw. Mechatroniker, Industriemechanikerin bzw. Industriemechaniker, Elektronikerin bzw. Elektroniker). Sie schätzen den kommunikativen Anteil an der täglichen Arbeit im Betrieb bei mündlichen Befragungen auf immerhin 30 bis 40 Prozent der Arbeitszeit (vgl. Efing, 2012). Kommunikation ist in all ihren Facetten sowohl für die fachliche Kompetenz und das fachliche Gelingen der Arbeit als auch für die Sozialkompetenz und die (Selbst-) Darstellung von Auszubildenden gegenüber Ausbildenden sowie Kundinnen und Kunden von zentraler Relevanz. Aus Sicht der Ausbildenden nimmt Kommunikation zudem einen enormen Stellenwert im Bereich der Wissensvermittlung und -aneignung und, hiermit verbunden, der Methodenkompetenzen ein, wenn es darum geht, dass Auszubildende sich selbstständig und eigenverantwortlich Informationen beschaffen und sich diese aneignen sollen (ebd.).

Institutionell bedingt unterscheiden sich aber die sprachlich-kommunikativen Anforderungen zwischen Ausbildungsbetrieb und Berufsschule stark. Anforderungen, die sich auf den sprachsystematischen Bereich beziehen (Rechtschreibung, Grammatik), spielen eine eher geringe Rolle und sind größtenteils auf die Bewerbungsanschreiben und die Berichtshefte beschränkt und nicht handlungsrelevant (Efing, 2010; Efing & Häußler, 2011; Efing, 2014b). Lediglich im Rahmen von (Kunden-)Kommunikation nach außen, bei der sprachsystematische Fehler das Image des Unternehmens bedrohen würden, gilt das Augenmerk insbesondere auch der Rechtschreibung.

Die kommunikativen Anforderungen einer Ausbildung werden im Folgenden mit Bezug auf das gängige Textsortenspektrum, mit dem Auszubildende konfrontiert werden, beschrieben.

Anforderungen im Bereich Mündlichkeit
Der mündlichen Kommunikation kommt in der Ausbildung ein deutlich höherer Stellenwert zu als der schriftlichen. Da allerdings der Schriftlichkeit oft eine größere Bedeutung, Verbindlichkeit und juristische Tragweite zukommt und da mündliche und schriftliche Kommunikation sich oft im Rahmen größerer Kommunikationsprozesse ergänzen, ist hiermit keine qualitative Wertung vorzunehmen. Im Laufe der Ausbildung scheint der Anteil an mündlicher Kommunikation im Rahmen von Projektorientierung und Teamarbeit deutlich zuzunehmen – zumal mit zunehmender Ausbildungsdauer weniger neue Fachinhalte, Maschinen etc. (schriftlich) neu eingeführt werden müssen (Efing, 2010, S. 10).

Tabelle 1:   Ausbildungsrelevante Diskursarten und Interaktionsmuster

Efing, 2010; Efing & Häußler, 2011		Knapp, Pfaff & Werner, 2008
Organisatorische Gespräche (Disziplinar-, Krankenrückkehrgespräch-, Entwicklungs-gespräch) Instruktionsgespräch (bspw. Einweisung in die Bedienung einer Maschine) Projekt-/Teambesprechungen Diagnose-/Problemlösegespräche Schulungsvorträge (zu Fachinhalten oder zur Arbeitsorganisation und zum Unter-nehmen) Sicherheitsunterweisungen	Anleiten, instruieren Erklären Moderieren Beiträge formulieren Diskutieren Berichten Präsentieren, vortragen Darstellen Benennen Aushandeln	Kundengespräche Telefongespräche

Mündliche Kommunikation findet zumeist empraktisch in dialogischen Face-to-face-Situationen mit einer oder einem Vorgesetzten oder Kolleginnen und Kolle-gen und oft anhand einer Zeichnung über die zu verrichtende Tätigkeit/den zu produzierenden Gegenstand statt. Medial übermittelte mündliche Kommunikati-on (bspw. Telefongespräche, Skype) findet sich eher selten.

Kommunikation erweist sich dabei in vielen Situationen nicht nur als deskrip-tiv (Beschreibung/Bericht dessen, was ein Auszubildender gemacht hat), sondern auch als argumentativ aufgebaut, da Arbeitsvorgänge gerechtfertigt, Ursachenhy-pothesen abgewogen oder alternative Problemlösungen beurteilt werden müssen. Dies zeigt sich besonders in Teambesprechungen, in denen ein Projektteam aus mehreren Auszubildenden eigenverantwortlich über mehrere Tage oder Wochen einen Projektauftrag bearbeitet und dabei die Planung und Koordination der Durchführung des Projekts beständig kommunikativ begleiten muss (vgl. Efing, 2011a).

Besonders das aktive Erklären- und Darstellen-/Präsentieren-Können erweist sich unabhängig von der Betriebsgröße in vorliegenden Anforderungsermittlun-gen als zentrales Interaktionsmuster. In entsprechenden Situationen erhalten nicht die Auszubildenden eine mündliche Instruktion durch die Ausbildenden, sondern eine angelernte Auszubildende oder ein angelernter Auszubildender leitet bei-spielsweise einen anderen Auszubildenden (oder Praktikanten) an, instruiert ihn, erklärt ihm die Funktionsweise einer Maschine o.Ä. Das heißt, mündliche Kom-munikation in der betrieblichen Ausbildung ist selten unidirektionale verbale In-teraktion zwischen Ausbildenden und Auszubildenden, sondern multidirektionale Interaktion unter Auszubildenden auf derselben Hierarchieebene oder zwischen Auszubildender bzw. Auszubildendem als Expertin bzw. Experte und Praktikan-tin oder Praktikant als Laie – jeweils mit Konsequenzen für das Register und die Sprache, in der kommuniziert wird.

Anforderungen im Bereich Schrift(sprach)lichkeit
Nur sehr selten müssen Auszubildende – offenbar weitgehend unabhängig vom
jeweiligen Ausbildungsberuf – im Betrieb Texte produzieren oder rezipieren, die
der schulisch vermittelten Definition eines Textes als lineares, kohärentes, komplex versprachlichtes Gebilde („Fließtext") entsprechen. Die folgende Tabelle gibt
einen Überblick über die Ergebnisse von Studien, die das Textsortenspektrum
einer Ausbildung empirisch über Interviews oder teilnehmende Beobachtung erhoben haben (Tab. 2).

Die jeweiligen Textsorten werden im Betrieb nach dem Kriterium einer
schnellen und vor allem übersichtlichen Informationsentnahme bzw. einem jeweils anderen dominanten kommunikativen Zweck gewählt und eingesetzt, um
mit Kolleginnen und Kollegen oder Kundinnen und Kunden effizient kommunizieren zu können. Die Verwendung dieser Textsorten dient hauptsächlich der
Ausführung von Arbeitsaufträgen. Üblicherweise treten mehrere Textsorten in
typischer Vernetzung auf: Ein Auftrag wird beispielsweise als Kurznotiz beschrieben, unterstützend werden Zeichnungen angefertigt/gelesen, ergänzende Listen
verweisen auf das benötigte Material und Tabellen geben eine Kostenübersicht.
Fehlen wichtige Informationen, dann müssen diese von den Auszubildenden
selbstständig über das Internet oder anhand der Kataloge bzw. Fachbücher ermittelt werden. Dieser Vorgang wird dann dokumentiert, um den Arbeitsprozess und
ggf. das Arbeitsprodukt langfristig nachvollziehbar und nachträglich überprüfbar
zu halten (Qualitätsmanagement).

Die Textsorten, die sich hier im Bereich Schreiben wie Lesen als relevant her-
ausstellten, sind zu großen Teilen stark normierte, standardisierte Formulare und
Tabellen (z.B. Berichtsheft, Messprotokoll, Arbeitsplan, Arbeitsauftrag, Listen), die
sich durch eine rudimentäre Versprachlichung (Stichworte) und ausgeprägte Mul-
tikodalität (Kombination aus Text, Bild, Grafik, Tabelle, Diagramm …) auszeich-
nen. Kommunikativ stellt gerade diese rudimentäre Versprachlichung allerdings
nicht unerhebliche Anforderungen an die Auszubildenden: Denn Informationen
verschiedener Darstellungsmodi und -kodes aufeinander beziehen und, im Unterschied zur berufsschulischen Praxis, in Handlungen umsetzen zu können, komplexe fachliche Zusammenhänge und Tätigkeiten komprimiert versprachlichen
zu müssen, verlangt eine hohe kommunikative Kompetenz, wenn gewährleistet
werden soll, dass die Funktion der Textsorten (z.B. Arbeitsnachweis gegenüber
Kundinnen und Kunden) sowie die Verständlichkeit trotz mangelnder verbaler
Ausführlichkeit angemessen erfüllt wird. Aber auch an die sprachlichen Fähigkeiten der Auszubildenden stellt die rudimentär-komprimierte Versprachlichung der
Texte hohe Anforderungen: Zwar müssen sie keine komplexen hypotaktischen
Satzgefüge produzieren und rezipieren, aber die Fähigkeit, Stichworte und Ellip-
sen zu verstehen und vor allem zu produzieren, bspw. im Berichtsheft, setzt ein
grundlegendes Verständnis der deutschen Syntax bzw. funktionale grammatische
Kenntnisse und Fähigkeiten voraus.

Tabelle 2: Ausbildungsrelevante typische schriftliche Aufgaben, Textsorten und Darstellungsformen

Efing, 2010; Efing & Häußler, 2011	Knapp, Pfaff & Werner, 2008	Keimes & Rexing, 2011	Wyss Kolb, 1995
Schreiben Berichtsheft Arbeitsplan (Gesprächs-, …)Protokolle Selbstreflexive Texte (Entwicklungsbogen, …) Fachliche Präsentationen (Plakat, PowerPoint) für Expertinnen und Experten und Laien Dokumentation (von Produkten und Prozessen) (Werkstatt-)Bericht Lernzielkontrollen Kurznotizen Techn. Zeichnungen Übersetzungen von Datenblättern aus dem Englischen Formulare, Tabellen und Listen (Bestellschein, Stückliste, Messprotokoll…) **Lesen** Kurznotizen Arbeitsauftrag/-anweisung Artikel aus Fachzeitschriften Schulungsunterlagen Techn. Zeichnungen, Schaltpläne, Datenblätter (Bedienungs-, Programmier-, Montage-, …)Anleitungen An- und Unterweisungen (Sicherheitshinweise, Anleitung zum Führen des Berichtsheftes, Projektleitfaden, …) Bestellkataloge Fach-/Handbücher (Tabellenbücher, …) Unternehmensbroschüren (Eigendarstellung, Leitfaden für die Ausbildung, …) Juristische Dokumente (Arbeitsordnung, …)	**Schreiben** Berichtsheft Erfassen von Waren und Kundendaten Rechnungen Bestellungen Verträge Zeichnungen und Skizzen Dokumentation von Arbeitsvorgängen **Lesen** Rechnungen Bestellungen Verträge Zeichnungen und Skizzen	**Lesen** Zeichnungen Leistungsverzeichnisse gesetzliche Vorschriften Produkthinweise	**Schreiben** Arbeitstagebuch Laborjournal Berichte Rapporte Protokolle Beschreibungen Zusammenfassungen Notizen Briefe Mitteilungen Reklamationen Entschuldigungen Formulare (Lieferscheine, Rechnungen, Quittungen, Kundenkarten etc.) Listen (Bestellungen, Inventare etc.) Beschriften von Plänen Adressen

Ein breites sprachliches Repertoire ist auch insofern für Auszubildende relevant, als sie mit verschiedenen Adressatinnen und Adressaten schriftlich kommunizieren müssen (Kolleginnen und Kollegen, Vorgesetzte, Firmen- und Privatkundinnen und -kunden usw.) – und das zum Teil innerhalb ein und desselben Schriftstücks, das demnach mehrfachadressiert sein und verschiedene Funktionen (deskriptiv-informativ, appellativ, instruktiv) gleichzeitig erfüllen muss.

Generell scheinen, so zeigen die in Tabelle 2 dargestellten Befunde, die schriftsprachlichen Anforderungen sowohl beim Schreiben wie beim Lesen in Großbetrieben umfangreicher zu sein als bei klein- und mittelständischen Unternehmen. Die Rolle der schriftsprachlichen Anforderungen variiert natürlich auch berufsbedingt: Die Anforderungen für die untersuchten Ausbildungsberufe Mechanikerin bzw. Mechaniker, Mechatronikerin bzw. Mechatroniker, Elektrikerin bzw. Elektriker und Technische Zeichner sind untereinander vergleichbar und anspruchsvoll. Hingegen konstatieren etwa Keimes & Rexing für den Ausbildungsberuf Maurerin bzw. Maurer und für den Ausbildungsberuf Straßenbauerin bzw. Straßenbauer, dass es sich um „wenig textintensiv[e]" Ausbildungsberufe mit „fehlende(r) Relevanz des Lesens in der betrieblichen Ausbildungsrealität" (Keimes & Rexing, 2011, S. 8 f.) handelt.

3.　Berufssprachliche Anforderungen

Quer zu allen Textsorten, Diskursarten und Interaktionsmustern liegt die Frage danach, in welchem Register kommuniziert wird. Während die zu lesenden Textsorten, zumindest die informationsvermittelnden, üblicherweise fachsprachlich verfasst sind in dem Sinne, dass nicht nur der einschlägige Fachwortschatz verwendet wird, sondern auch die Textstruktur und der Satzbau fachsprachlich geprägt sind, beschränken sich die fachsprachlichen Anforderungen an die Auszubildenden im produktiven Bereich darauf, die einschlägigen Fachtermini und -symbole sowie Abkürzungen, z.B. für Werkstoffbezeichnungen, mündlich wie schriftlich korrekt zu verwenden. Als Mittel der fachsprachlichen Sozialisation nutzen hier die Betriebe vor allem die Korrektur der Berichtshefte, anlässlich derer der Gebrauch der Fachsprache stark eingefordert wird (z.B. *Werkstück* statt *Bohrplatte*) (Efing 2013b, S. 135). Während die Fachtermini und Abkürzungen von den Auszubildenden generell im Laufe der Zeit als wichtig und sinnvoll erkannt und relativ schnell angewandt werden können, erweist sich – so zeigen Interviews mit Auszubildenden – die innere Schichtung der Fachsprache und ihr Verhältnis zur Umgangssprache sowie zu einem Register, das man als Fachjargon bezeichnen kann und das eine Art (betriebsspezifische) fachliche Umgangssprache („Werkstattsprache") darstellt, insofern als problematisch, als es zur Konkurrenz von Synonymen kommt (z.B. *Inbusschlüssel* versus *Innensechskantschraubendreher*; *Bulleneier/Schwalbeneier* versus *Sammelhalterschiene*), deren situativ angemessener Einsatz Probleme bereitet. Der Fachjargon wird zwar im Betrieb und bei der Montage mündlich verwendet, aber sein Gebrauch ist etwa in der Berufsschule und in Prüfungssituationen sowie in jeglicher schriftlicher Form untersagt.

Dennoch ist generell den Forschungsergebnissen der letzten Jahre zuzustimmen, dass die Bedeutung der Fachsprache in bestimmten Bereichen für das erfolgreiche berufliche Kommunizieren im Betrieb lange Zeit überschätzt wurde. Die sprachlich-kommunikativen Anforderungen sind vor allem in anderen Bereichen (Textsorten, Diskursarten, Interaktionsmuster) zu suchen, da berufliche Kommunikation nicht in erster Linie auf Fachsprache basiert. Sie gründet auf einem Register, das man als Berufssprache bezeichnen und in dem man fehlende Fachsprachenkenntnisse kompensieren kann (Efing 2014c): Berufssprache kommt medial mündlich wie schriftlich vor. Sie kann als eigenständiges, berufs(feld)-übergreifendes Register auf einem Kontinuum zwischen Allgemein- und Fachsprache konzipiert werden, das im Bereich der Sprachhandlungsmuster große Schnittmengen mit der Bildungssprache hat; sie ist arbeits- bzw. berufs(welt)bezogener als die Allgemeinsprache und konkreter praxis- bzw. handlungsbezogen als Fachsprachen. Weder fach- noch berufs- oder betriebsspezifische Ausdrücke (im Sinne von Fachwortschatz und Berufsjargonismen) sind Bestandteil des Registers Berufssprache. Stattdessen ist es gekennzeichnet durch ein Set typischer berufsbezogener Sprachhandlungen (*Anleiten/Instruieren, Erklären, Definieren …*), Textsorten (Bericht, …) und Darstellungsformen (Tabellen, Formulare …), die für zahlreiche Berufstätigkeiten als charakteristisch gelten können. Selbst fachunspezifisch und auf den Redemitteln der Allgemeinsprache basierend, kann Berufssprache dabei als eine Art Plattform oder Ummantelung bzw. sprachliches Umfeld für die Verwendung verschiedener anderer Register oder Varietäten gesehen werden, etwa für fachsprachliche und berufsspezifische Anteile, insb. Fachterminologie, oder Berufsjargonismen – so, wie in der Schule die Bildungssprache die sprachliche Ummantelung/Hintergrundfolie bzw. die Plattform für die Verwendung der Fachsprachen in den Sachfächern bildet. Das Ziel der Verwendung von Berufssprache ist die effektive, angemessene Kommunikation in beruflichen Kontexten, die nicht nur das berufliche (Sprach-)Handeln, sondern auch die soziale Integration der Sprecherin bzw. des Sprechers in den Betrieb und das Arbeitsumfeld gewährleisten soll. Die Berufssprache, nicht die Fachsprache ist das Register, in dem sich die berufliche Sprachhandlungskompetenz eines Individuums als kommunikative Bewältigung der Anforderungen des Arbeitsalltags zeigt; das Register der Berufssprache ermöglicht es demnach, im Beruf sprachlich zweckrational erfolgreich und angemessen handeln zu können – auch ohne zwangsläufig auf Fachsprache zurückzugreifen.

Während (wechselnde, tendenziell aber sicherlich mehrere verschiedene) Fachsprachen in ganz bestimmten beruflichen Situationen sicherlich unerlässlich sind für eine präzise Verständigung und Wissensvermittlung, ist die Berufssprache das Register für generelle wiederkehrende berufliche Abläufe und Handlungen; während Fachsprache eng an Fachleute gebunden ist und nur in deren Verwendung untereinander ihre volle Funktion und Semantik entfaltet, müssen Berufssprache alle Arbeitnehmerinnen und Arbeitnehmer sprechen, die gemeinsam arbeiten, auch wenn sie – etwa bei Schnittstellenarbeiten zwischen Kolleginnen und Kollegen unterschiedlicher Abteilungen und Fachgebiete, also außerhalb eines Faches bzw. über Fächergrenzen hinweg, z.B. bei der Kommunikation mit der Buchhaltung, Personalverwaltung etc. – nicht einem gemeinsamen Fach angehören. Während Fachsprache der Kommunikation über Fachinhalte, der Wissensaneignung und dem Wissensaustausch dient, hat Berufssprache eine stärker personen- und handlungsbezogene Ausrichtung und dient der Koordination von Arbeitsabläufen sowie der betrieblichen Funktionsübernahme und sozialen Integration ins Unternehmen. Berufssprache umfasst damit die fachübergreifenden Sprachhandlungen (und die damit verbundenen sprachlichen Mittel) im Sinne einer Schnittmenge aller beruflichen Sprachhandlungen.

3.1 Vergleich betrieblicher und schulischer Anforderungen

Es fällt aus verschiedenen Gründen schwer, Vergleiche zwischen den betrieblichen und den berufsschulischen Anforderungen zu ziehen: Einerseits scheinen die berufsschulischen Anforderungen homogener als die betrieblichen, die je nach Ausbildungsbetrieb (insbesondere in Abhängigkeit von der Größe) stark variieren können; andererseits sind die empirisch in Betrieben und Berufsschulen erhobenen Anforderungsbeschreibungen methodisch auf so unterschiedliche Art und Weise und – dadurch bedingt – mit einem z.T. so unterschiedlichen Fokus zustande gekommen, dass man sie einander nicht direkt gegenüberstellen kann und sollte. Dennoch lassen sich vorsichtig Tendenzen formulieren, inwiefern sich die Anforderungen unterscheiden. So ist eine generelle Diskrepanz zwischen den sprachlich-kommunikativen Anforderungen im Betrieb und in der Berufsschule festzustellen. Während in der Berufsschule aus Sicht der Lehrkräfte die sprachsystematischen Fähigkeiten der Auszubildenden noch stärker im Vordergrund stehen, zählen im Betrieb vor allem die kommunikativen Fähigkeiten; während in der Berufsschule vor allem das Lesen von Fachtexten und die rezeptive wie produktive Beherrschung der Fachsprache die größten Anforderungen an die kommunikative Kompetenz der Auszubildenden stellen, dominieren im Einzelfall in der Ausbildung mündliche Kommunikationssituationen. Auch die vorkommenden relevanten Text- und Diskursarten sowie Interaktionsmuster differieren deutlich zwischen Berufsschule und Betrieb aus Gründen der institutionsbedingt unterschiedlichen Ziele und Organisation.

Schule und Betrieb fungieren also nicht nur in der Theorie, sondern offenbar auch in der Praxis als komplementäre Lernorte mit unterschiedlichen Anforderungen – und je nach Branche sehr unterschiedlicher Kooperation und Verzahnung beider Bereiche (Efing et al., 2014). Der systembedingt zentrale Unterschied zwischen Betrieb und Berufsschule ist die stärkere Zuständigkeit der Schule für Theorie und die Zuständigkeit des Betriebes für Praxis. Rein physisch zeigt sich dies in der Differenz zwischen einem schulisch-apraktischen Ablauf von ‚Sitzen, Zuhören, Schreiben, Nachschlagen' in stärker kontextreduzierten Situationen einerseits gegenüber andererseits einem betrieblich-empraktischen Ablauf von ‚Laufen, Bücken, Aufstehen, Zuhören, Handeln, Prüfen' in kontexteingebundenen, sprachlich-strukturell weniger anspruchsvollen Situationen. Dies bedeutet insbesondere, dass in der Schule die schriftliche Dimension, insbesondere das Lesen-können von (dis-)kontinuierlichen Sachtexten, eine deutlich größere Rolle als im Betrieb einnimmt, in dem erheblich weniger (Komplexes) gelesen werden muss (vgl. 3.2).

3.2 Vergleich der sprachlich-kommunikativen Anforderungen in der dualen Ausbildung mit den Anforderungen des Alltags

Vergleicht man nun die berufsschulischen und betrieblichen Anforderungen mit den sprachlich-kommunikativen Anforderungen des Alltags, stellt man hier im Hinblick auf Funktion und sprachliche Gestaltung der Kommunikation eine größere Schnittmenge fest als zwischen den Anforderungen (und Zielen der Sprachbildung und -förderung) in den allgemeinbildenden Schulen und denen des Berufs und/oder Alltags. Dies gilt v.a. für den Bereich der Schriftlichkeit, für den eine hohe Vergleichbarkeit der Text- und Darstellungsformen zwischen Ausbildung/Beruf und Alltag konstatiert werden kann. Außerhalb der Schule müssen zum Beispiel oft formularhafte (Steuererklärung, Überweisungsträger) oder stichwort- und listenartige Texte (Einkaufs-, Merkzettel, To-do-Liste) sowie pointierte Kurztexte (Kurznachrichten auf Post-its etc.) geschrieben werden, die einer ganz anderen Funktion und Struktur als der der typischen schulischen Textsorten (Erörterung, Erzählung …) folgen. Selbst das außerschulische Brief-Schreiben als gesellschaftliches Handeln dürfte eine völlig andere Art Brief betreffen (Anschreiben, Begleitschreiben, kurze Kündigung etc.), als sie in der Schule (abgesehen vom Bewerbungsanschreiben eher narrative Briefformen) gängig ist. (Efing, 2011b, S. 54 f.)

Ein für Alltag und Beruf angemessenes Konzept von Texten entspricht damit nicht dem linguistischen und schulischen eines linearen, kohärenten, kontextreduzierten und auf Tradierung angelegten Textes, denn in Ausbildung und Beruf werden – zumindest in den Berufen für niedriger Qualifizierte und auf den Positionen im unteren Bereich der Karriereleiter – vor allem empraktisch eingebundene, diskontinuierliche Stichwort-Texte geschrieben, „bei denen es einerseits um korrekte Einfüllung vorgegebener Daten, Zahlen und Bezeichnungen und andererseits um verbale Schilderungen auf wenig mehr als 6 bis 10 Zeilen geht" (Häcki Buhofer, 1985 S. 256 f.). Eine aktuelle amerikanische Studie (Cohen, White & Cohen, 2011) bestätigt dieses Bild: Demnach besteht berufliches Schreiben, rein vom Zeitaufwand her betrachtet, vor allem im Verfassen von diskontinuierlichen Texten (Listen, Formulareinträge etc.) bzw. Mischformen von kontinuierlichen und diskontinuierlichen Texten. Dabei gibt es Unterschiede nach Bildungsabschluss: Je formal höher die Ausbildung, desto mehr kontinuierliche Texte schrieben die Befragten. Hiermit ähneln berufliche Texte alltagssprachlichen, nicht aber schulischen; es gilt: „Das alltägliche gebrauchsorientierte Schreiben kann auf Höflichkeit, Explizitheit, auf persuasive Formulierungen verzichten, kann sich teilweise eben darum stichwortartig ausdrücken und sich auf die wesentlichen inhaltlichen Elemente konzentrieren und den sonst üblichen textlichen Rahmen vernachlässigen." (Häcki Buhofer, 1985, S. 267). Auszubildende erleben demnach im Hinblick auf das Schreiben eine große Diskrepanz zwischen Beruf und Alltag einerseits und allgemeinbildender Schule andererseits. Ähnliches gilt für das Lesen: Im Alltag (Busfahrpläne, Fußballergebnisse usw.) werden oft, wie im Beruf, nicht-kontinuierliche Texte wie Listen und Tabellen gelesen. Die linearen Texte, die im Alltag und in der Ausbildung gelesen werden, erfordern dabei die Lesehaltung eines „funktionalen Lesens" (Ziegler, Balkenhol, Keimes & Rexing, 2012): Das Gelesene soll in einem konkreten Handlungskontext umgesetzt werden (z.B. Bedienungsanleitungen; prozedurales Wissen). Im (allerdings auch berufs-) schulischen Kontext hingegen ist das Lesen vor allem ein „studierendes Lesen" im Lernkontext, das nicht auf ein umsetzendes Handeln, sondern auf einen Zuwachs an deklarativem Wissen und ein Behalten von Wissensbeständen abzielt.

Für den Bereich der Mündlichkeit kann festgehalten werden, dass die beruflich relevanten Diskursarten und Interaktionsformen, wie etwa das u.a. in der typischen Projektarbeit im Team erforderliche Informieren, Darstellen (eines Problems, Sachverhalts), Erklären, Anleiten, Diskutieren, Begründen, Moderieren etc. (Efing, 2011a), Kommunikationsfähigkeiten sind, die kaum berufs- oder fachtypisch und die ebenfalls im Alltag hochrelevant sind: Im Azubi-Team wird zum Beispiel, moderiert von einem der Auszubildenden, diskutiert, wie ein mehrwöchiges Projekt geplant und bearbeitet wird, verschiedene Auszubildende argumentieren für verschiedene Vorgehensweisen und begründen diese, leiten ihre Kolleginnen und Kollegen während der Arbeit an einer neuen Maschine erklärend an usw. (Efing, 2011a). Aus dem Alltag kennt man vergleichbare Konstellationen, wenn es um Urlaubsplanung, die Inbetriebnahme eines neuen Gerätes o.Ä geht. Am Beispiel des Erklärens lässt sich zudem zeigen, dass die Ausprägung der jeweiligen kommunikativen Praktik im beruflichen Bereich eher mit dem alltäglichen als dem schulischen Kontext vergleichbar ist, da zumeist nicht ein Wissen-*warum*, sondern ein Wissen-*wie* das Ziel ist.

4. Förderansätze für die berufliche Bildung

Auch wenn es für den Bereich der berufsschulischen Sprachförderung fast gänzlich an Evaluationsstudien zur Wirksamkeit der Sprachförderprogramme fehlt (Ausnahme: Petsch, 2009; Nickolaus, Norwig, Ziegler & Kugler, 2011; Gschwendtner, 2012, zum negativ evaluierten Reciprocal Teaching) bzw. sich die Evaluation – im Bereich der Schreibkompetenz – nur auf die (als wirksam evaluierte) handlungs- und prozessorientierte Förderung der *allgemeinen* Schreibkompetenz richtet (Hoefele et al., 2015; Philipp, 2015), lassen sich dennoch aus den Gemeinsamkeiten der existierenden Förderansätze sowie den informellen Evaluationen durchgeführter Förderprogramme in Form von Interviews und Fragebögen zur Fremd- und Selbsteinschätzung zumindest Tendenzen ausmachen, wie eine wirksame Sprachförderung für Auszubildende aussehen könnte. Im Folgenden wird ein Überblick über grundsätzliche Aspekte einer offenbar wirksamen Ausrichtung von Förderansätzen gegeben, über die seitens der Lehrkräfte Einigkeit bezüglich deren (allerdings nicht empirisch nachgewiesener) Wirksamkeit zu bestehen scheint.

Ausgangspunkt für eine systematische Sprachförderung ist eine Förderdiagnostik, aus der sich die individuellen Förderschwerpunkte der Berufsschülerinnen und Berufsschüler ergeben. Ein zweiter unverzichtbarer Ausgangspunkt ist die Kopplung der Sprachförderung an Sprachbedarfsanalysen bzw. Erhebungen der realen Anforderungen. Aus dieser Perspektive ergeben sich überindividuell erforderliche bzw. sinnvolle Förderschwerpunkte in Form der prototypischen sprachlichen Handlungsmuster und Kommunikationssituationen, die eine Auszubildende bzw. ein Auszubildender zu bewältigen hat. Auf dieser Basis sollte Sprachförderung als integrativ konzipiert werden. Dies bezieht sich einerseits auf die Integration der Sprachförderung in den (sprachsensiblen) Fachunterricht. Andererseits meint integrierte Sprachförderung die Verlagerung der Sprachförderung auch in die Betriebe (Bethscheider, Kimmelmann & Eberle, 2013) und damit den Einbezug nicht nur der Sprach- und Fachtheorielehrkräfte, sondern auch der Ausbildenden, die hierfür weitergebildet werden (müssen), in die Verantwortung für Sprachförderung (vgl. auch Badel, Mewes & Niederhaus, 2007 sowie Kruse, Pasquay & Sturm, in diesem Band). Organisatorisch verlangt eine integrierte Sprachförderung fächerübergreifendes Team-Teaching von Sprach- und Fachlehrkräften (vgl. etwa Zschiesche, Diedrich & Herr, 2010, S. 19), eine didaktische Jahresplanung sowie eine Weiterbildung und Sensibilisierung insbesondere der Fachlehrkräfte und Ausbildenden für Sprachförderung.

Ebenfalls unabdingbar angesichts der z.T. extremen Heterogenität der Lerngruppen in der beruflichen Bildung (s. Riedl in diesem Band und Kirndorfer in diesem Band) ist eine Binnendifferenzierung in der Sprachförderung (vgl. etwa Staatliches Berufsbildendes Schulzentrum Jena, Lehrstuhl für Berufspädagogik Universität Dortmund, o.J.; Zschiesche et al., 2010). Vorhandene Vorschläge zur

Binnendifferenzierung richten sich v.a. auf eine sprachlich vorentlastende Unterrichts-, Text- und Materialgestaltung (Badel et al., 2007 und Roche & Terrasi-Haufe, 2017) etwa, indem Langtexte in einzelne Textstücke unterteilt und sukzessive und frageangeleitet erschlossen werden, indem gezielte Aufgaben zur Vorentlastung und Vorwissensaktivierung sowie zum Aufbau von Vorerwartungen gestellt werden, indem unterstützende Visualisierungen ergänzt werden usw. Hier dominieren insbesondere Vorschläge für die Arbeit mit sprachlich entlasteten und durch kleinschrittige Arbeitsaufträge angeleiteten, sukzessiv zu erschließenden didaktisierten Texten (Becker-Mrotzek, Kusch & Wehnert, 2006; Schiesser & Nodari, 2007) oder zu Visualisierungshilfen.

Für eine effektive Sprachförderung muss schließlich der Förderung der Motivation und der Einsicht in die Relevanz sprachlich-kommunikativer Kompetenzen ein enormer Stellenwert eingeräumt werden (Efing, 2006), da Demotivation positive Effekte verhindert. So ist ein wichtiges Ergebnis der Studie zum Lesestrategietraining „Reciprocal Teaching" von Nickolaus et al. (2011), die keine positiven (dauerhaften) Effekte zeitigen konnte, dass Leseförderung angesichts der geringen habituellen Lesemotivation erfolgreich wohl nur über Integration der Leseförderung in berufliche Anforderungssituationen zu gewährleisten ist. Sprachförderung sollte daher auch kontinuierlich in den Pflichtunterricht eingebettet werden, statt additiv in Form zusätzlicher Förderkurse stattzufinden. Dies entspräche auch dem Konzept der Durchgängigen Sprachbildung aus dem FörMig-Kontext, das durch folgende drei Aspekte eine kumulative Sprachbildung absichern möchte: a) Kontinuität an den Übergangsstellen; b) Kooperation zwischen den verschiedenen an Sprachbildung beteiligten Instanzen (u.a. zwischen den Fachlehrkräften, aber auch Lehrkräften/Eltern usw.); c) Berücksichtigung von Mehrsprachigkeit als Bildungsvoraussetzung und -ressource (vgl. etwa Gogolin, 2013, S. 14 f.)

Viele Sprachförderprogramme setzen zudem auf Strategietrainings für das Lesen (Becker-Mrotzek et al., 2006; Badel et al., 2007; Schiesser & Nodari, 2007; Leisen, 2010) wie das Schreiben (Leisen, 2010), wobei die Strategietrainings Routinen aufbauen sollen. Jedoch ist es für die Zielgruppe der Berufsschülerinnen und Berufsschüler mit ihrer geringen Motivation kein realistisches Ziel, diese zur gänzlichen Selbstregulation (als Ziel in der Sek. I, vgl. Schneider, Baumert, Becker-Mrotzek, Hasselhorn, Kammermayer, Rauschenbach, Roßbach, Roth, Rothweiler & Stanat, o.J.) und Eigenverantwortung für das sprachliche Lernen zu befähigen. Nickolaus et al. (2011) halten Strategietrainings nach dem Programm des Reciprocal Teaching generell für ungeeignet wegen der geringen habituellen Lesemotivation der Berufsschülerinnen und Berufsschüler; Strategietrainingskonzepte seien zu sehr am akademischen Lernen aus Texten und zu wenig an beruflichen Anforderungssituationen (Anwenden des Gelesenen) orientiert.

5. Zusammenfassung und Ausblick

Zusammenfassend lässt sich sagen: Zentral für die Sprachförderung im beruflichen Bereich scheint im Hinblick auf die genannte Ausgangslage die sprachlich-fachliche Verzahnung und lebensweltliche Anbindung von Fördermaßnahmen an Ausbildungskontexte als auch die damit eng zusammenhängende Motivations- und Sprachbewusstheitsförderung. Dies bedeutet: Sprachförderung *für den* (ausbildungsvorbereitende Sprachförderung in der Sekundarstufe I) und *im* beruflichen Bereich (ausbildungsbegleitende Sprachförderung) sollte

- anforderungsaffin und anforderungsgerecht sein, d.h. auf empirischen Anforderungsermittlungen basieren und somit praxisbezogene Ziele verfolgen und auf authentische oder zumindest realistische Materialien zurückgreifen;
- handlungsorientiert sein und Sprachförderung empraktisch einbetten;
- Berufs(welt)bezug aufweisen;
- nicht nur im Deutschunterricht durchgeführt werden, sondern integriert als durchgängiges Prinzip in einen sprachsensiblen Fach- oder Lernfeld-Unterricht implementiert werden, der die Handlungsorientierung oft besser als ein isolierter Deutschunterricht umsetzen kann;
- sich an DaZ-didaktischen Ansätzen mit Wirksamkeitsnachweis orientieren (vgl. etwa Hoefele et al., 2015).

Neben diesen stärker konzeptuellen Vorschlägen für die Rahmenbedingungen seien abschließend einige inhaltliche Hinweise für sinnvolle Förderansätze genannt. Demnach sollte Sprachförderung

- *Kommunikative*, nicht sprachsystematische (Rechtschreibung, Grammatik) *Kompetenzen* fokussieren, da diese für die berufliche Handlungskompetenz als relevanter erscheinen (vgl. Kap. 3);
- sich nicht nur an den sprachlichen Dimensionen (Sprechen, Zuhören, Schreiben, Lesen), sondern auch an den dazu quer liegenden relevanten *Registern*, v.a. an dem der Berufssprache mit ihren typischen Textsorten und kommunikativen Praktiken, ausrichten (Efing, 2014c);
- stärker auch auf die *Beherrschung standardisierter, formalisierter Kommunikation* vorbereiten. Offenbar wird die berufliche Standardisierung von Kommunikation – etwa in Form von Formularen, Leitfäden für das Erstellen von Texten usw. – als Erleichterung für die Textrezeption und Textproduktion und damit als nicht berücksichtigenswert im Rahmen der berufsschulischen Sprachförderung angesehen. Auch hier belegen aber einerseits Beobachtungen zu deutlichen sprachlich-kommunikativen Problemen von Auszubildenden beim Umgang mit standardisierten Textsorten wie auch Interview-Aussagen von Auszubildenden, dass die Standardisierung von Kommunikation eine hohe Anforderung darstellt, auf die sich die Auszubildenden nicht ausreichend vorbereitet fühlen;

- stärker auf die *produktive Beherrschung kurzer (auch nicht-linearer und mehrfachadressierter) Texte* (Tabelle, Listen usw.) sowie auf das Formulieren abstrahierender, präziser, pointierter Stichworte ausgerichtet sein, da auch kurze und syntaktisch rudimentäre Texte kognitiv anforderungsreich sein können;
- stärker sprachreflexiv ausgerichtet sein. Bestehende Schulbuchaufgaben verlangen im Bereich der Textproduktion oft nur ein reproduktives, imitatives „Nachahmen" bestimmter Textmuster und Textsorten, statt die sprachliche Form und Funktion (und ihre Kopplung) zu reflektieren (Efing, 2013a); hier hat sich auch die in der Didaktik geforderte Handlungsorientierung noch längst nicht durchgängig durchgesetzt;
- sich im Bereich der *Schreibkompetenz* nicht nur auf das Schreibprodukt richten, sondern vor allem *prozessorientiert* bzw. *prozessentlastend* durchgeführt werden (etwa Hoefele et al., 2015; Philipp, 2015, mit Wirksamkeitsnachweis), wobei auch kooperative Schreibprozesse zu berücksichtigen sind.

Literatur

Badel, Steffi; Mewes, Antje & Niederhaus, Constanze (2007). *Sprachförderung in der beruflichen Bildung. Endbericht der Wissenschaftlichen Begleitung zum Modellversuch Modulare Duale Qualifizierungsmaßnahme (MDQM)*. Berlin: Humboldt Universität, Institut für Erziehungswissenschaften.

Baumann, Katharina (2014). *„Man muss schon ein bisschen mit dem Schreiben zurechtkommen!". Eine Studie zu den Schreibfähigkeiten von Auszubildenden im unteren beruflichen Ausbildungssegment im Kontext von Ausbildungsreife*. Paderborn: Eusl.

Becker-Mrotzek, Michael & Kusch, Erhard (2007). Sachtexte lesen und verstehen. *Der Deutschunterricht, 1*, 31–38.

Becker-Mrotzek, Michael; Kusch, Erhard & Wehnert, Bernd (2006). *Leseförderung in der Berufsbildung*. Duisburg: Gilles & Francke.

Bethscheider, Monika; Kimmelmann, Nicole & Eberle, Manuela (2013). Förderung sprachlich-kommunikativer Fähigkeiten in der betrieblichen Ausbildung. *bwp@Spezial 6 – HT 2013*. Verfügbar unter: http://www.bwpat.de/ht2013/ft18/bethscheider_etal_ft18-ht2013.pdf [20.11.2013].

Cohen, Dale J.; White, Sheida & Cohen, Steffaney B. (2011). A Time Use Diary Study of Adult Everyday Writing Behavior. *Written Communication, 28* (1), 3–33.

Efing, Christian (2006). „Viele sind nicht in der Lage, diese schwarzen Symbole da lebendig zu machen." – Befunde empirischer Erhebungen zur Sprachkompetenz hessischer Berufsschüler. In Christian Efing & Nina Janich (Hrsg.), *Förderung der berufsbezogenen Sprachkompetenz: Befunde und Perspektiven* (S. 33–68). Paderborn: Eusl.

Efing, Christian (2010). Kommunikative Anforderungen an Auszubildende in der Industrie. *Fachsprache, 1-2*, 2–17.

Efing, Christian (2011a). Gesprächskompetenz am Übergang von der allgemeinbildenden Schule in die Ausbildung. In Eva Lia Wyss, Daniel Stotz, Aleksandra Gnach, Jean-François Da Pietro & Ingrid De Saint-Georges. (Hrsg.), Sprachkompetenzen in Ausbildung und Beruf – Übergänge und Transformationen. *Bulletin suisse de linguistique appliquée, 93* (III), 85–100.

Efing, Christian (2011b). Schreiben für den Beruf. In Hansjakob Schneider (Hrsg.), *Wenn Lesen und Schreiben trotzdem gelingen. Literale Sozialisation und Sinnerfahrung* (S. 38–62). Weinheim & München: Juventa.

Efing, Christian (2012). Sprachliche oder kommunikative Fähigkeiten – was ist der Unterschied und was wird in der Ausbildung verlangt? *BWP – Berufsbildung in Wissenschaft und Praxis, 2*, 6–9.

Efing, Christian (2013a). (Wie) Bereitet der bisherige Deutschunterricht auf die Ausbildung vor? Eine Schulbuchanalyse. In Christian Efing (Hrsg.), *Ausbildungsvorbereitung im Deutschunterricht der Sekundarstufe I. Sprachlich-kommunikative Facetten von „Ausbildungsfähigkeit"* (S. 239–256). Frankfurt am Main: Peter Lang.

Efing, Christian (2013b). Sprachlich-kommunikative Anforderungen in der betrieblichen Ausbildung. In Christian Efing (Hrsg.), *Ausbildungsvorbereitung im Deutschunterricht der Sekundarstufe I. Sprachlich-kommunikative Facetten von „Ausbildungsfähigkeit"* (124-145). Frankfurt am Main: Peter Lang.

Efing, Christian (2014a). Theoretische und methodische Anmerkungen zur Erhebung und Analyse kommunikativer Anforderungen im Beruf. In Karl-Hubert Kiefer, Christian Efing, Matthias Jung & Annegret Middeke (Hrsg.), *Berufsfeld-Kommunikation: Deutsch* (S. 11–33). Frankfurt am Main: Peter Lang.

Efing, Christian (2014b). „Wenn man sich nicht sprachlich ausdrücken kann, kann man auch keine präziseren, qualifizierteren Arbeiten ausführen." – Stellenwert von und Anforderungen an kommunikative(n) Fähigkeiten von Auszubildenden. *leseforum. ch, 1.* Verfügbar unter: http://www.leseforum.ch/myUploadData/files/2014_1_Efing.pdf [28.9.2016].

Efing, Christian (2014c). Berufssprache & Co.: Berufsrelevante Register in der Fremdsprache. Ein varietätenlinguistischer Zugang zum berufsbezogenen DaF-Unterricht. *Info-DaF, 4*, 415–441.

Efing, Christian & Häußler, Marleen (2011). Was soll der Deutschunterricht an Haupt- und Realschulen vermitteln? – Empirisch basierte Vorschläge für eine Ausbildungsvorbereitung zwischen zweckfreier und zweckgerichteter Bildung. *bwp@Spezial 5 – HT 2011.* Verfügbar unter: www.bwpat.de/ht2011/ft18/efing_haeussler_ft18-ht2011.pdf [29.9.2016].

Efing, Christian; Grünhage-Monetti, Matilde & Klein, Rosemarie (2014). *Ermittlung, Dokumentation und Systematisierung sprachlich-kommunikativer Anforderungen in der beruflichen Ausbildung. Abschlussbericht der bbb-Vertragsarbeit für das BIBB im Rahmen des Forschungsprojektes 2.2.304.* Unveröffentlichtes Manuskript, BIBB Bonn.

Gogolin, Ingrid (2013). Mehrsprachigkeit und bildungssprachliche Fähigkeiten. Zur Einführung in das Buch ‚Herausforderung Bildungssprache – und wie man sie meistert'. In Ingrid Gogolin, Imke Lange, Ute Michel & Hans H. Reich (Hrsg.), *Herausforderung Bildungssprache – und wie man sie meistert* (S. 7-18). Münster u.a.: Waxmann.

Gschwendtner, Tobias (2012). *Lesekompetenzförderung in Benachteiligtenklassen der beruflichen Bildung. Eine empirische Untersuchung zur praktischen Bedeutsamkeit von reciprocal teaching.* Dissertation. Aachen: Shaker.

Häcki Buhofer (1985). *Schriftlichkeit im Alltag. Theoretische und empirische Aspekte, am Beispiel eines Schweizer Industriebetriebs.* Bern u.a.: Lang.

Hoefele, Joachim; Konstantinidou, Liana; Kruse, Otto & Dieterich, Sebastian (2015). *Förderung der allgemeinen Schreibkompetenz an Berufsschulen. Prozessorientierte*

Schreibdidaktik zwischen Deutsch als Mutter- (DaM) und Zweitsprache (DaZ). Valo-risierungsbericht. Verfügbar unter: http://www.sbfi.admin.ch/berufsbildung/01528/01536/02163/02164/index.html?lang=de [17.05.2016].

Keimes, Christina & Rexing, Volker (2011). Förderung der Lesekompetenz von Berufs-schülerinnen und Berufsschülern – Bilanz von Fördermaßnahmen. Zeitschrift für Berufs- und Wirtschaftspädagogik, 107 (1), 77–92.

Kirndorfer, Susanne (in diesem Band). „Würden Sie bitte noch einen Moment im Warte-raum Platz nehmen?". Zur Förderung der beruflichen Gesprächskompetenz von Medi-zinischen Fachangestellten.

Knapp, Werner; Pfaff, Harald & Werner, Sybille (2008). Kompetenzen im Lesen und Sch-reiben von Hauptschülerinnen und Hauptschülern für die Ausbildung – eine Befra-gung von Handwerksmeistern. In Elisabeth Schlemmer & Herbert Gerstberger (Hrsg.), *Ausbildungsfähigkeit im Spannungsfeld zwischen Wissenschaft, Politik und Praxis* (S. 191–206). Wiesbaden: VS Verlag für Sozialwissenschaften.

Kruse, Birgit; Pasquay, Marina & Sturm, Hartmut (in diesem Band). Die dualisierte Aus-bildungsvorbereitung für neu zugewanderte Jugendliche in Hamburg: Sprachaneig-nungsprozesse in Betrieb und Schule.

Leisen, Josef (2010). *Handbuch Sprachförderung im Fach – Sprachsensibler Fachunterricht in der Praxis*. Bonn: Varus.

Nickolaus, Reinhold; Norwig, Kerstin; Ziegler, Birgit & Kugler, Gabriela (2011). *Die För-derung von Lesekompetenz in beruflichen Schulen mittels Reciprocal Teaching. DFG-Abschlussbericht*. O.O.

Niederhaus, Constanze (2011a). *Fachsprachlichkeit in Lehrbüchern. Korpuslinguistische Analysen von Fachtexten der beruflichen Bildung*. Münster u.a.: Waxmann.

Niederhaus, Constanze (2011b). Informierende Bilder in Fachkundebüchern: berufsfeldab-hängige Variation und didaktische Konsequenzen. bwp@ Spezial 5 – HT 2011. Verfüg-bar unter: http://www.bwpat.de/ht2011/ft18/niederhaus_ft18-ht2011.pdf [7.10.2016].

Ohm, Udo; Kuhn, Christina & Funk, Hermann (2007). *Sprachtraining für Fachunterricht und Beruf. Fachtexte knacken – mit Fachsprache arbeiten*. Münster u.a.: Waxmann.

Petsch, Cordula (2009). Reciprocal Teaching – Implementierung einer Lesestrategieeinst-ruktion in die berufliche Bildung. Zeitschrift für Berufs- und Wirtschaftspädagogik, 105 (2), 198–220.

Philipp, Maik (2015). Because Writing Matters! (Berufliches) Schreiben und seine effektive Förderung. In Christian Efing (Hrsg.), *Sprache und Kommunikation in der beruflichen Bildung. Modellierung – Anforderungen – Förderung* (S. 153–170). Frankfurt am Main: Peter Lang.

Riedl, Alfred (in diesem Band). Berufliche Bildung in Deutschland: System, migrationsbe-dingte Herausforderungen und pädagogische Aufgaben.

Roche, Jörg & Terrasi-Haufe, Elisabetta (2017). Handlungsbasierter Unterricht an beruf-lichen Schulen in Bayern. In Christian Efing & Karl-Hubert Kiefer (Hrsg.), *Sprachbe-zogene Curricula und Aufgaben in der beruflichen Bildung. Wissen – Kompetenz – Text* (S. 71–90). Frankfurt am Main: Peter Lang.

Schiesser, Daniel & Nodari, Claudio (2007). *Förderung des Leseverstehens in der Berufs-schule*. Bern: h.e.p.

Schneider, Wolfgang; Baumert, Jürgen; Becker-Mrotzek, Michael; Hasselhorn, Marcus; Kammermayer, Gisela; Rauschenbach, Thomas; Roßbach, Hans-Günther; Roth, Hans-Joachim; Rothweiler Monika & Stanat, Petra (o.J.). *Expertise „Bildung durch Sprache und Schrift (BISS)"* *(Bund-Länder-Initiative zur Sprachförderung, Sprachdiagnostik und Leseförderung).* Verfügbar unter: http://www.bmbf.de/pubRD/BISS_Expertise.pdf [21.04.2013].

Staatliches Berufsbildendes Schulzentrum Jena, Lehrstuhl für Berufspädagogik Universität Dortmund (o.J.). *Abschlussbericht zum BLK-Modellversuch „VERLAS". Verknüpfung von berufsfachlichem Lernen mit dem Erwerb von Sprachkompetenz (Lese- und Kommuni-kationsfähigkeit) und mathematisch-naturwissenschaftlicher Grundbildung.* Verfügbar unter: http://www.sbsz-jena.de/content/VERLAS-Abschlussbericht_Endfassung.pdf [21.04.2013].

Wyss Kolb, Monika (1995). *Was und wie Lehrlinge schreiben. Eine empirische Untersuchung zu den Schreibgewohnheiten und zu den schriftsprachlichen Leistungen an der Sekundarstufe II für Personen aus Schule und Sprachwissenschaft.* Aarau: Sauerländer.

Ziegler, Birgit; Balkenhol, Aileen; Keimes, Christina & Rexing, Volker (2012). Diagnostik „funktionaler Lesekompetenz". *bwp@, 22.* Verfügbar unter: www.bwpat.de/ausgabe22/ziegler_etal_bwpat22.pdf [7.10.2016].

Zschiesche, Tilman; Diedrich, Ingo & Herr, Ulrike (2010). *Wissenschaftliche Begleitung des Projekts SPAS II. Abschlussbericht.* Verfügbar unter: http://www.ibbw.de/Dokumente/PDF/Forschung/Abschlussbericht_SPAS2.pdf [21.04.2013].

Felix Steffan

Bereiten Deutschlehrwerke auf den Beruf vor?
Eine explorative Untersuchung zum Schreiben im Berufsfeld Einzelhandel

1.   Die Schriftsprache in der Berufsausbildung

Sprache und Kommunikation sind in den meisten Berufsfeldern eine Grundvoraussetzung für beruflichen Erfolg.[1] In vielen Unternehmen ist eine positive Einstellung zur und ein sicherer Gebrauch von Sprache ein entscheidendes Einstellungskriterium und hat maßgeblichen Einfluss auf die Karrierechancen (Jakobs, 2006, S. 314). Grund hierfür ist nach Janich (2007, S. 318) unter anderem die Annahme, dass eine erfolgreiche Kommunikation und die damit verbundene Kommunikationsfähigkeit der eigenen Mitarbeiterinnen und Mitarbeiter in vielen Berufsfeldern wettbewerbsentscheidend sein kann. Darüber hinaus ist davon auszugehen, dass der Eintritt in eine Berufsschule und in die Ausbildung je nach Berufsfeld auch zu einer Erweiterung der standardsprachlichen Varietät führt (vgl. Efing, 2016). Nichtsdestotrotz divergieren die Ansprüche der Unternehmen auf der einen Seite und die tatsächlichen sprachlichen und kommunikativen Fertigkeiten der Berufseinsteigerinnen und Berufseinsteiger auf der anderen Seite gegenwärtig teils erheblich (Schüler, Lehnen, Ermakova & 2015, S. 295). Obgleich die Zahl der Berufstätigen mit schulischem Ausbildungsweg gegenüber den akademisch gebildeten Arbeitnehmerinnen und Arbeitnehmern nach wie vor überwiegen, sind es insbesondere erstere, deren sprachliche und kommunikative Vorbildung auf einem oftmals für das Berufsleben unzureichenden Niveau zu stagnieren – wenn nicht sogar abzunehmen – scheint (Knapp, Pfaff & Werner, 2008, S. 198-201). Insbesondere für den Kompetenzbereich des Schreibens kann das Gros der Auszubildenden deutlich geringere Fähigkeiten nachweisen, als dies durch den Kriterienkatalog für Ausbildungsreife der Bundesagentur für Arbeit gefordert wird (Baumann & Siemon, 2013, S. 267). Als Ursache wird hierfür vermehrt auf Desiderata in der Deutschdidaktik verwiesen, die der Aufgabe einer berufsbezogenen und handlungsorientierten Vermittlung von sprachlichen und kommunikativen Fertigkeiten nicht gerecht wird. So hebt Efing (2006, S. 51 ff.) hervor, dass nicht nur Faktoren seitens der Schülerschaft wie etwa ein Mangel an Motivation, eine niedrige Frustrationstoleranz oder aber auch die fehlende

---

1   Die in diesem Aufsatz vertretene Differenzierung zwischen sprachlichen und kommunikativen Fähigkeiten orientiert sich an Efing (2012). Demnach führt die Entwicklung sprachlicher Fähigkeiten in erster Linie zu einem normativen Verständnis der Sprache als formales System, während die Kommunikation den Kontext des tatsächlichen Sprachgebrauchs umfasst.

Identifikation mit dem Ausbildungsberuf den Erwerb und die Weiterbildung einer berufsspezifischen Sprach- und Kommunikationskompetenz behindern. Auch und insbesondere institutionelle Schwächen wie der geringe zeitliche Umfang des Deutschunterrichts, die mangelhafte Berücksichtigung von Heterogenität in den Klassen sowie die oftmals fehlende Verzahnung der schulischen und betrieblichen Ausbildungsinhalte tragen dazu bei, dass die Fertigkeiten der Berufseinsteigerinnen und Berufseinsteiger den sprachlichen und kommunikativen Anforderungen ihres Ausbildungsfeldes nicht genügen können. Unter diesem Umstand leidet neben den Kompetenzen im Mündlichen in erster Linie die Ausbildung einer berufsadäquaten Schriftsprache, die insbesondere in mündlich geprägten Ausbildungsfeldern wie dem Einzelhandel im Rahmen der Berufsausbildung kaum Berücksichtigung findet.

Während es an empirischen Studien über den Gebrauch und die Bedeutung von Schriftsprache in der Berufsausbildung nach wie vor mangelt, stellt das Schreiben im Beruf seit den achtziger Jahren des vergangenen Jahrhunderts ein eigenständiges Forschungsfeld dar. Grund für die Erforschung des Schreibens im Beruf sind insbesondere die ökonomisch-wirtschaftlichen Veränderungen durch den Übergang zur Produktions- und Informationsgesellschaft sowie die daraus resultierenden Ansprüche der Unternehmensführung an ihre Mitarbeiterinnen und Mitarbeiter (Jakobs, 2005). Dieser Wandel führte laut Jakobs (2005, S. 14) dazu, dass den Mitarbeiterinnen und Mitarbeitern durch neue Arbeitsaufgaben auch stetig mehr Eigenverantwortung übertragen wurde. Schreibprodukte wie Verträge, Gutachten oder Angebote haben oftmals eine große Bedeutung für die Kommunikation mit Partnerunternehmen und den Umgang mit Kundinnen und Kunden (Jakobs, 2006, S. 28). Hinzu kommt die seit der Jahrtausendwende rasant zunehmende Technisierung und Digitalisierung von Arbeitsprozessen und der betrieblichen Kommunikation, die Nickl (2005) auch als *Industrialisierung des Schreibens* bezeichnet. Gemeint ist dabei weniger das Schreiben in der Industrie, sondern vielmehr die heutzutage in den meisten Unternehmen gängige Automatisierung von Texterstellungsprozessen. Diese geschieht unter anderem durch die Modularisierung von Texten im Sinne einer Wiederverwendung von Textteilen und die daraus resultierende Standardisierung von Schreibprodukten als auch die Prozessorientierung im Sinne einer Rollenverteilung bei der Erstellung bestimmter Dokumente. Für die kommunikative Praxis des Arbeitnehmers bedeutet dies in erster Linie eine stetige Zunahme an Schreibaufgaben, da traditionell mündlich oder telefonisch erledigte Arbeitsaufgaben zunehmend schriftlich gelöst werden (Jakobs, 2007, S. 28). Durch die wachsende Zahl an schriftlichen Kommunikationsanlässen vergrößert sich nicht zuletzt auch das Repertoire an schriftsprachlichen Fertigkeiten, über das die angehenden Arbeitnehmerinnen und Arbeitnehmer verfügen müssen (Wyss Kolb, 2002, S. 80 ff.). Obschon sowohl in den Wissenschaften als auch in der Praxis der Konsens besteht, dass der Gebrauch von Schriftsprache im Beruf stetig zunimmt, gibt es bisher kaum empirische Studien, die sich mit den Auswirkungen und Konsequenzen einer derartigen Entwicklung auseinandersetzen (Efing, 2011, S. 45).

Als direkte Folge der beschriebenen Tendenzen des Schreibens im Beruf besteht nicht nur in Hinsicht auf die Berufs*ausübung*, sondern insbesondere auch mit dem Blick auf die Berufs*ausbildung* Handlungsbedarf. So ist bisher weitgehend ungeklärt, welche Folgen eine *Industrialisierung des Schreibens* für die Ausbildung des beruflichen Nachwuchses mit sich bringt und wie die berufsschulische Ausbildung den vielfältigen Veränderungen des beruflichen Schreibens gerecht werden kann. So hält Wyss Kolb (2002, S. 83) fest, dass insbesondere im Ausbildungskontext zwischen der rasanten Zunahme elektronischer und digitaler Kommunikationsformen einerseits und dem als immer geringer erachteten Stellenwert der formalen sprachlichen Korrektheit andererseits ein Zusammenhang besteht. Schriftsprachliche Ausdrucksfähigkeit ist in vielen Ausbildungsberufen gefragter denn je und kann in vielen Fällen sogar karriererelevant sein (Efing, 2011, S. 40). Nichtsdestotrotz hat das Schreiben in Abhängigkeit zum Berufsfeld einen unterschiedlichen Stellenwert. Während in manchen Ausbildungsberufen das Schreiben eine essentielle Rolle spielt, sind Schreibtätigkeiten in anderen Berufssparten eher nebensächlich. Das Spektrum beruflicher Schreibprozesse reicht laut Jakobs (2005, S. 16) vom „Ausfüllen von Checklisten bis hin zu hochkomplexen Textproduktionszyklen, an denen verschiedene Personen und institutionelle Einheiten beteiligt sind." Da dadurch neben dem Umfang auch die Komplexität und Funktion der Schreibaufgaben je nach Berufsfeld sehr stark variieren, ist es schwierig – wenn nicht gar unmöglich – allgemeingültige Aussagen zum Schreiben in der Berufsausbildung zu treffen (Efing, 2011, S. 39). Hinzu kommt, dass sich zu den schriftlichen Arbeitsaufgaben eines Großteils der Ausbildungsberufe aufgrund mangelnder Forschungsergebnisse bisher keine verlässlichen Aussagen treffen lassen (vgl. Baumann, 2014, S. 76-77). Eine Schwierigkeit der Ermittlung und Bestimmung der tatsächlich zu bewältigenden Schreibaufgaben im Beruf besteht darüber hinaus laut Jakobs (2005, S. 33) darin, dass sich nicht nur das Schreiben von Berufsfeld zu Berufsfeld unterscheidet; auch innerhalb einzelner Berufsfelder kann der Umfang und die Qualität der berufsspezifischen Schreibtätigkeit in Abhängigkeit zur Branche oder zum Unternehmen sowie dessen Größe, Organisation, Arbeitsweise und Gegenstände erheblich voneinander abweichen (vgl. auch Jakobs, 2006, S. 314 ff.). So macht es im Hinblick auf die beruflichen Schreibanforderungen an Auszubildende im Einzelhandel möglicherweise auch einen Unterschied, ob die Ausbildung in der großen Filiale eines überregionalen Discounters, einem mittelständischen Traditionsunternehmen oder einem kleinen Ausbildungsbetrieb absolviert wird. Es ist annehmbar, dass Auszubildende im familiären Umfeld eines Traditionsgeschäftes oder eines kleineren Betriebes im engeren Kontakt mit der Geschäftsleitung stehen und bei entsprechenden Leistungen auch mit Schreibaufgaben betraut werden, die in größeren Unternehmen von anderer Stelle geleistet werden (vgl. hierzu auch Knapp et al., 2008).

2. Aspekte des Deutschunterrichts an Berufsschulen in Bayern

Neben dem Ausbildungsbetrieb ist in der Berufsausbildung die Berufsschule Lernort für die Entwicklung sprachlicher und kommunikativer Fertigkeiten. Jakobs (2007, S. 37) kritisiert, dass die schriftsprachlichen Ausdrucksfähigkeiten im Beruf ungeachtet ihrer Relevanz an den Berufsschulen oftmals keinen essentiellen Bildungsinhalt darstellen und in der Breite ihrer Ausprägungen und Phänomene kaum vermittelt werden (vgl. Efing, 2013). Die Berufsschulen setzen voraus, dass die Auszubildenden ausbildungs- und berufsrelevante Schreibaufgaben aufgrund ihrer bisherigen schulischen Bildung eigenständig bewältigen können. Ein Brückenschlag zwischen Alltagssprache und Beruf oder gar eine Routinierung berufsspezifischer Textproduktionsprozesse findet – so Jakobs (2007, S. 38) weiter – oftmals nur äußerst reduziert statt. Insbesondere Berufsschülerinnen und Berufsschüler, die in den vorhergehenden Schulen ihre schrift- und textbezogenen Kenntnisse und Fähigkeiten nicht ausreichend ausbilden konnten, stellt dies vor erhebliche Probleme. In Hinblick auf die Gestaltung adäquater – oder gar „guter" – schulischer Schreibaufgaben wäre es deshalb dringend erforderlich, dass durch die Verwendung alltagsnaher Textsorten und Aufgabentypen eine zuvorderst außerschulisch anschlussfähige Schreibkompetenz anvisiert wird (Schilcher & Rincke, 2015, S. 100). Denn obgleich die Berufsschule für viele angehende Berufstätige der Ort ist, an dem schwerpunktmäßig die Weichen für das Schreiben im Beruf gestellt werden müssen, lernen „die meisten Berufsausübenden […] das berufliche Schreiben erst in der Praxis" (Jakobs, 2006, S. 316).

In Hinblick auf die sprachliche Bildung an den Berufsschulen sieht Efing (2008, S. 29) einen Hauptgrund für den schwierigen Stand des Deutschunterrichts in der mangelhaften Berücksichtigung der berufsspezifischen sprachlichen und kommunikativen Anforderungen im Beruf und somit die fehlende Orientierung an der Lebensrealität der angehenden Berufstätigen. Er schließt sich damit dem seitens der Berufspädagogik seit Jahren vertretenen Standpunkt an, den Deutschunterricht an den Berufsschulen nicht länger als „eine durch Tradition legitimierte Institution" (Josting & Peyer 2002, S. 1) zu verstehen. Wesentlicher Bestandteil des Unterrichts sollte weniger die theoretische Vermittlung berufsrelevanter Handlungsmuster sein, sondern vielmehr das praktische Training von Sprachverwendungssituationen aus dem beruflichen Alltag. So kam die an hessischen Berufsschulen durchgeführte Studie *Vocational Literacy – Methodische und sprachliche Kompetenzen in der beruflichen Bildung (VOLI)* (Efing, 2006 und Efing, 2008) zu dem Ergebnis, dass ein Großteil der Schreibanlässe im berufsschulischen Deutschunterricht aufgrund des sehr allgemein gehaltenen Curriculums keinen konkreten Berufsbezug aufweist. Dies hängt nicht zuletzt auch damit zusammen, dass die Lehrwerke für den berufsschulischen Deutschunterricht oftmals berufsübergreifend konzipiert sind und der Deutschunterricht somit meist losgelöst von den fachlichen Inhalten der Ausbildung stattfindet. Infolgedessen ist der tatsächliche

Mehrwert des Deutschunterrichts für die Berufsausübung für viele Auszubildende oftmals nicht ersichtlich und die Motivation zur aktiven Mitarbeit entsprechend niedrig (vgl. Efing, 2006). Die daraus resultierende Frage, inwieweit der gegenwärtige berufsschulische Deutschunterricht mit den realen Schreibanlässen der jeweiligen Ausbildungsberufe verzahnt ist, soll im Folgenden am Beispiel der bayerischen Berufsausbildung im Berufsfeld Einzelhandel untersucht werden.

3.   Sprachdidaktik und Sprachpraxis in der Berufsausbildung – eine empirische Analyse

Im Folgenden soll am Beispiel der Berufsausbildung im Einzelhandel untersucht werden, ob und inwieweit sich der Deutschunterricht an den Berufsschulen in Bayern an den tatsächlichen sprachlichen und kommunikativen Anforderungen an Auszubildende im Einzelhandel orientiert. Gegenstand der explorativen Studie sind dabei einerseits Lehrwerke für den berufsschulischen Deutschunterricht in Bayern und andererseits ein Textkorpus an authentischen Schreibprodukten von Auszubildenden im Einzelhandel, die im Rahmen einer großflächig angelegten empirischen Erhebung von den Ausbildungsleiterinnen und Ausbildungsleitern mehrerer Einzelhandelsunternehmen in Bayern gesammelt wurde.

3.1   Schreibaufgaben in Deutschlehrwerken der Berufsschulen in Bayern

Um festzustellen, inwieweit die Schreibaufgaben der Lernmittel im berufsschulischen Deutschunterricht den realen Schreibanforderungen des Berufsfeldes Einzelhandel entsprechen, werden deshalb hierzu vorerst die Lehrwerke des Unterrichtsfaches Deutsch hinsichtlich ihrer Schreibaufgaben analysiert. Im Gegensatz zu den Lehrwerken des fachlichen Unterrichts sind die Lernmittel für das Fach Deutsch an allen beruflichen Schulen in Bayern grundsätzlich zulassungspflichtig. Das Bayerische Staatsministerium für Bildung und Kultus, Wissenschaft und Kunst verzeichnet für das Schuljahr 2016/2017 insgesamt fünf Lehrwerke für den Deutschunterricht der Berufsschule als allgemein zugelassen und lernmittelfrei.[2] Diese sind die jeweils erste Auflage der 2010 erschienenen Lehrwerke *Das Deutschbuch für Berufsschulen/Berufsfachschulen (Bayern)* (Dirschedl & Pohlmann, 2010), *Komm.de: Deutsch und Kommunikation für berufliche Schulen (Bayern)* (Benzing 2010), *Themenfeld Deutsch: Berufskompetenz durch Lernsituationen (Berufsschule Bayern)* (Fuchs, Gäng, Hiebl, Lehnert-Branz & Nußbaumer,

---

2   Die aktuelle Liste der Lernmittel für die beruflichen Schulen in Bayern (Stand: 3. August 2016) findet sich unter: https://www.km.bayern.de/download/1582_lernmittel_berufliche_schulen.pdf

2010) sowie das 2011 in ebenfalls erster Auflage erschienene Lehrwerk *Sprachpraxis (Ausgabe Bayern)* (Hufnagel, Schatke, Steudle & Sprengler, 2011) und das 2015 in der bereits 15. Auflage erschienene Lehrwerk *Deutsch – Werkzeug Sprache* (Dietrich, Dussa & Güven, 2015).[3] Die fünf Publikationen bilden die Grundlage der folgenden Analyse. Die Lehrwerke werden im Deutschunterricht aller Ausbildungsberufe eingesetzt, der in erster Linie losgelöst von den fachlichen Inhalten der Ausbildung stattfindet. In Hinblick auf das spezifische Forschungsinteresse an der Ausbildung im Einzelhandel ist deshalb anzumerken, dass die untersuchten Lernmittel für das Fach Deutsch berufsübergreifend konzipiert sind. Das heißt, es ist bereits vorweg davon auszugehen, dass nur wenige Aufgaben in den Lernmitteln auf die Spezifika des Schreibens im Einzelhandel – oder gar einer bestimmten Einzelhandelsbranche – eingehen. Die folgende Analyse leistet dadurch einen grundlegenden Beitrag für die Untersuchung des Schreibens in weiteren Ausbildungsberufen.

Die in ihrem Aufbau und Umfang teils sehr ähnlichen, teils auch deutlich voneinander abweichenden Lernmittel wurden in Hinblick auf die Anzahl und Qualität der in ihnen enthaltenen Schreibaufgaben untersucht. Die Klassifikation der einzelnen Aufgabenstellungen hinsichtlich einer Aufforderung zur mündlichen bzw. schriftlichen Bearbeitung orientiert sich dabei am Wortlaut der jeweiligen Lehrwerke. Dieser kann – in Abhängigkeit zur Lehrkraft und zur Unterrichtssituation – oftmals auch verschiedentlich interpretiert werden. Während Anweisungen wie *Erklären Sie, Erläutern Sie* oder *Nennen Sie* vornehmlich den mündlichen Aufgabenstellungen zuzuordnen sind und die Aufforderungen *Notieren Sie, Fertigen Sie* oder *Schreiben Sie* eindeutig eine schriftliche Bearbeitung der Aufgabe erforderlich machen, gibt es auch eine Vielzahl indifferenter Vorgaben. Hierzu zählen etwa die Imperative *Formulieren Sie, Analysieren Sie* oder *Fassen Sie zusammen*. Im Fall einer nicht eindeutig zuzuordnenden Aufgabenstellung wurde die zugrunde liegende Idee ihrer Umsetzung entweder aus dem Kontext der Aufgabe erschlossen oder – sofern auch dies nicht möglich war – die Anweisung als mündlich zu bearbeitende Aufgabe eingeordnet. Letzteres geschah insbesondere vor dem Hintergrund, dass durch den hohen Zeitdruck im Unterricht an den beruflichen Schulen viele Aufgaben nur mündlich bearbeitet werden können.

Die Analyse der Schreibaufgaben in den fünf benannten Lehrwerken wurde in insgesamt sechs Kategorien unterteilt. Die Kategorisierung der einzelnen Aufgaben hat einen explorativen Charakter, da sie induktiv auf Basis der Summe aller in den Lehrwerken auftretenden Aufgabenstellungen erfolgte. Es wurde eine Einteilung der Aufgaben in die fünf Kategorien *Alltag, Schule, Literatur, Medien* und *Beruf* gewählt. Die sechste Kategorie *Allgemeine Schreibarbeit* umfasst schließlich

---

3   Die vollständigen Angaben der Lehrwerke sind dem Literaturverzeichnis zu entnehmen, im Folgenden werden die Lehrwerke zugunsten des Leseflusses nur in gekürzter Form genannt. Der obigen Aufzählung entsprechend sind diese Kurzformen *Das Deutschbuch, Komm.de, Themenfeld Deutsch, Sprachpraxis* und *Deutsch – Werkzeug Sprache*.

alle Schreibaufgaben, die keiner der vorhergehenden Kategorien zuzuordnen war. Die Notwendigkeit zur Hinzuziehung dieser letztlich unspezifischen Kategorie entstand deshalb, dass aus dem gesamten Spektrum an in den Deutschlehrwerken gebotenen Themen nur die quantitativ relevantesten ausgewählt werden konnten. Aufgabenstellungen, die lediglich eine Auflistung oder grafische Darstellung von einzelnen Begriffen in Form von Stichwortsammlungen und Strukturbildern verlangen oder aber das Aufschreiben eines kurzen Aussagesatzes fordern, wurden in der Analyse zugunsten einer übersichtlichen Darstellung vernachlässigt. Des Weiteren wurde jede Aufgabenstellung bei mehreren Zuordnungsmöglichkeiten nur einer Kategorie – nämlich der jeweils eindeutigeren – zugewiesen. So wurde etwa die inhaltliche Zusammenfassung eines Romanausschnittes oder eines Gedichtes als *Arbeit mit literarischen Texten* kategorisiert, während die Anweisung zur schriftlichen Inhaltsangabe eines nicht weiter spezifizierten Textes zur Kategorie *Allgemeine Schreibarbeit* gezählt wurde. Das Ergebnis der Analyse wird im Folgenden meist summativ für alle fünf Lehrwerke dargestellt, wohingegen die beigefügten Grafiken Aufschluss über die jeweilige quantitative Relevanz bestimmter Themengebiete und Aufgabenformate in den einzelnen Lehrwerken geben.

Die *Arbeit mit alltäglichen Texten* bietet ein breites Spektrum an verschiedenen Textsorten, obgleich sie in der Gesamtauswertung quantitativ kaum ins Gewicht fällt. Abbildung 1 zeigt die Häufigkeit von Schreibaufgaben mit alltäglichen Texten in den untersuchten Lehrwerken. Zu dieser Kategorie wurden alle Texte gezählt, die in der Schule und bei der Ausübung des Berufes keine – oder nur in Einzelfällen – Relevanz hat und trotz alledem Teil der Lebensrealität von vielen Berufsschülerinnen und Berufsschülern sein können. Von den in den Lehrwerken auftretenden Texten sind dabei etwa das Schreiben eines Tagebucheintrages, das Verfassen eines Berichts über einen Unfallhergang für die Krankenversicherung und das schriftliche Formulieren eines Textes für den Anrufbeantworter zu nennen. Auch verschiedene private Briefe spielen in allen der untersuchten Lehrwerke eine Rolle – darunter Schreiben an die Gemeindeverwaltung, an die örtliche Müllentsorgung, an den Vermieter betreffs Mieterhöhung,

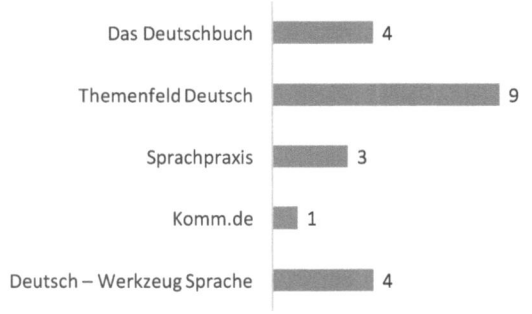

Abbildung 1: Arbeit mit alltäglichen Texten

an eine Bank mit der Bitte um Kreditunterstützung und an eine Firma bezüglich der Verwendung persönlicher Daten. So bekommen die Auszubildenden in *Deutsch – Werkzeug Sprache* die Aufgabe gestellt, eine Freundin in einem Antwortbrief bei deren Überlegung zu beraten, die Ausbildung abzubrechen. Obgleich das Medium Brief heutzutage gewiss von den wenigsten Auszubildenden für derartigen kollegialen Austausch genutzt werden dürfte, versucht die Aufgabenstellung rein inhaltlich einen sehr engen Bezug zum tatsächlichen Leben der Betroffenen herzustellen.

Weit umfangreicher als die Auseinandersetzung mit Texten des alltäglichen Lebens ist die in Abbildung 2 dargestellte *Arbeit mit schulischen Texten*. So operieren die Lehrwerke für den Deutschunterricht mit einer großen Zahl von Textsorten, die in erster Linie dem sprachlichen Training dienen, nicht aber in der alltäglichen oder beruflichen Realität einsetzbar sind. Nichtsdestotrotz sind die Übergänge zu Texten, die auch im alltäglichen oder beruflichen Kontext eine Rolle spielen können, oft fließend. So ist in allen fünf Lehrwerken das Verfassen einer Vorgangsbeschreibung oder Bedienungsanleitung eine zentrale Schreibanforderung. Thematisch orientieren sich die Aufgabenstellungen dabei mehr

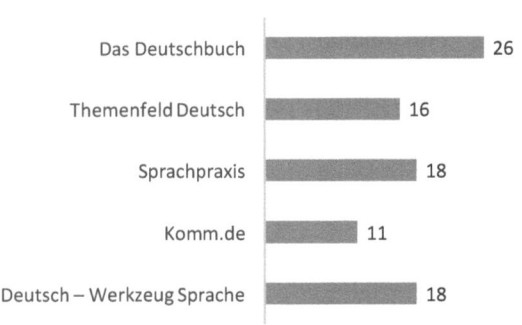

Abbildung 2:   Arbeit mit schülischen Texten

an der – vermeintlichen – Lebenswirklichkeit der Auszubildenden als an der beruflichen Praxis, wodurch sie als rein schulische Textsorten zu charakterisieren sind. Neben dem Flicken eines Fahrradreifens und dem Bau eines Vogelhauses sollen die Auszubildenden demnach unter anderem beschreiben, wie eine Kaffeemaschine bedient wird und wie Präsentationsprogramme auf dem Computer genutzt werden. In *Das Deutschbuch* geschieht darüber hinaus auch das Einüben sprachlicher Feinheiten ohne konkreten Bezug zum beruflichen oder alltäglichen Leben der Schülerinnen und Schüler, indem diese dazu aufgefordert werden, eine Beschreibung ihres Traumautos oder Traumhauses unter Einbezug möglichst vieler rhetorischer Mittel zu verfassen. Weitere schulische Textsorten, die in den Lehrwerken häufig im Zusammenhang mit Schreibaufgaben Erwähnung finden, sind Wegbeschreibungen, Reiseberichte, Erzählungen, Kurzberichte, Erörterungen und Stellungnahmen. Letztere bilden insbesondere im Lehrwerk *Sprachpraxis* einen gesonderten Schwerpunkt. Vereinzelt wird zudem das Schreiben von Artikeln für die Schülerzeitung und von Texten über Methoden des Lernens und der Informationsgewinnung verlangt. In *Deutsch – Werkzeug Sprache* werden die Auszubildenden außerdem dazu aufgefordert, eine Schreibkonferenz durchzuführen. Die Quantität schulischer Texte in den Aufgabenstellungen kann in Relation zur Gesamtzahl an Schreibaufgaben in den einzelnen Lehrwerken auch dazu beitragen, den Realitätsbezug der einzelnen Lehrwerke festzustellen.

Angelehnt an die allgemeinen Vorgaben der Sekundarstufe II bildet in den berufsschulischen Deutschlehrwerken die *Arbeit mit literarischen Texten* einen weiteren Schwerpunkt. Abbildung 3 zeigt, dass drei der fünf Lehrwerke eine Vielzahl an Schreibaufgaben zu diesem Themenkomplex aufweisen. Das Lehrwerk *Komm. de* formuliert kaum schriftliche Arbeitsaufträge zur Auseinandersetzung mit literarischen Texten, obschon es das Themenfeld Literatur mit ganzen drei Kapiteln in seine didaktische Gesamtplanung miteinbezieht. In den übrigen Lernmitteln umfassen die schriftlich zu behandelten Texte sowohl Gedichte und kurze Prosatexte als auch ausgewählte Romankapitel aktueller Literaturbestseller. So finden sich unter den Textvorgaben neben Balladen von Theodor Fontane und Dramenauszügen von Friedrich Schiller auch Ausschnitte der zeitgenössischen Romane *Tschick*

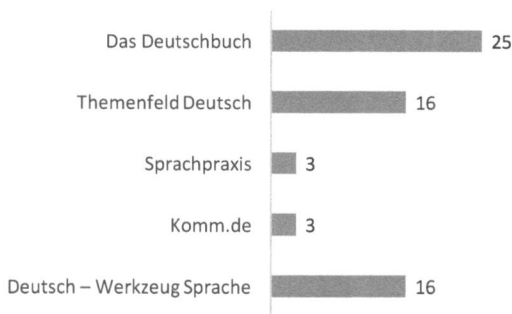

Abbildung 3: Arbeit mit literarischen Texten

von Wolfgang Herrndorf und *Fleisch ist mein Gemüse* von Heinz Strunk. Bei der Arbeit mit den literarischen Texten fordern die Aufgabenstellungen am häufigsten eine schriftliche Zusammenfassung der vorgegebenen Texte. Bemerkenswert ist hierbei auch die Anzahl: Während die Aufforderung zur Inhaltsangabe in *Deutsch – Werkzeug Sprache* lediglich einmal und in *Themenfeld Deutsch* dreimal auftritt, findet sich im Lehrwerk *Das Deutschbuch* eine in diese Richtung zielende Aufgabenstellung insgesamt ganze neun Mal. Dazu zählt neben der klassischen Inhaltsangabe auch die Beschreibung einzelner im Text auftretender Personen. Aber auch das Weiterschreiben bzw. Umschreiben eines Romankapitels oder Dramenausschnitts ist eine häufige Aufgabenstellung an die Auszubildenden. Seltener, aber durchaus auch vertreten, ist die schriftliche Analyse und Interpretation der literarischen Texte. Fokus der Aufgabenstellungen sind dabei etwa die Raumgestaltung oder die Zeitstruktur eines Textes sowie die Verwendung lyrischer Formulierungen oder gar dialektaler Begriffe aus dem Bayerischen. In den drei Lehrwerken *Themenfeld Deutsch, Das Deutschbuch* und *Deutsch – Werkzeug Sprache* gibt es des Weiteren mindestens je eine Aufgabe, die das eigenständige Verfassen eines literarischen Textes verlangt. Die Textsorte und Themenvorgaben sind dabei von Lernmittel zu Lernmittel sehr unterschiedlich: In den Lehrwerken *Das Deutschbuch* und *Deutsch – Werkzeug Sprache* sollen die Schülerinnen und Schüler ein Gedicht verfassen, deren inhaltliche Vorgabe durch Begriffe wie Liebe, Freundschaft, Beruf und Alltag indexiert wird. In *Themenfeld Deutsch* werden die Auszubildenden dazu aufgefordert, einen Text über ein futuristisches Einkaufserlebnis als Teil eines Science-Fiction-Romans zu schreiben und auf die Beschwerde eines Kunden mit einem Antwortlied zu reagieren. Interessant ist dabei festzuhalten, dass dem Themenbereich Literatur obgleich seiner Irrelevanz für nahezu alle Ausbildungsberufe in allen Deutschlehrwerken ein hoher Stellenwert beigemessen wird.

Auch die *Arbeit mit medialen Texten* wird in allen Lehrwerken – wenn auch im Umfang und in der Ausgestaltung sehr unterschiedlich – thematisiert. Dabei spielen sowohl analoge als auch digitale Medien eine Rolle. Während in *komm. de* das Verfassen einer Anzeige für eine Tageszeitung als medialer Text gewertet werden kann, konzentrieren sich die anderen Lehrwerke vornehmlich auf die Bereiche Neue Medien und Digitalisierung. So steht in *Deutsch – Werkzeug Sprache* und *Das Deutschbuch* die Arbeit mit SMS und Internettexten im Vordergrund. Hinzu kommt in den Lehrwerken *Sprachpraxis* und *Das Deutschbuch* das Erstellen von Beiträgen für einen fiktiven Weblog über das Thema Ausbildung. Überraschend ist, dass lediglich die beiden Lehrwerke *Sprachpraxis* und *Themenfeld Deutsch* das Schreiben einer E-Mail thematisieren. Im direkten Vergleich mit der Quantität von Aufgaben zur Erstellung und Überarbeitung eines Geschäftsbriefes gerät die E-Mail dadurch ins Hintertreffen. Noch erstaunlicher sind die fehlende Thematisierung der Nutzung von Smartphones in Ausbildung und Beruf sowie die damit verbundenen zahllosen möglichen Kommunikationskanäle durch Chats und soziale Netzwerke. Lediglich im Lehrwerk *Themenfeld Deutsch* wird von den Auszubildenden verlangt, Regeln im Umgang mit sozialen Netzwerken aufzustellen. Ansonsten kommen die Möglichkeiten der digitalen Welt an keiner Stelle zur Sprache. Auch das neueste der untersuchten Lehrwerke, das im Jahr 2015 bereits in der 15. Auflage erschienene *Deutsch – Werkzeug Sprache*, sieht offenbar keinen Anlass, die digitale Vernetzung der jüngeren Generationen und die damit verbundenen Möglichkeiten, Chancen, Risiken und auch Probleme für den Gebrauch von Sprache und Kommunikation im Kontext der beruflichen Ausbildung, zu thematisieren. Wenngleich

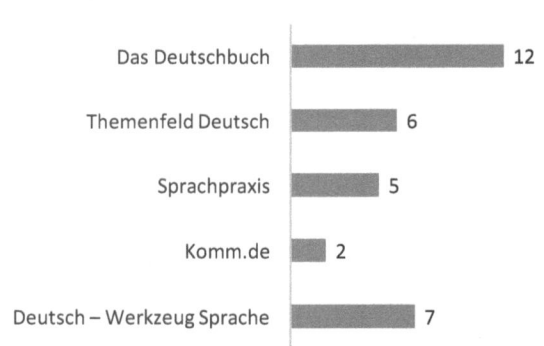

Abbildung 4: Arbeit mit medialen Texten

die Frage nach den möglichen Ursachen hierfür an dieser Stelle nur spekulativ beantwortet werden kann, so unterstreicht auch der direkte Vergleich mit der vorhergehenden Quantifizierung von Schreibaufgaben zum Thema Literatur welch nachrangige Bedeutung den technologischen Möglichkeiten in den untersuchten Lehrwerken beigemessen wird. Ein Grund für diese ungleiche Gewichtung könnte dabei etwa sein, dass die Entscheidungsträgerinnen und Entscheidungsträger bei der Auswahl thematischer Schwerpunkte den angehenden Auszubildenden eine einschlägige mediale Prägung durch die inzwischen allgegenwärtige Digitalisierung unterstellen, wohingegen die private Auseinandersetzung mit der Literatur zunehmend stagniert und somit als Essenz jeglicher schulischer Bildung – auch der beruflichen – betrachtet wird. Welche Bedeutung die private Vorbildung im Umgang mit Medien jedoch im Beruf haben kann und wie diese eingesetzt werden darf und sollte, bleibt dadurch unbeantwortet.

Die letzte Kategorie umfasst die *Arbeit mit berufsrelevanten Texten*. Als für den Beruf relevant wurden alle Schreibaufgaben klassifiziert, die das Verfassen von Texten erfordern, deren Inhalt oder Konzeption einen Beitrag zum Erreichen der beruflichen Ziele leisten können. Neben Textsorten, die beim Ausüben der ausbildungsrelevanten und beruflichen Tätigkeit eine Rolle spielen, zählen hierzu auch solche Texte, die zur Einstellung in den gewünschten Beruf führen können. Das Verfassen berufsrelevanter Texte findet sich als Aufgabenstellung in allen fünf untersuchten Lehrwerken. Am häufigsten sind dabei das Ver-fassen eines Berichts oder

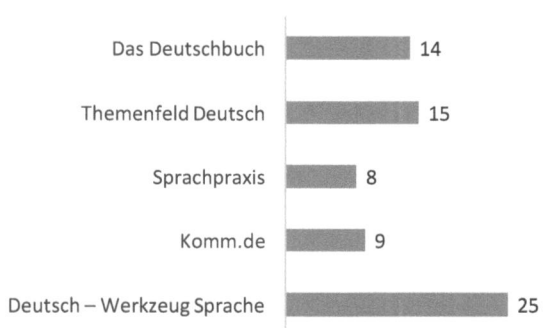

Abbildung 5: Arbeit mit berufsrelevanten Texten

– mit Bezug auf die Ausbildung – eines Berichtshefteintrages, das Schreiben eines Geschäftsbriefes sowie der schriftliche Entwurf eines Informationsgespräches mit einem Kunden oder auch einem Bewerber. Häufig gefragt sind auch Bewerbungs-schreiben für eine Arbeitsstelle oder das Formulieren einer Stellenausschreibung für den Traumjob. Weitere Textsorten treten meist nur singulär in den einzelnen Lehrwerken auf. So fordern Aufgabenstellungen im Lehrwerk *Sprachpraxis* auch den Entwurf eines Kündigungsschreibens, das Verfassen eines Fachaufsatzes über ein typisches Arbeitsgerät und die schriftliche Formulierung zur Bestellung einer Ware. *Das Deutschbuch* verlangt die schriftliche Anforderung von Werbematerialien aus dem Stammhaus, den Entwurf eines Flugblattes, die Erstellung einer Dokumentation und das Verfassen eines bewusst manipulativen Werbetextes für die eigene Branche. Hinzu kommen eine Aktennotiz sowie eine Produktbeschreibung für den Verkauf im Lehrwerk *Deutsch – Werkzeug Sprache*. Die Schreibaufgaben des Bereichs berufsrelevanter Texte zählen somit in Hinblick auf den textuellen Umfang neben den Schreibanforderungen schulischer Texte zu den schreibintensivsten und in Hinblick auf Formulierungsgrad und berufliche Relevanz zu den wichtigsten und anspruchsvollsten Aufgaben überhaupt. Nichtsdestotrotz bildet das Schreiben berufsrelevanter Texte in Hinblick auf deren Quantität – abgesehen vom Lehrwerk *Deutsch – Werkzeug Sprache,* in dem sie abzüglich der allgemeinen

Schreibaufgaben immerhin etwas mehr als ein Viertel der Aufgabenstellungen ausmachen – keinen elementaren Bestandteil der untersuchten Lehrwerke.

Die letzte Kategorie der *Allgemeinen Schreibarbeit* wird in allen Lehrwerken von Aufgabenstellungen dominiert, die das Zusammenfassen eines Textes vorsehen. Abbildung 6 gibt wieder, dass insgesamt 73 Aufgabenstellungen – davon 28 allein im Lehrwerk *Themenfeld Deutsch* – eine intensive schriftliche Auseinandersetzung mit Textinhalten verlangen. Die konkrete Arbeitsanweisung erstreckt sich dabei vom Herausarbeiten der zentralen Schlüsselbegriffe und Argumente über das Finden und Zuordnen passender Teilüberschriften bis hin zum Verfassen einer vollständigen schriftlichen Inhaltsangabe.

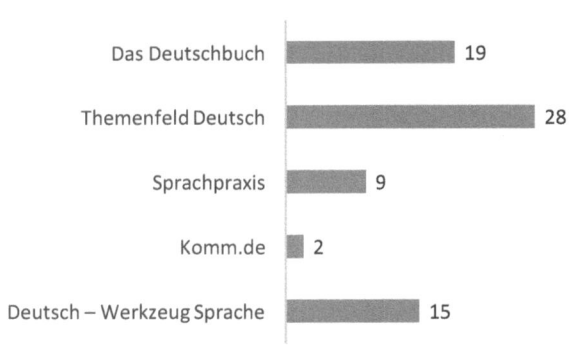

Abbildung 6: Inhaltliches Zusammenfassen

Ein weiterer Aufgabenschwerpunkt ist die Erstellung von Texten auf der Basis konkreter Vorgaben. So werden die Auszubildenden im Lehrwerk *Sprachpraxis* mehrmals dazu aufgefordert, vorgegebene Stichworte in einen zusammenhängenden Text umzuwandeln. Ebenso spielt das Umformulieren oder Überarbeiten eines vorgegebenen Textes in den Aufgabenstellungen der Lehrwerke eine gewichtige Rolle. Dabei geht es in erster Linie darum, fehlerhafte oder lückenhafte Texte zu korrigieren. Aber auch andere Aufgabenformate mit vorgegebenen Texten finden sich: So wird im Lehrwerk *Deutsch – Werkzeug Sprache* zum Beispiel gefordert, einen unhöflich formulierten Text in einen höflich geschriebenen Text umzu-

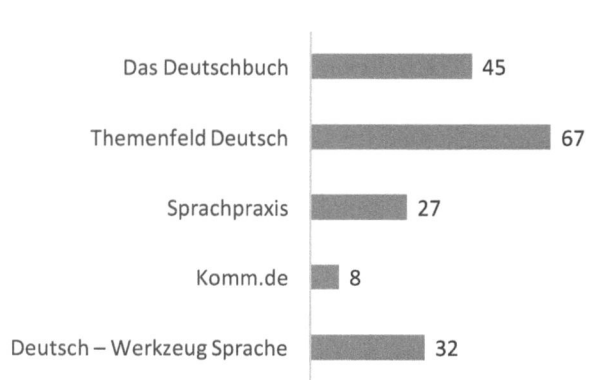

Abbildung 7: Allgemeine Schreibarbeit

wandeln. Ebenda als auch im Lehrwerk *Sprachpraxis* wird des Öfteren verlangt, einen durch Anglizismen oder dialektale Begriffe geprägten Text zu „übersetzen". Zu den weiteren Schreibaufgaben, die der allgemeinen Textebene zuzuordnen sind, zählen das Ausformulieren von Meinungen, Ratschlägen oder Diskussionsbeiträgen sowie ausführliche Beschreibungen von Personen, Gegenständen oder des Heimatortes. Auch das Schreiben von Dialogen in wörtlicher Rede, wie dies in *Themenfeld Deutsch* und *Das Deutschbuch* mehrmals verlangt wird, zählen zu diesen Schreibaufgaben. Etwas eigen wirkt hingegen eine der ersten Aufgaben des Lehrwerks *Deutsch – Werkzeug Sprache*, die von den Schülerinnen und Schülern fordert, in einem kurzen Text ein Resümee über das bisherige Leben zu ziehen.

Die Analyse der fünf vom Bayerischen Staatsministerium für Bildung und Kultus, Wissenschaft und Kunst als allgemein zugelassen und lernmittelfrei verzeichneten Deutschlehrwerken für das Schuljahr 2016/2017 zeigt, dass das Schreiben im Deutschunterricht an den beruflichen Schulen in Bayern – unter dem Vorbehalt, dass die genannten Lehrwerke auch tatsächlich eingesetzt werden – facettenreich und umfassend behandelt thematisiert wird. Fraglich ist jedoch, inwiefern die genannten Schreibaufgaben den realen Schreibanforderungen in den Ausbildungsberufen den einzelnen Berufsfeldern gerecht werden können. In einem zweiten Schritt sollen deshalb nun die Ergebnisse der Lehrwerksanalyse einem Korpus authentischer Schreibprodukte von Auszubildenden im Berufsfeld Einzelhandel gegenübergestellt werden.

3.2 Authentische Schreibprodukte des Berufsfeldes Einzelhandel

Im Ausbildungsjahr 2014/2015 wurden nahezu einhundert Einzelhandelsunternehmen in ganz Bayern kontaktiert und gebeten, sich an einer empirischen Erhebung authentischer Schreibprodukte des Berufsfeldes Einzelhandel zu beteiligen. Unter dem Begriff *authentisch* wurden dabei alle schriftsprachlichen Produkte zusammengefasst, die im Rahmen der konkreten Berufsausbildung und Berufsausübung zum Einsatz kommen. Dadurch wurde gewährleistet, dass die Texte von den beteiligten Unternehmen nicht nach Art, Umfang und somit auch Relevanz unterschieden wurden, sondern vom mehrseitigen Geschäftsbrief bis hin zur kurzen handschriftlichen Notiz alles gesammelt werden konnte, was im Kontext der beruflichen Tätigkeit geschrieben wurde. Ein Zehntel der angeschriebenen Ausbildungsbetriebe zeigte offenkundiges Interesse an einer Beteiligung und konnte so für die empirische Erhebung gewonnen werden. Aufgabe der Ausbildungsleiterinnen und Ausbildungsleiter als Stellvertreterinnen und Stellvertreter der jeweiligen Betriebe war es, mithilfe vorgefertigter Portfolios in Form einer Sammelmappe mit Anweisungstext und Kurzfragebogen über einen Zeitraum von vier bis acht Wochen von den Auszubildenden alle Texte sammeln zu lassen, die im Rahmen der Berufsausübung geschrieben wurden. Ergänzt wurden die Portfolios zudem um ausgedruckte Emails und digital zugesandte WhatsApp Gruppenkonversationen, die bei der betriebsinternen Kommunikation entstanden sind. Daraus entstand letztlich ein mehrere hundert Seiten umfassender Korpus mit Texten von insgesamt 67 Auszubildenden, der einen umfassenden Einblick in die tatsächlichen Schreibanforderungen der Ausbildung im Berufsfeld Einzelhandel erlaubt. In Bezug auf die zuvor gewählte Kategorisierung der Schreibaufgaben in den Deutschlehrwerken lassen sich so auch Aussagen darüber treffen, inwieweit von einer Verzahnung der schriftsprachlichen Ausbildung und der schriftsprachlichen Praxis gesprochen werden kann. Lediglich die Kategorie der *berufsrelevanten Texte* kann bei der Untersuchung des Textkorpus vernachlässigt werden, da die mit den Portfolios gesammelten Texte alle – als conditio sine qua non – von beruflicher Relevanz sind.

Die spezifische Kategorie *alltägliche Texte* fällt – ähnlich wie in den Deutschlehrwerken – gemessen an ihrer quantitativen Repräsentation im Korpus kaum ins Gewicht. Hinzu kommt, dass sich unter den Schreibprodukten der Auszubildenden entsprechend der beruflich dominierten Schreibsituation keine rein alltäglichen Texte finden, sondern vielmehr Textsorten und Formulierungsmuster der alltäglichen Kommunikation, die aus pragmatischen Gründen bei der Ausübung der beruflichen Tätigkeit Verwendung finden.

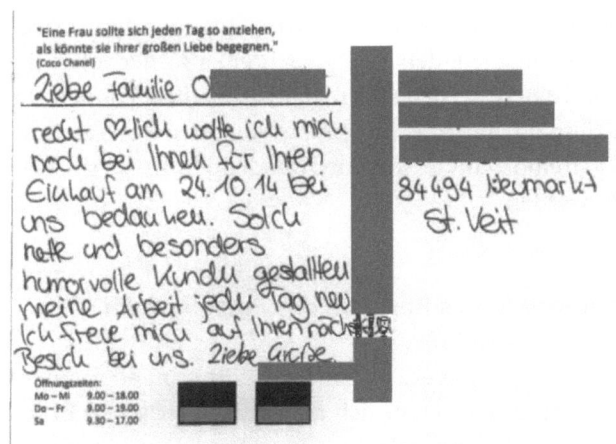

Abbildung 8: Postkarte eines Bekleidungsgeschäftes

So zeigt Abbildung 8 eine Postkarte, die die Auszubildende eines Bekleidungsgeschäftes an ihre Kunden schreibt, um sich bei ihnen für den zuletzt getätigten Einkauf zu bedanken. Auch die berufsschulische Konzentration auf das Einüben einfacher Schreibsituationen im alltäglichen Leben ist demzufolge gewiss nicht unangebracht. Nichtsdestotrotz wäre es auch aus didaktischer Sicht wünschenswert, dass sich die Aufgabenformate der Deutschlehrwerke wie im Beispiel der Postkarte auf Alltagstexte fokussieren, die auch tatsächlich im Beruf Verwendung finden und nicht – wie im Fall des Tagesbucheintrages oder freundschaftliche Briefe – Schreibaufgaben auf Basis vermeintlicher Freizeitbeschäftigungen der Jugend konstruieren.

Eine Auseinandersetzung mit *schulischen Texten* findet in der Ausbildung des Einzelhandels nur bedingt und in Abhängigkeit zum jeweiligen Ausbildungsbetrieb statt. Insbesondere größere Unternehmen mit mehreren Filialen an einem Standort bieten ihren Auszubildenden die Möglichkeit, den Unterricht der Berufsschulen um – meist als strukturierte Programme vorgesehene – interne Weiterbildungsangebote und Schulungen zu erweitern. Die Aufgabenblätter dieser innerbetrieblichen Weiterbildung haben ähnlich der Aufgaben in den Deutschlehrwerken oft lediglich einen rein inhaltlichen Bezug zum Beruf, sind jedoch in

Aufgabe 4

Formulieren Sie das Zusatzangebot (Ergänzungsangebot) zu drei Artikeln in „wörtlicher Rede"!
Stellen Sie hierbei die Vorteile/den Nutzen für den Kunden heraus:

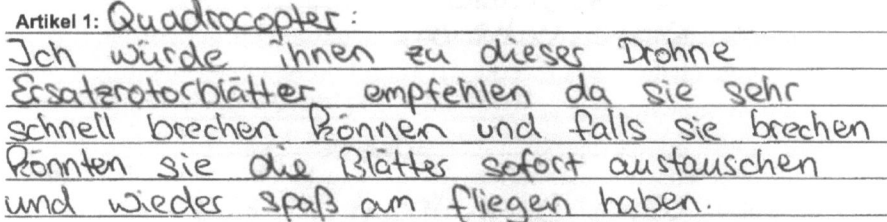

Artikel 1: Quadrocopter:
Ich würde ihnen zu dieser Drohne Ersatzrotorblätter empfehlen da sie sehr schnell brechen können und falls sie brechen können sie die Blätter sofort austauschen und wieder spaß am fliegen haben.

Abbildung 9: Aufgabenstellung der innerbetrieblichen Weiterbildung

Hinblick auf Textsorte und Aufgabenstellung nicht als berufsrelevante Texte zu werten. So üben die Auszubildenden im Rahmen des Unterrichts etwa das Dialogisieren mit Kundinnen und Kunden, indem sie die Dialoge in wörtlicher Rede schriftlich ausformulieren. Festzuhalten ist, dass diese Sonderform des beruflichen Textes ausschließlich dem Kontext der beruflichen Ausbildung zuzuordnen ist und im späteren Berufsleben der Auszubildenden keine Rolle mehr spielt.

Da alle erhobenen Texte aus dem konkreten Kontext des Berufsfeldes Einzelhandels stammen, finden sich im Korpus keine Beispiele, die dem Bereich der *literarischen Texte* zuzuordnen sind. Welche Relevanz also die intensive Beschäftigung mit literarischen Textsorten im Kontext der beruflichen Bildung hat, ist vielmehr mit der Grundsatzfrage verbunden, ob die Institution Berufsschule auch als allgemeinbildende oder lediglich als rein berufsbildende Einrichtung zu verstehen ist. Der Mittelweg, wie er bislang von der Mehrzahl der dargestellten Deutschlehrwerke mit dem Aufgreifen allgemeinbildender Aspekte vorgezeichnet wird, ist sicherlich gerechtfertigt – wenngleich durch die Beschäftigung mit literarischen Texten wertvolle Unterrichtszeit auf sprachliche und kommunikative Aspekte aufgewandt wird, die weniger für den Beruf, als vielmehr für den Bereich der individuellen Persönlichkeitsentwicklung von Relevanz sind.

Zunehmend ins Gewicht fällt hingegen die *Arbeit mit medialen Texten*, da die Technisierung und Digitalisierung sowie die sich daraus ergebenden Kommunikationsmög-

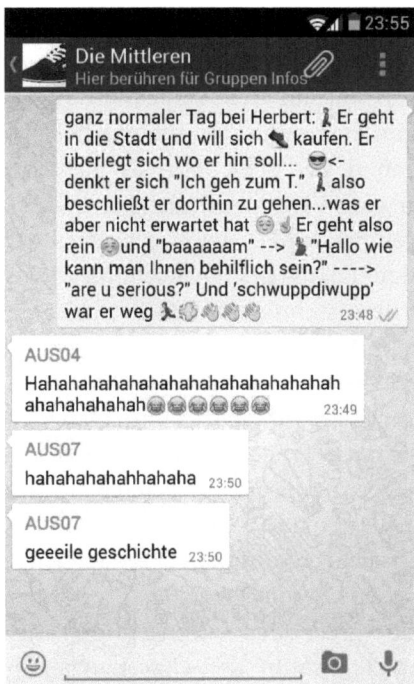

Abbildung 10: WhatsApp Konversation

lichkeiten auch die Berufsausübung im Einzelhandel beeinflussen und verändern. Ein sicherer Umgang mit digitalen Medien und Kommunikationskanälen wird von den meisten Unternehmen vorausgesetzt. So umfasst das Textkorpus neben am Computer geschriebenen Berichtsheften, Geschäftsbriefen oder Fachaufsätzen auch mehrere WhatsApp-Gruppenkonversationen, die von der Ausbildungsleiterin eines Schuhgeschäftes zum Zwecke der Kommunikation ausbildungsrelevanter Themen und Fragestellungen erstellt wurde. Die in den untersuchten Deutschlehrwerken kaum thematisierten Vernetzungsmöglichkeiten der digitalen Welt sind demnach bereits fest etablierter Teil der Ausbildungs- und Berufsrealität. Mitglied der einzelnen WhatsApp-Konversationsgruppen sind jeweils die Auszubildenden eines Lehrjahres sowie die Ausbildungsleiterin. Wie aus dem Beispiel ersichtlich wird, nutzen die Auszubildenden die erweiterten Kommunikationsmöglichkeiten in den Konversationsgruppen auch zum erzählerischen Austausch über Ereignisse ihres Berufsalltages, ohne dabei ihren üblichen digitalen Sprachduktus dem Umstand anzupassen, dass ihre Ausbildungsleiterin und direkte Vorgesetzte das Geschriebene mitliest.

Wie auch in den Lehrwerken findet sich in dem beschriebenen Korpus eine Vielzahl von Textbeispielen, die der Kategorie *Allgemeine Schreibarbeit* zuzuordnen ist. Darunter sind in erster Linie stichpunktartige Notizen und Mitteilungen, die von den Auszubildenden an ihre Kolleginnen und Kollegen zum Zwecke der Kommunikation bestimmter Inhalte – sei es beruflicher oder auch persönlicher Natur – geschrieben wurden. Abbildung 11 zeigt etwa, wie die Auszubildende eines Traditionsunternehmens für Mode und Bekleidung ihre Kollegin in einer kurzen Notiz auf den verpassten Anruf ihrer Mutter hinweist. In diesem Beispiel – das an dieser Stelle nur als pars pro toto für eine Vielzahl ähnlicher Notizzettel angeführt wird – zeigt sich, dass der verstärkte Fokus des Deutschunterrichts in der Berufsschule auf das Formulieren kurzer und prägnanter Aussagetexte im Fall der beruflichen Praxis des Einzelhandels von Relevanz sein kann. Dennoch stellt sich die Frage, ob das berufsschulische Üben auf der sprachlichen und kommunikativen Ebene ausreichend ist oder ob sich das oftmalige Fehlen eines inhaltlichen Berufsbezugs aufgrund der berufsübergreifenden Konzeption der Lernmittel auch in der Umsetzung von beruflichen Schreibaufgaben zeigt.

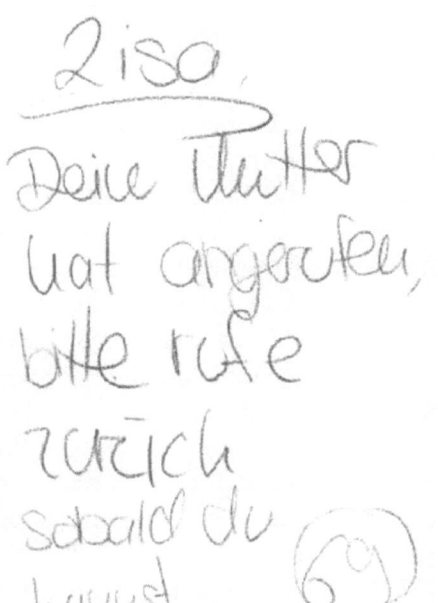

Abbildung 11: Notizzettel

4. Zukunft der Schriftsprache in Ausbildung und Beruf

Die vorhergehende explorative Untersuchung zeigt, dass die aktuell als zugelassen und lernmittelfrei eingestuften Lehrwerke für den Deutschunterricht an der Berufsschule in Bayern nicht in allen Fällen auf die konkreten schriftsprachlichen Anforderungen der Ausbildung im Berufsfeld Einzelhandel eingehen. Während positiv hervorzuheben ist, dass dem Kompetenzbereich Schreiben quantitativ betrachtet in allen fünf Lernmitteln eine große Bedeutung zukommt, gehen die konkreten Aufgabenstellungen nur bedingt auf die spezifischen Schreibsituationen im Einzelhandel ein. Grund hierfür ist nicht zuletzt die berufsübergreifende Konzeption der Deutschlehrwerke, die eine Konzentration auf einzelne Berufsfelder oder gar die Branchen eines Berufsfeldes nicht zulassen. So finden sich in den Lernmitteln vornehmlich Aufgaben, die zwar in ihrem Umfang und ihrer textuellen Ausgestaltung dem tatsächlichen Sprachgebrauch im Einzelhandel entsprechen, sich inhaltlich aber nicht an den konkreten Kommunikationsanlässen des Berufsfeldes orientieren. Eine Lösungsmöglichkeit wäre etwa die Zulassung und Lernmittelfreiheit weiterer, durchaus bereits existenter Deutschlehrwerke, die für spezifische Berufszweige konzipiert wurden und die Auszubildenden mit berufsnahen Aufgabenstellungen auf die individuellen Anforderungen des jeweiligen Ausbildungsberufs vorbereiten können. Darüber hinaus ist neben dem Inhalt der Schreibaufgaben ein weiterer Kritikpunkt der Studie, dass die Auswahl der Kommunikationsmedien in den Lehrwerken die Repräsentation der tatsächlichen Kommunikationskanäle in der Ausbildung nur partiell abdeckt. Der Fokus der Lernmittel, der fast ausschließlich analoge Kommunikation thematisiert und lediglich vereinzelt E-Mails und SMS-Texte miteinbezieht, ist heutzutage nicht mehr zeitgemäß. Die eingangs erwähnte *Industrialisierung des Schreibens* im Zusammenhang mit der Technisierung der Arbeitsprozesse wird auch in Zukunft eine stetige Zunahme digitaler Medien in Beruf und Ausbildung zur Folge haben. Entsprechend wäre es wünschenswert, wenn sich auch die Lernmittel in den Berufsschulen in den kommenden Jahren fokussiert diesem Umstand und seinen Konsequenzen annehmen.

Literatur

Baumann, Katharina (2014). *„Man muss schon ein bisschen mit dem Schreiben zurechtkommen!" Eine Studie zu den Schreibfähigkeiten von Auszubildenden im unteren beruflichen Ausbildungssegment im Kontext von Ausbildungsreife.* Paderborn: Eusl-Verlagsgesellschaft.

Baumann, Katharina & Siemon, Jens (2013). Wie viel schriftsprachliche Fähigkeit ist für eine erfolgreiche Berufsausbildung erforderlich? *Die Berufsbildende Schule, 65,* 285–288.

Benzing, Michael (Hrsg.) (2010). *Komm.de: Deutsch und Kommunikation für berufliche Schulen (Ausgabe Bayern)*. Stuttgart: Klett.

Dietrich, Ralf; Dussa, Antja & Güven, Gülçimen (Hrsg.) (2015). *Deutsch Werkzeug Sprache*. Hamburg: Verlag Handwerk und Technik.

Dirschedl, Carlo & Pohlmann, Heiko (Hrsg.) (2010). *Das Deutschbuch für Berufsschulen/ Berufsfachschulen. Bayern*. Berlin: Cornelsen.

Efing, Christian (2006). „Viele sind nicht in der Lage, diese schwarzen Symbole da lebendig zu machen." – Befunde empirischer Erhebungen zur Sprachkompetenz hessischer Berufsschüler. In Christian Efing & Nina Janich (Hrsg.), *Förderung der berufsbezogenen Sprachkompetenz. Befunde und Perspektiven* (S. 33–68). Paderborn: Eusl-Verlagsgesellschaft.

Efing, Christian (2008). „Aber was halt schon schwer war, war, wo wir es selber schreiben sollten." Defizite und Förderbedarf in der Schreibkompetenz hessischer Berufsschüler. In Eva-Maria Jakobs (Hrsg.), *Berufliches Schreiben. Ausbildung, Training, Coaching* (S. 17–34). Frankfurt am Main: Peter Lang.

Efing, Christian (2011). Schreiben für den Beruf. In Hansjakob Schneider (Hrsg.), *Wenn Schriftaneignung (trotzdem) gelingt. Literale Sozialisation und Sinnerfahrung* (S. 38–62). Weinheim: Beltz Juventa.

Efing, Christian (2012). Sprachliche und kommunikative Fähigkeiten – was ist der Unterschied und was wird in der Ausbildung verlangt? *Berufsbildung in Wissenschaft und Praxis 41*, 6–9.

Efing, Christian (2013). Sprachlich-kommunikative Anforderungen in der betrieblichen Ausbildung. In Christian Efing (Hrsg.), *Ausbildungsvorbereitung im Deutschunterricht der Sekundarstufe I. Die sprachlich-kommunikativen Facetten von „Ausbildungsfähigkeit"* (S. 124–145). Frankfurt am Main: Peter Lang.

Efing, Christian (2016). „Irgendwann muss man ja mal erwachsen werden." Spracheinstellungen und Sprach(differenz)bewusstheit in Hinblick auf Jugendsprache bei (Berufs-) SchülerInnen. In Carmen Spiegel & Daniel Gysin (Hrsg.), *Jugendsprache in Schule, Medien und Alltag* (S. 239–255). Frankfurt am Main: Peter Lang.

Fuchs, Franz; Gäng, Evi; Hiebl, Walther; Lehnert-Branz, Alexandra & Nußbaumer, Klaus (Hrsg.) (2010). *Themenfeld Deutsch: Berufskompetenz durch Lernsituationen (Ausgabe Bayern)*. Braunschweig: Winklers.

Hufnagl, Gerhard; Schatke, Martin; Steudle, Ursula & Spengler, Franz Karl (Hrsg.) (2011). *Sprachpraxis – Ausgabe Bayern: Ein Deutschbuch für berufliche Schulen*. Berlin: Bildungsverlag EINS.

Jakobs, Eva-Maria (2005). Writing at Work. Fragen, Methoden und Perspektiven einer Forschungsrichtung. In Eva-Maria Jakobs (Hrsg.), *Schreiben am Arbeitsplatz* (S. 13–40). Wiesbaden: VS Verlag für Sozialwissenschaften.

Jakobs, Eva-Maria (2006). Texte im Berufsalltag: Schreiben, um verstanden zu werden? In Haradik Blühdorn et al.(Hrsg.), *Text – Verstehen. Grammatik und darüber hinaus* (S. 310–326). Berlin: de Gruyter.

Jakobs, Eva-Maria (2009). „Das lernt man im Beruf…" Schreibkompetenz für den Arbeitsplatz. In Erika Werlen & Fabienne Tissot (Hrsg.), *Sprachvermittlung in Europa. Beiträge der angewandten Linguistik zum Dialog zwischen Wissenschaft und Gesellschaft* (S. 35–50). Baltmannsweiler: Schneider Verlag Hohengehren.

Janich, Nina (2007). Kommunikationsprofile in der Unternehmenskommunikation. In Sandra Reimann (Hrsg.), *Wissenschaften im Kontakt. Kooperationsfelder der deutschen Sprachwissenschaft* (S. 317–330). Tübingen: Narr.

Josting, Petra & Peyer, Ann (2002). Deutschdidaktik und Berufliche Bildung. In Petra Josting & Ann Peyer (Hrsg.), *Deutschdidaktik und berufliche Bildung* (S. 1–5). Baltmannsweiler: Schneider Verlag Hohengehren.

Knapp, Werner; Pfaff, Harald & Werner, Sybille (2008). Kompetenzen im Lesen und Schreiben von Hauptschülerinnen und Hauptschülern für die Ausbildung – eine Befragung von Handwerksmeistern. In Elisabeth Schlemmer & Herbert Gerstberger (Hrsg.), *Ausbildungsfähigkeit im Spannungsfeld zwischen Wissenschaft, Politik und Praxis* (S. 191–206). Wiesbaden: VS Verlag für Sozialwissenschaften.

Nickl, Markus (2005). Industrialisierung des Schreibens. In Eva-Maria Jakobs (Hrsg.), *Schreiben am Arbeitsplatz* (S. 43–56). Wiesbaden: VS Verlag für Sozialwissenschaften.

Schilcher, Anita & Rincke, Karsten (2015). Schreiben als Motor für die Auseinandersetzung mit Fach und Sprache. Erklären und Argumentieren. In Sabine Schmölzer-Eibinger, & Elke Thürmann (Hrsg.), *Schreiben als Medium des Lernens. Kompetenzentwicklung durch Schreiben im Fachunterricht* (S. 99–114). Münster: Waxmann.

Schüler, Lisa; Lehnen, Katrin & Ermakova, Vera (2015). Überlegungen zur Entwicklung diskursiver Schreibaufgaben für Auszubildende am Beispiel des Zeitungsprojekts „news to use". In Sabine Schmölzer-Eibinger & Elke Thürmann (Hrsg.), *Schreiben als Medium des Lernens. Kompetenzentwicklung durch Schreiben im Fachunterricht* (S. 293–320). Münster: Waxmann.

Wyss Kolb, Monika (2002). Zu den Schreibkompetenzen von Berufsschülerinnen und Berufsschülern. In Petra Josting & Ann Peyer (Hrsg.), *Deutschdidaktik und berufliche Bildung* (S. 79–91). Baltmannsweiler: Schneider Verlag Hohengehren.

Susanne Kirndorfer

„Würden Sie bitte noch einen Moment im Warteraum Platz nehmen?" Gesprächsanlässe von Medizinischen Fachangestellten in Beruf und Schule

1. Einführung

Gesprächskompetenz ist eine wichtige Schlüsselqualifikation und „in den meisten Berufen und im privaten Alltag unentbehrlich" (Becker-Mrotzek & Brünner, 2009, S. 7). So kann in beruflichen Situationen die Gesprächskompetenz in vielerlei Hinsicht entscheidend sein, in vielen Berufen ist es wichtig, sich auf die Situation von Kolleginnen und Kollegen, Kundinnen und Kunden, Patientinnen und Patienten hineinversetzen zu können, um die Kommunikation zu erleichtern. Dadurch erhöht sich der Erfolg in der Lösung von beruflichen Situationen.

Doch hier liegt auch die Herausforderung, denn auch wer sich privat in seiner Alltagssprache gut auszudrücken weiß, steht vor der Aufgabe während seiner beruflichen Ausbildung, zusätzlich zu den fachlichen Inhalten seines Berufs auch die jeweilige Fachsprache bzw. Berufssprache zu erlernen. Dies betrifft Studierende genauso wie Auszubildende, die einen Beruf im Rahmen des dualen Ausbildungssystems erlernen, also sowohl im Betrieb als auch in der Schule. Hier liegt die Verantwortung der sprachlichen Förderung sowohl bei den Ausbildungsbetrieben als auch bei den Schulen. Von besonderer Relevanz ist hier der Deutschunterricht, da bei diesem die Vermittlung und Förderung der sprachlichen Kompetenz im Fokus stehen. Doch sind weniger als die Hälfte der Lehrkräfte, die Deutsch an beruflichen Schulen unterrichten auch für dieses Fach qualifiziert und viele Schülerinnen und Schüler fühlen sich laut einer Umfrage unterfordert (Roche, Terrasi-Haufe, Kirndorfer, & Hoffmann, in Druck, S. 8–9). Gleichzeitig wird von Seite der Schulen vermehrt sprachlicher Förderbedarf gemeldet (Terrasi-Haufe, Roche, & Riehl, 2016, S. 20).

Handlungsbedarf ist gefordert, hängt davon nicht nur der berufliche Erfolg und das Wohlergehen von Einzelnen ab, sondern auch die Qualität der beruflichen Ausbildung in Deutschland, was langfristig sowohl gesellschaftliche als auch wirtschaftliche Folgen haben kann. Beispielsweise ist in medizinischen Fachberufen eine korrekte und zielführende Kommunikation entscheidend, da es um das Wohl einer jeden Patientin bzw. eines jeden Patienten geht. Die medizinische Fachsprache für Ärztinnen und Ärzte sowie Pflegerinnen und Pfleger ist mittlerweile gut erforscht (Schön & Schrimpf, 2010) und es existieren bereits viele Lehrwerke dafür. In anderen medizinischen Fachbereichen gibt es allerdings noch große Lücken, beispielsweise für den Beruf der Medizinischen Fachangestellten (MFA).

Der folgende Beitrag beschäftigt sich mit Gesprächsanlässen, denen MFA in Beruf und Schule begegnen.[1]

2. Kommunikative Aspekte von Berufssprache und Fachsprache

Fachsprachen dienen der Kommunikation in einem bestimmten Fachbereich und sollen eine gezielte, präzise und effektive Konversation sicherstellen. Sie verfügen über einen erweiterten, umfangreichen und internationalen Wortschatz und sind in vielen Berufsfeldern unerlässlich (Reining, 2013).

Fachsprachen, sowohl mündlich als auch schriftlich, dienen „zur Verständigung über bestimmte Gegenstände und Sachbereiche, die möglichst präzise und ökonomisch erfolgen sollen" (Fluck, 1996, S. 13). „Jedes Fach bringt eine eigene Sprachvarietät hervor" (Patocka & Brenner, 2011, S. 3), wodurch sich „für Nicht-Fachleute eine Barriere aufbauen" (Patocka & Brenner, 2011, S. 3) kann. Im Mittelpunkt der Betrachtung von Fachsprachen stand lange Zeit vor allem der jeweils spezifische Wortschatz und sämtlichen anderen linguistischen Bereichen, wie z.B. der Syntax, wurde kaum Beachtung geschenkt (Fluck, 1996, S. 12). Fachsprachen unterliegen seit jeher einem stetigen Wandel, durch Veränderungen äußerer Umwelteinflüsse (z.B. Industrialisierung) lösen sich manche Berufszweige gänzlich auf, neue kommen hinzu, andere verändern sich in ihrer Bedeutung und ihren Tätigkeiten. Die Sprache passt sich den jeweils neuen Gegebenheiten an, durch die Technologisierung der Arbeitswelt ist ein besonders rasanter Wandel eingetreten, der vor kaum einem Beruf halt macht. Dies stellt sowohl eine Herausforderung als auch eine Barriere dar, es entstehen Kommunikationsprobleme „zwischen Bevölkerungsschichten, Fachleuten und Laien und auch zwischen Fachleuten untereinander" (Fluck, 1996, S. 37). Fachsprachen dienen also der Kommunikation über Fachinhalte, dem Austausch und der Aneignung von Wissen (Braunert, 2014).

Im Gegensatz dazu zeichnet sich nach Braunert (2014) Berufssprache durch ein berufsübergreifendes Register aus und die Kommunikation ist geprägt davon, dass sie personenbezogen ist und zur Koordination von Arbeitsabläufen dient. Außerdem ist sie konkreter und handlungsbezogener als Fachsprachen, aber auch arbeits- und berufsbezogener als Allgemeinsprachen (Becker-Mrotzek, 2008, S. 6). Berufssprache kann sich auch aus verschiedenen Fachsprachen zusammensetzten, so muss eine Ärztin bzw. ein Arzt nicht nur die medizinische Fachsprache beherrschen, sondern auch über andere sprachliche Register verfügen (z.B. Patientenkommunikation, Kommunikation mit Angestellten bzw. Vorgesetzten,

---

1   Diese Untersuchung ist entstanden als Nachwuchsarbeit im Rahmen der Projektförderung des Mercator Instituts für Sprachförderung und DaZ in der Förderperiode 2014-17.

unterschiedliche medizinische Fachbereiche). Die Berufssprache setzt sich somit aus den jeweils verwendeten Registern zusammen. Aus welchen Registern die Berufssprache der MFA sich im Konkreten zusammensetzt, soll in diesem Beitrag noch genauer dargelegt werden, denn dieser ist bisher in der Fach- bzw. Berufssprachenforschung kaum Beachtung geschenkt worden (Settelmeyer, Tschöpe, Widera & Schneider, 2014, S. 5).

Da in diesem Beitrag das Augenmerk auf der Kompetenz in der mündlichen Kommunikation liegt, die zur Ausübung des Berufs der MFA benötigt wird, soll im Folgenden von beruflicher Gesprächskompetenz die Rede sein, womit die Gesprächskompetenz in der Berufssprache wie eben bestimmt gemeint ist.

3. Gesprächsanlässe im Beruf

Um die berufliche Gesprächskompetenz von MFA analysieren zu können, soll im nächsten Abschnitt zunächst das Berufsbild und die Ausbildung genauere Betrachtung finden. Da außerdem bisher zur beruflichen Gesprächskompetenz von MFA kaum Daten vorliegen, wurde im Rahmen des Mercator-Projekts *Bildungssprache Deutsch für berufliche Schulen* (s.u.) teilnehmende Beobachtungen zum kommunikativen Anforderungsprofil in einer Arztpraxis durchgeführt. Diese soll Aufschluss über alltägliche Kommunikationssituationen der MFA geben und hier als Ausgangsbasis für die Untersuchung der Besonderheiten der beruflichen Gesprächskompetenz von MFA dienen.

3.1 Ausbildungsberuf Medizinische Fachangestellte

Die Ausbildung zur Medizinischen Fachangestellten ist in Deutschland im dualen Ausbildungssystem verortet: Ein Teil der Ausbildung wird im Betrieb selbst absolviert, also z.B. in der Allgemeinarztpraxis, und der andere Ausbildungsteil in der Berufsschule. Am Ende der dreijährigen Ausbildung steht eine Prüfung, die von der jeweiligen Landesärztekammer durchgeführt wird (Bayerische Landesärztekammer, 2008).

Die Aufgaben von Medizinischen Fachangestellten bestehen nicht nur darin, den Arzt zu unterstützen, sondern es obliegen den MFA auch zahlreiche andere Aufgaben, die täglich in einer Arztpraxis anfallen (Bundesärztekammer, 2006). „Medizinische Fachangestellte sind das Herzstück der Praxis: Sie verfügen über Organisationsgeschick, sorgen für einen reibungslosen Praxisablauf und managen Verwaltungsarbeiten (z.B. Leistungsabrechnungen). Zudem organisieren Medizinische Fachangestellte Teambesprechungen und organisieren den Personaleinsatz in der Praxis" (Forum Berufsbildung, 2016). Aus diesem Grund ist es nicht nur wichtig, dass MFA grundlegende medizinische Fachkenntnisse haben, sondern sie sind auch für die Organisation des gesamten alltäglichen Ablaufs in der Arztpraxis verantwortlich. Besonders durch den Einfluss der neuen Medien hat sich das Berufsfeld der MFA verändert. Es ist auch wichtig, dass sie in den unterschiedlichen beruflichen Situationen tagtäglich angemessen kommunizieren können.

MFA können in vielen verschiedenen Tätigkeitsbereichen eingesetzt werden. In erster Linie sind dies Arztpraxen aller Fachgebiete, Krankenhäuser, medizinische Labore und betriebsärztliche Abteilungen von Unternehmen (Bundesagentur für Arbeit, 2015). Aus der Vielseitigkeit der Kommunikationssituationen und Unterschiedlichkeit der Kommunikationspartnerinnen und Kommunikationspartner ergibt sich die Vielseitigkeit der Fach- und Berufssprache der MFA.

In jedem Tätigkeitsbereich kommen dabei unterschiedliche sprachliche Register zur Anwendung. So ist nicht nur eine solide Kenntnis medizinischer Fachsprache beispielsweise für die Behandlungsassistenz unabdingbar, auch mit technischen Fachbegriffen sowie Termini aus dem Verwaltungsbereich müssen MFA vertraut sein. Besonders in der alltäglichen mündlichen Kommunikation mit Patientinnen und Patienten, Kolleginnen und Kollegen sowie Vorgesetzten kann fehlende Gesprächskompetenz in der Berufssprache schnell zu einer Belastung werden. Um dies zu vermeiden, ist die Förderung der mündlichen Kompetenzen bereits während der Ausbildung von großer Bedeutung.

3.2 Gesprächsanlässe in der Praxis

Im Rahmen einer teilnehmenden Beobachtung zum kommunikativen Anforderungsprofil in Arztpraxen wurden Ärzte und MFA, die bereits seit längerem im Berufsleben stehen und Auszubildende zu MFA zu alltäglichen Gesprächssituationen im Beruf befragt. Die Beobachtung soll einen Beitrag dazu leisten, bestehende Forschungslücken zu füllen und die aktuellen kommunikativen Anforderungen des Berufs MFA darzustellen (siehe auch Granato und Settelmeyer in diesem Band). Die Befragung und teilnehmende Beobachtung fand in einer Arztpraxis in Süddeutschland in einem Zeitraum von einer Woche statt. Befragt wurden drei Ärzte und insgesamt acht MFA.

So wurden sowohl die MFA als auch die Ausbilder (in diesem Fall Ärzte) gefragt, *wie oft und mit welchen Personengruppen MFA täglich in der Arztpraxis sprechen* würden, den Befragten stand eine Liste an möglichen Kommunikationspartnerinnen und Kommunikationspartnern, die sich durch eine zuvor durchgeführte Befragung ergab, zur Auswahl und jede Personengruppe konnte einzeln bewertet werden. (vgl. Abbildung 1: Mögliche Kommunikationspartner von MFA-Auszubildenden)

Personengruppen	sehr oft	oft	manch-mal	weniger oft	Nie	weiß nicht	Personengruppen	sehr oft	oft	manch-mal	weniger oft	nie	weiß nicht
a) Ausbilder							b) Büropersonal						
c) Kunden							d) Meister / Werkstattleiter						
b) andere Auszubildende							h) Geschäftsleitung						
c) Zulieferer							g) Mitarbeitern						

Abbildung 1: Mögliche Kommunikationspartner von MFA-Auszubildenden

Wie aus Abbildung 2 hervorgeht, sind sich alle einig, dass die Gruppe der Patientinnen und Patienten die häufigsten Kommunikationspartnerinnen bzw. Kommunikationspartner der MFA sind, gefolgt von den Ärztinnen und Ärzten bzw. Ausbildenden. Hier gehen allerdings die Meinungen bei den Befragten auseinander, so scheinen die MFA selber der Meinung zu sein, nicht ganz so häufig mit Praxisärztinnen bzw. Praxisärzten zu kommunizieren, wie diese denken. Die drittgrößte Gruppe der alltäglichen Kommunikationspartnerinnen bzw. Kommunikationspartner stellen die anderen Auszubildenden selbst dar, außerdem werden Zulieferinnen bzw. Zulieferer als häufige Gesprächspartnerinnen bzw. Gesprächspartner angegeben. Interessant ist hier die unterschiedliche Wahrnehmung: Ärztinnen und Ärzte und MFA sind insgesamt einig, wer die häufigsten Kommunikationspartnerinnen bzw. Kommunikationspartner sind, ihre Meinungen gehen allerdings bei der Häufigkeit der Gesprächssituationen auseinander.

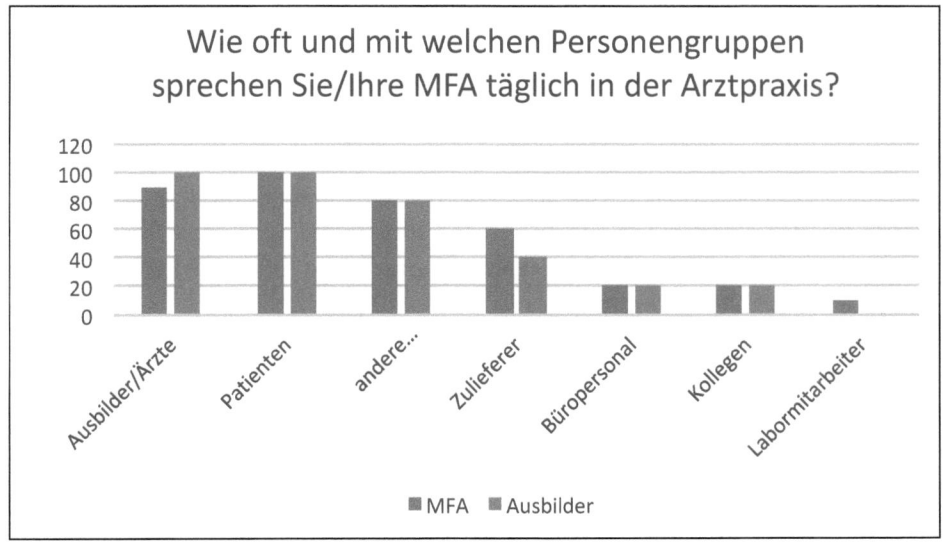

Abbildung 2: Tägliche Gespräche Arztpraxis

Die MFA wurden zusätzlich noch gefragt, wie sie die *Notwendigkeit von mündlicher Sprachkompetenz in ihrem Berufsalltag einschätzen*. Die Antwort auf diese Frage fällt eindeutig aus, es antworten über 80 dass sie diese als *sehr wichtig* einschätzen, 10 Prozentsagen noch, dass sie diese für *wichtig* hielten und nur die übrigen 10 Prozentverteilen sich auf die anderen Antwortmöglichkeiten (vgl. Abbildung 3).

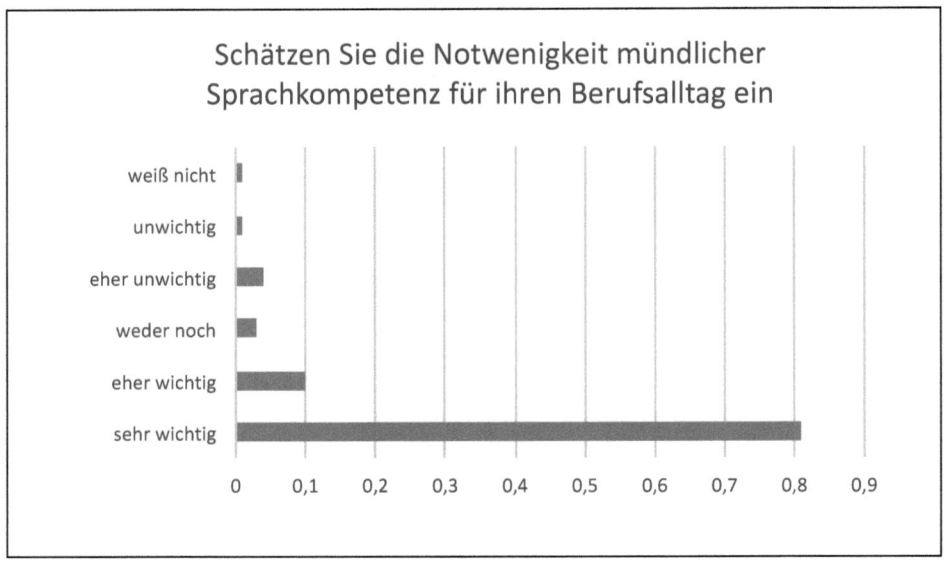

Abbildung 3: Einschätzung Notwendigkeit mündlicher Sprachkompetenz

Die Auswertungen der Umfrage bestätigen die oben beschriebenen Ergebnisse, dass die Kommunikationspartnerinnen und Kommunikationspartner der MFA sehr vielfältig sind und deshalb täglich sehr unterschiedliche Kommunikationssituationen entstehen. Ferner wird auch die Annahme, dass mündliche Sprachkompetenz für den Berufsalltag von MFA sehr wichtig ist, nach ihrer Einschätzung bestätigt. Im Folgenden soll nun genauere Betrachtung finden, wo die Besonderheiten der beruflichen Gesprächskompetenz der MFA liegen.

3.3 Sprachsystematische und pragmatische Aspekte

Auf Grundlage der teilnehmenden Beobachtung ergab sich, dass MFA bei ihrer Tätigkeit primär mit medizinischer Fachsprache in Berührung kommen. Doch auch andere Fachsprachen sind bei der vielfältigen Tätigkeit, die unterschiedlichste Bereiche umfasst und den Umgang mit verschiedenen Personengruppen und Arbeitsmitteln voraussetzt, gefordert.

Wie zuvor bereits dargestellt sind die Personengruppen, mit denen MFA in ihrem Arbeitsalltag zu tun haben, sehr unterschiedlich: Ärztinnen und Ärzte, Labor- und Apothekenangestellte, Therapeutinnen und Therapeuten, Lieferantinnen und Lieferanten und natürlich Patientinnen und Patienten. So ist auch mit allen einzelnen Gruppen eine andere Fachterminologie zu verwenden, bzw. müssen die MFA auch in der Lage sein, Fachterminologien in bestimmten Situationen auch übersetzen zu können, z.B. im Gespräch mit Patientinnen und Patienten, die zum Großteil wahrscheinlich keinen medizinischen Hintergrund haben (Bundesagentur für Arbeit, 2015).

In Zusammenhang mit den Tätigkeitsfeldern stehen die Arbeitsmittel, welche MFA regelmäßig gebrauchen: Sie umfassen medizinische Geräte und Instrumente, wie EKG-Geräte, Medikamente und Pflegehilfsmittel, beispielsweise Kanülen, sowie Unterlagen, z.B. Patientenakten und schließlich typische Büroausstattung (Bundesagentur für Arbeit, 2015). Um diese Arbeitsmittel in angemessener Weise einsetzen zu können, müssen MFA über die sprachlichen Mittel verfügen, diese genau zu unterscheiden (z.B. verschiedene Medikamente) und Erklärungen wie Betriebsanleitungen oder Beipackzettel, vollständig zu verstehen. Manche Untersuchungen dürfen von MFA selbst durchgeführt werden (z.B. Ultraschall), allerdings ist es der MFA nicht gestattet, der Patientin bzw. dem Patienten Untersuchungsergebnisse bekannt zu geben, weshalb es wichtig ist, zwar die Notwendigkeit der Untersuchung erklären und Sichtbares beschreiben zu können, z.B., was auf dem Ultraschallbild zu erkennen ist, dabei jedoch immer objektiv zu bleiben, da nur die Ärztin bzw. der Arzt diese Ergebnisse mitteilen darf.

In der vorangehenden Darlegung zeigen sich bereits einige Besonderheiten der Berufssprache von Medizinischen Fachangestellten. Im Folgenden soll nun genauer darauf eingegangen werden, welche sprachlichen Mittel MFA benötigen, um in ihrem Job erfolgreich kommunizieren zu können. Um den täglichen Arbeitsfluss zu gewährleisten und diesen nicht unnötig zu verzögern, ist es allgemein wichtig, dass Berufssprachen aus möglichst genauen und prägnanten Bezeichnungen bestehen, lange Umschreibungen würden den alltäglichen Arbeitsfluss aufhalten: So ergeben sich bei der Betrachtung der Berufssprache von MFA auf Grundlage der teilnehmenden Beobachtung, dass sich auf lexikalischer Ebene, vor allem Komposita (z.B. Blutdruckmessgerät, Ultraschallgerät), Abkürzungen (EKG) und Fremdwörter (z.B. Infekt, Bronchitis) ausmachen lassen.

Zusammenfassend gesagt sind wichtige sprachliche Handlungen aus dem Berufsalltag der MFA Handlungen, in denen das *Erklären* und das *Erklären warum* im Zentrum stehen, also z.B. aus welchem Grund eine bestimmte Untersuchung notwendig ist, oder wie ein bestimmtes Medikament einzunehmen ist, warum ein Termin verschoben werden muss etc. Zudem müssen Ärztinnen und Ärzte regelmäßig über Verschiedenes informiert werden, beispielsweise bei Schichtwechsel oder wenn ein Notfall erwartet wird. Dabei ist zu beachten, dass andere Kommunikationsformen, wie aktives Zuhören oder Nachfragen wichtige Funktionen erfüllen, obwohl sie nicht so häufig zum Einsatz kommen. So ist besonders das Nachfragen in vielen Situationen von beträchtlicher Bedeutung, dies betrifft unter anderem die Verabreichung von Medikamenten und die Durchführung von Eingriffen, wie der Blutabnahme (vgl. Granato & Settelmeyer in diesem Band).

Für diese Handlungen benötigt man auf grammatischer Ebene z.B. Nebensatzkonstruktionen („Diese Behandlung ist notwendig, weil … / Obwohl ich Ihnen gerne helfen würde, kann ich Ihnen das Rezept nicht einfach ausstellen."). Wichtig ist auch, dass die MFA in der Lage sind, in der jeweiligen Situation die richtigen Fragen zu stellen und diese auch richtig und konkret formulieren zu können. Davon hängt unter anderem die tägliche Organisation des Praxisablaufs ab (Beispiel: Ist der Patient tatsächlich ein Notfall oder nicht? Hat der Patient Allergien? Verträgt er irgendwelche Medikamente nicht?). Beschreiben Patientinnen bzw. Patienten beispielsweise bestimmte Symptome am Telefon, müssen MFA erstens den entsprechenden medizinischen Hintergrund haben, um den Ernst der Lage einzuschätzen, aber auch die richtigen Fragen stellen können, um abzuschätzen, wie dringlich z.B. ein Patient einen Termin braucht, bzw., ob er unter Umständen an eine andere (fachärztliche) Praxis oder ins Krankenhaus verwiesen werden muss. Hierzu gehört einmal medizinisches Fachwissen, auf sprachlicher Ebene allerdings ist es wichtig, die Fragekonstruktionen im deutschen gut zu beherrschen. Bei Erklärungen, z.B. zum Ablauf einer Untersuchung, sind aufzählende Satzkonstruktionen, wie „zuerst …, danach …" richtig anzuwenden. Beim täglichen Umgang sowohl mit Kolleginnen und Kollegen sowie Vorgesetzten als auch mit den Patientinnen und Patienten ist höfliche Kommunikation unumgänglich. Im Deutschen wird die Höflichkeitsform durch den Konjunktiv ausgedrückt (Beispielsituation: Würden Sie bitte noch einen Moment im Wartezimmer Platz nehmen? Könnte ich bitte Ihre Versichertenkarte haben?). Eine Weitergabe von Informationen durch die MFA erfolgt in erster Linie an Ärztinnen und Ärzte, andere MFA beziehungsweise Auszubildende und Patientinnen bzw. Patienten.[2]

4. Gesprächsanlässe in der Schule

Um einen reibungslosen Arbeitsablauf zu sichern, müssen die soeben genannten sprachlichen Handlungen gelernt und beherrscht werden. Das ist eine wichtige Aufgabe sowohl für die betriebliche als auch für die schulische Ausbildung. Inwieweit die berufliche Gesprächskompetenz an bayerischen Berufsschulen für MFA Beachtung findet und wie diese vermittelt wird, soll im Folgenden veranschaulicht werden. Abschließend werden auf Grundlage aller in diesem Beitrag dargestellten Erkenntnisse mögliche Konsequenzen für den berufssprachlichen Unterricht aufgezeigt.

---

2 Kapitel zur Fachsprache unter Mithilfe von Melanie Frömel entstanden.

Im Rahmen des Mercator-Forschungsprojekts *Bildungssprache Deutsch für berufliche Schulen*[3] wurde im Frühjahr 2015 eine Onlinebefragung an Berufsschulen in Bayern durchgeführt. Ziel war es, Daten über die aktuelle Lehr- und Lernsituation an bayerischen Berufsschulen im Fach Deutsch zu erheben. Im Zuge dessen wurden unter anderem auch Schülerinnen und Schüler im Ausbildungsberuf MFA befragt. Zur Erstellung des Fragebogens wurde das Onlineprogramm SoSci Survey (ofb – der Online-Fragebogen)[4] verwendet. Mit diesem Programm ist es nicht nur möglich den Fragebogen online zu erstellen, sondern auch ihn via E-Mail als Link an die Probandinnen und Probanden zu senden. Die Fragebögen wurden als schriftliche Umfrage in deutscher Sprache angefertigt. Sowohl der Lehrer- als auch der Schülerfragebogen orientieren sich großteils an den Fragebögen der DESI-Studie (Deutsch Englisch Schülerleistungen International (Beck, Bundt, & Gomolka, 2008)) Die Fragebögen zur Lehrer- und Schülerbefragung an bayerischen Berufsschulen untergliedern sich in ähnliche Frageblöcke wie in der DESI-Studie. Darunter fallen Fragen zu den allgemeinen Rahmenbedingungen für Lehrkräfte und Schülerinnen und Schüler, zu ihrem sprachlichen Hintergrund und den Sprachen, die im Alltag bzw. im Beruf gesprochen werden. Es folgen Frageblöcke zum Fach Deutsch an der Berufsschule und zur handlungsorientierten Ausrichtung des Unterrichts. Des Weiteren wurden der Deutschlehrplan für Berufsschulen in Bayern sowie die Fachlehrpläne der drei Berufe als Grundlage für die Fragebogenkonzeption herangezogen.

Die Befragung erfolgte vom 03.02.2015 bis 22.04.2015. Angeschrieben wurden Schulen, die nach einer Liste des bayerischen Kultusministeriums die drei unter *1.* genannten Berufe anbieten. Demnach sollte die E-Mail an 107 Schulen (1.682 Klassen) gesendet worden sein. Bei Abschluss der Befragung hatten insgesamt 1.930 Schülerinnen und Schüler und 190 Lehrkräfte teilgenommen. Geht man davon aus, dass alle angeschriebenen Schulen einen Link zur Teilnahme an der Onlineumfrage erhalten haben, wäre das im Falle der Schülerinnen und Schüler ein Rücklauf von ca. 5 Prozent, wahrscheinlich jedoch ist aufgrund inzwischen inaktiver E-Mail-Adressen oder ähnlichem die Rücklaufquote deutlich höher.

Bayernweit haben 260 Auszubildende zu MFA an der Befragung teilgenommen, davon sind 87 Prozent weiblich und 13 Prozent männlich. Der Großteil der Teilnehmer (90 Prozent) besucht die ersten zwei Jahre der Berufsschule, nur 10 Prozent aus der 12. Jahrgangstufe haben an der Umfrage teilgenommen. Unter anderem wurden die Auszubildenden befragt, ob sie sich im Deutschunterricht unter- bzw. überfordert fühlen. Wie in Abbildung 4 dargestellt, fühlen sich deutlich über die Hälfte der MFA-Auszubildenden, die an der Umfrage teilgenommen haben, überhaupt nicht und ein großer Teil auch überwiegend nicht überfordert im Deutschunterricht. Bei Betrachtung der Antworten auf die Frage,

---

3   Durchgeführt von 01.04.2014 bis 31.03.2017 am DaF-Institut der LMU München und der
      School of Education der TU München.

4   www.soscisurvey.de

Abbildung 4: Überforderung Deutschunterricht

ob sie sich denn dann im Deutschunterricht *unterfordert* fühlen wird deutlich, dass tatsächlich über 60 Prozent der Befragten MFA sagen, dass dies *zutrifft* bzw. überwiegend zutrifft.

Einen Hinweis darauf könnten auch die Antworten auf die Frage geben, ob die Inhalte des Deutschunterrichts zuvor schon bekannt seien, denn weit über die Hälfte (70 Prozent) gibt an, dass diese schon *bekannt* bzw. überwiegend schon zuvor *bekannt* seien. Wiederum eine ganz andere Perspektive ergeben die Antworten auf die Frage, ob die Inhalte des Deutschunterrichts als irrelevant empfunden werden. Wie in Abbildung 5 zu sehen ist, sind die meisten der befragten MFA-Auszubildenden der Meinung, dass die Inhalte, die im Rahmen des Deutschunterrichts vermittelt werden könnten, durchaus relevant wären. Nimmt man nun Bezug auf die Ergebnisse der Fragen zuvor, wird deutlich, dass sie den Deutschunterricht als langweilig und unterfordernd empfindet, die Schülerinnen und Schüler aber der Meinung sind, dass die eigentlichen Inhalte des Deutschunterrichts aber grundsätzlich relevant seien.

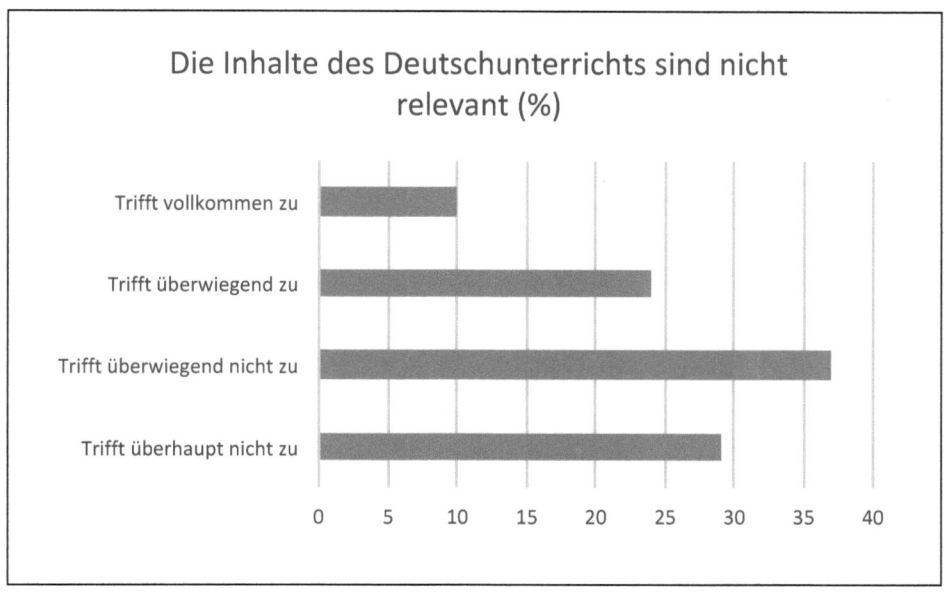

Abbildung 5:   Relevanz Inhalte im Deutschunterricht

Diese Annahmen bestätigen auch die Antworten der Schülerinnen und Schüler (Gesamtgruppe) auf die Frage, ob sie Freude am Fach Deutsch hätten. So schreibt z.B. ein Befragungsteilnehmer:

> Nein, da die Inhalte unseres Deutschunterrichts nicht den Ansprüchen eines Berufs-schülers[5] entspricht. Wir möchten uns in diesem Fach auf unser späteres Berufsleben vorbereiten und viele Inhalte im Deutschunterricht wären in meinem späteren Job sehr wichtig, allerdings werden diese kaum bis gar nicht durchgenommen. Meist werden Plakate gestaltet und nichts Berufsbezogenes gemacht. (TN_1)

Ein anderer Berufsschüler meint dazu:

> Nein, denn die im Deutschunterricht vermittelten Inhalte sind für meine Berufsausbil-dung nicht relevant und deswegen langweilig. Den Deutschunterricht brauche in der Berufsschule brauche ich für meine Berufsausbildung nicht. Alle benötigten Inhalte sind mir schon durch meinen mittleren Bildungsabschluss vermittelt worden. (TN_2)

> Geht so, es könnte mehr Spaß in den Unterricht gebracht werden mit kreativen Aufga-ben anstatt nur Briefe zu lesen, zu schreiben usw. (TN_3)

Diese beispielhaften Auszüge bestätigen die vorherige Annahme, dass viele der Berufsschülerinnen und Berufsschüler den Deutschunterricht theoretisch inter-essant fänden, aber sie von der aktuellen Umsetzung im Deutschunterricht eher unterfordert sind.

---

5   Die Zitate der Teilnehmenden werden hier unüberarbeitet widergegeben.

5. Zusammenfassung und Ausblick

In diesem Beitrag wird deutlich, dass für den Beruf der Medizinischen Fachangestellten mündliche Kompetenzen von sehr großer Bedeutung für das alltägliche Arbeitsleben sind. Beispielhaft wurden die Schwerpunkte der beruflichen Gesprächskompetenz Medizinscher Fachangestellter dargestellt und gezeigt, wo die Besonderheiten dieser liegen. Anhand einer Onlineumfrage an bayerischen Berufsschulen wurde die Sicht der Berufsschülerinnen und Berufsschüler des Ausbildungsberufs MFA auf die aktuelle Situation des Deutschunterrichts greifbar gemacht.

Es konnte festgestellt werden, dass die realen Anforderungen im Ausbildungsberuf und der schulische Unterricht bezugslos nebeneinanderstehen. Es sollte bedacht werden, dass die mündliche Kommunikation, wie auch in der Analyse in Kapitel 3.2 gezeigt, das berufliche Alltagsleben von MFA überwiegend bestimmt. Deshalb wäre es wichtig, diese anregend zu vermitteln um die Schülerinnen und Schüler auf Ihren Arbeitsalltag möglichst gut vorzubereiten.

Es gilt sinnvolle Konzepte zur kurzfristigen aber auch langfristigen Förderung der beruflichen Gesprächskompetenz zu entwickeln bzw. die Wirksamkeit der bisher bestehenden Konzepte zu untersuchen (Efing, 2014, S. 16). Für den Ausbildungsberuf MFA und noch einige weitere Berufe werden derzeit in einem Arbeitskreis am ISB-Bayern, bestehend aus Fach- und Deutschlehrkräften an beruflichen Schulen, mit Unterstützung des DaF-Instituts der LMU München handlungsorientierte und berufsbezogene Unterrichtsmaterialien zur Förderung der beruflichen Gesprächskompetenz konzipiert (ISB-Bayern, 2012).[6]

Literatur

Bayerische Landesärztekammer (2008). *Medizinische Fachangestellte. Ein Beruf mit Zukunft.* Verfügbar unter: http://www.blaek.de/docs/pdf_info/MFA_Broschuere.pdf [02.05.2017].

Beck, Bärbel; Bundt, Svenja, & Gomolka, Jens (2008). *Ziele und Anlagen der DESI-Studie.* Paper presented at the Unterricht und Kompetenzerwerb in Deutsch und Englisch. Ergebnisse der DESI-Studie.

Becker-Mrotzek, Michael (2008). Gesprächskompetenz vermitteln und ermitteln: Gute Aufgaben im Bereich Sprechen und Zuhören. In Albert Bremerich-Vos, Dietlinde Granzer & Olaf Köller (Hrsg.), *Lernstandsbestimmungen im Fach Deutsch. Gute Aufgaben für den Unterricht* (S. 52–77). Weinheim & Basel: Beltz.

Becker-Mrotzek, Michael, & Brünner, Gisela (2009). *Analyse und Vermittlung von Gesprächskompetenz.* Frankfurt am Main: Peter Lang.

---

6 https://www.isb.bayern.de/schulartspezifisches/materialien/berufssprache-deutsch/ (aufgerufen am 10.09.2016).

Braunert, Jörg (2014). Ermittlung des Sprachbedarfs: Fachsprachen und Kommunikation am Arbeistplatz. In Karl-Hubert Kiefer, Christian Efing, Matthias Jung & Annegret Middeke (Hrsg.), *Berufsfeld-Kommunikation: Deutsch* (S. 49–66). Frankfurt am Main: Peter Lang.

Bundesagentur für Arbeit. (2015). *Medizinische/r Fachangestellte/r.* Verfügbar unter: https://berufenet.arbeitsagentur.de/berufenet/faces/index;BERUFENETJSESSION ID=IHPH9W-72Tftch4BD6pnjdCN_x1PPLpTvP3_rSF9p5fHle4zrrwO!1566154983?pat h=null/kurzbeschreibung&dkz=33212 [02.05.2017].

Efing, Christian (2014). „Wenn man sich nicht sprachlich ausdrücken kann, kann man auch keine präzisieren, qualifizierten Arbeiten ausführen." – Stellenwert von und Anforderungen an kommunikative(n) Fähigkeiten von Auszubildenden. *leseforum.ch, 1/2014.* Verfügbar unter: http://www.leseforum.ch/myUploadData/files/2014_1_Efing.pdf [19.04.2017].

Fluck, Hans-Rüdiger (1996). *Fachsprachen.* Tübingen: Francke.

Forum Berufsbildung (2016). *Medizinischer Fachangestellter/Medizinische Fachangestellte ÄK.* Verfügbar unter: https://www.forum-berufsbildung.de/beratung-service/berufsbilder/medizinischer-fachangestellter-medizinische-fachangestellte/ [23.08.2016].

ISB-Bayern (2012). Berufssprache Deutsch. Handreichung zur Förderung der beruflichen Sprachkompetenz von Jugendlichen in der Ausbildung. Verfügbar unter: https://www.isb.bayern.de/download/13762/teil_1_konzept.pdf [19.04.2017].

Patocka, Franz & Brenner, Philipp (2011). *Sprachwissenschaftliche Vorlesung: Fachsprachen, Fachkommunikation, Sondersprachen.*Unpublished manuscript, Universität Wien.

Reinig, Stefan (2013). „Bildungssprache", „Einzelsprache", „Fachsprache", „Gemeinsprache", „Hochsprache", „Idiolekt", „künstliche Sprache", „Parasprache", „Theoriesprache" und „Universalsprache". In Stefan J. Schierholz & Herbert E. Wiegand (Hrsg.), *Wörterbücher zur Sprach- und Kommunikationswissenschaft (WSK) Online.* Verfügbar unter: http://www.degruyter.com/view/db/wsk [02.05.2017].

Roche, Jörg; Terrasi-Haufe, Elisabetta; Kirndorfer, Susanne & Hoffmann, Martina (in Druck). *Empirische Grundlagen und didaktische und curriculare Konzepte der Berufssprache Deutsch.*

Schön, Almut & Schrimpf, Ulrike (2010). Fachkommunikation in der Medizin – Konzeption und Durchführung von Kommunikationskursen und E-Learning im Bereich „Fachsprache Medizin" mit interkultrurellem Fokus. *gfl-journal, 1,* 49–70.

Settelmeyer, Anke; Tschöpe, Tanja; Widera, Christina & Schneider, Kerstin (2014). *Sprachlich-kommunikative Anforderungen in der beruflichen Ausbildung – Zwischenbericht.* Verfügbar unter: https://www2.bibb.de/bibbtools/tools/dapro/data/documents/pdf/at_22304.pdf [19.04.2017].

Terrasi-Haufe, Elisabetta; Roche, Jörg & Riehl, Claudia Maria (2016). Heterogenität an beruflichen Schulen. Ein integratives, handlungsorientiertes Modell für Curriculum, Unterricht und Lehramt: didaktische, bildungs- und fachpolitische Perspektiven. In Regina Freudenfeld, Ursula Gross-Dinter & Tobias Schickhaus (Hrsg.), *In Sprachwelten über-setzen. Beiträge zur Wirtschaftskommunikation, Kultur- und Sprachmittlung in DaF und DaZ* (S. 157–182). Göttingen: FaDaF.

Martina Hoffmann

„Schau' ma mal": Pilotierung von Materialien zur Förderung der mündlichen Kompetenzen bei auszubildenden Kfz-Mechatronikerinnen und Kfz-Mechatronikern

1.   Ausgangssituation

Weder der Bedarf für eine verstärkte Sprachförderung an Berufsschulen (vgl. hierzu Efing, 2012 und Terrasi-Haufe, Roche & Riehl, 2017) noch die Forderung nach ganzheitlichen Ansätzen sind neu. Das Institut Deutsch als Fremdsprache der Ludwig-Maximilians-Universität München hat in Zusammenarbeit mit dem Staatsinstitut für Schulqualität und Bildungsforschung in Bayern (ISB) das „handlungsorientierte, fachübergreifende und stark binnendifferenzierte" (Roche & Terrasi-Haufe, 2016, S. 168) Unterrichtsprinzip „Berufssprache Deutsch" entwickelt. In diesem Beitrag wird aufgezeigt, wie Deutschunterricht an bayerischen Berufs- und Berufsfachschulen in Zukunft aussehen wird. Aufbauend auf eine Darstellung dieses Unterrichtsprinzips wird die Entwicklung von Unterrichtsmaterialien veranschaulicht und von Ergebnissen aus einer Pilotierungsstudie berichtet.[1] Es handelt sich um Materialien zur Förderung der mündlichen Kompetenz bei auszubildenden Kfz-Mechatronikerinnen und Kfz-Mechatronikern.

2.   Das Unterrichtsprinzip „Berufssprache Deutsch"

Die verbindliche Einführung von „Berufssprache Deutsch" als Unterrichtsprinzip erfolgt im Rahmen der Implementierung des ab dem Schuljahr 2016/17 sukzessiv gültigen neuen Deutschlehrplans für die Berufsschulen und Berufsfachschulen in Bayern (vgl. Terrasi-Haufe & Roche in Vorbereitung). „Unterrichtsprinzipien sind für alle Fächer geltende Grundsätze oder Handlungsregeln der Unterrichtsgestaltung. Ihre Beachtung vergrößert und sichert die Effizienz und Qualität des Unterrichts. Sie sind bei der Unterrichtsplanung zu berücksichtigen." (Wiater, 2014, S. 6). Das Fach Deutsch an Berufsschulen ist unbeliebt (vgl. Terrasi-Haufe, Roche & Riehl, 2017 und Hummelsberger, 2002, S. 65) und im Unterricht werden hauptsächlich isolierte Standardaufgaben zu Rechtschreibung und Zeichensetzung, wie sie während Unterrichtshospitationen an Berufsschulen häufig beobachtet werden (vgl. Steffan in diesem Band), bearbeitet. Entsprechend der

---

1   Diese Untersuchung ist entstanden als Nachwuchsarbeit im Rahmen der Projektförderung des Mercator Instituts für Sprachförderung und DaZ in der Förderperiode 2014-17.

Definition des Staatsinstituts für Schulqualität und Bildungsforschung in Bayern (ISB) besagt das Unterrichtsprinzip „Berufssprache Deutsch", „dass die Schülerinnen und Schüler in der Entwicklung ihrer berufssprachlich-kommunikativen Kompetenzen zielorientiert im fachlichen sowie allgemeinbildenden Unterricht gefördert werden, damit die Integration in das Berufsleben erfolgreich gelingt" (ISB, 2016, S. 7). Die Grundidee dieser Neukonzeptionalisierung von Deutschunterricht an Berufs(fach)schulen ist, authentische Sprache in berufsrelevanten Handlungssituationen als Ausgangspunkt zu nehmen (vgl. Roche & Terrasi-Haufe, 2017, S. 16). Die Grundlage des Konzepts bilden das Organon-Modell von Bühler (1934) und das Prinzip der vollständigen Handlung in Anlehnung an die Handlungsregulationstheorie von Schelten (2002; vgl. auch Roche in diesem Band). Die Phasen der vollständigen Handlung dienen als Planungsgrundlage für die Unterrichtsgestaltung: orientieren und informieren, planen und durchführen, präsentieren und dokumentieren sowie bewerten und reflektieren. Daneben bilden sie die Grundlage für einen neuen Deutschlehrplan an Berufs- und Berufsfachschulen.

Als Unterrichtsprinzip erhebt „Berufssprache Deutsch" den Anspruch einer lernfeldübergreifenden Gültigkeit sowohl bezüglich des Fach- als auch des allgemeinbildenden Unterrichts wie Sozialkunde, Religion, Fremdsprachen und Deutsch. Für die Berufsschulen und Berufsfachschulen bedeutet dies, dass die Förderung sprachlich-kommunikativer Kompetenzen Element des Kfz-Fachunterrichts (beispielsweise Reklamationsgespräche im Rahmen des Lerngebietes Um- und Nachrüsten; vgl. ISB, 2015a, S. 42) und des Sozialkundeunterrichts (zum Beispiel eine Diskussion der staatlichen Einflussmöglichkeiten auf die Wirtschaft am Beispiel der damaligen Kfz-Abwrackprämie) ist. Die Auszubildenden werden somit durch ein Zusammenspiel von sprachlich-kommunikativen, berufsspezifischen, fachtheoretischen, -praktischen und allgemeinbildenden Inhalten ganzheitlich auf den Berufsalltag in der Kfz-Werkstatt, im Büro, der Zahnarztpraxis etc. möglichst individuell vorbereitet. Dies führt mit sich, dass sprachlich-kommunikative, fachliche und überfachliche Fertigkeiten bewusst verzahnt werden. Man geht davon aus, dass durch die Umsetzung von „Berufssprache Deutsch" das Unterrichtsfach Deutsch seitens der Schülerinnen und Schüler und teilweise auch der Lehrkräfte an Berufsschulen und Berufsfachschulen eine Aufwertung erhält und die persönliche Relevanz sowie die Motivation der Auszubildenden gesteigert wird. Isolierte Standardaufgaben sollen durch Szenarien entsprechend dem Konzept der handlungsorientierten Sprachdidaktik nach Hölscher, Piepho & Roche (2006) ersetzt werden. Die Orientierung an ausbildungs- und berufsrelevanten Handlungssituationen und selbstständiges Erarbeiten im Team sowie eine zweckbezogene und auf die betrieblichen Vorgänge basierende Auswahl eines Handlungsprodukts sollen die Qualität des Unterrichts steigern.

„Berufssprache Deutsch" setzt ein Drei-Komponenten-Modell für Fach- und Berufssprache voraus. Erstens das sprachliche Wissen und kommunikative Handeln: darunter sind die Bildungsstandards im Fach Deutsch für den Mittleren Schulabschluss zu verstehen (vgl. hierzu KMK, 2003). Diese beinhalten basale Kompetenzen für die Entwicklung von sprachlichem und kommunikativem Wissen. Zweitens Allgemein-, Fach- und Berufswissen: sie bilden die Inhalte des sprachlichen Handelns, bieten berufsspezifische und/oder alltagsrelevante Sprachsituationen. Mit Hilfe dieses Wissens verliert Sprache ihre Abstraktion und wird folglich konkreter, beispielsweise durch die Einbeziehung authentischer Alltagssituationen aus dem Ausbildungsbetrieb in den Unterricht. Drittens Methoden, Strategien und Arbeitstechniken: sie bilden die Grundlage für problemlösendes Handeln, was wiederum zum Lernen führt. Das Zusammenspiel der drei Komponenten entspricht dem sprachlich-kommunikativen Handeln in relevanten authentischen Situationen. Diese sind „in der Regel nicht nur auf einen Kompetenz- und Fertigkeitsbereich zu begrenzen, sondern – wie im richtigen Leben – ineinander verwoben." (ISB, 2016, S. 8 f.)

3. Entwicklungskonzept handlungsorientierter und berufsspezifischer Unterrichtsmaterialien und deren Erprobung

In einem größeren Forschungsprojekt wird die Effektivität des oben beschriebenen integrativen und handlungsorientierten Unterrichtskonzepts überprüft: im Rahmen des Mercator-Projekts „Bildungssprache Deutsch für berufliche Schulen" werden drei Wirksamkeitsstudien zu den Berufen Einzelhandelskaufleute, Medizinische Fachangestellte und Kfz-Mechatronikerinnen und Kfz-Mechatroniker durchgeführt. Dieser Beitrag bezieht sich auf die Kfz-Mechatronikerinnen und Kfz-Mechatroniker-Studie und stellt den Entwicklungsprozess dar, wie im Rahmen einer Pilotierung die Unterrichtsmaterialien und die Datenerfassungsinstrumente entwickelt und erprobt wurden. In einem ersten Schritt wurde zur Entwicklung der Unterrichtsmaterialien durch die Erhebung unterschiedlicher Daten ein Anforderungsprofil für Kfz-Mechatronikerinnen und Kfz-Mechatroniker erstellt, das nachfolgend vorgestellt und mit den Ergebnissen weiterer aktueller Studien verglichen wird (s. 3.1). Auf der Basis dieses vielfältigen Datenmaterials und unter Berücksichtigung der curricularen Vorgaben sowie der Merkmale der Pilotklasse erfolgte die Entwicklung lernfeldübergreifender und binnendifferenzierter Unterrichtsmaterialien (s. 3.2). Dabei wurde stets auf die Expertise erfahrener Kfz-Fachlehrkräfte zurückgegriffen. Diese Vorgehensweise entspricht den üblichen methodischen Zugängen zur Ermittlung berufssprachlicher Kompetenzanforderungen (vgl. Radspieler, 2014).

Die pilotierten Unterrichtsmaterialien sind handlungsorientiert ausgerichtet und behandeln das fachliche Thema Lambda-Sonde in Verbindung mit einem Kundengespräch als Rollenspiel (s. 3.3). Sie dienten der Ausgestaltung einer Unterrichtssequenz über vier Unterrichtseinheiten in einer 12. Kfz-Fachklasse, die über Videographie erfasst wurde. Abschließend wurden die Unterrichtssequenz und die Materialien zusammen mit den Schülerinnen und Schülern in einer Gruppendiskussion evaluiert. Die Reflexion und Bewertung der entwickelten Handlungsprodukte (das Kundengespräch in Form eines Rollenspiels) und der methodisch-didaktischen Ausrichtung der Unterrichtseinheit sowie der sprachlich-kommunikativen Kompetenzentwicklung fanden sowohl durch die Schülerinnen und Schüler auf der Unterrichtsebene als auch auf didaktisch-methodischer und sprachwissenschaftlicher Ebene statt (s. 4).

Auf Grundlage des Schüler- und Lehrerfeedbacks wurden die entwickelten Unterrichtsmaterialien optimiert und zur Durchführung der Wirksamkeitsstudie eingesetzt (vgl. Hoffmann, in Vorbereitung). Diese erfolgte in fünf Kfz-Fachklassen an zwei staatlichen Berufsschulen in Oberbayern. Die eingesetzten Unterrichtsmaterialien behandeln das fachliche Thema ESP/ABS[2] abermals in Verbindung mit einem Kundengespräch als Rollenspiel.

3.1 Sprachlich-kommunikatives Anforderungsprofil für Kfz-Mechatronikerinnen und Kfz-Mechatroniker

Um das Unterrichtsprinzip „Berufssprache Deutsch" im Unterrichtsalltag umsetzen zu können, ist es wichtig zu wissen, mit welchen Herausforderungen die Schülerinnen und Schüler im Ausbildungs- und späteren Berufsalltag konfrontiert werden. Aus diesem Grund wurde nach einer Dokumentenanalyse und auf der Grundlage der Ergebnisse vorausgegangener Erhebungen (vgl. hierzu Terrasi-Haufe, Roche & Riehl, 2017) ein sprachlich-kommunikatives Anforderungsprofil erstellt. Dies erfolgte anhand einer Inhaltsanalyse von Ordnungsmitteln, stichpunktartigen Lehrwerksanalysen, Hospitationen im Unterricht und in Kfz-Werkstätten, Experteninterviews und einer schriftlichen Befragung der Schülerinnen und Schüler. Der Schülerfragebogen lieferte neben subjektiven Theorien auch Aufschluss über angewendete Lernmethoden und -strategien sowie Selbsteinschätzungen der Schülerinnen und Schüler zu ihren sprachlich-kommunikativen Kompetenzen.

Betrachtet man die Erstellung eines sprachlich-kommunikativen Anforderungsprofils als die Grundlage für die Entwicklung authentischer Unterrichtsmaterialien stellt sich die Frage eines hierfür geeigneten Verfahrens. Janich (2007) stellt fest, dass es schwierig ist, „alle prototypischen, in jedem Fall aber alle institutionalisierten kommunikativen Tätigkeiten im Sinne regelmäßiger Vernetzung zu anderen Tätigkeitsbereichen aufzuzeigen." (ebd., S. 312). Sowohl Janich (2007, S. 325) als auch Efing (2014, S. 321) fordern für eine konkretere Beschreibung der sprachlich-kommunikativen Anforderungen einen bidimensionalen Forschungsansatz. Steffan (2015) fasst zusammen, dass es sowohl subjektive als auch objektive

---

2   ESP steht für Elektronisches Stabilitätsprogramm; ABS ist das Antiblockiersystem.

Komponenten zu untersuchen gilt. Als objektive Forschungsgegenstände werden beispielsweise Ordnungsmittel angeführt, die durch subjektive Theorien der Betroffenen ergänzt werden (vgl. hierzu Steffan, 2015, S. 136).

Die Grafik (Abbildung 1) veranschaulicht die Auswahl der erfassten Daten zur Erstellung eines sprachlich-kommunikativen Anforderungsprofils für Kfz-Mechatronikerinnen und Kfz-Mechatroniker.

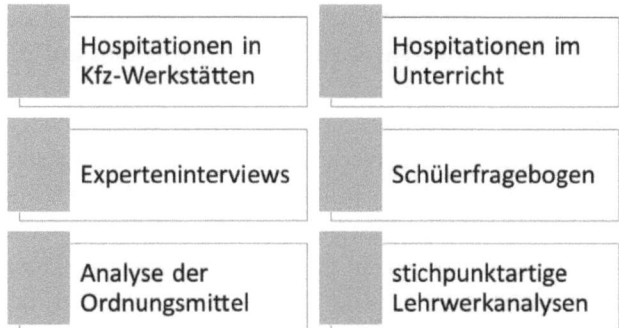

Abbildung 1:   Messinstrumente zur Eruierung des sprachlich-kommunikativen Anforderungsprofils

Als ein wichtiger Bezugspunkt für die Auswertung der Daten, die zur Erstellung des Anforderungsprofils erhoben wurden, haben sich bereits vorhandene Modelle und Überlegungen im Bereich Sprache und Beruf erwiesen. Ziegler (2016) unterscheidet vier verschiedene Komponenten bezüglich der sprachlich-kommunikativen Anforderungen in unterschiedlichen Berufsfeldern:

a) auf Realien bezogenes Handeln,
b) auf Symbole bezogenes Handeln,
c) auf Personen bezogenes Handeln und
d) auf Wissen bezogenes Handeln (vgl. Ziegler, 2016, S. 11f.).

In Kfz-Werkstätten konnte im Rahmen der durchgeführten stichpunktartigen Hospitationen primär der Bezug auf Realien bezogenes Handeln festgestellt werden. Vor allem in eingespielten Werkstattteams findet oft eine sehr reduzierte Kommunikation statt. „Sprache [ist] kein direktes Medium der beruflichen Leistungserbringung. Sprachliche Anforderungen stellen sich vornehmlich in arbeitsorganisatorischer Hinsicht. Hier dominiert der Anteil direkter mündlicher Kommunikation [...]" (Ziegler, 2016, S. 11). Die sprachlich-kommunikativen Anforderungen ändern sich jedoch entsprechend der Position innerhalb der Werkstatthierarchie. Der Lehrling im ersten Ausbildungsjahr hat insbesondere rezeptive Anforderungen zu bewerkstelligen (vor allem aktives Zuhören und Lesen von Anleitungen). Produktive Kompetenzen einschließlich Anweisung und Dokumentation übernehmen vereinzelt bereits Auszubildende ab dem zweiten Lehrjahr, jedoch vor allem Kfz-Gesellinnen und Kfz-Gesellen sowie die Kfz-Meisterin und der Kfz-Meister. Neben dem Wissen auf Realien bezogenes Handeln spielt auch jenes auf Personen bezogenes Handeln eine wichtige Rolle. Kundinnen und Kunden sprechen vorrangig mit dem Büropersonal und der gegebenenfalls vorhandenen Servicemanagerin bzw. dem Servicemanager, aber auch die Gesellinnen und Gesellen und die Meisterin und der Meister haben Kundenkontakt und müssen demzufolge adressatengerecht kommunizieren. Nur vereinzelt wurde beobachtet, dass Lehrlinge Kundinnen und Kunden beraten oder Sachverhalte erklären. Dies fand ausschließlich in sehr kleinen Unternehmen statt. Ähnlich wie in der Studie von Keimes (2014) werden die Auszubildenden im Betriebsalltag kaum auf die kommunikativen Anforderungen als Gesellin bzw. Geselle und Meisterin bzw. Meister vorbereitet. Die veränderten sprachlich-kommunikativen Kompetenzerwartungen je nach Position innerhalb der Kfz-Werkstatt entspricht den Feststellungen von Keimes (2014) zum Berufsfeld Bautechnik. Genauso wurde bei Efing (2012) im Rahmen der teilnehmenden Beobachtung festgestellt, dass sprachliche Anforderungen je Betriebsgröße stark variieren. In größeren Vertragswerkstätten finden sich überwiegend Servicemanagerinnen und Servicemanager, die primär als Mediatorin bzw. Mediator zwischen der Werkstatt und der Kundin oder dem Kunden fungieren. Folglich hat der Lehrling keinerlei Berührungspunkte mit den Kundinnen und Kunden. In kleineren Betrieben hingegen müssen auch Lehrlinge der Kundin oder dem Kunden bereits Rede und Antwort stehen.

Eine Studie des Bundesinstituts für Berufsbildung (Settelmeyer & Widera, 2017) beschäftigt sich ebenfalls mit den sprachlich-kommunikativen Anforderungen in Kfz-Betrieben. Dort wird festgestellt, dass die mündliche Kommunikation „[…] durch Fachwörter, häufig in verkürzter Form, und Werkstattsprache geprägt [ist]. Es gibt kurze Anweisungen […]. Auch finden sich routinierte Gesprächsabläufe […]." (Settelmeyer & Widera, 2016, S. 32). Ein Ergebnis der teilnehmenden Beobachtung in Werkstätten war im Rahmen der vorliegenden Studie, dass im Werkstattalltag ein einfacher Satzbau verwendet wird, die Sätze meist unvollständig sind und für den Laien oft schwer verständlich. Wie bereits erwähnt, entspricht dies auch den Erkenntnissen vorangegangener Studien (vgl. u.a. Settelmeyer & Widera, 2016). Während der Hospitationen in verschiedenen Kfz-Werkstätten verwendete das Personal nur sehr vereinzelt Fachbegriffe. Primär kam es dabei zu Umschreibungen und umgangssprachlichem Gebrauch von Fachausdrücken, wie auch von Settelmeyer & Widera (2016) festgestellt. Sprachliche Korrekturen seitens der Werkstattmeisterin bzw. des Werkstattmeisters konnten nur äußert selten beobachtet werden.

3.2 Curriculare und zielgruppenspezifische Vorgaben

Bei der Entwicklung von Unterrichtsmaterialien entsprechend dem Unterrichtsprinzip „Berufssprache Deutsch" ist es notwendig, sowohl die Lehrplanrichtlinien für die Fachklassen Kfz-Mechatronikerinnen und Kfz-Mechatroniker als auch den Deutschlehrplan für die Berufsschule und Berufsfachschule zu berücksichtigen. Innerhalb der nachfolgend dargestellten Unterrichtssequenz *„Lambda-Sonde. Ich berate Sie gerne."* sollen sich die Schülerinnen und Schüler folgende Kompetenzen erwerben:

a) Aus den Lehrplanrichtlinien für Fachklassen Kfz-Mechatronikerinnen und Kfz-Mechatroniker:

- Lerngebiet: Service. Lernfeld: Serviceaufgaben an Komfort- und Sicherheitssystemen durchführen (II).
  „[Sie] identifizieren unter Verwendung von Werkstattinformations- und Diagnosesystemen sowie durch gezielte Gesprächsführung mit Kunden erforderliche Inspektions- und Wartungsarbeiten [...]" (ISB, 2015a, S. 29).

- Lerngebiet: Service. Lernfeld: Fahrzeuge für Sicherheitsprüfungen und Abnahmen vorbereiten.
  „Sie informieren den Kunden über den Zustand des Fahrzeugs, die Prüfintervalle, die Mängel und die notwendigen Reparaturen *(Art, Umfang, Kosten)*" (ISB, 2015a, S. 31).

b) Aus dem Deutschlehrplan für die Berufsschule und Berufsfachschule:

- Kompetenzbereich „Sprechen und Zuhören". Phase: Durchführen.
  Die Schülerinnen und Schüler ...
  ... „gestalten unterschiedliche Sprechsituationen adressaten-, situations- und zielorientiert angemessen [...]" (ISB, 2016, S. 36).
  ... „nehmen in Kommunikationssituationen überzeugend Stellung, indem sie Zusammenhänge erörtern und ihre Position begründen" (ebd.).

- Kompetenzbereich „Sprechen und Zuhören". Phase: Präsentieren.
  Die Schülerinnen und Schüler ...
  ... „veranschaulichen Zusammenhänge, begründen ihre Position, ziehen Schlussfolgerungen und zeigen weiterführende Aspekte auf" (ISB, 2016, S. 37).
  ... „setzen Überzeugungsstrategien ein" (ebd.).

- Kompetenzbereich „Sprechen und Zuhören". Phase: Reflektieren.
  Die Schülerinnen und Schüler ...
  ... „leiten selbstständig Erkenntnisse aus der Fremd- und Selbsteinschätzung für das zukünftige Gesprächs- und Arbeitsverhalten ab" (ISB, 2016, S. 40).
  ... „verantworten ihr Verhalten in Kommunikationssituationen" (ebd.).

Die Pilotierungsklasse wurde ausgewählt, weil sie laut Angaben der Schulleitung und des Kollegiums als repräsentativ gilt. Es handelte sich um eine Klasse der zwölften Jahrgangsstufe der Staatlichen Berufsschule I in Mühldorf am Inn. Sie bestand aus 26 ausschließlich männlichen Schülern. Die Jugendlichen befanden sich im dritten Berufsausbildungsjahr und hatten die Abschlussprüfung Teil I (Zwischenprüfung) erfolgreich abgelegt. Laut Angaben der Lehrkraft liegt die Altersstruktur zwischen 18 und 24 Jahren. Es hatten genauso viele Kfz-Lehrlinge den qualifizierenden Mittelschulabschluss wie auch den mittleren Schulabschluss erworben (jeweils zehn), zwei besitzen den einfachen Mittelschulabschluss und einer hat die Schulpflicht ohne Abschluss beendet. Zwei Jugendliche besuchten die Fachoberschule und einer das Gymnasium. Ein Schüler ist erst seit kurzer Zeit in Deutschland und beherrscht die deutsche Sprache ausreichend, so dass er dem Unterrichtsverlauf folgen kann.

Die Lehrkraft bewertete die Leistungsbereitschaft der Pilotierungsklasse hinsichtlich ihrer Mitarbeit als befriedigend. Das Interesse an Standardthemen des Deutschunterrichts ist laut der Deutschlehrkraft der Pilotierungsklasse nicht bei allen Schülern der untersuchten Kfz-Klasse gleich stark. Die teilweise geringe Motivation schlägt sich in der Mitarbeit und den Leistungen nieder.

Um der Heterogenität der Pilotierungsklasse bezüglich des Alters, der schulischen Vorerfahrungen und der sprachlich-kommunikativen sowie fachlichen Kompetenzen gerecht zu werden, sind binnendifferenzierte Unterrichtsmaterialien entwickelt worden. Innere Differenzierung „ist die didaktisch-methodische Individualisierung von Unterricht in einem noch zwangsläufig heterogenen Klassenverband und berücksichtigt die nach wie vor bestehende Heterogenität innerhalb einer Lernergruppe. Sie bezieht sich sowohl auf die Planung und Vorbereitung als auch auf die schülerorientierte Gestaltung von Unterricht und fällt somit in den Verantwortungsbereich der unterrichtenden Lehrkraft." (Riedl, 2008, S. 2). Riedl (2008) unterscheidet zwischen vier Arten der Binnendifferenzierung: a) thematisch-intentional, b) methodisch, c) medial und d) anhand der Sozialform. Im nachfolgenden Szenario wurden alle vier Möglichkeiten der inneren Differenzierung verwendet. Beispielsweise erhalten Schüler zusätzliche Übungsgelegenheiten und Vertiefungen zum Thema Argumentieren (thematisch-intentional). Methoden wie die Placemat (s. 3.3) standen zusätzlich vorstrukturiert zur Verfügung (methodisch). Informations- und Arbeitsblätter wurden durch Grafiken veranschaulicht, darüber hinaus hatten die Schüler eine Auswahl zwischen verschiedenen Medien, die sie zur Informationsgewinnung (medial) nutzen konnten. Die Sozialform konnten die Auszubildenden während der Informations- und Planungsphase der Unterrichtssequenz frei wählen. Daneben fand ein Wechsel zwischen Einzel- und Gruppenarbeit statt.

3.3 Pilotierung: „Ich berate Sie gerne." – Ein Unterrichtsszenario in einer 12. Kfz-Klasse

Nachfolgend wird die Pilotierungssequenz skizziert. Die Unterrichtseinheit ist entsprechend den Phasen der vollständigen Handlung aufgebaut. Es wurde das Unterrichtsprinzip „Berufssprache Deutsch" verwirklicht, indem sowohl fachliche als auch kommunikativ-sprachliche Kompetenzen vermittelt werden (s. 2 und 3.2). Die Unterrichtssequenz ist aufgrund der Heterogenität der Schüler bezüglich des Vorwissens, der schulischen Vorbildung und des Sprachniveaus (s. 3.2) durchgehend binnendifferenziert gestaltet. Daneben werden die Kriterien für einen handlungsorientierten Sprachunterricht nach Roche (vgl. in diesem Band) angewendet. Zusätzlich sind Übungen zu Arbeitstechniken und Strategien in die Materialien integriert. Die Schülerbefragung vor der Erprobung ergab, dass die Schüler einen sehr unterschiedlichen Kenntnisstand über Arbeitstechniken und -strategien haben und auch ihnen bekannte Techniken und Strategien größtenteils nicht verwenden.

Orientierungsphase
Zu Beginn der Unterrichtssequenz werden die Schüler mit einer Lernsituation konfrontiert zu deren Lösung sie ein Handlungsprodukt erarbeiten müssen. Dieses Szenario enthält als sprachliches Handlungsprodukt das adressatengerechte Führen eines Kundengesprächs, welches die Auszubildenden in den Folgestunden erarbeiten. Die Lernsituation wird mit Hilfe eines Post-its durchgeführt, da sich während der teilnehmenden Beobachtung in Kfz-Werkstätten dieses Kommunikationsmedium als realitätsnah und leicht im Unterricht umsetzbar herauskristallisiert hat. Die Lernsituation lautet wie folgt:

> *Hallo _____!*
>
> *Herr Fink (MI-SB 2016) kommt um 10 Uhr. HU ist nicht bestanden! Lambda-Sonde ist defekt (ca. 290 Euro). Das Prüfprotokoll liegt auf meinem Schreibtisch. Berate bitte den Kunden! Danke!*
>
> *Hans*
>
> *P.S. Ich bin um halb 4 zurück.*

Auf eine textoptimierte Darstellung der Lernsituation wird verzichtet, da das Szenario bereits sprachlich reduziert und vereinfacht ist. Beispielsweise enthält jeder Satz nur eine Information, wie es die TOP-Methode[3] fordert.

Um einerseits die präsentierte Lernsituation mit den eigenen Erfahrungen der Schüler in der Kfz-Werkstatt zu verknüpfen und andererseits die Relevanz der Thematik zu prüfen, erfolgt im nächsten Schritt folgender Impuls durch die Lehr-

---

3   Vgl. hierzu die Erläuterungen des ISB zur TOP-Methode: ISB Bayern (Hrsg.) (2015b).

kraft: *„Sie haben sicherlich bereits ähnliche Situationen erlebt. Berichten Sie von diesen Gesprächssituationen."* Mit Hilfe der Methode Blitzlicht[4] sollen alle Schüler für die Thematik aktiviert werden und von ihren persönlichen Erfahrungen zum Thema Kundengespräch erzählen. Dieser Schritt hilft der Lehrkraft, das Vorwissen der Schüler richtig einzuordnen.

Informationsphase

Während der Informationsphase tauschen sich die Kfz-Auszubildenden zunächst mit Hilfe der Methode Placemat über ihr Vorwissen aus. Wie funktioniert die modifizierte Form der Methode Placemat in dem vorgestellten Szenario? Es werden Gruppen mit je vier Schülern gebildet. Jeder notiert sein Vorwissen zu jeder der vier gestellten Fragen (vgl. die nachfolgenden Fragen a bis d), wobei jede Frage ein Feld innerhalb des Placemat hat. Dieser erste Schritt erfolgt in Einzelarbeit. Anschließend wird die Placemat im Uhrzeigersinn gedreht und es werden die Notizen der Mitschüler gelesen. Die Gruppe tauscht sich daraufhin über die Notizen aus. Die Schüler besprechen ihre Ideen, einigen sich gemeinsam auf die zentralen Aspekte und tragen diese in das Gruppenfeld in der Mitte des Placemat ein. Die Gruppen präsentieren ihre zentralen Ergebnisse. Zur Erarbeitung stehen ihnen authentische Materialien zur Verfügung. Der TÜV-Prüfbericht zeigt den Schülern beispielsweise, dass der Kohlenstoffmonoxidwert nicht in Ordnung und der Lambda-Wert zu niedrig ist. Folglich waren die Ergebnisse der Abgasuntersuchung nicht in Ordnung. In Viererteams erarbeiten die Auszubildenden das Placemat zu folgenden Fragen:

a) Welches fachliche Wissen ist notwendig?
b) Wie gehe ich bei einem Beratungsgespräch vor?
c) Mit welchen Kundenfragen muss ich rechnen?
d) Was ist sprachlich bei einem Beratungsgespräch zu beachten?

Die Verknüpfung von sprachlich-kommunikativen und fachlichen Kompetenzen wird an dieser Stelle besonders deutlich. Dies entspricht dem Unterrichtsprinzip „Berufssprache Deutsch". Frage c) fordert die Schüler außerdem zum Perspektivenwechsel auf, indem sie sich in die Rolle des Kunden versetzen müssen. Dadurch soll die Adressatenorientierung gefördert werden. Anschließend stimmen sie im Team ab, welche die essentiellen Punkte bei einem Kundengespräch zum Thema Lambda-Sonde sind. Das gemeinsame Aushandeln und Einigen auf die Kernpunkte fördert neben den sprachlichen, auch die sozialen und demokratischen Kompetenzen und aktiviert alle Schüler (vgl. Roche, Reher & Šimić, 2012, S. 61). Die Placematvorlage steht ihnen auch in vorstrukturierter Form zur Verfügung. Auf diese griffen alle Gruppen zurück, keine verwendete die Alternativvor-

---

4   Vgl. die Ausführungen der Bundeszentrale für politische Bildung zur Methode Blitzlicht: Bundeszentrale für politische Bildung (Hrsg.) (2012).

lage ohne Hilfestellung. Dies lässt sich dadurch erklären, dass kaum ein Schüler – laut ihren eigenen Angaben in der vorab durchgeführten Schülerbefragung – die Methode Placemat vorher kannte. Durch die zusätzlichen Informationen auf der vorstrukturierten Placematvorlage ist die Vorgehensweise der Methode leichter verständlich.

Planungsphase

Zur Planung des Kundengesprächs stand den Schülern ein vielfältiges binnendifferenziertes Informationsmaterial zur Verfügung: Beispielsweise ein Leitfaden zur Gesprächsführung mit und ohne Formulierungshilfen, grammatikalische Informationen mit thematisch passenden Übungen zu Konjunktionen, Hinweise zur gelungenen Argumentation, Rollenkarte „Kunde" mit und ohne mögliche Kundenfragen. Selbstreguliert wählten die Auszubildenden die für sie geeigneten Informationsquellen aus und bearbeiteten diese in Einzel-, Partner- oder Gruppenarbeit. Sie erstellten Notizen und planten anschließend in Zweierteams ein adressatenorientiertes Kundengespräch.

Durchführungs- und Präsentationsphase

Das Handlungsprodukt ist ein Beratungsgespräch. Die Schüler sollten ihre eigene alltägliche Rolle als Auszubildender in einer Kfz-Werkstatt übernehmen. Die angehenden Kfz-Mechatroniker führten die Rollenspiele durch. Bei Bedarf konnten Notizen oder die Formulierungshilfen des Gesprächsleitfadens verwendet werden. Eine Kfz-Lehrkraft übernahm die Rolle des Kunden. Die Präsentationen wurden für die Analyse videografiert.

Bewertungsphase

Mit Hilfe binnendifferenzierter Bewertungsbögen, die mit und ohne Tipps zur Formulierung eines konstruktiven Feedbacks zur Verfügung stehen, sollten die Mitschüler lösungsorientiert Rückmeldung geben. Kriterien sind der Inhalt, die Sprechweise, die Körpersprache, die individuelle Angepasstheit, sprachliche Korrektheit und die Qualität der Informationen. Nachdem der Schüler eine Selbsteinschätzung seiner Leistung vorgenommen hat, geben die Mitschüler den Kfz-Auszubildenden konstruktives Feedback.

Reflexionsphase

Abschließend bewerten die Schüler die Unterrichtssequenz in einer mit Leitfragen gestützten Gruppendiskussion, welche per Videoaufnahme festgehalten wird.

4. Ergebnisse der Pilotierung

Orientierungsphase

Was teilten die Schüler in dieser Unterrichtsphase bezüglich ihres Vorwissens und eigenen Erfahrungen mit? Es stellte sich heraus, dass nur wenige bereits selbst ein Kundengespräch durchgeführt hatten. Zwei Schüler hatten ähnliche Situationen wie im vorgegebenen Szenario in der Kfz-Werkstatt erlebt. Jedoch ging es hierbei um das Thema Katalysator statt Lambda-Sonde. Die Meisten hatten zwar bei den Gesellinnen bzw. Gesellen und vor allem der Werkstattmeisterin bzw. dem Werkstattmeister Kundengespräche mitgehört, aber sie waren nicht aktiv daran beteiligt. Ein gutes Drittel hatte bislang keinerlei Kundenkontakt. Dies liegt vor allem daran, dass jene Schüler in größeren Vertragswerkstätten arbeiten und beispielsweise eine Serviceberaterin bzw. ein -berater als Sprachrohr zwischen Werkstatt und Kundin bzw. Kunde fungiert. Diese Vermutung wird durch die Daten der vorab durchgeführten Schülerbefragung bestätigt. In manchen Kfz-Betrieben ist den Kundinnen und Kunden aus Sicherheitsgründen das Betreten des Werkstattbereiches verboten und somit übernimmt das Personal bei der Annahme bzw. im Büro die Kommunikation. Dies teilten die Schüler im Rahmen der leitfadengestützten Gruppendiskussion mit.

Dieses heterogene Bild an Vorwissen innerhalb der Pilotierungsklasse deckt sich mit den Ergebnissen der teilnehmenden Beobachtungen in den Kfz-Werkstätten sowie der Schülerbefragung. Keiner der Schüler hat laut eigener Auskunft im Fragebogen sehr oft Kundenkontakt. Die Mehrzahl spricht laut ihren Angaben im Schülerfragebogen „oft" bis „manchmal" und nur Einzelne kommunizieren „weniger oft" bis „nie" mit Kundinnen und Kunden. Jedoch spätestens als Gesellin bzw. Geselle müssen auch diese Schüler gemäß den Informationen der interviewten Betriebsangehörigen adressatengerecht kommunizieren können. Dies scheint den Auszubildenden auch bewusst zu sein, denn im Schülerfragebogen antworteten die meisten, dass sie die Kompetenz „Kunden beraten" als „sehr wichtig" oder „eher wichtig" einschätzen. Die befragten Unternehmen bestätigen einstimmig, dass diese Kompetenz seitens der Berufsschule als auch des Unternehmens gefördert werden muss. Daraus lässt sich ableiten, dass das Thema Kundengespräch eine erhöhte Relevanz für die Schüler hat.

Informationsphase

Insgesamt beurteilten die Auszubildenden in der abschließenden Gruppendiskussion diese Phase als sehr gewinnbringende und angenehme Abwechslung. Einige wenige Auszubildende des Berufs Kfz-Mechatroniker empfanden die Methode Placemat als sinnlose Spielerei und fern der Realität. Dies kann einerseits daran liegen, dass die Dynamik und Produktivität innerhalb ihrer Gruppe nicht zu dem gewünschten Ziel geführt hat. Ein weiterer Erklärungsansatz ist, dass sie bereits durch Vorgängerschulen an einem lehrerzentrierten Unterricht gewöhnt waren.

Es könnte auch sein, dass ihnen der Sinn der Methode Placemat nicht klar war. Die Besprechung der Ergebnisse der Placematphase zeigt tendenziell, dass die Schüler Vorwissen im fachlichen Bereich Lambda-Sonde hatten. Dies liegt unter anderem daran, dass das Fachthema in Absprache mit den Fachkollegen vorab im Kfz-Unterricht besprochen wurde. Die Inhalte des sprachlich-kommunikativen Bereichs, nämlich ein adressatenorientiertes Kundengespräch führen, waren den Auszubildenden dagegen nur teilweise bekannt.

Während der Informationsphase konnten die Schüler ihr Wissen zum Thema Lambda-Sonde reaktivieren. Dabei standen ihnen ihre Unterlagen aus dem Kfz-Fachunterricht, das Kfz-Fachbuch und ein textoptimierter Fachtext zur Verfügung. Biedebach (2006) erklärt mit Verweis auf Schiesser & Nodari (2006), dass die „sprachlichen Anforderungen an Auszubildende deutlich gestiegen sind [und] [d]ie Inhalte und damit auch die Fachsprache, die sie sich während ihrer Ausbildung aneignen müssen, […] in den vergangenen Jahrzehnten zunehmend an Komplexität gewonnen [haben]." (Biedebach, S. 26). Dementsprechend ist die Textverständniskompetenz der Auszubildenden nicht zwangsläufig schlechter geworden, sondern es gilt zu berücksichtigen, dass die Anforderungen gestiegen sind. Aus diesem Grund wurde den Schülern im Rahmen der Binnendifferenzierung ein didaktisierter Fachtext entsprechend den Merkmalen der TOP-Methode angeboten. Dieser sollte vor allem DaZ-Schülern helfen, sich schnell einen Überblick über die Thematik zu verschaffen. Der Text ist stark strukturiert, sprachlich reduziert und durch visuelle Elemente wie vereinfachte Grafiken ergänzt. Die Auszubildenden bewerteten diesen didaktisierten Fachtext durchgehend als sehr hilfreich und fast alle haben ihn verwendet. Das Kfz-Fachbuch, das primär im regulären Kfz-Fachunterricht eingesetzt wird, fasst dagegen die Inhalte nicht so kompakt zusammen und fordert die Schüler zusätzlich hinsichtlich ihrer Recherchekompetenz. Hinzu kommt, dass die benötigten Informationen zur Bearbeitung der Lernsituation auf mehreren Kapiteln verteilt sind.

Zusätzlich wurden den Kfz-Auszubildenden die drei nachfolgenden Lesestrategien zum besseren Verständnis des Fachtextes angeboten, wovon sie eine für sie geeignete auswählen sollten.

a) Lesen Sie den Text leise. Unterstreichen Sie Ihnen bekannte Fachwörter.
b) Erstellen Sie ein Mindmap zum Thema Lambda-Sonde.
c) Erklären Sie Ihrem Lernpartner anhand der Grafik die Funktionsweise der Lambda-Sonde. Sobald Sie stocken, lesen Sie den Text nochmals laut.

Etwa ein Drittel der Auszubildenden gab in der Schülerbefragung an, dass ihnen Lesestrategien aus den Vorgängerschulen bekannt seien, dennoch würden sie diese bislang nicht verwenden. Der Grund hierfür sei, dass die Methode ihrer Ansicht nach mehr Zeit benötige als ihre eigene intuitive Vorgehensweise. Hierbei bezogen sie sich meist auf die Fünf-Schritt-Lesemethode. Darüber hinaus beklagten einige wenige Schüler, dass sie die Auswahl zwischen drei verschiedenen Lesestrategien überfordere. Dementsprechend verwendeten sie diese auch während dieser Unterrichtssequenz kaum.

Planungsphase

Entsprechend ihren Angaben während den abschließenden leitfadengestützten Gruppendiskussionen, empfanden alle Schüler die Arbeit in den Gruppen als sehr angenehm, gewinnbringend und zielorientiert. Auch die zur Verfügung gestellten Materialien wurden durchgehend positiv beurteilt. Einzige Ausnahme bildete dabei das Informationsblatt „Mit Konjunktionen eigene Aussagen zusammenhängend formulieren" sowie die passenden Grammatikübungen dazu. Das Prinzip der integrierten Grammatik, wie es der ab dem Schuljahr 2016/17 gültige Deutschlehrplan für die Berufsschulen und Berufsfachschulen in Bayern fordert, wird an dieser Stelle verwirklicht (vgl. ISB, 2016, S. 7). Grammatik soll zweckgebunden in bestimmten Unterrichtsmomenten thematisiert werden, wenn die Schülerinnen und Schüler ein grammatikalisches Phänomen als Handwerkszeug zur Bewältigung des Handlungsproduktes benötigen. In diesem Fall bietet es sich an, das Thema Konjunktionen zu wiederholen, um die Formulierung von zusammenhängenden Aussagen im Rahmen des Kundengesprächs zu erproben. Die Materialien gliedern sich in eine Informationskarte mit den wesentlichen Informationen zu Konjunktionen sowie zu dem Thema passenden Beispielsätzen. Ergänzt wird dies durch Übungen, die ebenso die beiden Aspekte Lambda-Sonde und Kundengespräch aufgreifen. Viele Schüler merkten an, dass sie diese Grammatikblätter nicht benutzt haben, da ihnen die Inhalte bereits aus der Vorgängerschule bekannt waren. Einstimmig sahen die Kfz-Auszubildenden keinen Sinn darin, in der Berufsschule grammatikalische oder orthographische Phänomene zu wiederholen.

Zur Förderung der sprachlich-kommunikativen Kompetenzen werden binnendifferenzierte Gesprächspläne mit und ohne Formulierungshilfen angeboten. Ein Kundengespräch wird exemplarisch in drei Phasen gegliedert, nämlich a) Kontakt knüpfen (Einleitung), b) Kontakt gestalten (Hauptteil) und c) Kontakt beenden (Schluss). Die drei Gesprächsphasen werden durch inhaltliche Beschreibungen konkretisiert. Zur individuellen Förderung wird dieser Gesprächsplan um zahlreiche Formulierungsvorschläge ergänzt. Dies soll vor allem den DaZ-Schülern Sicherheit für das anschließende Rollenspiel geben. In der Klasse befinden sich auch Schüler mit allgemeiner Hochschulreife. Auch diese Lernergruppe gilt es bestmöglich zu fördern. Dies geschieht mit Hilfe eines Informationsblattes zum überzeugenden Argumentieren.

Beide Materialien bewerteten die Schüler im Rahmen der abschließenden Gruppendiskussion als effektive Unterstützung zur Vorbereitung auf das Kundengespräch. Alle haben den Gesprächsplan verwendet, gut die Hälfte der Klasse hat die Zusatzinformationen zur Argumentation genutzt.

Um sich nur auf eine Rolle, nämlich jene des Auszubildenden zu konzentrieren, erhalten die Schüler eine Informationskarte mit einigen Ideen zu Fragen, die der Kunde stellen könnte.

Bewertungsphase

Die Bewertungsphase empfanden die Auszubildenden laut ihren Angaben während der abschließenden Diskussionsrunde durchwegs als sehr nützlich für ihren beruflichen Alltag. Ebenso konnten sie aus der Rückmeldung Schlüsse für ihren Privatbereich ziehen. Viele nahmen sich vor, bestimmte sprachlich-kommunikative Aspekte zu verbessern. Darüber hinaus waren sich alle einig, dass man berufsfachliche Themen öfters in den Deutschunterricht integrieren sollte.

Reflexionsphase

Einige Ergebnisse der Reflexionsphase wurden bereits im Rahmen der kritischen Beleuchtung der obigen Unterrichtsphasen erwähnt. Weiter berichteten die Schüler innerhalb der Diskussionsgruppen, dass die Verknüpfung von Deutsch- und Fachunterricht eine neue Erfahrung für sie war, die es ihrer Meinung nach zu vertiefen gilt. Sie sehen so mehr Relevanz im Deutschunterricht an der Berufsschule. Bislang verbanden sie das Fach Deutsch mit Kommasetzungs-, Groß- und Kleinschreibübungen sowie Aufsatzkunde, was sie als uninteressant bis sinnlos bewerteten. *„Wer das bislang nicht gelernt hat, wird das jetzt in der Berufsschule auch nicht lernen,"* fasste ein Schüler dieses Argument zusammen und ein anderer stellte überrascht fest, dass Deutschunterricht sogar Spaß machen kann. Auch hinsichtlich der mündlichen Prüfung der Gesellenprüfung Teil I (Zwischenprüfung) und Gesellenprüfung Teil II begrüßten die Auszubildenden die Verknüpfung von Deutsch- und Fachunterricht, denn in beiden Prüfungen wird ein Fachgespräch verlangt. Eine Anregung der Kfz-Lehrlinge ist, dass sie nicht nur mit einem, sondern mit verschiedenen Kundentypen konfrontiert werden sollen. Auf diese Weise könne der Leistungsanspruch innerhalb der Unterrichtssequenz variieren.

Abgeleitet aus den Schülerkommentaren im Rahmen der abschließenden Gruppendiskussion und den Kommentaren der Lehrkraft haben sich einige zentrale Punkte herauskristallisiert, die für die Unterrichtsgestaltung zu beachten sind. Die Schüler der Pilotierungsklasse haben entsprechend ihren Angaben während der Orientierungs- und Informationsphase sehr unterschiedliches und oft nur geringes Vorwissen bezüglich der adressatenorientierten Kundenberatung geäußert. Dementsprechend ist bei der Materialgestaltung für die Wirksamkeitsstudie darauf zu achten, dass diese binnendifferenziert gestaltet sind, um die Auszubildenden individuell zu fördern. Diese Forderung ist auch aus den heterogenen biographischen Daten, beispielsweise hinsichtlich der Schulabschlüsse, abzuleiten. Die Lesestrategien wurden kaum verwendet, ebenso die integrierte Grammatik. Dies gilt es zu ändern. Einerseits muss die Funktion als Hilfsmittel für das Kundengespräch den Schülern gegenüber transparent gemacht werden, andererseits besteht bei den Aufgabenstellungen und -formaten Optimierungsbedarf, indem auch hier eine stärkere Verbindung zum Werkstattalltag hergestellt wird.

5. Resümee

„[…] [F]ür den erfolgreichen Übergang in eine Berufsausbildung und deren Bestehen ist das Beherrschen der deutschen Sprache von entscheidender Bedeutung. Dies gilt nicht nur für allgemeine Sprachkompetenzen, sondern auch für die Fähigkeit, die deutsche Sprache im beruflichen Kontext situationsgerecht und korrekt anzuwenden." (Denneborg, 2012, S. 7)

Mit der Unterrichtssequenz zum fachlichen Thema *Lambda-Sonde* in Verbindung mit der Kompetenz, Kundengespräche adressatengerecht zu führen, wurde der Versuch unternommen, mit Hilfe authentischer Materialien handlungsorientierten und integrativen Unterricht zu entwickeln. Es wird zwar keinerlei Anspruch auf Repräsentativität erhoben, dennoch können die ersten Ergebnisse unter anderem anhand der subjektiven Theorien der Schüler vor allem im Rahmen der leitfadengestützten Gruppendiskussionen als positiv bewertet werden.

Literatur

Biedebach, Wyrola (2006). Der Modellversuch „Vocational Literacy (VOLI) – Methodische und sprachliche Kompetenzen in der beruflichen Bildung". Konzeption – Erfahrungen – bisherige Ergebnisse. In Christian Efing & Nina Janich (Hrsg.), *Förderung der berufsbezogenen Sprachkompetenz. Befunde und Perspektiven* (S. 15–32). Paderborn: Eusl- Verlagsgesellschaft.

Bundeszentrale für politische Bildung (Hrsg.). (2012). *Blitzlicht.* Verfügbar unter: http://www.bpb.de/lernen/grafstat/grafstat-bundestagswahl-2013/148861/blitzlicht [23.01.2017].

Bühler, Karl (1934). *Sprachtheorie. Die Darstellungsfunktion von Sprache.* Jena: Fischer.

Denneborg, German (2012). Vorwort. In ISB (Hrsg.), *Berufssprache Deutsch. Handreichung zur Förderung der beruflichen Sprachkompetenz von Jugendlichen in der Ausbildung* (S.7–8). Verfügbar unter: https://www.isb.bayern.de/download/13762/teil_1_konzept. pdf [28.04.2017].

Efing, Christian (2012). Sprachliche oder kommunikative Fähigkeiten – was ist der Unterschied und was wird in der Ausbildung verlangt? *BWP – Berufsbildung in Wissenschaft und Praxis, 2,* 6–9.

Efing, Christian (2014). Theoretische und methodische Anmerkungen zur Erhebung und Analyse kommunikativer Anforderungen im Beruf. In Karl-Hubert Kiefer, Christian Efing, Matthias Jung & Annegret Middeke (Hrsg.), *Berufsfeld-Kommunikation: Deutsch* (S. 11–33). Frankfurt am Main: Peter Lang.

Hölscher, Petra; Piepho, Hans-Eberhard & Roche, Jörg (2006). *Handlungsorientierter Unterricht mit Lernszenarien. Kernfragen des Spracherwerbs.* Oberursel: Finken Verlag.

Hummelsberger, Siegfried (2002). *Literaturunterricht und literarisches Verstehen bei Berufs-schülern. „Ich lese was, was du nicht liest … !".* Frankfurt am Main: Peter Lang.

ISB Bayern (Hrsg.). (2015a). *Lehrplanrichtlinien für die Berufsschule. Fachklassen Kfz-Me-chatroniker/Kfz-Mechatronikerin. Unterrichtsfächer: Service. Instandsetzung. Diagnose. Um- und Nachrüsten.* Verfügbar unter: https://www.isb.bayern.de/download/17100/lpr_kfz_mechatroniker_gesamt.pdf [23.01.2017].

ISB Bayern (Hrsg.). (2015b). *Berufssprache Deutsch. Textoptimiert und verständlich formu-lieren (TOP-Methode).* Verfügbar unter: https://www.isb.bayern.de/download/16496/top_methode_berufssprache_13082015.pdf [23.01.2017].

ISB Bayern (Hrsg.). (2016). *Lehrplan für die Berufsschule und Berufsfachschule.* Unterrichtsfach: *Deutsch.* Verfügbar unter: https://www.isb.bayern.de/download/18193/lehrplan_d_bs_genehmigt_07.2016.pdf [23.01.2017].

Keimes, Christina (2014). *Lesen. Lesekompetenz in gewerblich-technischen Ausbildungsberu-fen.* Marburg: Tectum Wissenschaftsverlag.

KMK (Kultusministerkonferenz) (2003). *Beschlüsse der Kultusministerkonferenz. Bildungs-standards im Fach Deutsch für den Mittleren Schulabschluss.* Verfügbar unter: http://www.kmk.org/fileadmin/Dateien/veroeffentlichungen_beschluesse/2003/2003_12_04-BS-Deutsch-MS.pdf [23.01.2017].

Radspieler, Andreas (2014). Ermittlung relevanter berufssprachlicher Kompetenzen aus der Subjektperspektive über Critical Incidents. *bwp@* [Online-Fachjournal], 26. Verfügbar unter: http://www.bwpat.de/ausgabe26/radspieler_bwpat26.pdf [28.04.2017].

Riedl, Alfred (2008). *Innere Differenzierung – Herausforderungen für modernen Unterricht.* Verfügbar unter: http://riedlpublikationen.userweb.mwn.de/pdf/inneredifferenzie-rungriedl2008.pdf [23.01.2017].

Roche, Jörg; Reher, Janina & Šimić, Mirjana (2012). *Focus on Handlung. Zum Konzept des handlungsorientierten Erwerbs sprachlicher, sozialer und demokratischer Kompetenzen im Rahmen einer Kinder-Akademie.* Münster: Lit.

Roche, Jörg & Terrasi-Haufe, Elisabetta (2017). Sprachlernort Berufsschule: Aktuelle Ent-wicklungen in Bayern. *BWP,* 6, 14–18.

Roche, Jörg (in diesem Band). Herleitung von Grundlagen der handlungsorientierten Sprachvermittlung an beruflichen Schulen.

Schelten, Andreas (2002). Über den Nutzen der Handlungsregulationstheorie für die Be-rufs- und Arbeitspädagogik. *Pädagogische Rundschau, 56* (6), 621–630.

Schiesser, Daniel & Nodari, Claudio (2006). *Leseförderung im Unterricht.* Unveröffentlich-tes Manuskript, Wiesbachen.

Settelmeyer, Anke & Widera, Christina (2017). Was Auszubildende im Betrieb sprachlich-kommunikativ leisten müssen. *BWP,* 6, 30–33.

Steffan, Felix (2015). Sprachlich-kommunikative Anforderungen im Berufsfeld Einzelhan-del. In Christian Efing (Hrsg.), *Sprache und Kommunikation in der beruflichen Bildung* (S. 131–148). Frankfurt am Main: Peter Lang.

Steffan, Felix (in diesem Band). Bereiten Deutschlehrwerke auf den Beruf vor? Eine explo-rative Untersuchung zum Schreiben im Berufsfeld Einzelhandel.

Terrasi-Haufe, Elisabetta; Roche, Jörg & Riehl, Claudia Maria (2017). Heterogenität an beruflichen Schulen. Ein integratives, handlungsorientiertes Modell für Curriculum, Unterricht und Lehramt: didaktische, bildungs- und fachpolitische Perspektiven. In Regina Freudenfeld, Ursula Gross-Dinter & Tobias Schickhaus (Hrsg.), In Sprachwelten über-setzen. Beiträge zur Wirtschaftskommunikation, Kultur- und Sprachmittlung in DaF und DaZ (S. 157–182). Göttingen: FaDaF.

Terrasi-Haufe, Elisabetta & Roche, Jörg (in Vorbereitung). Handlungsbasierter Unterricht an beruflichen Schulen in Bayern. In Christian Efing & Karl-Hubert Kiefer (Hrsg.), *Sprachbezogene Aufgaben und Curricula in der beruflichen Bildung*. Frankfurt am Main: Peter Lang.

Wiater, Werner (2014). *Unterrichtsprinzipien* (6. überarbeitete Aufl.). Donauwörth: Auer.

Ziegler, Birgit (2016). Sprachliche Anforderungen im Beruf – Ein Ansatz zur Systematisierung. *BWP, 6*, 9–13.

Michael Becker-Mrotzek,
Hans-Joachim Roth
(Hrsg.)

Sprachliche Bildung – Grundlagen und Handlungsfelder

Sprachliche Bildung, Band 1,
2017, 378 Seiten, br., 37,90 €,
ISBN 978-3-8309-3389-2
E-Book: 33,99 €,
ISBN 978-3-8309-8389-7

In diesem Band geben namhafte Vertreterinnen und Vertreter unterschiedlicher Disziplinen einen Überblick über die zentralen Fragestellungen, aktuellen Handlungsfelder und Herausforderungen im Feld der sprachlichen Bildung.

Der erste Teil ist den gesellschaftlichen Grundlagen gewidmet. Es folgt ein zweiter Teil zu den methodischen und konzeptionellen Grundlagen. Im dritten Teil werden konkrete Konzepte sprachlicher Bildung und Förderung im schulischen Kontext vorgestellt. Im letzten Teil folgen Hinweise zu den Konsequenzen für die Lehrerbildung.

Michael Becker-Mrotzek,
Peter Rosenberg, Christoph
Schroeder, Annika Witte
(Hrsg.)

Deutsch als Zweitsprache in der Lehrerbildung

*Sprachliche Bildung, Band 2,
2016, 216 Seiten, br., 29,90 €,
ISBN 978-3-8309-3399-1*

*E-Book: 26,99 €,
ISBN 978-3-8309-8399-6*

Sprachliche Bildung, Sprachförderung und Deutsch als Zweitsprache sind in vielen Bundesländern fester Bestandteil der Lehramtsausbildung; in Berlin und Nordrhein-Westfalen ist Deutsch als Zweitsprache inzwischen sogar ein Pflichtmodul. Weitere Bundesländer folgen oder diskutieren aktuell eine Verankerung des Themas sprachliche Bildung in das Studium.

Dieser Band gibt einen Überblick über bisherige Modelle und präsentiert erste Erkenntnisse. Zudem werden Antworten auf Fragen zu Inhalten und zu vermittelnden Kompetenzen in der Lehrerbildung sowie zu deren Anwendung und Eignung in der schulischen Praxis gegeben. Sprachliche Heterogenität wirft außerdem eine weitere Frage auf: Wie gestaltet sich das Verhältnis von Sprachförderung und Inklusion?